Caterina II la Grande

Memorie

La giovinezza - I primi amori

A&P – Milano © 2012 –Tutti i diritti riservati – Seconda edizione
aepedizioni@studiopicco.it
ISBN - 978-88-905061-1-6

Traduzione da:
«*Mémoires de L'impératrice Catherine II*»
Trübner & Cie – London – 1859

Traduzione: Aurelio Picco
Revisione della traduzione: Paola Marletta

Avvertenza:

L'apparato critico per il capitolo «La giovinezza della Grande Caterina», ove indicato N.d.A., è tratto da:
«*La jeunesse de la Grande Catherine*»,
Louis-Michaud, Paris, 1910. A cura di Albert Savine.

Per il capitolo «I primi amori», ove indicato N.d.A., è tratto da:
«*Les Premières Amours de Catherine II*»,
Louis-Michaud, Paris, 1912. A cura di Albert Savine.

Ove non indicato le note sono a cura del traduttore.

Prefazione[1]

Caterina II raccontata da lei stessa, è un sogno che uno storico non avrebbe osato fare un secolo fa.

Herzen[2], il celebre rivoluzionario russo, pubblicò per primo, a Londra, queste memorie nel 1856. Le fece precedere da una prefazione nella quale raccontava come Paolo I, qualche ora dopo la morte di Caterina, ordinò al conte Rostopchine[3] di mettere i sigilli alle carte di sua madre. Questo manoscritto fu ritrovato in una busta chiusa indirizzata allo zarevic.

Paolo I deciso a tutelare questa specie di confessione, che giudicava intempestiva, ne affidò il manoscritto al principe Alexandre Kourakine[4], suo amico d'infanzia, che potette farne una copia. È la copia di Kourakine che fu a sua volta riscritta e, nonostante l'attenzione di Nicola I nel rincorrere queste copie clandestine, qualche esemplare sfuggì alla polizia imperiale.

L'autenticità di questo testo non è quindi dubbia e passibile di sospetti: è proprio la corrispondente di Diderot, la protettrice dei filosofi, che ha tenuto in mano la penna, in questa lingua francese che padroneggiava

---

1 Viene qui riportata la prefazione di Albert Savine al volume «La jeunesse de la Grande Catherine, souvenirs autobiographiques de l'impératrice», Louis Michaud, Paris, 1910.

2 Aleksandr Ivanovič Herzen (1812-1870) si esiliò volontariamente dalla Russia e visse a lungo anche in Italia e in Svizzera, dove conobbe Giuseppe Mazzini, Carlo Pisacane, Aurelio Saffi e altri esiliati italiani. È annoverato tra i maggiori intellettuali russi dell'Ottocento, fiero oppositore dell'autoritarismo è tra i primi pensatori del populismo. La sua autobiografia, Il passato e i pensieri, è considerata uno dei capolavori della letteratura russa del suo secolo.

3 Fëdor Vasil'evič Rostopčin (1763-1826), di antica e nobile famiglia russa di origine mongola, sposò una delle dame d'onore di Caterina II. Fu luogotenente generale della fanteria russa e ministro degli Affari esteri dal 1799 al 1801. La sua carriera, sotto il regno di Paolo I, fu rapida e brillante, ma cadde in disgrazia e la famiglia ebbe l'ordine di ritirarsi nelle proprie terre. Con Alessandro I ritornò ad essere uno dei protagonisti della vita politica russa e fu nominato governatore di Mosca, quando i francesi, nel 1812, fecero la loro comparsa sotto le mura della città. Allorché le truppe di Napoleone, il 14 settembre, fecero il loro ingresso a Mosca, i russi diedero fuoco a numerosi edifici pubblici e i rapporti ufficiali riportarono che galeotti liberati e banditi di ogni specie avevano appiccato il fuoco, per ordine del governatore, in più di cinquecento luoghi della città, che ben presto fu ridotta pressoché completamente in cenere. Rostopčin conservò la carica di governatore di Mosca sino al 1814, quando diede le dimissioni e accompagnò a Vienna l'imperatore Alessandro. Morì a San Pietroburgo.

4 Alexander Borisovich Kurakin (1752-1818), figlio del principe Boris Alexandrovitch Kurakin e di Elena Apraskin, si trasferì giovanissimo a San Pietroburgo dove divenne amico del futuro Paolo I, amicizia che però non venne ben vista dalla madre Caterina II e per questo egli dovette lasciare la Russia, dove fece rientro dopo la morte dell'imperatrice. Avviato alla carriera diplomatica, sotto il regno di Alessandro I, fu ambasciatore a Vienna e poi a Parigi.

così bene, moralmente nuda agli occhi dei posteri.

Stampando per la prima volta sul continente i ricordi autobiografici di Caterina, abbiamo avuto cura di aggiungervi tutte le note necessarie per meglio chiarire sia la vita dell'Imperatrice sia quella dei personaggi che compaiono, in questo racconto, vuoi in secondo piano, ma anche in terzo.

Degli archivi per lungo tempo segreti, delle corrispondenze diplomatiche gelosamente custodite da circa un secolo, hanno permesso la verifica di dettagli e l'esattezza di confessioni anche solo abbozzate.

L'arringa è certo abile. Il cinismo arrogante dell'autocrate non arretra davanti a una franchezza, necessaria al punto da essere inutile. La donna non cerca di mitigare granché della sua vita spericolata e irregolare: la granduchessa si fregia dei suoi amori senza alcun falso pudore.

Elisabetta e Caterina II[1]

«Non c'è nulla che non sia piacevole nella persona della principessa Elisabetta, scriveva Campredon[2] nel 1723. Si può dire che è una bellezza per la statura, la carnagione, gli occhi e le mani. I difetti, se ve ne sono, saranno dalla parte dell'educazione e delle maniere, perché mi hanno assicurato che ha dell'intelligenza[3].» Munich, i cui ricordi risalgono a prima ancora, nota la sua bella figura, già un po' paffuta a dodici anni[4]. «È un'intelligenza estremamente vivace - scriverà più tardi l'inviato polacco Lefort – che non si preoccupa della pioggia e del bel tempo, di grande vivacità che vira verso la sbadataggine, sempre un piede per aria e che non pensa a nulla di concreto. Sa bene il francese, il tedesco in modo passabile, sembra nata per la Francia, visto che ama solo i diamanti[5].»

Nata o no per il trono di Francia, Elisabetta sente, durante tutta la sua giovinezza, un'attrazione che la porta verso Parigi. Sogna di sposare Luigi XV, questo re che è il primo e più attraente gentiluomo del suo paese, più giovane di lei, una vera gemma, e per tutta la sua vita rimarrà soggiogata da questa seduzione.

Alla sua ascesa al trono, ha giurato di governare senza crudeltà e ha soppresso la pene più crudeli, le pene irrimediabili, ma ha conservato del sangue del grande Pietro una certa barbarie. Se, giovane e bella, si è circondata di uno stuolo di *fresles* (fraulein), «truppa brillante di giovani damigelle della migliore condizione che sembrano delle ninfe e sono alquanto meritevoli della curiosità e degli sguardi dello straniero», è per essere la più giovane e la più bella, e poiché la sua bellezza ha bisogno dei sostegni della moda, non sopporta che qualcuno le contenda le nuove parure che le portano le navi dalla Francia. È ai suoi occhi un crimine di lesa

---

[1] Viene qui riportata l'introduzione di Albert Savine al volume «*Le Première Amours de Catherine II*», Louis Michaud, Paris, 1912.

[2] Jacques de Campredon (1672-1749) fu il primo ambasciatore francese in Russia, dove giunse all'inizio del 1721 come ministro plenipotenziario, dopo essere stato a Stoccolma dal 1700 al 1717.

[3] (N.d.A.) Dispaccio del 13 marzo 1723, citato da Vandal, Louis XV et Élisabeth de Russie, 63.

[4] (N.d.A.) Dispaccio citato da Vandal, Louis XV et Élisabeth de Russie, 119.

[5] (N.d.A.) *Mémoires de Munich*, citato da Bain, 67

maestà portare, contemporaneamente a lei, una moda recentemente importata. Nathalie Lapouchkine, prima di incorrere nella sua collera, era stata una delle sue favorite; ma un giorno che si permise di sfoggiare con lei una rosa nei capelli, Elisabetta la fa inginocchiare, chiede delle forbici, taglia la rosa e sforbicia i capelli e la schiaffeggia. Nathalie sviene. «Non ha che quello che si merita, la stupida!», esclamò l'autocrate in collera. L'indomani, Nathalie, consolata dal suo amante, il conte Löwenwolde, partecipa con lui a una cospirazione. Elisabetta la fa arrestare, la mette alla tortura, al supplizio. Nathalie morde il carnefice che le strappa la lingua, prima che venga mandata a espiare un lungo esilio e, quando rientrerà a San Pietroburgo, non rimarrà nulla della sua bellezza[6]. Altre hanno un destino meno tragico. «Anna Vassilievna Saltykov, poi principessa Mathieu Gagarine, sorella di Sergio Saltykov, il primo amante di Caterina II, era damigella d'onore. Distratta, audace, lunatica e capricciosa all'eccesso, aveva finito per dare fastidio all'imperatrice. Un giorno arriva a un ballo con una acconciatura assolutamente identica a quella dell'imperatrice, una pettinatura chiamata *à la coque*. Elisabetta si fece portare delle forbici, fece mettere la damigella in ginocchio, le tagliò una parte dei capelli e le diede uno schiaffo. La società dell'epoca si mostrava così poco sensibile a fatti del genere che uno dei fratelli della giovane donna, Alessandro, avendo preso animatamente, nei saloni, le parti di sua sorella, ricevette il soprannome di *Saltykov à la coque*, e questo soprannome gli rimase attaccato[7].»

Più invecchia, più Elisabetta è preoccupata di difendere la sua bellezza che va sfiorendo, che sfiorisce. La madre di Caterina II, la principessa di Zerbst, ne fa ancora un ritratto piacevole. «L'imperatrice Elisabetta – dice – è molto alta. È estremamente ben fatta. Al mio tempo tendeva a ingrassare e mi sembrava sempre che quello che dice Saint Evremond nel ritratto della famosa duchessa di Mazarino, Ortensia Mancini[8], era

---

6 (N.d.A.) Waliszewski, *La dernière des Romanoff*, 42 e 322.

7 (N.d.A.) Dolgorukov, *Mémoires*, I, 477.

8 Ortensia Mancini (1645-1699), duchessa di Mazarino, fu donna dalla vita affatto originale. Figlia di Lorenzo Mancini e Geronima Mazarino, sorella del cardinale Mazarino (1602-1661), all'età di sei anni, per volere dello zio cardinale, si trasferì con le quattro sorelle a Parigi. Carlo Stuart la chiese in sposa nel 1659, ma il cardinale rifiutò l'offerta ritenendo che l'esiliato principe, che divenne re d'Inghilterra e Scozia sei mesi dopo, non avesse una posizione consona alla ragazza. Mazarino ritornò sui suoi passi, ma invano. Fu chiesta in sposa anche dal duca di Savoia e dal duca di Lorena, ma i mancati accordi prematrimoniali relativi alla dote fecero cadere anche queste offerte. Nel 1661, Ortensia sposò Armand Charles de La Porte de La Meilleraye, all'epoca considerato uno degli uomini più ricchi d'Europa. Matrimonio che si rivelò disastroso per i comportamenti di gelosia paranoica del marito. Ortensia si diede a una relazione omosessuale con la sedicenne Sidonie de Courcelles e questo indusse

fatto per l'imperatrice: *ciò che per lei è una figura snella, per un'altra sarebbe ben fatta*. Questo era vero alla lettera. Mai testa fu più perfetta. È vero che il naso lo è meno degli altri tratti, ma è al suo posto. La bocca è unica. Non ce ne è mai stata una uguale. Saranno le sue grazie, le sue risa, i suoi occhi. Non fa alcuna smorfia. Non ha mai movenze se non aggraziate. Si amerebbe un insulto se lei potesse proferirne. Due file di perle si mostrano tra i vermiglio delle due labbra, che bisogna averle viste per farsene un'idea. Gli occhi sono pieni di sentimento. Sì, è questo l'effetto che fanno su di me. Sembrerebbero neri, ma sono blu. Ispirano tutta la dolcezza di cui sono animati ... Mai fronte fu più gradevole. I suoi capelli sono messi così bene che, con un colpo di pettine, sembrano acconciati con arte. L'Imperatrice ha le sopraciglia nere e la capigliatura naturalmente cinerina. Tutta la sua figura è nobile. Il suo portamento è bello. Si presenta con grazia. Parla bene, con una voce piacevole. I suoi movimenti sono misurati. Infine, mai nessuna figura assomigliò alla sua. Mai così bei colori, né collo né mani sono stati visti. Ve lo assicuro. Sono conoscitrice e parlo senza pregiudizi[9].»

Ma questo ritratto, nel quale bisogna ritagliare la parte di riconoscenza e di adulazione, non rimane per molto tempo rassomigliante. Elisabetta sente così bene la vecchiaia che sopraggiunge che desidera, un'ultima volta, in un ritorno di civetteria, fissare i suoi lineamenti, che vede come sono stati e non come sono realmente. È allora che fa chiamare Tocqué[10]

---

il duca a rinchiudere le ragazze in un convento. La fuga, favorita dal fratello di Ortensia, Filippo di Nevers, pose definitivamente fine al matrimonio. Dopo un soggiorno a Roma, presso la sorella Maria, sposata a un principe Colonna, Ortensia ebbe la protezione di Luigi XIV e si trasferì a Chambéry, in Savoia, con un appannaggio di 24 mila lire, accordatole dal re di Francia. Con la morte di Carlo Emanuele II di Savoia, anch'egli suo protettore, fu bandita dalla vedova di questi e si trovò di fatto senza alcun reddito poiché il marito aveva congelato i suoi beni. Ci fu quindi l'intervento dell'ambasciatore inglese in Francia, Ralph Montagu, che le propose di divenire l'amante di Carlo II. Nel 1675, la Mancini si recò a Londra e già l'anno successivo aveva raggiunto lo scopo del viaggio. Ancora una volta, fu tradita dalla sua eccessiva libertà di costumi, intrecciò relazioni omosessuali e anche una relazione con il principe di Monaco. Questo segnò la sua fine come amante del re, con il quale mantenne comunque buone relazioni, così come con il suo successore Giacomo II e, dopo la fuga di questi, con Guglielmo III e Maria II. Diede alle stampe le sue memorie e vi è l'ipotesi che si sia suicidata.

9 (N.d.A.) Waliszewski, *Le roman d'une Impératrice*, 36-37. Può darsi che il ritratto non sia del tutto imparziale. Senza dubbio è fatto in una lettera intima, ma le lettere intime qualche volta si smarriscono e la principessa aveva molto da farsi perdonare. In ogni caso, il solo ritratto di Elisabetta che vi corrisponde è quello di Rokotoff che, senza dubbio per consolarsi della perdita della sua bellezza, fece incidere nel 1761 da Tchémessoff, prima che non ne restasse in lei un solo tratto.

10 Louis Tocqué (1696-1772) ritrattista francese che fu chiamato da Elisabetta I a San Pietroburgo, nel 1757, per dipingere il suo ritratto.

alla corte di Russia, ma Tocqué fa all'inizio resistenza a queste offerte e la zarina fa le sue rimostranze al governo francese. Questo malcontento assume quasi l'importanza di un incidente diplomatico e le *Instructions* di Douglas gli chiedono di spiegarsi su questo argomento. «Un celebre artista, quale è il signor Tocqué, lavorando e guadagnando molto senza spostarsi, si deciderà molto difficilmente a un viaggio di 1.600 leghe, qualsivoglia onore gli faccia la scelta dell'Imperatrice di Russia di ritrarla. Il successo nelle arti è quotidiano. L'artista teme di rischiare e di perdere la sua reputazione e, di conseguenza, di procurarsi per sempre un danno. Sono senza dubbio queste considerazioni che hanno spinto il signor Tocqué a mercanteggiare, come ha fatto e, infine, a rifiutare il viaggio[11].» Probabilmente, nello stesso momento in cui a San Pietroburgo ci si spiegava, si faceva capire a Tocqué quale servizio il re si attendeva da lui e il 29 maggio Tercier[12] scriveva trionfalmente a Rouillé: «M. Tocqué parte, il 30 di questo mese, con sua moglie malaticcia. Numerose opere che aveva iniziato gli hanno impedito di decidersi prima, ma alla fine tutti gli ostacoli sono stati rimossi e spera che ci sarà modo di essere contenti del suo zelo e del suo talento[13].»

Giunto in Russia, Tocqué, che vi soggiornò dal 1757 al 1759, fece del suo studio «un centro clandestino di negoziati[14]». Ritrasse l'Imperatrice, ma poiché si vantava soprattutto dell'autenticità, si rifiutò di fare il naso della sovrana diverso da quello che vedeva, il che non era esattamente l'arte di piacere. D'altronde Elisabetta aveva già dovuto arrendersi. A metà del 1756, le corti bene informate sapevano che la sua salute era minacciata a tal punto che il suo medico confidava agli intimi che non credeva che potesse arrivare al suo cinquantesimo anno[15].

Tale avvenimento avrebbe particolarmente aggravato la situazione dell'Europa. Gli odi erano al massimo livello di tensione. Ci se ne rende conto sfogliando la corrispondenza di Federico II. Uno dei suoi agenti gli scrisse, infatti: «Bestužev ha inveito contro il segretario russo a Varsavia, sottolineando il suo stupore che non si sia ancora trovato il modo di disfarsi di quest'uomo, cosa che ovunque sarebbe già stata fatta con

---

11 (N.d.A.) *Recueil des instructions aux ambassadeurs: Russie*, 21 gennaio 1756.

12 Jean Pierre Tercier (1704-1767), poliglotta, uomo di cultura fu incaricato della supervisione degli uffici cifra del Ministero degli Affari Esteri francese.

13 (N.d.A.) *Archives Vorontsov*, XXXIII, 97.

14 (N.d.A.) Lucien Pingaud, *Les Français en Russie e les Russes en France*, 19. Dipinse in particolare il cancelliere Vorontsov, l'atamano Cyrille Razoumowski, l'ambasciatore d'Austria Esterhazy.

15 (N.d.A.) Frédéric II, *Correspondance politique*, XIII, 51.

una pozione di veleno¹⁶.» E immediatamente il re di Prussia rispondeva: «Ho appreso con orrore, con il racconto che mi avete appena inviato con il vostro rapporto del 4 di questo mese in merito al Gran Cancelliere di Russia, il carattere abominevole di quest'uomo. Inoltre non bisogna essere grandi indovini per sapere adesso da dove viene la morte imprevista di due ministri residenti di Francia, che sono morti improvvisamente l'uno dopo l'altro, ed esattamente all'avvicinarsi del momento della dieta, dove si temevano le conseguenze dei loro servizi (si tratta di Castera e di La Fayardie). Desidero che voi diciate, al mio segretario d'ambasciata residente a Varsavia, che avverta il nuovo ministro residente di Francia di stare in guardia contro simili infamie¹⁷.»

Ecco dunque che il veleno entra in gioco, almeno in teoria. Il denaro lo era già da tempo. Tutto lo prova. I dispacci di Williams sono chiari: «È certo – scrive il 9 agosto 1755 – che tutto il denaro, che questa corte deve ricevere per il primo articolo segreto, entrerà nelle casse private dell'Imperatrice, poiché sta costruendo due o tre grandi palazzi e ne ha bisogno per finirli. Il che ha considerevolmente contribuito a chiudere velocemente questo accordo... Mi impegnerei, debole come sono, con questi piccoli aiuti che ho richiesto al re, a mettere questa corte nelle mani di Sua Maestà più di quanto non lo sia ancora stata in quelle di altri sovrani e nulla qui si farà di contrario a quello che desidera Sua Maestà o di diverso da quello che lei ordinerà¹⁸.»

Due giorni dopo, l'ambasciatore inglese è più preciso ancora: «Il Gran Cancelliere mi ha assicurato, nei termini più categorici, che ogni aumento del primo pagamento stipulato con il primo articolo segreto, sarebbe molto gradito e imporrebbe una sorta di obbligo personale di Sua Maestà. Questo aumento metterebbe questa corte e l'Imperatrice completamente a disposizione di Sua Maestà. Cinquantamila lire sterline, più o meno, per l'uso personale dell'Imperatrice, farebbero un grande effetto. In una parola, tutto quello che è stato fino ad ora pagato è per l'appoggio delle truppe della Russia, ma quest'ultima somma, se la si dà, comprerà l'Imperatrice¹⁹.»

L'agente di Federico II, che segue il negoziato in tutte le fasi, aggiunge qualche dettaglio ulteriore e interessante. «Il Gran Cancelliere ha pregato il signor Guy Dickens di insistere presso il cavaliere Williams perché questi disponga la sua corte a donare alla zarina una gratifica di 100.000

---

16 (N.d.A.) Frédéric II, *Correspondance politique*, XI, 203 (dispaccio di Maltzahn, 4 luglio 1755).

17 (N.d.A.) Frédéric II, *Correspondance politique*, XI, 203, lettera del 12 luglio.

18 (N.d.A.) *La cour de Russie*, 129.

19 (N.d.A.) *La cour de Russie*, 130.

lire sterline per le spese che ha fatto dopo che il negoziato per i sussidi era stato condotto. Inoltre, lo incarica di fare in modo che la sua corte impresti una somma da 10 a 12.000 lire sterline al granduca di Russia, per toglierlo dal grave imbarazzo in cui lo mette la sua indigenza, cosa che il cavaliere Williams ha preso *ad referendum*[20].»

Ora, ecco che l'anno seguente, nel momento in cui la salute dell'Imperatrice peggiorava, un intrigo minacciava Williams. Finckenstein[21] relazionava così Berlino di una conversazione con Mitchell, altro agente inglese: «Ho risposto ... che temevo che il cavaliere Williams avesse trovato il modo di essere insopportabile con l'Imperatrice e che per questo l'affare non aveva tutta la fiducia del cancelliere, la corte d'Inghilterra non potrebbe fare di meglio, secondo me, che richiamarlo, senza perdita di tempo, e di sostituirlo con un uomo assennato e piacevole. Era d'accordo con me, mi disse alzando le spalle, che Williams era dotato di molta intelligenza e di poco giudizio e aggiunse che aveva già comunicato il suo modesto parere alla sua corte. Se mi è permesso azzardare le mie considerazioni, avrei l'onore di dire a Vostra Maestà che guardo a tutta questa manovra come a un intrigo del vice cancelliere[22] che, appoggiato dal credito dei Šuvalov, avrebbe voluto approfittare della particolare crisi degli affari dell'Europa per rovesciare il conte Bestužev, ma, per quanto conosco la mappa del paese, quest'ultimo è così superiore al conte Vorontsov per abilità, per destrezza e conoscenza degli affari, che non dispererei del ritorno della sua fortuna proprio nel momento in cui lo vedrò schiacciato, e sarebbe ben triste e ben strano che, dopo tanti vani tentativi, lo fosse la prima volta in cui la conservazione del suo ministero avrebbe potuto essere di qualche utilità a Vostra Maestà. A dire il vero, convengo che la cosa è alquanto possibile, ma se l'Inghilterra prende tempo, se gli fornisce il denaro per foraggiare le sue creature, se, in una parola, lo sostiene, è un uomo capace di atterrare senza farsi notare tutti i suoi nemici e di lavorare poi per spirito di vendetta alla riconciliazione di Vostra Maestà con la sua corte, con

---

20 (N.d.A.) Frédéric II, *Correspondance politique*, XI, 203 (dispaccio di Maltzahn, 3 ottobre).

21 Karl Wilhelm Graf Finck von Finckenstein (1714-1800), di nobile famiglia con diramazioni prussiane e austriache, studiò a Ginevra ed ebbe modo di viaggiare in Francia e nei Paesi Bassi. Era figlio del conte Albrecht Konrad von Finckenstein Finck, maresciallo di campo del futuro re Federico II. Entrò nel servizio diplomatico prussiano nel 1735 e, quando nel 1740, Federico II salì al trono, lo inviò in Svezia e successivamente in Danimarca e Gran Bretagna, per giungere in Russia nel 1747. Rientrò in patria nel 1749 e divenne il più fidato consigliere del re, al punto che nel corso della Guerra dei Sette Anni, Federico II emise un decreto che, in caso di sua morte o cattura, lo poneva alla direzione del paese. La sua influenza a corte proseguì anche con il successore di Federico II, Federico Guglielmo II.

22 Vorontsov.

lo stesso impegno con cui altre volte ha fomentato il dissenso[23].»

Per Federico la questione era tra le più interessanti. Williams non aveva appena comprato Caterina? «La devozione della granduchessa per il re d'Inghilterra – scriveva – la probabilità della sua prossima salita al trono e la certezza che opererà perfettamente quando sarà sul trono, conferiscono importanza a tutte le sue parole. È molto inquietata dai rumori che corrono su un'alleanza con la Francia e dell'arrivo di un ambasciatore francese. Mi ha chiesto di fare tutto quello che potrò per impedirlo. Ho richiamato la sua attenzione sui pericoli che ne risulterebbero per lei e per suo marito, poiché, senza l'aiuto della Francia, i suoi nemici Šuvalov, non sarebbero abbastanza forti per disturbare la successione alla corona. Mi ha ringraziato più di dieci volte per questo consiglio. Mi ha detto che vedeva il pericolo e che avrebbe portato il granduca a profondere tutti i suoi sforzi in questo affare, che avrebbe potuto fare molto di più se avesse avuto del denaro, poiché qui non si fa niente senza quello, che era costretta a pagare persino le dame di camera dell'Imperatrice; che non aveva nessuno a cui rivolgersi in questo frangente, ma che se il re le avesse concesso di prestarle graziosamente e generosamente una somma di denaro, ne avrebbe fatto il suo biglietto presso Sua Maestà e glielo avrebbe reso appena sarebbe stata in condizioni di farlo e che, nello stesso tempo, potevo dare la sua parola d'onore al re che tutto, fino all'ultimo soldo, sarebbe stato impiegato per quella che credeva essere la causa comune e, per il vantaggio delle due corti, desiderava che mi facessi garante presso Sua Maestà del suo modo di pensare e di agire. Chiese 20.000 ducati[24].»

Per Caterina, come per Bestužev, tutto si riassumeva nel lottare contro i Šuvalov.

«Bestužev – scrive il cavaliere Williams – mi ha detto: «La nostra disgrazia è che noi oggi abbiamo un giovane favorito che sa parlare francese e che ama la Francia e i suoi costumi. Vuole vedere una grande ambasciata francese arrivare in questa corte. Il suo potere è così grande che talvolta è impossibile resistergli.» Ciò che vi è di più sorprendente, è che certamente la decisione di fare dei passi per essere in migliori rapporti con la corte di Versailles è stata presa molto tempo prima che fosse in gioco la questione di un trattato tra l'Inghilterra e la Prussia, e unicamente per accontentare il giovane conte Šuvalov, che è deciso ad avere un ambasciatore francese a questa corte. Bestužev non sapeva nulla di questa decisione, dove ha unicamente seguito gli ordini formali dell'Imperatrice.»

Tanto denaro seminato a San Pietroburgo vi aveva cambiate le condizioni di vita. Swart, l'inviato dell'Olanda, affermava che in precedenza

---

23 (N.d.A.) Frédéric II, *Correspondance politique*, XII, 426-427.

24 (N.d.A.) *La cour de Russie*, 145

non aveva mai visto dieci luigi francesi assieme. «Attualmente ve ne erano molti. Nei grossi affari che i grandi signori trattavano, ce n'era una gran quantità sul tavolo e gli sembrava che il conte Vorontsov, il favorito Ivan Šuvalov, suo fratello, il conte Bestužev, fratello del gran cancelliere, e due o tre altri ne avessero ancora di più.» L'oro attira i corrotti. Amano toccarlo a piene mani. Vorontsov faceva a sua volta sondare Williams. «Un emissario di Vorontsov mi ha detto che il passato doveva essere dimenticato e che le cose non erano così in cattivo stato perché non possano essere facilmente rimesse a posto, che non mi ero mai rivolto la vice cancelliere nel modo opportuno, che la casa che costruiva in città era stata iniziata con il denaro inglese, che non era più nelle condizioni, da quattro o cinque anni, di continuarla e che doveva essere ultimata con del denaro inglese. Gli risposi che il vice cancelliere si era fino a quel momento comportato in modo tale che doveva dare una prova della sua sincerità prima che io potessi avere fiducia in lui. Il suo emissario mi ha risposto che se non davo del denaro lo avrebbero dato altri e che sapeva che Douglas ne aveva già dato parecchio a numerose persone. Gli risposi che non potevo dire nulla in anticipo. All'indomani, lo stesso emissario è ritornato e mi ha detto che il vice cancelliere sarebbe stato molto contento di avere un incontro privato con me. Replicai che speravo che Vorontsov avesse da farmi qualche proposta, poiché mi aspettavo che me ne facesse per poter aver fiducia in lui[25].»

Il maneggio di Williams funzionava a meraviglia...

«Il granduca e la granduchessa sono favorevoli alla Prussia e si lamentano degli intrighi degli onnipotenti Šuvalov in favore della Francia. La granduchessa mi scriveva due giorni fa: «Ho ricevuto oggi un emissario dei Šuvalov che è stato mandato per dirmi quanto siano in collera nell'apprendere che la nuova alleanza tra la Russia e la Francia dispiaccia al granduca e a me. Lo chiamano il loro sistema e lo credono buono. Mi offrono di essere a me favorevoli senza riserve, di mettermi in buona luce nei confronti dell'Imperatrice, di procurarmi tutto quello che mi può far piacere, se prometto loro il mio appoggio per l'avvenire e abbraccio e sostengo la loro politica. La mia risposta è stata che per quanto mi interessavo di politica, disapprovavo totalmente il loro nuovo ordinamento, che ero sempre stata per l'alleanza con l'Inghilterra e contro quella con la Francia, benché la mia opinione in questi affari non avesse molto peso. Quindi volevo essere molto sincera con loro e dichiarare che il granduca, non solo non avrebbe mai accettato questa politica ma, quando sarebbe stato in suo potere, ne avrebbe severamente punito l'autore. Si biasima la vostra parzialità nei confronti del re di Prussia. Non sono io che vi rim-

---

25 (N.d.A.) Frédéric II, *Correspondance politique*, XIII, 116-117.

provero perché oggi la pensiamo allo stesso modo e spero che sarà sempre così.» Sembrava che la politica inglese si fosse assicurata le spalle. Se l'Imperatrice fosse morta, la giovane corte non era stata conquistata? C'era solo un punto che Williams non aveva previsto. Era un nuovo cambiamento di politica. Meravigliato di vedere il favorito e la sua famiglia riavvicinarsi alla granduchessa, si lasciò sorprendere da una riconciliazione improvvisa tra la Russia, il gabinetto di Versailles e la corte di Vienna.

«La Francia e la corte di Vienna hanno effettuato delle considerevoli rimesse per sostenere il loro partito che attualmente è quello dominante. Il favorito Šuvalov, che diventa di giorno in giorno più potente, si dichiara apertamente per l'assunzione del trattato di Versailles e per il mantenimento di quello che viene chiamato il *nuovo sistema*. Mi hanno assicurato che la Francia ha fatto grandi promesse di sussidi, uguali, a quanto si dice, a quelli che l'Inghilterra doveva pagare, e non ho alcun dubbio che questa corte lavori per fare l'accordo più vantaggioso. La granduchessa mi ha informato di tutto ciò che è successo, ancor prima che me ne parlasse il cancelliere. È persuasa che il *nuovo sistema* sia sostenuto in questa corte dal credito dei Šuvalov. Mi ha anche detto che sono diventato odioso alla corte.»

«L'Imperatrice, al primo giorno di ricevimento a corte disse al cavaliere Williams, quando questi si presentò per baciarle la mano: «Signor ambasciatore d'Inghilterra, Londra vuole forse avere come nemica tutta l'Europa? I vostri padroni sono venuti meno alla mia bandiera. Il principe Galitzine, mio ministro presso re Giorgio, ha chiesto soddisfazione. Si è stati sordi alle sue rimostranze. Così io proibisco a tutti i miei ministri di avere alcuna relazione con voi e vi ordino personalmente di lasciare Pietroburgo entro otto giorni. Detto questo, voi non avrete altre udienze di congedo.» Una tigre non ha gli occhi così luccicanti come erano quelli di questo ambasciatore in quel momento ed era facile rendersi conto dei suoi complici, tanto la passione si dipingeva sulle loro fisionomie. Questo ministro espulso tracheggiò quanto poté per prendere tempo. Prima chiese di passare per la Svezia, ma trovando il golfo di Botnia impraticabile, pregò di lasciarlo ritornare a Pietroburgo e prendere la strada della Livonia. Dopo aver fatto 50 leghe prese a pretesto le emorroidi che gli impedivano di sopportare la vettura. Ritornò ancora a Pietroburgo e si imbarcò per Cronstadt dove doveva attendere un vento favorevole. Mandò a dire che aveva la febbre e che desiderava ritornare. L'Imperatrice gli fece dire che, malato o in salute, non voleva più saper nulla di lui. Alla fine, continuando la sua strada con la collera di vedere i suoi progetti frustrati, fu costretto a fare scalo ad Amburgo, dove gli girò la testa. Elisabetta, alleggerita di questo pessimo uomo, disse che voleva che l'ambasciatore di Francia lasciasse la sua abitazione (il palazzo Apraksin) per andare ad alloggiare in quella che occupava l'ambasciatore d'Inghilterra, che effettivamente è più grande, più bella e meglio situata. Questi due palazzi sono separati da un piccolo canale che, da quel momento a Pietroburgo, è stato soprannominato il Passo di Calais.»

Evento doloroso, allontanandosi Williams cedeva il passo a un'ambasciata francese. Il marche di Lhôpital trionfava.

«Io so – scriveva a Versailles – che la granduchessa è inconsolabile per la partenza del cavaliere Williams, che è stata in lacrime tutto il giorno in cui ha preso congedo e che questa principessa ha per amico Poniatowski, allievo di Williams, che in apparenza ha saputo comportarsi bene, ma che è tutta una commedia e il fondo del loro cuore è per l'Inghilterra[26].»

Lhôpital aveva un'altra soddisfazione: era quella di poter assicurare che le preoccupazioni riferite sulla salute dell'Imperatrice non erano fondate su nulla di serio. «Gli unici timori che mi restano sono quelli del periodo critico di questa donna, che ha 48 anni[27].» C'era quindi del tempo per controbilanciare l'opera nefasta di Williams e del suo oro. Nel mese di luglio, Lhôpital informava la sua corte di un piano che consisteva nel rimpiazzare Williams presso la giovane corte. «Noi abbiamo – scriveva – da più di una fonte, notizia che il granduca e la granduchessa di Russia hanno un gran bisogno di denaro e a questo proposito ci sono state fatte delle insinuazioni tendenti ad aiutarli segretamente con qualche somma, cosa che, si assicura, deve legarli a Sua Maestà e favorire la riconciliazione... Questo affare deve rimanere un assoluto segreto. Capite come sia importante per il granduca e la granduchessa che ciò non giunga mai a conoscenza dell'Imperatrice che potrebbe prendere una decisione capace di distruggere tutto quello che cerchiamo di fare[28].» Ma a questo punto una sorpresa va a turbare la tranquillità del marchese Lhôpital. È la sincope che colpì Elisabetta al suo ritorno dalla chiesa di Tsarskoié Celo e la tenne un'ora senza conoscenza. In queste condizioni, se le voci degli approcci fatti in Russia alla giovane corte fossero venute alle sue orecchie non se ne sarebbe offesa? Lhôpital prevedeva l'obiezione: «Sarebbe imprudente – rispondeva – avere con questi principi un rapporto troppo stretto, ma ci si potrebbe pentire in futuro di aver trascurato i loro approcci. Voi saprete meglio di chiunque altro tenere una giusta posizione di mezzo[29].» Peraltro, Lhôpital era mal informato su molti punti. Quando era già un vecchio pietroburghese scriveva ingenuamente a proposito di Poniatowski: «Il gran cancelliere inganna il conte di Bruhl facendogli credere che

---

26 (N.d.A.) Affaires Étrangers, Russia, 52, dispaccio del 15 gennaio 1757.
27 (N.d.A.) Affaires Étrangers, Russia, 53, dispaccio del 3 aprile 1757.
28 (N.d.A.) Affaires Étrangers, Russia, 53, dispaccio del 17 luglio.
29 (N.d.A.) Affaires Étrangers, Russia, 54, 8 ottobre 1757.

questo giovanotto è l'amante della granduchessa[30].» Un altro giorno, nel momento in cui tutto il partito francese lavorava per far allontanare Poniatowski, il diplomatico ripeteva le confidenze che riteneva di interesse: «L'Imperatrice, a quanto mi ha detto lo stesso Poniatowski, mi ha assicurato che gli ha detto di non avere nulla da lamentarsi nei suoi confronti, che al contrario, è molto soddisfatta della sua condotta e molto spiacente di vederlo partire[31].» Personalmente Lhôpital non aveva nessuna voglia di fare la guerra a Poniatowski. La sua condotta in Russia era corretta e poteva avere un successore oltremodo ingombrante. Detto questo, prese nota senza preoccuparsi altrimenti del cattivo umore del granduca che in quel periodo era scontento. È Lhôpital che riporta la dichiarazione del granduca al ciambellano Šuvalov: «Vi prego, Signore, di rendermi un grande servizio presso l'Imperatrice. Ottenetemi il permesso di andare a casa mia. Lì avrei il grado di colonnello e vivrei a modo mio.» «Il ciambellano Šuvalov ha riportato questo a Sua Maestà imperiale che ha alzato le spalle.» La sua sola bestia nera era Bestužev. Inutilmente aveva fatto buon viso a cattivo gioco organizzandogli una splendida festa nell'isola di Kaminostrov, che La Messelière descrive con entusiasmo, descrivendo i chioschi cinesi disposti lungo i boschi dell'isola, le sale da ballo, le corse negli anelli[32] e i teatri all'aria aperta. Inutilmente ne aveva ricevuto una bella tabacchiera in oro che il personale dell'ambasciata aveva ironicamente soprannominato «la politica». Non poteva adattarsi a quest'uomo velenoso e la sua gioia non fu mai così grande come il giorno in cui strappò all'Imperatrice la confessione che riteneva il suo cancelliere cattivo e perfido servitore e che lo giudicava capace di intorbidare ogni cosa. «In questo caso – disse con la franchezza di un soldato – Vostra Maestà non dovrebbe lasciarlo a capo degli affari.» «Ma che cosa posso farne?» «Dategli, Madame, una pensione di centomila rubli. Ne guadagnerete ancora il mille per cento.» Vanamente, in effetti, Bestužev aveva cercato di allontanare il temporale dalla sua testa. Il prossimo arrivo del ministro inglese fu il segnale della sua caduta. Se si crede a Ketlh, appena fu noto il suo arrivo a Varsavia, Lhôpital mise sull'avviso il vice cancelliere di portare l'ultimo colpo. O avrebbe rovesciato sul campo Bestužev o, se ciò non era possibile, si sarebbe visto lui, ambasciatore di Francia, svelare di persona a Bestužev quello che era accaduto e unirsi al cancelliere per rompergli il collo. Allora Vorontsov eseguì gli ordini[33]. Qui in vero Ketlh sembrava

---

30 (N.d.A.) Affaires Étrangers, Russia, 54, 1° novembre 1757.

31 (N.d.A.) Affaires Étrangers, Russia, 54, 23 novembre 1757.

32 La corsa degli anelli era un carosello nel quale i partecipanti dovevano infilare al galoppo un anello appeso a un palo.

33 (N.d.A.) *La cour de Russie*, 158.

sbagliarsi, ma è meglio informato su punti meno segreti. «Al mio arrivo – racconta – ho trovato il partito francese che dominava tutta la corte e i due ambasciatori, il conte Esterhazy e il marchese Lhôpital, dettare legge alla corte e alla città. Hanno, attualmente, in loro potere il granduca e ne dispongono in maniera totale. Per arrivare a questo risultato, hanno incominciato ad alienare il suo affetto per la granduchessa, che esercitava una grande influenza su di lui. Si pensa che ci si sia serviti per questo di un certo Brockdorf, che è entrato nelle grazie di Sua Altezza imperiale spingendolo in ogni sorta di dissolutezza. La granduchessa ha voluto lamentarsi di lui con l'Imperatrice, già qualche tempo fa, vedendo bene dove si volesse arrivare, ma i suoi nemici l'avevano prevenuta e avevano riempito la testa di Sua Maestà di pessimi giudizi nei confronti di Sua Altezza imperiale con delle calunnie e delle menzogne, in modo tale che le sue lamentele disgraziatamente non sono state ascoltate e questa principessa attualmente è lontana dall'essere in una buona situazione a Corte[34].»

Questi racconti confermano in dettaglio le affermazioni di Caterina II. «La povera granduchessa – scrive il 12 aprile 1758 – è sempre nello sconforto. Il conte Poniatowski si è trovato coinvolto negli ultimi intrighi e si scrive che non resterà a lungo presso questa Corte[35].» E il 18, annuncia un miglioramento: «Gli affari della granduchessa non sono in buono stato. Si dice, pertanto, che il favorito Šuvalov le abbia inviato un messaggio per assicurarle che l'Imperatrice la riceverà presto e che se Sua Altezza vorrà fare qualche piccola concessione, tutto sarà cancellato dalla sua mente[36].»

Poi, il 13 maggio: «La granduchessa, da qualche tempo, si è completamente ritirata dal mondo, ma l'Imperatrice ha voluto che ricomparisse in pubblico con l'assicurazione, si dice, che per l'avvenire tra loro andrà tutto bene. L'ambasciatore di Francia si sforza di intervenire in ogni cosa, ma Sua Altezza imperiale l'ha sempre respinto[37].»

E il 30: «Domenica sera, c'è stato un ricevimento a Corte, dove l'Imperatrice è comparsa per la prima volta dal mio arrivo a San Pietroburgo. L'Imperatrice è rimasta abbastanza a lungo vicino alla granduchessa, che stava al gioco, e si è intrattenuta parecchio con lei in modo allegro e cor-

---

34 (N.d.A.) *La cour de Russie*, 174 (14 marzo 1758).

35 (N.d.A.) *La cour de Russie*, 175. Questo dispaccio è confermato da quello di Lhopital (10 marzo): «Il credito di Mme la granduchessa è molto in disgrazia...Se questa principessa non prega in continuazione chiedendo il perdono all'Imperatrice, corre dei grandi rischi... La granduchessa abbandonata a se stessa e per metà colpevole non può fare altro che piangere e recuperare con la sua sottomissione i favori dell'Imperatrice, che ha persi. (Archives des Affaires Étrangers, Russia, 55).

36 (N.d.A.) *La cour de Russie*, 176.

37 (N.d.A.) *La cour de Russie*, 177.

diale³⁸.»

A Parigi, nel frattempo, ci si preoccupava di un riavvicinamento possibile tra l'Imperatrice e la granduchessa. Bernis fa fare un sondaggio presso la principessa di Zerbst.

«M.ᵐᵉ la principessa di Zerbst – scrive – sostiene di poter contare sul fondo del cuore della granduchessa. Conoscendo il suo modo di pensare e gli atteggiamenti nei quali l'ha vista, dice di non poter credere che M. Bestužev li abbia mutati in modo radicale. Pensa che si tratti unicamente di disilludere la principessa sua figlia sul carattere detestabile del cancelliere (è così che si esprime) e di svelarle i suoi intrighi; non c'è che da vincere una sorta di perseveranza che nasce dalla storia, che esercita nel sostenere una persona che ha onorato della sua fiducia e che crede le abbia reso degli importanti servizi³⁹.»

Ma già a San Pietroburgo la situazione è salva.

«Apprendo – scrive Ketlh il 14 luglio – che il granduca e la granduchessa sono perfettamente riconciliati a spese dell'ambasciatore di Francia, i cui cattivi uffici per dividere Loro Altezze sono stati, in questa occasione, svelati.»⁴⁰

Peraltro, la pace alla Corte di Russia non era ristabilita per molto tempo, con l'inizio di gennaio le ostilità riprendono.

«Il granduca Pietro – scrive Ketlh – ha inviato un messaggio all'Imperatrice per significarle di essere arrivato a un'età in cui lo si può ritenere in grado di giudicare da solo. Non poteva sottomettersi oltre alla costrizione e all'imbarazzo nel quale era piaciuto a Sua Maestà tenerlo e chiedeva il permesso di ritirarsi nei suoi possedimenti di Oranienbaum. L'Imperatrice fu inizialmente estremamente offesa da questo atteggiamento e gli chiese di mandargli per iscritto le sue motivazioni, ma io sento dire che questa faccenda è finita e messa a tacere. L'Imperatrice è spesso sofferente e si dice che abbia degli attacchi di epilessia⁴¹.»

Questa volta è Lhôpital che fornisce la chiave: «Questo atteggiamento sfacciato – scrive – è guardato da Sua Maestà imperiale come il frutto di un cervello malato e questo cambiamento d'umore viene dal fatto che l'Imperatrice ha preso dei musicisti e dei cantori che questo principe ha a sue spese. La granduchessa è comparsa martedì scorso a Corte. L'Imperatrice l'ha ricevuta molto bene e le ha fatto una maggiore accoglienza del solito⁴².»

---

38 (N.d.A.) *La cour de Russie*, 177.

39 (N.d.A.) *Sbornik*, 56.

40 (N.d.A.) *La cour de Russie*, 177.

41 (N.d.A.) *La cour de Russie*, 181.

42 (N.d.A.) Citato da Waliszewski, *Le roman d'une Impératrice*, 136.

Per soddisfare il granduca si getta della zavorra. Il principe Isoupoff, che comandava la scuola dei cadetti, è stato appena mandato in pensione. Il colonnello dell'Holstein si vede nominare al suo posto. «Questo sarà – dice in modo canzonatorio un diplomatico – un divertimento e un'occupazione per questo principe poiché corrisponde al suo gusto, ma farà dei cattivi allievi, a meno che non mi sbagli.» Il granduca non è ancora alla scuola dei cadetti che rattrista con i suoi propositi Lhôpital.

«Il granduca era alla scuola dei cadetti. Il principe Adam Czartoriski e il giovane Schwerin (ufficiale prussiano) erano della partita. Il granduca essendo solo con Schwerin e Czartoriski, inizia l'elogio del re di Prussia e dice in termini precisi al conte Schwerin che si farebbe una gloria e un onore di fare una campagna sotto gli ordini del re di Prussia e che se dipendesse da lui non sarebbe prigioniero qui . . . L'idea del granduca, benché ridicola, non è che la conseguenza del suo entusiasmo per il re di Prussia; può darsi che fosse un po' nei fumi dell'alcol, poiché M. Levin, che è stato alla sua corte e ha visto queste esercitazioni dei cadetti, mi ha detto, alzando le spalle, che era stato scandalizzato e si era vergognato di trovarsi con il granduca di Russia che l'aveva fatto sedere vicino al fuoco a fumare con lui una pipa di tabacco e a bere dell'acquavite[43].»

Lhôpital ha un bel chiudere il suo dispaccio con una caricatura dello scimmiotto di Federico; non è senza preoccupazione su come gestire quest'alleanza per il futuro. «La giovane Corte – scrive per consolarsi – può avere peso solo quando la salute dell'Imperatrice è malferma. Ma, grazie al cielo, sta molto bene e se vive ancora a lungo lascerà da parte il granduca e la granduchessa per mettere sul trono di Russia il giovane granduca[44] che alleva con questa intenzione[45].»

A metà del 1759, tuttavia, vi è un significativo rivolgimento. Ivan Šuvalov prende repentinamente partito per la giovane corte. Ha esitato per molto tempo. «Questo favorito – scrive Lhôpital – avrebbe voluto giocare presso la granduchessa lo stesso ruolo che aveva con l'Imperatrice[46].» La spiegazione è chiara, come tutte quelle che presupponeva l'ambasciatore. In realtà il favorito poteva meno di altri farsi delle illusioni sullo stato della sovrana. Dotata di uno straordinario temperamento, l'aveva rovinato in mille modi. «Non si nega nulla – diceva Mardefeld – tutta come sua madre Caterina[47], ad eccezione del fatto che Bacco non vi ha alcuna

---

43 (N.d.A.) Affaires Étrangers, Russia, 60.

44 Paolo, figlio di Caterina.

45 (N.d.A.) *Sbornik*, 74, 20 maggio 1759. È un tema sul quale la diplomazia ricamava dal 1757 e che l'Imperatrice non aveva, senza dubbio, mai preso in considerazione seriamente.

46 (N.d.A.) Affaires Étrangers, Russia, 63.

47 La zarina Caterina I (1683-1627).

parte.» Più tardi, iniziò a cedere al fascino dei vini d'Ungheria. Arrivò al punto, in estate, di far stendere sotto un folto albero un tappeto coperto di scialli e di addormentarsi tra il silenzio delle sue dame d'onore. Si svegliava in collera se il suo riposo da sultano era maldestramente interrotto. Non conosceva orari né per il pasto né per il riposo. Dava delle grandi sbobbe, troppo allungate e povere, alle giovani. Nello stesso tempo, aveva delle crisi di isteria amorosa alle quali succedevano periodi di devozione bigotta. Si parlava velatamente di tumore, di cancro. Šuvalov prendeva delle precauzioni contro i pericoli dell'avvenire. Probabilmente non era dispiaciuto dal mettere al riparo l'enorme fortuna che aveva accumulato e dovette per questo riconciliare la granduchessa con la sovrana. Si impegnò e ci riuscì.

Caterina aveva appena perso sua madre. La principessa di Zerbst era molto mal vista alla Corte di San Pietroburgo. Il suo viaggio a Parigi era stato pesantemente disapprovato dall'Imperatrice, al punto di ostacolare l'ospitalità della Corte di Francia. Nel febbraio 1759, vedeva l'Imperatrice respingere le lettere che tentava di farle arrivare attraverso delle persone di fiducia[48]. Quando la madre morì, Caterina non era ancora rientrata nella piena fiducia dell'Imperatrice. «Il dolore per sua madre la trattiene chiusa in campagna.» (2 aprile 1760). L'Imperatrice la raggiunge. «Sua Maestà imperiale – dice un dispaccio di Lhôpital – non era stata a Oranienbaum da quattro anni a questa parte. Ci voleva solo la morte della principessa di Zerbst, per fare in modo che l'Imperatrice facesse questa visita[49].» Ma l'atteggiamento di Elisabetta non rassicurò del tutto Caterina. Temeva che la lettura delle carte di sua madre chiarisse all'Imperatrice gli intrighi ai quali aveva preso parte e la compromettesse irrimediabilmente. «M.me la granduchessa – scrive Lhôpital – mi ha mandato ieri una persona di sua fiducia per dirmi che avendo saputo che il conte di Saint Florintin si era impossessato, per ordine del re, delle carte della principessa di Zerbst, sua madre, mi pregava di far partire immediatamente un corriere per chiedere e Sua Maestà di inviare cortesemente tutte queste carte all'incaricato d'affari del principe suo fratello, che è a Parigi. Ha aggiunto che temeva che cadessero nelle mani russe e che pregava di rifiutarle al principe Galitzine qualora ne avesse fatta richiesta di averle a nome suo o dell'Imperatrice[50].» A Parigi non ci si lascia sfuggire quanto si ha. Si finge di non comprendere, di credere che Caterina vuole unicamente far scomparire le tracce delle galanterie di sua madre. «Abbiamo preceduto i desideri e le intenzioni della granduchessa – si risponde – in

---

48 (N.d.A.) Affaires Étrangers, Russia, 59.
49 (N.d.A.) Affaires Étrangers, Russia, 64.
50 (N.d.A.) Affaires Étrangers, Russia, 63.

relazione alle carte che ha lasciato la defunta principessa d'Anhalt, sua madre. Sono state chiuse in due pacchetti separati. Uno conteneva la corrispondenza della principessa d'Anhalt con M. di Saint Simon e le lettere galanti che aveva ricevuto da questo. Sono state bruciate, ed era il solo uso conveniente che se ne potesse fare. L'altro pacchetto contiene delle lettere di M. di Fraigne e se, dopo averle esaminate, si constaterà che sono dello stesso tenore di quelle di M. Saint Simon, le si getteranno allo stesso modo nel fuoco[51].» Dopodiché non si parlò più delle carte che tanto inquietavano Caterina. La granduchessa comprese e da quel momento si professò tutta francese. «Non sono nata ingrata. – scriveva – Sono stata allevata per amare i francesi. Per tanto tempo ho avuto una preferenza per loro ed è un sentimento che i vostri servizi mi ricambiano[52].»

La missione di Lhôpital era pienamente riuscita. Grazie a lui, Poissonnier[53] aveva prolungato la vita dell'Imperatrice e Caterina si era convertita al *nuovo sistema*. Quanto al granduca, aveva così poca importanza! . . . Orlov, che stava per succedere a Poniatowski, richiamato, era là . . . [54]

---

51 (N.d.A.) Affaires Étrangers, Russia, 63, 3 novembre 1760.

52 (N.d.A.) Affaires Étrangers, Russia, 63.

53 Medico parigino che era stato inviato in Russia per curare Elisabetta.

54 (N.d.A.) Se si crede ai diplomatici, quando fu richiamato nel 1761, la granduchessa parve accogliere freddamente un avvenimento che, qualche anno prima, le aveva causato tanta emozione. Probabilmente i suoi amori si erano spenti dell'originario ardore. Più tardi, uno dei confidenti di Caterina, il senatore Yelaguine, diceva a una donna con la quale viveva: «Voi l'avete vista arrivare a casa mia di notte, vestita da uomo, per venire a cercare il suo re di Polonia. Era pura dissolutezza, perché le ho sentito dire che non l'amava, che si serviva degli uomini per qualche scopo, ma che dopo questo voleva gettarli nel fuoco come vecchi mobili.» (Lettera di Durand, 19 aprile 1774). *La cour de Russie*, 170.

La giovinezza

Dal 1721, anno della sua nascita, al 1751

La fortuna non è così cieca come s'immagina. Sovente è il risultato di azioni giuste e scrupolose, sconosciute all'uomo comune, che hanno preceduto l'avvenimento. Essa è, ancora più precisamente, un risultato delle qualità, del carattere e della condotta personale.
Per rendere questo più tangibile ne farei il seguente sillogismo:
Le qualità e il carattere sono la parte maggiore;
La condotta, la minore;
La fortuna o la sfortuna, la conclusione.
Ed ecco due esempi lampanti:
                        Pietro III
                        Caterina II

Pietro III, suo padre e sua madre

La madre di Pietro III[1], figlia di Pietro I[2], due mesi dopo averlo messo al mondo, morì di tisi, nella piccola città di Kiel nell'Holstein, dal dispiacere di esservi stabilita e di essere anche mal maritata[3-4]. Carlo Federico, duca di Holstein[5], nipote di Carlo XII[6], re di Svezia, padre di Pietro III, era un principe debole, brutto, piccolo, mingherlino e povero. Morì nel 1739 e lasciò suo figlio, che aveva circa undici anni, sotto la tutela di suo cugino Adolfo Federico, vescovo di Lubecca, duca di Holstein, successivamente re di Svezia[7], eletto in conseguenza della pace d'Åbo[8], su raccomandazione dell'imperatrice Elisabetta[9]. A capo dell'educazione di Pietro III si trovarono il gran maresciallo della sua corte, Brummer, svedese di nascita[10], e sotto di lui il gran ciambellano Berkholz[11] e, ancora, quattro ciambellani dei quali due, Adlerfeldt, autore di una storia di Carlo XII, e Wachmeister erano svedesi e gli altri due, Wolff e Madfeldt, dell'Holstein. Si allevava il principe per il trono svedese, in una corte troppo grande per il paese dove si trovava e che era divisa in diverse fazioni. Tutte si odiavano tra loro e ciascuna voleva impadronirsi della mente del principe, che doveva plasmare e, quindi, ispirargli l'avversione che esse stesse avevano reciprocamente contro coloro i quali si opponevano a loro. Il giovane principe odiava cordialmente Brummer e non amava nessuno di coloro che aveva attorno, perché lo infastidivano.

Dall'età di dieci anni, Pietro III aveva una propensione per il bere. Lo obbligavano a parecchi compiti e non lo perdevano di vista né di giorno né di notte. Coloro che amava durante la sua infanzia e nei primi anni del suo soggiorno in Russia, erano due valletti di camera: uno, Cramer, livoniano; l'altro, Roumberg, svedese. Quest'ultimo gli era più caro. Era un uomo abbastanza grossolano e rude, che era stato dragone sotto Carlo XII. Brummer, e di conseguenza Berkholz, che vedeva solo attraverso gli occhi di Brummer, erano assegnati al principe come tutore e amministratore. Tutti gli altri erano scontenti di questo principe e di chi gli era intorno.

L'imperatrice Elisabetta, dopo essere salita al trono di Russia, inviò il ciambellano Korf[12] in Holstein per far condurre a sé suo nipote, che il principe amministratore fece subito partire accompagnato dal gran maresciallo Brummer, dal ciambellano Berkholz e dal ciambellano Decken, nipote del primo. Grande fu la gioia dell'imperatrice al suo arrivo. Partì poco dopo per Mosca per la sua incoronazione. Partì risoluta a dichiarare il principe suo erede, ma prima di tutto egli doveva professare la religione ortodossa[13]. I nemici del gran maresciallo Brummer, e soprattutto il gran ciambellano conte Bestužev[14] e il conte M. Panin[15], che era stato per parecchio tempo ambasciatore di Russia in Svezia, pretendevano di avere in mano prove convincenti che Brummer, da quando vide l'imperatrice determinata a dichiarare suo nipote presunto erede del suo trono, avesse preso tanta cura per curare lo spirito e il cuore del suo allievo per renderlo degno della corona di Svezia. Ma io ho sempre dubitato di questa cattiveria, e ho creduto che l'educazione di Pietro III sia stata un insieme di circostanze sfortunate. Racconterò che cosa ho visto e sentito e solo questo spiegherà molte cose.

Ho visto Pietro III per la prima volta quando aveva undici anni, a Eutin[16], a casa del suo tutore il principe vescovo di Lubecca, qualche mese dopo la morte del duca Carlo Federico, suo padre (1739). Il principe vescovo aveva riunito a casa sua tutta la famiglia per introdurvi il suo pupillo. Mia nonna[17], madre del principe vescovo, mia madre[18], sorella di questo stesso principe, erano venute con me da Amburgo. Avevo allora dieci anni. C'erano inoltre il principe Augusto[19] e la principessa Anna[20], fratello e sorella del principe tutore e amministratore di Holstein, ed è allora che io ho sentito dire alla famiglia riunita che il giovane duca era incline agli alcolici e che chi gli era vicino aveva difficoltà a impedirgli di ubriacarsi a tavola; che era caparbio e irascibile; che non amava le persone che gli erano vicine e soprattutto Brummer; per il resto non mancava di vivacità, ma che era di costituzione cagionevole e malaticcia. In verità, il colore del suo viso era pallido e appariva magro e di costituzione delicata. A questo ragazzo la sua corte voleva dare l'aspetto di un uomo fatto e finito e, a questo scopo, lo si infastidiva e lo si teneva in una costrizione che doveva inculcargli la falsità sia nel contegno sia nel carattere.

Questa corte di Holstein, arrivata in Russia, vi fu ben presto seguita da un'ambasciata svedese, che veniva a chiedere all'imperatrice il nipote per la successione al trono di Svezia. Ma Elisabetta, che aveva già dichiarato le sue intenzioni nei preliminari della pace di Åbo, rispose alla Dieta svedese che aveva dichiarato suo nipote erede del trono di Russia, e che dava alla Svezia il principe amministratore di Holstein come ipotetico erede. Questo principe aveva avuto un fratello[21] più anziano con il quale l'imperatrice Elisabetta era stata fidanzata alla morte di Pietro I. Il matrimonio non ebbe luogo poiché il principe morì, poche settimane dopo il fidanzamento, di vaiolo. L'imperatrice Elisabetta aveva conservato per lui molta tenerezza della quale diede prova a tutta la sua famiglia[22].

Pietro III fu quindi dichiarato erede di Elisabetta e granduca di Russia, dopo che ebbe fatto la sua professione di fede secondo il rito ortodosso. Gli si diede per istruirlo, Simon Théodorsky, successivamente arcivescovo di Pleskoff[23]. Il principe era stato battezzato e cresciuto nel più rigido e meno tollerante rito luterano. Dal tempo della sua infanzia era sempre stato restio a ogni insegnamento, e ho sentito dire da chi gli era vicino che a Kiel c'erano sempre mille difficoltà, la domenica e nei giorni di festa, per farlo andare in chiesa e per fargli compiere atti di devozione ai quali lo si costringeva e che discuteva per la maggior parte del tempo di religione con Simon Théodorsky. Sua Altezza imperiale si piccava di discutere su ogni punto. Sovente la sua cerchia era chiamata per spuntare la sua asprezza e per attenuare il calore che metteva nella discussione. Infine, dopo molti insuccessi, si sottomise al volere dell'imperatrice, sua zia, benché, sia perché era prevenuto sia per abitudine o per spirito di contraddizione, fece spesso capire che avrebbe preferito ritornare in Svezia che non restare in Russia. Trattenne Brummer, Berkholz e la coorte di Holstein sino al suo matrimonio. Per la formazione si era aggiunto qualche insegnante. Isaak Wesselowky, per la lingua russa, all'inizio venne di tanto in tanto, in seguito, per nulla. L'altro, il professor Stoehlin[24], doveva insegnare la matematica e la storia, ma alla fine giocava con lui e gli serviva da giullare. Il maestro più assiduo era Laudet, maestro di danza, che gli insegnava a ballare[25].

Nei suoi alloggi, il granduca, innanzitutto, non si occupava d'altro che di far fare esercizio militare a una coppia di domestici che gli erano stati dati per il servizio in camera. Dava loro dei gradi e dei ranghi e li degradava secondo la sua fantasia[26]. Erano veri giochi di un bambino e di un infantilismo perenne. In generale era molto infantile, benché avesse già sedici anni.

1744

Nel 1744, la corte di Russia era a Mosca e Caterina II vi giunse con sua madre il 9 febbraio. La corte di Russia era all'epoca divisa in due grandi fazioni. A capo della prima, che iniziava a rialzarsi dalla sua caduta, vi era il vice cancelliere Bestužev Rumine[27]-[28]. Costui era infinitamente più odiato che amato, troppo intrigante e sospettoso, fermo e intrepido nei suoi principi, abbastanza tirannico, nemico implacabile ma amico dei suoi amici, che non lasciava se non quando questi gli voltavano le spalle. Comunque, difficile da sopportare e sovente puntiglioso[29]. Egli era a capo del ministero degli affari esteri. Dovendo combattere il circolo dell'Imperatrice, aveva avuto dei rovesci prima del viaggio a Mosca, ma iniziava a rimettersi. Era partigiano della corte di Vienna, di quella sassone e dell'Inghilterra. L'arrivo di Caterina II e di sua madre non gli faceva per nulla piacere: era l'opera segreta della fazione alla quale lui si opponeva[30]. Numerosi erano i nemici del conte Bestužev, ma li faceva tremare tutti. Aveva su di loro il vantaggio del suo posto e del suo carattere che lo faceva prevalere nelle politiche d'anticamera.

Il partito opposto a Bestužev teneva per la Francia, la sua protetta Svezia, e per il re di Prussia. Il marchese di La Chétardie ne era l'anima. I cortigiani giunti dall'Holstein ne erano i propugnatori. Avevano guadagnato Lestocq[31], uno dei principali artefici della rivoluzione che aveva portato Elisabetta al trono di Russia[32]. Costui godeva della sua completa fiducia. Era stato il suo chirurgo dopo il decesso di Caterina I, presso la quale lavorava. Aveva reso alla madre e alla figlia servizi importanti. Non mancava di intelligenza, sapeva ordire intrighi e intrallazzi, ma era malvagio e aveva un cuore di pietra e crudele. Tutti questi stranieri la sostenevano e spingevano il conte Michele Vorontsov[33] che aveva avuto parte anche nella rivoluzione e aveva accompagnato Elisabetta la notte che salì sul trono[34]. Gli aveva fatto sposare la nipote dell'imperatrice Caterina I, la contessa Anna Kalovna Skavronsky[35], che era stata allevata presso l'imperatrice Elisabetta e che le era molto affezionata[36]. A questa fazione si era anche aggregato il conte Alessandro Rumjancev[37], padre del maresciallo che aveva firmato la pace di Åbo con la Svezia, pace per la quale Bestužev era stato poco consultato. Si contava inoltre sul procuratore generale Trubetskoj[38], su tutta la famiglia Trubetskoj, e per conseguenza sul principe Hesse-Homburg che aveva sposato una principessa di questa casa. Il principe di Hesse-Homburg, allora molto stimato, di per sé non era nulla di particolare e la sua considerazione gli veniva dalla numerosa famiglia di sua moglie, il cui padre e la cui madre vivevano ancora: erano costoro che godevano di grande credito.

Il resto del seguito dell'Imperatrice consisteva allora nella famiglia Šuvalov[39] che bilanciava il capocaccia Razumovskij[40], per il momento il favorito in carica. Il conte Bestužev sapeva come approfittarne, ma il suo principale sostenitore era il barone Tcherkassov, segretario del gabinetto dell'Imperatrice, che aveva già servito nel gabinetto di Pietro I. Era un uomo rude e ostinato, che voleva l'ordine e la giustizia, e governare ogni cosa. Tutto il resto della corte si metteva da una parte o dall'altra in base ai propri interessi e alle personali vedute.

Il granduca parve rallegrarsi dell'arrivo di mia madre e del mio. Ero allora quindicenne. Durante i primi giorni mi fece oggetto di grande interesse. Successivamente e in questo breve spazio di tempo, vidi e compresi che non prestava molta attenzione alla nazione sulla quale era destinato a regnare; era attaccato al luteranesimo; amava poco la sua cerchia ed era molto infantile. Tacevo e ascoltavo e questo mi fece guadagnare la sua fiducia. Mi ricordo che mi disse, tra le altre cose, che ciò che più gli piaceva in me era che fossi sua cugina, e che poiché parente, poteva parlarmi a cuore aperto. In seguito a ciò, mi disse che era innamorato di una delle damigelle d'onore dell'Imperatrice, che era stata cacciata dalla Corte, dopo che la madre era caduta in disgrazia, una madame Lapouchkine che era stata esiliata in Siberia[41]; che avrebbe voluto sposarla, ma che era rassegnato a sposare me perché lo desiderava sua zia. Io ascoltavo arrossendo questi progetti di discendenza e lo ringraziavo della sua anticipata confidenza. Ma in fondo al mio cuore vedevo con stupore la sua imprudenza e la mancanza di buonsenso in parecchie cose.

Il decimo giorno successivo al mio arrivo a Mosca, un sabato, l'Imperatrice andò al convento di Troïtza. Il granduca rimase con noi a Mosca. Mi erano già stati dati tre insegnanti: uno, Simon Théodorsky[42], per insegnarmi la religione ortodossa, l'altro, Basile

Adadurov, per la lingua russa[43]; e Laudet, maestro di ballo, per la danza. Per fare dei progressi più rapidi nella lingua russa, di notte mi alzavo dal letto e, mentre tutti dormivano, imparavo a memoria i quaderni che mi lasciava Adadurov. Poiché la mia camera era calda ed io non avevo alcuna esperienza di quel clima, dimenticavo di mettere le scarpe e studiavo senza coprirmi, come ero uscita dal letto. Così, dopo il quindicesimo giorno, presi una pleurite che mi fece vaneggiare. Si annunciò con un brivido che mi prese, il martedì, dopo la partenza dell'Imperatrice per il convento di Troïtza, nel momento in cui mi ero vestita per cenare con mia madre a casa del granduca. Ottenni con difficoltà da mia madre il permesso di andare a letto. Quando ritornò dalla cena, mi trovò quasi senza conoscenza, con una forte febbre e con un insopportabile dolore al fianco. Immaginò che mi stesse venendo il vaiolo, mandò a cercare dei medici e volle che mi curassero di conseguenza. Questi sostenevano che bisognava farmi un salasso, cosa alla quale non volle acconsentire dicendo che era stato facendo salassi a suo fratello, in Russia, che lo si era fatto morire di vaiolo e che non voleva che a me succedesse lo stesso. I medici e la cerchia del granduca, che non avevano avuto il vaiolo, inviarono all'Imperatrice un rapporto esatto sullo stato delle cose, e io restai nel mio letto, tra mia madre e i medici che discutevano, priva di conoscenza, con una febbre bruciante e un dolore al fianco che mi faceva soffrire orribilmente e mi provocava dei lamenti per i quali mia madre mi rimproverava, perché voleva che sopportassi con pazienza il mio male.

Infine, il sabato sera, alle sette, cioè al quinto giorno della mia malattia, l'Imperatrice ritornò dal convento di Troïtza e appena scesa dalla vettura entrò nella mia camera e mi trovò priva di conoscenza. Aveva al suo seguito il conte Lestocq e un chirurgo, e dopo aver ascoltato l'opinione dei medici, si sedette al capezzale del mio letto e mi fece salassare. Nel momento il cui uscì il sangue ritornai in me e, aprendo gli occhi, mi vidi tra le braccia dell'Imperatrice che mi aveva sollevata. Rimasi tra la vita e la morte per ventisette giorni, durante i quali mi salassarono sedici volte e, qualche volta, quattro volte al giorno. Non si lasciò quasi più entrare mia madre nella mia stanza. Continuava a essere contraria a questi frequenti salassi e urlava che mi si voleva far morire. Tuttavia, incominciava a convincersi che io non avessi il vaiolo. L'Imperatrice mi aveva messa vicina la contessa Rumjancev e parecchie altre donne e sembrava che non si prestasse fede al giudizio di mia madre. Infine, l'ascesso che avevo al fianco destro scoppiò per l'intervento del medico portoghese Sanchès. Vomitai e dal quel momento ritornai in me. Mi accorsi subito che la condotta che aveva avuto mia madre durante la mia malattia, le aveva nuociuto sotto ogni aspetto. Quando mi vide molto malmessa volle che si chiamasse un prete luterano. Mi è stato detto che mi si fece rinvenire e che si approfittò del momento di lucidità per chiedermelo e che io risposi: «A che pro? Fate piuttosto venire Simon Théodorsky. Parlerò volentieri con lui.» Fu condotto da me e ci parlammo in presenza di assistenti in una maniera che rese contenti tutti. Questo mi fece figurare molto bene nei confronti dell'Imperatrice e di tutta la corte.

Un'altra piccola circostanza nocque a mia madre. Verso Pasqua, mia madre si azzardò a mandarmi a dire da una cameriera di darle una stoffa blu e argento che il fratello di mio padre mi aveva regalata prima della mia partenza per la Russia, perché mi era piaciuta molto. Le feci rispondere che era padrona di prenderla e che era vero che io ci tenevo molto perché mio zio me l'aveva regalata, vedendo che mi piaceva. Quelli che mi circondavano, vedendo che davo la mia stoffa controvoglia e che io ero stata per così lungo tempo tra la vita e la morte, che stavo un po' meglio solo da un paio di giorni, si misero a dire tra loro che mia madre era ben imprudente a provocare a una giovane morente anche il minimo dispiacere e che, ben lontana dal voler prendere questa stoffa, sarebbe stato meglio non ne avesse fatta menzione. Qualcuno andò a raccontarlo all'Imperatrice che, immediatamente, mi mandò numerose pezze di stoffe ricche e bellissime, tra le quali una blu e argento. Ma di questo fece un torto a mia madre. Si accusò quest'ultima di non avere alcuna tenerezza né considerazione per me. Durante la mia malattia mi ero abituata a stare con gli occhi chiusi, mi si credeva addormentata e allora la contessa Rumjancev e le altre donne dicevano tra loro ciò che avevano nel cuore e così imparai molte di cose.

Quando incominciai a stare meglio, il granduca veniva a passare le serate nell'appartamento di mia madre, che era anche il mio. Egli e tutti gli altri sembrava avessero un grande interesse per il mio stato. L'Imperatrice aveva spesso versato delle lacrime. Infine, il 21 aprile, giorno in cui iniziava il mio quindicesimo anno, fui in grado di comparire in pubblico per la prima volta dopo questa terribile malattia. Penso che tutti non furono molto edificati nel vedermi. Ero diventata magra come uno scheletro. Ero cresciuta, ma il mio viso e i miei tratti si erano allungati. I capelli mi cadevano ed ero di un pallore mortale. Io stessa mi trovavo brutta da far paura e non riuscivo a riconoscere la mia fisionomia. Quel giorno, l'Imperatrice mi mandò un rossetto e mi ordinò di metterlo.

Con la primavera e le belle giornate, le assiduità del granduca cessarono. Amava di più andare a passeggiare e cacciare nei dintorni di Mosca. Tuttavia qualche volta, veniva a pranzare o a cenare da noi e allora le sue infantili confidenze tra di noi continuavano, mentre la sua coorte si intratteneva con mia madre, a casa della quale veniva parecchia gente, e dove avvenivano numerosi colloqui che non lasciavano alcun rimpianto a coloro che non vi partecipavano, e tra questi al conte Bestužev, i cui nemici erano riuniti a casa nostra, compreso il marchese La Chétardie, che non aveva ancora alcun ruolo ufficiale, ma che aveva in tasca le credenziali di ambasciatore della corte di Francia.

Nel mese di maggio, l'Imperatrice andò nuovamente al convento di Troïtza, dove il granduca, io e mia madre la seguimmo. L'Imperatrice, dopo qualche tempo, iniziò a trattare mia madre con grande freddezza. Al convento di Troïtza il motivo divenne chiaro. Un dopopranzo in cui il granduca era venuto nel nostro appartamento, l'Imperatrice entrò improvvisamente e disse a mia madre di seguirla nell'altro appartamento. Entrò anche il conte Lestocq. Il granduca ed io ci mettemmo seduti su di una finestra ad aspettare. La conversazione durò parecchio e vedemmo il conte Lestocq uscire, il quale, passando, si avvicinò al granduca e a me, che stavamo ridendo, e ci disse: «Questa grande gioia deve immediatamente cessare.» E poi, rivolgendosi a me :«Voi dovete solo preparare i vostri bagagli. Partirete subito e ritornerete a casa vostra.» Il granduca volle sapere la ragione di tutto ciò. Gli rispose: «Lo saprete dopo» e se ne andò a fare l'ambasciata di cui era stato incaricato e che io ignoravo. Lasciò il granduca e me a rimuginare su ciò che ci aveva appena detto. I commenti del primo erano in parole, i miei in pensieri. Diceva: «Ma se vostra madre è cattiva, voi non lo siete.» Gli rispondevo: «Il mio dovere è di seguire mia madre e di fare quello che mi ordinerà.» Vidi chiaramente che mi avrebbe lasciato senza rimpianti. Per me, visti i suoi atteggiamenti, era praticamente indifferente, mentre non era lo stesso per la corona di Russia. Infine, la porta della camera da letto si aprì e l'Imperatrice uscì con il viso alquanto arrossato e un'aria irritata, mia madre la seguiva con gli occhi rossi e umidi dal pianto. Noi ci sbrigammo a scendere dalla finestra dove eravamo appollaiati, che era abbastanza alta, e questo fece sorridere l'Imperatrice che ci abbracciò entrambi e se ne andò. Quando se ne fu andata, venimmo a conoscenza di ciò che era accaduto.

Il marchese di La Chétardie che, un tempo o per meglio dire durante il suo primo viaggio in Russia, aveva goduto del favore e della confidenza dell'Imperatrice, nel secondo viaggio si trovò privo delle sue speranze. I suoi propositi erano più misurati delle sue lettere, che erano piene del più acido fiele. Erano state aperte e decifrate[44]. Vi sono stati trovati dettagli delle sue conversazioni con mia madre e con molti altri personaggi sugli affari del momento e sul conto dell'Imperatrice. Poiché il marchese di La Chétardie non era accreditato come diplomatico, venne dato l'ordine di cacciarlo dall'Impero. Gli fu tolto l'ordine di Sant'Andrea e il ritratto dell'Imperatrice, ma gli si lasciarono tutti gli altri regali in gioielli che aveva avuto da questa principessa. Non so se mia madre riuscì a giustificarsi nei confronti dell'Imperatrice, ma sta di fatto che non partimmo. Tuttavia, mia madre continuò ad essere trattata con molta diffidenza e molto freddamente. Ignoro ciò che si siano detti lei e La Chétardie, ma so che quest'ultimo un giorno si rivolse a me e mi fece i complimenti per la mia acconciatura. Gli dissi che per piacere all'Imperatrice mi acconciavo in tutti i modi che potessero piacerle. Quando intese la mia risposta fece una giravolta a sinistra, se ne andò da un'altra parte e non si rivolse più a me.

Ritornate a Mosca con il granduca, io e mia madre fummo più isolate. Venivano da noi meno persone e mi preparavo a fare la mia professione di fede[45]. La cerimonia fu fissata il 28 giugno e l'indomani, giorno di San Pietro, si doveva celebrare il fidanzamento con il granduca.

Mi ricordo che il maresciallo Brummer, in questo periodo, si rivolse più volte a me per lamentarsi del suo allievo e voleva usarmi per correggere o raddrizzare il suo granduca. Ma gli dissi che ciò era impossibile e che gli sarei divenuta odiosa come già lo era la sua cerchia. Sempre in quel periodo, mia madre si attaccò strettamente al principe e alla principessa di Hesse[46], e più ancora al fratello di questa, il ciambellano Betzky. Quest'amicizia dispiaceva alla contessa Rumjancev, al maresciallo Brummer e a tutti, e mentre lei era con loro nella sua camera, il granduca ed io stavamo in corridoio a fare un grande baccano, occupandolo interamente. A tutti e due non mancava la vivacità infantile.

Nel mese di luglio, l'Imperatrice celebrò a Mosca la festa per la pace con la Svezia, in occasione della quale mi si creò una corte come granduchessa di Russia, fidanzata, e subito dopo ci fece partire per Kiev. Anche lei partì poco dopo noi. Andavamo a piccole tappe, mia madre ed io, la contessa Rumjancev e una dama di mia madre nella stessa carrozza. Il granduca, Brummer, Berkholz e Decken in un'altra. Un dopopranzo, il granduca, che si annoiava con i suoi precettori, volle venire con mia madre e me e non volle più allontanarsi dalla nostra carrozza. Allora mia madre, che si annoiava di stare con lui e me tutti i giorni, pensò di accrescere la compagnia. Comunicò la sua idea ai ragazzi del nostro seguito, tra i quali si trovavano il principe Galitzine, poi maresciallo con questo nome, e il conte Zakhar Tchernychev[47-48]. Si prese una carrozza che portava i nostri letti e vi sistemammo delle panche intorno e, dal giorno dopo, il granduca, mia madre ed io, il principe Galitzine, il conte Tchernychev e uno o due dei più giovani del seguito vi si sistemarono, così il resto del viaggio trascorse molto allegramente per quanto riguardava la nostra carrozza. Ma tutti quelli che non vi trovarono posto fecero comunella contro questa sistemazione che dispiaceva in sommo grado al gran maresciallo Brummer, al gran ciambellano Berkhoz, alla contessa Rumjancev, alla dama di mia madre e a tutto il resto del seguito, perché non vi misero mai piede, e perché mentre noi ridevamo lungo la strada, loro inveivano e si annoiavano. In questo modo arrivammo, alla fine di tre settimane, a Koselsk[49] dove aspettammo per altre tre settimane l'Imperatrice, il cui viaggio era stato ritardato da numerosi incidenti. A Koselsk apprendemmo che lungo la strada numerose persone del seguito dell'Imperatrice erano state allontanate e che lei era di pessimo umore. Infine, alla metà d'agosto, arrivò a Koselsk, dove restammo con lei sino alla fine del mese. Eravamo felici, si giocava dalla mattina alla sera a faraone in una grande sala in mezzo alla casa, e si giocava forte. Per il resto tutti eravamo in uno spazio ristretto. Mia madre ed io dormivamo nella stessa stanza, la contessa Rumjancev e la dama di mia madre nell'anticamera, e così via il resto. Un giorno che il granduca era venuto nella camera di mia madre e mia, mentre lei scriveva e aveva la sua cassetta aperta di fianco a lei, egli volle frugarvi per curiosità. Mia madre gli disse di non toccare e in verità egli se ne andò saltando per la camera da un'altra parte. Ma saltando qua e là per farmi ridere, urtò il coperchio della cassetta aperta e la rovesciò. Mia madre si arrabbiò e tra loro ci furono delle parole pesanti. Mia madre gli rimproverava di aver rovesciato la sua cassetta di proposito e lui gridava all'ingiustizia e l'uno e l'altra si rivolgevano a me chiedendo la mia testimonianza. Io, che conoscevo il carattere di mia madre, temevo di prendere qualche schiaffo se non fossi stata del suo avviso e non volendo né mentire, né essere sgradita al granduca, mi trovavo tra due fuochi. Ciò nondimeno, dissi a mia madre che non pensavo che lo avesse fatto intenzionalmente, ma che saltando il suo abito aveva urtato il coperchio della cassetta che era posta su di uno sgabello molto piccolo. Allora, mia madre mi prese da parte, poiché quando era in collera aveva bisogno di qualcuno con cui prendersela e io mi misi a piangere. Il granduca, vedendo che tutta la collera di mia madre si riversava su di me, perché avevo testimoniato in suo favore, e che io piangevo, accusò mia madre di essere ingiusta e affrontò la sua collera con furia. Lei gli disse che era un ragazzino maleducato. In una parola, era difficile spingere più in là la discussione, senza litigare, ed entrambi lo evitarono. Da quel momento il granduca prese mia madre in antipatia e non dimenticò mai questa discussione. Mia madre, da parte sua, lo guardava con rancore e l'atteggiamento tra loro tradiva del disagio, della diffidenza e dell'acredine. Tutte e due con me raramente lo nascondevano. Ebbi un buon impegno ad addolcire sia l'uno sia l'altra, e vi riuscii solo in particolari circostanze. Per stuzzicarsi, entrambi avevano sempre pronta una battuta sarcastica da scambiarsi, ma la situazione diventava ogni giorno più spinosa. Io cercavo di obbedire a uno e di compiacere l'altro, e a dire il vero il granduca aveva con me allora più comprensione che con qualunque altra persona, poiché vedeva che sovente mia madre mi prendeva di punta quando non poteva colpire lui. Questo non mi danneggiò nei rapporti con lui perché credette di essere sicuro di me. Infine, il 29 agosto, entrammo a Kiev. Vi restammo per dieci giorni e poi ripartimmo per Mosca, nello stesso modo in cui eravamo giunti.

Arrivati a Mosca, tutto l'autunno trascorse in commedie, balletti e balli in maschera alla corte. Nonostante questo, si vedeva che l'Imperatrice era sovente di cattivo umore. Un giorno che eravamo ad assistere a una commedia in un palco di fronte a Sua Maestà, mia madre ed io con il granduca, notai che l'Imperatrice parlava con molta foga e collera con il conte Lestocq. Quando ebbe terminato, Lestocq la lasciò e venne nel nostro palco, si avvicinò a me e mi disse: «Avete visto come mi ha parlato l'Imperatrice?» Gli risposi di sì. «Ebbene – disse – è molto in collera con voi.» - «Con me! E perché?» Gli risposi. «Perché – disse – voi avete molti debiti. Ha detto che si possono esaurire dei pozzi e che, quando era principessa, lei non aveva più spese di voi e di tutta una famiglia e si guardava bene dall'indebitarsi perché sapeva che nessuno avrebbe pagato per lei.» Mi disse tutto questo con aria arrabbiata e secca, perché lei vedesse dal suo palco, evidentemente, come assolveva il suo incarico. Mi vennero le lacrime agli occhi e mi nascosi. Dopo che ebbe terminato di parlare se ne andò. Il granduca, che era di fianco a me e che aveva intuito la nostra conversazione, dopo avermi domandato quello che non aveva sentito, con delle espressioni del viso piuttosto che con parole mi fece capire che comprendeva la posizione di sua zia e che non era dispiaciuto che mi si fosse rimproverata. Questo era il suo modo di agire, e credeva di rendersi gradevole all'Imperatrice immedesimandosi nei suoi atteggiamenti quando questa si arrabbiava contro qualcuno. Mia madre, quando apprese il contenuto del problema, disse che non era che la conseguenza delle sofferenze che ci si era dati per allontanarmi da lei e che, poiché avevo iniziato ad agire senza consultarla, se ne lavava le mani. Così sia l'una sia l'altra si misero contro di me.

Personalmente, volli mettere subito ordine nel miei affari e dall'indomani chiesi i miei conti. Da questi vidi che dovevo diciassettemila rubli. Prima di partire da Mosca per Kiev, l'Imperatrice mi aveva mandato quindicimila rubli e un grande baule di stoffe semplici, ma io dovevo essere vestita sontuosamente. Così, a conti fatti, dovevo duemila rubli e questa non mi parve una somma eccessiva. Molteplici motivi mi avevano spinto a queste spese. Primo, ero arrivata in Russia equipaggiata molto male. Se avevo tre o quattro abiti, non era la fine del mondo, soprattutto in una corte dove ci si cambiava d'abito tre volte al giorno[50]. Una dozzina di camice erano tutta la mia biancheria e usavo la biancheria da letto di mia madre. Secondo, mi era stato detto che in Russia si amavano i regali e che, con la generosità, ci si facevano degli amici e ci si rendeva gradevoli. Terzo, si era messa al mio fianco la donna più spendacciona di Russia, la contessa Rumjancev, che era sempre circondata da commercianti e si presentava ogni giorno piena di cose che mi spingeva a prendere e che sovente acquistavo solo per regalarle a lei, perché ne aveva un grande desiderio. Anche il granduca mi costava molto perché era avido di regali. Anche l'umore di mia madre si calmava facilmente con qualche cosa che le piaceva particolarmente, e poiché allora spesso ce l'aveva con me in particolare, non tralasciavo questo mezzo che avevo scoperto. L'umore di mia madre era una conseguenza dell'atteggiamento dell'Imperatrice che spesso la mortificava e l'umiliava. Inoltre, mia madre, che avevo sempre seguita, non vedeva di buon grado che io avessi la precedenza su di lei, cosa che evitavo ovunque potessi. Ma in pubblico questo era impossibile. In generale, mi ero imposta di manifestarle il più grande rispetto e tutto il riguardo possibile. Ma questo non mi serviva a molto e le scappava sempre, in tutte le occasioni, qualche asprezza, cosa che non la favoriva e che non le faceva guadagnare il favore della gente.

La contessa Rumjancev, con quello che diceva e ridiceva e con molti pettegolezzi, contribuiva non poco, così come molti altri, a mettere mia madre in cattiva luce nei confronti dell'Imperatrice. Anche la vettura a otto posti del viaggio di Kiev ebbe un ruolo in questo. Tutti gli anziani ne erano stati esclusi, tutti i giovani vi erano stati ammessi. Dio sa che significato era stato attribuito a quella sistemazione, in fondo assolutamente innocente. Ciò che saltava alla vista, era che si era stati sgarbati nei confronti di chi vi poteva essere ammesso per rango e che si erano preferiti quelli che erano più divertenti. Alla fine, tutta questa faccenda era stata causata dal fatto che non si era ammesso Betzky[51] e i Trubetskoj[52], con i quali mia madre aveva la maggiore familiarità nel viaggio da Kiev. A questo avevano certamente contribuito Brummer e la contessa Rumjancev e la carrozza a otto posti dove non furono ammessi divenne un motivo di risentimento.

Nel mese di novembre, il granduca prese a Mosca il morbillo. Poiché io non l'avevo avuto, si presero delle precauzioni per impedire l'infezione. Coloro che frequentavano il principe non vennero più da noi e tutti i divertimenti cessarono. Quando la malattia fu superata ed era iniziato l'inverno, partimmo da Mosca per San Pietroburgo in slitta, mia madre ed io in una, il granduca e Brummer in un'altra. Festeggiammo il giorno della nascita dell'Imperatrice (18 dicembre) a Tver[53], da dove partimmo l'indomani. Arrivati a metà strada al borgo di Chotilovo, verso sera, il granduca, che si trovava nella mia stanza si sentì poco bene. Lo si portò nella sua e lo si mise a letto. Durante la notte ebbe la febbre molto alta. Il giorno dopo, a mezzogiorno, andammo, mia madre ed io, nella sua camera a trovarlo. Ma appena ebbi oltrepassata la soglia, il conte Brummer si mise davanti a me, dicendomi di non andare oltre. Ne volli sapere la ragione e mi disse che il granduca iniziava ad avere le macchie del vaiolo. Poiché io non l'avevo avuto, mia madre mi portò subito via dalla camera e fu deciso che saremmo partite il giorno stesso, noi due, per Pietroburgo, lasciando il granduca e la sua corte a Chotilovo. Anche la contessa Rumjancev e la dama di mia madre rimasero lì, per così dire, a curare il malato[54]. Era stato inviato un corriere all'Imperatrice che ci aveva preceduti ed era già a Pietroburgo. Poco distante da Novogorod[55], incontrammo l'Imperatrice che, avendo saputo che il granduca aveva preso il vaiolo, ritornava da Pietroburgo per andare a trovarlo a Chotilovo, dove si stabilì per tutto il tempo in cui durò la malattia. Quando l'Imperatrice ci vide, benché fossimo nel cuore della notte, fece fermare la sua e la nostra slitta e ci chiese notizie sullo stato del granduca. Mia madre le disse tutto ciò che ne sapeva, dopodiché l'Imperatrice ordinò al suo cocchiere di ripartire e noi continuammo la nostra strada e arrivammo a Novogorod verso mattina.

Era domenica e andai a messa, dopo di che pranzammo e mentre stavamo per uscire, arrivarono il ciambellano principe Galitzine e il gentiluomo di camera Zachar Tchernychev, che provenivano da Mosca e andavano a Pietroburgo. Mia madre si arrabbiò con il principe Galitzine perché era in compagnia del conte Tchernychev, e costui aveva detto non so quali falsità. Pretendeva che lo dovesse evitare come un uomo pericoloso che inventava delle storie a sua discrezione. Li tenne a distanza tutte e due, ma siccome con questo atteggiamento, ci si annoiava tremendamente, e del resto non c'erano altre scelte, visto che erano i più colti e avevano più argomenti degli altri, non le diedi retta, il che mi comportò qualche scappatella da mia madre.

Infine, arrivammo a Pietroburgo dove alloggiammo in una casa vicina alla corte. Il Palazzo imperiale non era sufficientemente grande per ospitare anche il granduca che quindi andò a occupare una casa posta tra il Palazzo e noi. Il mio appartamento era alla sinistra del Palazzo, quello di mia madre alla destra. Quando mia madre vide queste sistemazioni andò in collera, perché le sembrò che il mio appartamento fosse meglio distribuito del suo e perché quest'ultimo era separato dal mio da una sala comune. Per la verità, ciascuna di noi aveva quattro camere, due sul fronte e due sul cortile della casa; le camere erano uguali, ammobiliate con stoffe blu e rosse senza alcuna differenza. Ma ecco cosa contribuì a irritare ancora di più mia madre. La contessa Rumjancev, a Mosca, mi aveva portate le piante di questa casa per conto dell'Imperatrice, vietandomi da parte sua di parlare di questo e chiedendomi come volevamo essere sistemati. C'era poco da scegliere. I due appartamenti erano uguali. Lo dissi alla contessa che mi informò che l'Imperatrice avrebbe preferito che fossi alloggiata in un appartamento separato, piuttosto che, come avveniva a Mosca, in comune con mia madre. Questa disposizione mi piaceva anche, poiché ero imbarazzata non poco in quello di mia madre che, letteralmente, non era gradita a nessuno. Mia madre venne a sapere delle piante che mi erano state fatte vedere, me ne parlò e le spiegai come si erano svolti i fatti. Mi sgridò per il segreto che ne avevo fatto. Le dissi che mi era stato vietato di parlarne, ma non trovò sufficiente questa ragione e, in generale, vidi che di giorno in giorno si irritava sempre di più con me e che era in disaccordo pressoché con tutti, così da non venire più né a colazione né a cena, ma facendosi servire in camera. Per quanto mi riguarda, andavo da lei tre o quattro volte al giorno. Il resto del tempo lo impiegavo a imparare la lingua russa, a suonare il clavicembalo e mi acquistavo dei libri, così che a quindici anni ero isolata e abbastanza diligente per la mia età.

Alla fine del nostro soggiorno a Mosca era arrivata un'ambasciata svedese a capo della quale vi era il senatore Cedercreutz[56]. Poco tempo dopo arrivò il conte Gyllenborg[57], per informare l'Imperatrice del matrimonio del principe, fratello di mia madre, con una principessa svedese[58]-[59]. Avevamo conosciuto il conte Gyllenborg, insieme a molti altri svedesi, dopo la partenza del principe reale per la Svezia. Era un uomo di grande spirito, che non era più giovane ma al quale mia madre prestava molta attenzione. Da parte mia ero in debito con lui, perché ad Amburgo, vedendo che mia madre mi considerava poco, le disse che aveva torto e che sicuramente ero una ragazza più matura della mia età. Giunto a Pietroburgo, venne da noi e, come ad Amburgo mi aveva detto che avevo una mentalità alquanto filosofica, mi chiese come andasse la mia filosofia nel vortice dove ero stata messa. Gli raccontai che cosa facevo nella mia camera. Mi disse che una filosofa di quindici anni non poteva conoscersi da sola e che ero circondata da tali scogli che c'era da credere che mi incagliassi a meno che non avessi una tempra assolutamente superiore, che bisognava nutrire con le migliori letture possibili e, a questo fine, mi raccomandò le *Vite Illustri* di Plutarco, *La vita di Cicerone* e *Cause della grandezza e della decadenza della Repubblica romana* di Montesquieu. Immediatamente, mi fece cercare questi libri, che era difficile trovare a Pietroburgo all'epoca, e gli dissi che gli avrei tracciato un ritratto di come mi vedevo, perché potesse constatare se io mi conoscevo oppure no. Misi realmente per scritto il mio ritratto e lo intitolai: *Portrait du philosophe de quinze ans*, e glielo regalai. Molti anni dopo, e precisamente nel 1758, ho ritrovato questo ritratto e sono rimasta meravigliata dalla profonda conoscenza di me stessa che conteneva. Sfortunatamente, l'ho bruciato quell'anno, insieme a tutte le mie altre carte, temendo di conservarne una sola nel mio appartamento all'epoca della pessima vicenda di Bestužev. Il conte Gyllenborg mi rese dopo pochi giorni il mio scritto. Non so se ne abbia fatta una copia. L'accompagnò con una dozzina di pagine delle riflessioni che aveva fatto nei miei confronti, con le quali cercava di rafforzare in me tanto la nobiltà d'animo e la fermezza quanto le altre qualità del cuore e dello spirito. Ho letto e riletto più volte il suo scritto. Me ne convinsi e mi proposi molto sinceramente di seguire i suoi suggerimenti. Lo promisi a me stessa, e quando ho promesso qualcosa a me stessa non ricordo di esserne mai venuta meno. In seguito resi al conte Gyllenborg il suo scritto, come mi aveva chiesto di fare, e confesso che è molto servito a formare e rafforzare la tempra del mio carattere e della mia mente.

All'inizio di febbraio, l'Imperatrice ritornò da Chotilovo con il granduca. Da quando fummo avvertiti del suo arrivo la aspettammo e la incontrammo nella grande sala, tra le quattro e le cinque di sera, quasi nell'oscurità. Nonostante ciò, fui pressoché sgomenta nel vedere il granduca che era molto cresciuto, ma irriconoscibile nella figura. Aveva tutti i tratti ingrossati, il viso ancora gonfio e vedendolo non si poteva dubitare che sarebbe rimasto sensibilmente segnato. Poiché gli avevano tagliato i capelli indossava un'enorme parrucca che lo sfigurava ancora di più. Venne da me e mi chiese se non avevo avuto difficoltà a riconoscerlo. Gli balbettai i miei complimenti sulla sua convalescenza, ma, di fatto, era diventato orribile.

Il 9 febbraio era trascorso un anno dal mio arrivo alla corte di Russia. Il 10 febbraio, l'Imperatrice celebrò il compleanno del granduca. Iniziava il suo diciassettesimo anno. L'imperatrice cenò con me sola sul trono. Il granduca non comparve in pubblico quel giorno, né ancora per lungo tempo. Non c'era alcuna fretta di mostrarlo nello stato in cui l'aveva ridotto il vaiolo. L'Imperatrice fu con me molto gentile durante la cena. Mi disse che le lettere in russo che le avevo scritto a Chotilovo le avevano fatto un grande piacere (a dire il vero erano state composte da Adadurov, ma io le avevo trascritte di mio pugno); che era informata che io mi applicavo molto nell'apprendere la lingua del paese. Mi parlò in russo e volle che le rispondessi in questa lingua, cosa che feci e per questo si complimentò per la mia pronuncia. Inoltre, mi fece capire che ero diventata più carina dopo la mia malattia a Mosca. In una parola, durante tutta la cena mi diede testimonianze di bontà e affetto. Ritornai a casa felice e contenta della mia cena e tutti si congratularono con me. L'Imperatrice si fece portare il mio ritratto che il pittore Caravaque[60] aveva iniziato e lo mise nella sua stanza. È lo stesso che lo scultore Falconet[61] ha portato con lui in Francia; pareva praticamente parlante.

Per andare a messa dall'Imperatrice, bisognava che mia madre ed io passassimo negli appartamenti del granduca che alloggiava molto vicino a me. Conseguentemente lo vedevamo spesso. Veniva anche qualche sera a passare qualche momento da me, ma senza nessun entusiasmo. Al contrario, era sempre ben disposto a trovare qualche scusa per non farlo e restare a casa sua, chiuso nella sua consueta puerilità.

Poco dopo l'arrivo dell'Imperatrice e del granduca a Pietroburgo, mia madre ebbe un forte dispiacere che non riuscì a nascondere. Il principe Augusto[62], fratello di mia madre, le aveva scritto a Kiev per informarla della sua intenzione di venire in Russia. Mia madre era informata che questo viaggio aveva come unico scopo rinviare, alla maggiore età del granduca, che si voleva anticipare, l'amministrazione dell'Holstein. Si voleva ritirare la tutela dalle mani del fratello maggiore diventato principe reale di Svezia, per dare l'amministrazione dell'Holstein, sotto il nome di granduca maggiore, al principe Augusto, fratello minore di mia madre e del principe ereditario di Svezia. Questo intrigo era stato ordito dal partito dell'Holstein contrario al principe reale di Svezia, insieme ai danesi che non potevano perdonargli di averlo portato con sé in Svezia al posto del principe ereditario di Danimarca che i dalarniani[63] volevano eleggere come successore al trono svedese. Mia madre rispose al principe Augusto, suo fratello, da Koselsk, che invece di prestarsi agli intrighi che lo spingevano ad agire contro suo fratello, avrebbe fatto meglio ad andare a servire in Olanda, dove si trovava, e farsi uccidere con onore piuttosto che complottare contro suo fratello e unirsi ai nemici di sua sorella in Russia[64]. Mia madre si riferiva al conte Bestužev che sosteneva che questo intrigo potesse nuocere a Brummer e a tutti gli altri amici del principe ereditario di Svezia, tutore del granduca per l'Holstein. Questa lettera venne aperta e letta dal conte Bestužev e dall'Imperatrice, che non fu per niente contenta di mia madre e si arrabbiò molto contro il principe ereditario di Svezia il quale, spinto dalla moglie, sorella del re di Prussia, si era lasciato trascinare dal partito francese in tutte le sue vedute, assolutamente contrarie a quelle della Russia. Gli si rimproverava la sua ingratitudine e si accusava mia madre di mancare di indulgenza nei confronti di suo fratello minore per avergli scritto di farsi uccidere, espressione che pareva dura e crudele, mentre mia madre, con i suoi amici si vantava di aver usato un'espressione risoluta ed eclatante. Il risultato di tutto ciò fu che, senza riguardo per le disposizioni di mia madre o piuttosto per farla indispettire e fare dispetto a tutto il partito dell'holstein-svedese, il conte Bestužev ottenne il permesso per il principe Augusto di Holstein, all'insaputa di mia madre, di venire a Pietroburgo. Mia madre, quando seppe che era per strada, ne fu estremamente contrariata e addolorata e se ne prese a male. Ma egli, spinto da Bestužev, continuò per la sua strada. L'Imperatrice fu persuasa a riceverlo, cosa che fece in apparenza. Tutto questo, però, non durò molto, né poteva durare, il principe Augusto non era un personaggio distinto. Il suo aspetto non deponeva a suo favore. Era molto piccolo e mal fatto, aveva poco carattere ed era molto irascibile, fortemente influenzato dalla sua cerchia che non era nulla di speciale. La stupidità di suo fratello, poiché bisogna dire tutto, infastidiva molto mia madre. In poche parole, era pressoché disperata per il suo arrivo.

Il conte Bestužev si era impadronito della mente di questo principe, usando la sua cerchia, e con un colpo riuscì a raggiungere più obiettivi. Non poteva ignorare che il granduca odiava Brummer quanto lui. Il principe Augusto non l'amava certo di più perché era segretario del principe ereditario di Svezia, con il pretesto di esserne parente, e come holsteinese. Il principe si intrufolava in ogni momento con il granduca e gli parlava continuamente dell'Holstein e della sua futura maggiore età, in modo tale che fu egli stesso a fare pressione su sua zia e sul conte Bestužev per cercare di anticipare la sua maggiore età. Per questo era necessario il consenso dell'imperatore romano, che all'epoca era Carlo VII[65], del casato di Baviera. Ma nel frattempo questo morì e la faccenda si trascinò sino all'elezione di Francesco I[66].

Il principe Augusto, essendo stato male accolto da mia madre che gli dimostrava poca stima, da allora diminuì la poca considerazione che il granduca aveva di mia madre. Dall'altra parte, sia il principe Augusto sia il vecchio valletto di camera favorito del granduca, apparentemente temevano la mia futura influenza, così da intrattenere spesso il granduca sul modo in cui doveva trattare sua moglie. Roumberg, anziano dragone svedese, gli diceva che la sua non osava fiatare davanti a lui, né immischiarsi nei suoi affari; che quando lei voleva solo aprire bocca le ordinava di tacere; era lui il capo di casa e che era vergognoso per un marito lasciarsi governare da sua moglie come un babbeo.

Il granduca, da parte sua, era discreto come un colpo di cannone e quando aveva nel cuore e nella mente qualcosa aveva una gran premura di raccontarlo a tutti quelli con i quali parlava abitualmente, senza considerare a chi lo stava dicendo. Così mi raccontò egli stesso francamente tutti i suoi progetti alla prima occasione in cui mi vide. Credeva ingenuamente che tutti fossero del suo parere e che non ci fosse nulla di più naturale di questo. Mi guardai dal confidarlo a chiunque, ma non tralasciai di fare serie riflessioni sulla sorte che mi attendeva. Decisi di avere molta cura delle confidenze del granduca, affinché potesse considerarmi una persona affidabile, alla quale poter dire tutto, senza alcuna conseguenza per lui. Ci riuscii per lungo tempo. Per il resto, trattavo tutti nel miglior modo che potevo e mi ingegnavo a conquistare l'amicizia di tutti, al fine di attenuare l'inimicizia di quelli che pensavo anche solo mal disposti nei miei confronti. Non manifestavo alcuna propensione per alcuna parte, né mi immischiavo in alcunché, avevo sempre un'aria serena, molte cortesie, attenzione e premure per tutti, ed essendo per natura molto allegra, vidi con piacere che di giorno in giorno guadagnavo l'affetto della gente, che mi guardava come una giovane interessante e che non mancava di carattere. Dimostravo un grande rispetto verso mia madre, un'obbedienza senza limiti all'Imperatrice, la più profonda considerazione per il granduca e cercavo con grande cura l'affetto del pubblico.

L'Imperatrice mi aveva dato, da Mosca, delle dame e dei cavalieri che componevano la mia corte. Poco tempo dopo il mio arrivo a Pietroburgo, mi diede delle dame di camera russe al fine, diceva, di facilitarmi l'uso della lingua russa. Questo mi favorì molto. Erano tutte giovani fanciulle, la più grande delle quali aveva circa vent'anni. Queste ragazze erano molto allegre, così che, da quel momento, io non facevo che cantare, ballare e folleggiare nella mia camera, dal momento del mio risveglio fino a quando mi coricavo. La sera, dopo aver cenato, facevo entrare nella mia camera da letto le tre dame che avevo, le due principesse Gagarine e Mlle Koucheleff, e giocavamo a moscacieca e ogni altro gioco della nostra età. Tutte queste ragazze avevano molta paura della contessa Rumjancev, ma questa giocava a carte, o nell'anticamera o nei suoi appartamenti, dalla mattina sino alla sera, alzandosi dalla sedia solo per i suoi bisogni, e non entrava quasi mai nella mia camera.

Per tutta questa allegria, ebbi l'idea di distribuire tutti i miei effetti tra le mie dame. Lasciai il mio denaro, le mie spese e la mia biancheria nelle mani di Mlle Schenck, la dama di camera che mi ero portata dalla Germania. Era un'anziana donna, sciocca e imbronciata, alla quale dispiaceva non poco la nostra allegria. Oltre a questo, era gelosa di tutte queste mie giovani compagne che condividevano le sue funzioni e il mio affetto. Diedi tutti i miei gioielli a Mlle Joukoff. Questa, avendo più carattere ed essendo più festosa e sincera delle altre, cominciava ad essere la mia favorita. Affidai i miei vestiti al mio valletto di camera Timothée Yévreinoff; i miei pizzi a Mlle Balkoff che, in seguito, sposò il poeta Sumarokov[67]; i miei nastri furono dati a Mlle Scorochodoff, la maggiore, maritata poi con Aristarco Kachkine. Anna non ebbe nulla, perché non aveva che tredici o quattordici anni.

All'indomani di questa bella iniziativa dove avevo esercitato il mio principale potere all'interno della mia camera, senza consultare nessuno, la sera vi fu una commedia. Per andarvi bisognava passare negli appartamenti di mia madre. L'Imperatrice, il granduca e tutta la Corte vi giunsero. Era stato costruito un piccolo teatro in un maneggio, risalente ai tempi dell'imperatrice Anna, che era servito al duca di Curlandia, di cui io occupavo l'appartamento. Dopo la commedia, quando l'Imperatrice fu rientrata nei suoi appartamenti, la contessa Rumjancev venne nella mia camera e mi disse che l'Imperatrice aveva disapprovato l'idea che avevo avuto di distribuire la custodia dei miei effetti tra le mie dame e che aveva dato ordine di ritirare le chiavi dei miei gioielli dalle mani di Mlle Joukoff, per ridarle a Mlle Schenck; cosa che fece in mia presenza. Dopo di che si allontanò e lasciò Mlle Joukoff con un'espressione un po' perplessa, mentre Mlle Schenck era trionfante per la fiducia manifestata dall'Imperatrice. Cominciò a prendere nei miei confronti un'aria arrogante che la rendeva più sciocca che mai e meno amabile di quanto non fosse già.

La prima settimana di quaresima, ci fu una scena alquanto singolare con il granduca. Alla mattina, quando ero nella mia camera con le mie dame che erano tutte molto devote, a sentir cantare il mattutino che si diceva nell'anticamera, ricevetti un ambasciata da parte del granduca. Mi inviava il suo nano per domandarmi come mi stavo comportando e per informarmi che a causa della quaresima in quei giorni non sarebbe venuto da me. Il nano ci trovò mentre ascoltavamo le preghiere, seguendo esattamente le regole della quaresima secondo il nostro rito. Attraverso il suo nano espressi al duca i complimenti d'uso e questi se ne andò. Il nano, ritornato nella camera del suo padrone, sia che realmente fosse ammirato di ciò che aveva visto, o che volesse stimolare il suo signore e padrone, che non era per niente devoto, di fare altrettanto, si mise a fare dei grandi elogi della devozione che regnava nel mio appartamento e con ciò lo mise di pessimo umore nei miei confronti. La prima volta che vidi il granduca, cominciò a tenermi il muso. Avendone domandata la ragione, mi rimproverò molto l'eccessiva devozione alla quale, secondo lui, io mi dedicavo. Gli chiesi chi gli aveva detto ciò e mi nominò il suo nano come testimone oculare. Gli dissi che non facevo più di quanto fosse conveniente e di cui non ci si poteva esimere senza scandalo, ma era di avviso contrario. Questa discussione terminò come terminano la maggior parte, vale a dire che ciascuno resta della sua opinione e Sua Altezza imperiale, non avendo altro di cui parlarmi durante la messa, a poco a poco, smise di tenere il suo broncio.

Due giorni dopo ebbi un altro allarme. Al mattino, sempre mentre si cantavano i mattutini nel mio appartamento, Mlle Schenck, tutta agitata, entrò nella mia camera e mi disse che mia madre si sentiva male ed era svenuta. Corsi immediatamente. La trovai sdraiata per terra su di un materasso, ma non incosciente. Mi presi la libertà di chiederle che cosa avesse. Mi disse che avendo voluto farsi salassare, il chirurgo aveva avuto l'inettitudine di fallire per quattro volte a entrambe le mani e sui piedi e che quindi era svenuta. Da allora seppi che temeva il salasso. Ignoravo il perché si fosse sottoposta al salasso e anche se ne avesse bisogno. Comunque, mi rimproverò di prendere poco in considerazione il suo stato e mi disse una quantità di cose sgradevoli in merito. Mi scusai come meglio potei, confessandole la mia ignoranza. Ma, vedendo che era molto arrabbiata, tacqui, mi sforzai di trattenere le lacrime e me ne andai solo quando mi ordinò di farlo con molta asprezza. Ritornata in lacrime nella mia stanza, le mie dame volevano saperne il motivo: lo spiegai semplicemente. Andai numerose volte, nel corso della giornata, nell'appartamento di mia madre e mi trattenni lì quel tanto per non essere di peso, cosa estremamente importante a casa di lei. In questo ero così ben abituata che non vi è nulla nella mia vita che ho evitato come l'essere di peso e mi sono sempre ritirata nel momento in cui nasceva in me il sospetto che potessi annoiare. Ma so per esperienza che non tutti hanno la stessa regola, poiché la mia stessa pazienza è stata frequentemente messa alla prova da coloro che non sapevano andarsene prima di suscitare noia.

Durante la quaresima, mia madre ebbe un vero dispiacere. Ricevette la notizia, nel momento in cui meno se lo aspettava, che mia sorella minore, Elisabetta, era morta improvvisamente all'età di tre o quattro anni[68]. Ne fu molto addolorata. Anch'io la piansi.

Un bel mattino, qualche giorno più tardi, vidi l'Imperatrice entrare nella mia camera. Mandò a cercare mia madre ed entrò con lei nella mia camera da bagno dove, tutte e due sole, ebbero una lunga conversazione, dopo la quale ritornarono nella mia camera da letto e io vidi che mia madre aveva gli occhi arrossati e in lacrime. Dopo la conversazione, capii che c'erano stati problemi tra loro per l'evento della morte dell'imperatore Carlo VII, del casato di Baviera, di cui l'Imperatrice aveva appena ricevuta la notizia. L'Imperatrice era all'epoca ancora senza alleanze e oscillava tra quella del re di Prussia e quella della casa d'Austria: ciascuna delle quali aveva dei partigiani. L'Imperatrice aveva avuto lo stesso scontento nei confronti della casa d'Austria che della Francia, per la quale parteggiava il re di Prussia, e il marchese Botta[69]-[70], ministro della corte di Vienna, era stato inviato in Russia con pessime intenzioni nei confronti dell'Imperatrice, che all'epoca si era cercato di far passare per una cospirazione. Il marchese di La Chétardie era stato anch'egli sospettato per le stesse ragioni. Ignoro l'oggetto della conversazione, ma mia madre parve concepire grandi speranze e ne uscì molto contenta. All'epoca non era per nulla propensa alla casa d'Austria. Quanto a me, in tutto questo, ero una spettatrice molto passiva, molto discreta e pressoché indifferente.

Dopo Pasqua, quando la primavera era ormai iniziata, manifestai alla contessa Rumjancev il desiderio di imparare ad andare a cavallo. Questa ottenne il consenso dell'Imperatrice. Dal principio dell'anno avevo iniziato ad avere dolori al petto, dopo la pleurite che avevo avuta a Mosca, e continuavo a essere molto magra. I medici mi consigliarono di prendere del latte e dell'acqua di seltz tutte le mattine. Fu a casa Rumjancev, nelle caserme del reggimento Ismaïlovski, che presi la mia prima lezione per montare a cavallo. Avevo già cavalcato numerose volte a Mosca, ma molto male.

Nel mese di maggio, l'Imperatrice con il granduca andarono ad abitare nel Palazzo d'estate. A me e mia madre fu assegnato un palazzo di pietra che all'epoca era lungo la Fontanka, vicino alla casa di Pietro I. Mia madre abitava in un'ala, io nell'altra. Qui finirono tutte le visite del granduca per me. Mi fece chiaramente dire da un domestico che abitava troppo lontano da me per venire sovente a trovarmi. Capii perfettamente il suo scarso entusiasmo e quanto poco io gli fossi affezionata. Il mio amor proprio e la mia vanità ne soffrirono, ma ero troppo fiera per compiangermi; mi sarei sentita avvilita si mi si fosse stata testimoniata dell'amicizia che avrei potuto considerare della pietà. Tuttavia, quando ero sola, mi scendevano delle lacrime, le asciugavo lentamente e andavo a divertirmi con le mie dame. Anche mia madre mi trattava con molta freddezza e in modo formale. Non mancavo mai di andarla a trovare più volte in una giornata. In fondo, sentivo una grande noia, ma mi guardavo bene dal parlarne. Ciò nonostante, Mlle Joukoff un giorno si accorse dei miei pianti e me ne parlò. Le diedi la migliore spiegazione che potevo senza dire il vero. Mi impegnavo il più possibile a guadagnare l'affetto di tutti. Grandi e piccini, nessuno era da me trascurato e mi feci una regola nel credere di aver bisogno di tutti e di agire in conseguenza per conquistarne la simpatia. Vi riuscii.

Dopo qualche giorno di permanenza al Palazzo d'estate, dove si incominciò a parlare dei preparativi per le mie nozze, la Corte andò a stabilirsi a Peterhof[71], dove fu più raccolta che non in città. L'Imperatrice e il granduca abitavano in alto, nel palazzo costruito da Pietro I, mia madre ed io in basso, negli appartamenti del granduca. Cenavamo con lui tutti i giorni, sotto una tenda nella galleria aperta contigua al suo appartamento. Egli pranzava a casa nostra. L'Imperatrice era spesso assente per andare qua e là nelle sue numerose tenute. Noi passeggiavamo molto a piedi, andavamo a cavallo e in carrozza. Vidi allora, chiaro come il sole, che tutta la cerchia del granduca, e soprattutto i suoi precettori, avevano perso ogni credito e autorità nei suoi confronti. I giochi militari, che solo poco tempo prima faceva di nascosto, li metteva in atto quasi in loro presenza. Il conte Brummer e il primo responsabile della sua educazione lo vedevano pressoché solo in pubblico. Il resto del tempo lo passava praticamente in compagnia dei suoi valletti, con un infantilismo incredibile per la sua età, visto che giocava con le bambole.

Mia madre approfittava dell'assenza dell'Imperatrice per andare a pranzare nelle campagne dei dintorni e in particolare a casa del principe e della principessa di Hesse-Homburg. Una sera in cui vi si era recata a cavallo, dopo aver cenato, mi trovavo nella mia camera che dava direttamente sul giardino e fui tentata dal bel tempo. Proposi alle mie dame e alle tre damigelle d'onore di andare a fare un giro nel parco. Non dovetti sforzarmi molto per

33

convincerle. Eravamo in otto, il mio valletto di camera era il nono e inoltre ci seguivano altri due valletti. Passeggiammo fino a mezzanotte nel modo più innocente del mondo. Quando rientrò mia madre, Mlle Schenck, che si era rifiutata di venire con noi a passeggiare, brontolando contro la nostra intenzione, non ebbe nulla di più urgente da fare che andare da mia madre e riferire che ero uscita nonostante le sue rimostranze. Mia madre andò a letto e quando rientrai con la mia compagnia, Mlle Schenck mi disse con aria trionfante che mia madre aveva chiesto due volte se ero rientrata perché mi voleva parlare e, visto che era tardi, stanca di aspettarmi, era andata a dormire. Corsi immediatamente da lei, ma trovai la porta chiusa. Dissi alla Schenck che avrebbe potuto farmi chiamare e lei rispose di non avermi trovata. Ma tutto questo non era che un pretesto per farmi litigare. Lo capii perfettamente e mi coricai con una certa inquietudine. L'indomani, svegliatami, andai da mia madre, che trovai a letto. Volevo avvicinarmi per baciarle la mano, ma la ritrasse con molta collera, e mi sgridò in modo terribile per aver osato andare a passeggiare alla sera senza il suo permesso. Le dissi che non era a casa. Giudicò l'ora eccessiva e non so tutto quello che immaginò di dirmi per farmi soffrire, al fine di togliermi ogni desiderio di passeggiate notturne. Ma ciò che c'era di certo è che quella passeggiata avrebbe potuto essere imprudente, ma era la più innocente del mondo. Quello che mi affliggeva di più era che ci accusò di essere salite nell'appartamento del granduca. Le dissi che era una abominevole calunnia e lei si arrabbiò così tanto che pareva fuori di sé. Ebbi un bel mettermi in ginocchio per placare la sua collera, prese il mio gesto per una commedia e mi cacciò dalla camera. Ritornai piangente in camera mia. All'ora di cena salii con mia madre, ancora molto irritata, dal granduca che mi chiese che cosa avessi, vedendo i miei occhi arrossati. Gli raccontai la verità su quanto era successo. Questa volta, si mise dalla mia parte e accusò mia madre di essere capricciosa e irascibile. Lo pregai di non farne parola, cosa che fece, e piano piano la collera passò. Tuttavia continuai a essere trattata con molta freddezza.

Da Peterhof, alla fine di luglio, rientrammo in città, ove tutto era in fermento per la celebrazione delle nozze. Finalmente, la data della cerimonia fu fissata dall'Imperatrice per il 21 agosto. Man mano che questa data si avvicinava io diventavo più triste.

Il cuore non mi prediceva una grande felicità, solo l'ambizione mi sosteneva. Avevo in fondo al cuore un non so che, che non mi hai mai fatto dubitare un solo momento che prima o poi sarei diventata, con la mia testa, imperatrice e sovrana della Russia.

Le nozze furono celebrate con molta pompa e magnificenza. Alla sera trovai nel mio appartamento Mme Krouse, sorella della prima dama di camera dell'Imperatrice, che era stata messa a mia disposizione come prima dama di camera. L'indomani mi accorsi che questa ragazza provocava l'afflizione di tutte le mie altre dame poiché, volendomi avvicinare a una di queste per parlare come al solito, questa mi disse: «In nome di Dio, non avvicinatevi: ci ha proibito di parlare con voi a bassa voce.» Dall'altra parte, il mio caro sposo non si occupava per niente di me, ma era continuamente con i suoi valletti a giocare ai militari, facendoli esercitare nella camera o cambiando divisa venti volte al giorno. Io sbadigliavo, mi annoiavo, non avendo nessuno con cui parlare, oppure ero impegnata in cose di rappresentanza. Al terzo giorno delle mie nozze, che doveva essere un giorno di riposo, la contessa Rumjancev mi fece dire che l'Imperatrice l'aveva dispensata dallo stare con me e che andava a stare a casa sua con suo marito e i suoi figli. Questo non mi fece dispiacere, perché costei aveva dato luogo a parecchi pettegolezzi.

Le feste del matrimonio durarono dieci giorni al termine dei quali andammo ad abitare, il granduca ed io, il Palazzo d'estate dove abitava l'Imperatrice e si incominciò a parlare della partenza di mia madre, che non vedevo più tutti i giorni dopo il mio matrimonio, ma che, dopo questo, si era molto addolcita. Partì verso la fine di settembre[72]. Il granduca e io la accompagnammo fino a Tsarskoie-Celo. La sua partenza mi rattristava sinceramente e piansi molto. Quando fu partita, noi ritornammo in città e rientrando a palazzo chiesi di Mlle Joukoff. Mi fu detto che era andata a trovare sua madre che si era ammalata. Il giorno successivo posi la stessa domanda e mi fu data identica risposta dalle mie dame. Verso mezzogiorno, l'Imperatrice passò con grande pompa dall'abitazione d'estate a quella d'inverno. La seguimmo nei suoi appartamenti. Giunti in processione alla sua camera da letto, si fermò e dopo qualche frase senza importanza, si mise a parlare della partenza di mia madre e parve dirmi con bontà di mitigare la mia afflizione in proposito. Ma io caddi dalle nuvole quando mi disse, in presenza di una trentina di persone, che per le preghiere di mia madre aveva licenziata Mlle Joukoff, poiché mia madre temeva che mi affezionassi troppo a una ragazza che meritava poco e così si mise a parlare con marcata animazione della povera Joukoff. A dire il vero, non fui per nulla contenta di questa scena né convinta di ciò che Sua Maestà imperiale diceva, ma profondamente triste della disgrazia di Mlle Joukoff, licenziata dalla Corte unicamente perché mi piaceva di più delle altre ragazze per il suo carattere socievole; per quale motivo, dicevo tra me e me, è stata messa al mio fianco, se non era degna? Mia madre non poteva conoscerla, né poteva parlarle non sapendo il russo, e la Joukoff non sapeva altra lingua. Mia madre poteva solo fare affidamento su quello che diceva quella cretina della Schenck, che non aveva neanche un po' di buon senso. Questa ragazza sta soffrendo per me, pensai. *Ergo*, non bisogna abbandonarla nella sua disgrazia, della quale solo il mio affetto è la causa. Non ho mai avuto modo di chiarire se mia madre avesse realmente pregato l'Imperatrice di licenziare questa persona. Se è così mia madre ha preferito le vie della violenza a quelle della dolcezza, poiché non mi ha mai parlato in merito a questa fanciulla. Nondimeno, una sola parola da parte sua sarebbe stata sufficiente a mettermi in guardia da un legame, benché molto innocente. Peraltro, l'Imperatrice avrebbe anche potuto reagire in modo meno aspro. Questa ragazza era giovane. Non c'era che da trovarle un partito presentabile, cosa che sarebbe stata molto semplice. Ma invece di agire in quel modo, si era preferito scegliere la strada che ho appena raccontato.

Quando l'Imperatrice ci congedò, il granduca ed io andammo nei nostri appartamenti. Cammin facendo, capii che l'Imperatrice aveva avvisato suo nipote di quanto aveva appena fatto. Gli dissi le mie obiezioni a riguardo e mi fece capire che questa ragazza era sfortunata unicamente perché si era creduto che io avessi per lei una predilezione e che poiché soffriva per l'affetto nei miei confronti, io mi credevo in dovere di non abbandonarla, almeno per quanto dipendeva da me. Effettivamente, subito le inviai del denaro con il mio valletto di camera, ma mi disse che era già partita con sua madre e sua sorella per Mosca. Ordinai di inviarle ciò che le avevo destinato attraverso suo fratello che era sergente delle guardie. Mi dissero che anche questo, con sua moglie, aveva avuto l'ordine di partire e che era stato mandato come ufficiale presso un reggimento di campagna. A questo punto, feci fatica a dare a tutto ciò una ragione plausibile e mi sembrò che si era fatto del male gratuitamente e per capriccio, senza l'ombra di alcuna ragione e nemmeno con un pretesto. Ma le cose non si fermarono qui. Attraverso il mio valletto di camera ed altre persone, cercai di trovare per Mlle Joukoff un partito decente. Mi proposero uno, era un sergente delle guardie, gentiluomo dotato di beni, di nome Travin. Si recò a Mosca per sposarla, se le piaceva. Si sposò e lo si fece luogotenente in un reggimento di campagna. Quando l'Imperatrice lo venne a sapere lo esiliò ad Astrakan. È difficile trovare una ragione a questa persecuzione.

Al Palazzo d'inverno, il granduca ed io eravamo alloggiati negli appartamenti dove eravamo già stati in precedenza. Quello del granduca era separato dal mio da un'imponente scala che portava agli appartamenti dell'Imperatrice. Per andare da lui o per venire da me bisognava attraversare l'androne di queste scale, che non era, soprattutto d'inverno, la cosa più comoda del mondo. Tuttavia, sia egli sia io facevamo questo tragitto più volte nella giornata. Alla sera io andavo a giocare nella sua anticamera con il ciambellano Berkholz, mentre il granduca folleggiava nella sua camera con i suoi cavalieri. Le mie partite di carambola furono interrotte per la partenza di Brummer e Berkholz che l'Imperatrice congedò dal granduca alla fine dell'inverno del 1746, che trascorse in balli in maschera nelle principali case della città che all'epoca erano molto piccole. La corte e tutta la città vi assistevano regolarmente. L'ultima fu data dal comandante generale la polizia, Tatizcheff, in una casa che apparteneva all'Imperatrice e che si chiamava Smolnoy Dvoretz. Il centro di questo edificio di legno era stato distrutto da un incendio e restavano solo le ali laterali che erano a due piani. Si ballò in una, ma per andare a cenare ci si fece passare, nel mese di gennaio, attraverso la corte, in mezzo alla neve. Dopo cena bisognò rifare lo stesso percorso. Il granduca, ritornato a casa, si mise a letto, ma l'indomani si svegliò con un gran mal di testa che gli impedì di alzarsi. Feci chiamare i medici i quali dissero che aveva la febbre molto alta e violenta. Lo si trasferì, verso sera, dal mio letto nella camera delle udienze, da dove, dopo averlo salassato, lo si mise a riposare in un letto che era stato preparato apposta. Lo si salassò più volte. Stette molto male. L'Imperatrice venne numerose volte a vederlo, nel corso della giornata, e vedendomi con le lacrime agli occhi me ne fu grata. Una sera, mentre leggevo le preghiere nel piccolo oratorio vicino alla mia camera da toilette, vidi entrare Mme Ismaïlov che era molto amata dall'Imperatrice[73]. Mi disse che l'Imperatrice, sapendomi afflitta per la malattia del granduca, l'aveva mandata per esortarmi ad avere fede in Dio, a non abbattermi, che in nessun caso ella mi avrebbe abbandonato. Mi chiese che cosa leggevo. Le risposi che erano le preghiere della sera. Mi disse che mi sarei rovinata gli occhi leggendo alla sola luce della bugia dei caratteri così piccoli. Dopodiché la pregai di ringraziare Sua Maestà imperiale delle gentilezze per me e ci separammo affettuosamente, lei per riferire del suo messaggio ed io per andare a dormire. L'indomani, l'Imperatrice mi inviò un libro di preghiere con grandi lettere affinché, diceva, preservassi i miei occhi.

Nella camera del granduca, là dove lo avevano sistemato, benché vicino alla mia, entravo soltanto quando capivo di non essere di troppo, perché mi ero accorta che egli non gradiva molto la mia presenza e che gli piaceva ritrovarsi con la sua cerchia, il che, a dire il vero, non mi dispiaceva molto. Peraltro, non ero abituata a trascorrere il mio tempo da sola in mezzo agli uomini.

Nel frattempo giunse la quaresima. Presi i sacramenti nella prima settimana. All'epoca ero abbastanza predisposta per la devozione. Vedevo molto bene che il granduca non mi amava per niente. Quindici giorni dopo le nostre nozze mi aveva confidato nuovamente che era innamorato di Mlle Carr, damigella d'onore di Sua Maestà imperiale, successivamente maritata a un principe Galitzine, dignitario di corte dell'Imperatrice. Aveva detto al conte Dévier[74], suo ciambellano, che non c'era confronto tra questa signorina e me. Dévier aveva sostenuto il contrario e così il granduca si irritò con lui. Questa scena era avvenuta quasi in mia presenza e io vidi questo battibecco. In verità, dicevo fra me che con un tale uomo, non avrei mancato di essere infelice, se mi fossi lasciata andare a sentimenti di tenerezza per lui così mal ricompensati, e che ci sarebbe stato da morire di gelosia senza vantaggio per alcuno. Mi sforzavo quindi di conservare il mio amor proprio e di non essere gelosa di un uomo che non mi amava, ma, per non essere gelosa non c'era altro modo che non amarlo. Se avesse voluto essere amato, per me non sarebbe stato difficile. Ero naturalmente incline e abituata a compiere i miei doveri, ma per farlo avrei avuto bisogno di un marito che avesse buon senso, ed egli non l'aveva.

Durante la prima settimana di quaresima ero stata di magro. Il sabato, l'Imperatrice mi fece dire che le avrebbe fatto piacere che continuassi anche nella seconda settimana. Feci rispondere a Sua Maestà che la pregavo di permettermi di mangiare di magro per tutta la quaresima. Il maresciallo di corte dell'Imperatrice, Sievers[75], nipote di M.me Krouse, che era stato il latore di queste parole, mi disse che l'Imperatrice aveva avuta grande gioia da questa mia richiesta e che me lo permetteva. Quando il granduca seppe che continuavo a mangiar di magro mi sgridò non poco. Gli dissi che non potevo fare altrimenti. Quando stette meglio, si comportò ancora da ammalato, per non uscire dalla sua camera dove si trovava meglio che non in presenza della Corte. Non ne uscì sino all'ultima settimana di quaresima, quando prese i suoi sacramenti. Dopo Pasqua fece allestire nella sua camera un teatro di marionette, al quale invitò anche delle dame. Questo spettacolo era la cosa più insulsa del mondo. La camera dove c'era il teatro aveva una porta che era stata chiusa perché dava in un altro appartamento che faceva parte di quello dell'Imperatrice dove vi era un tavolo pieghevole che si poteva abbassare e alzare per mangiarvi senza i domestici. Un giorno, mentre il granduca era nella sua camera a preparare il suo cosiddetto spettacolo, sentì parlare nell'altra ed essendo di una vivacità sconsiderata, prese dal teatro un utensile con il quale si usa fare i buchi nelle assi e si mise a fare dei fori in questa porta chiusa, in modo da vedere tutto quello che vi accadeva e, specificatamente, l'Imperatrice che stava pranzando. Il capocaccia, conte Razumovskij, in veste da camera, cenava con lei – quel giorno aveva preso delle medicine – insieme a una dozzina di fidate persone dell'Imperatrice. Il granduca, non contento di godere da solo il frutto del suo abile lavoro, chiamò tutti quelli che erano intorno per farli guardare. Quando lui e quelli che gli erano intorno ebbero soddisfatto i loro occhi con questo indiscreto piacere, venne a invitare M.me Krouse, me e le mie dame ad andare da lui per vedere qualche cosa che noi non avevamo mai visto: non ci disse di che si trattava, senza dubbio una gradevole sorpresa per noi. Poiché io non mi affrettavo secondo i suoi desideri, condusse M.me Krouse e le mie donne. Arrivai per ultima e le trovai davanti a questa porta, dove aveva messo, diceva lui per la comodità degli spettatori, delle panche, delle sedie e degli sgabelli. Entrando chiesi di che cosa si trattasse. Corse davanti a me e me lo raccontò. Fui spaventata e indignata della sua sfrontatezza e gli dissi che io non volevo né guardare né prendere parte a questo scandalo che sicuramente gli avrebbe procurato dei dispiaceri se sua zia ne fosse venuta a conoscenza, ed era difficile che non lo sapesse visto che ne aveva informato almeno venti persone. Tutti quelli che si erano prestati a guardare attraverso la porta, vedendo che io non volevo fare altrettanto iniziarono a defilarsi a uno a uno. Lo stesso granduca era un po' preoccupato di quanto aveva fatto e ritornò a lavorare al suo teatro di marionette, mentre io tornai in camera mia.

Fino alla domenica, non sentimmo alcunché in merito. Ma proprio in quel giorno, non so come accadde, arrivai alla messa un po' più tardi del solito. Ritornata nella mia camera, andai a togliere il mio abito di corte quando vidi entrare l'Imperatrice con un'aria molto irritata e con il volto arrossato. Poiché non era stata alla messa in cappella, ma aveva assistito al servizio divino nella sua piccola cappella privata, andai come d'uso davanti a lei, non avendola ancora vista nella giornata, per baciarle le mani. Mi abbracciò, ordinò di chiamare il granduca e, aspettandolo, mi rimproverò per essere arrivata tardi alla messa e aver dato la precedenza alla mia acconciatura rispetto al buon Dio. Aggiunse che ai tempi dell'Imperatrice Anna, benché non vivesse a Corte, ma in una casa molto lontana, non aveva mai mancato ai suoi doveri e che sovente per questo si era alzata al lume di candela. Fece poi chiamare il parrucchiere mio valletto di camera e gli disse che per il futuro, se mi avesse pettinata con tanta lentezza lo avrebbe licenziato. Quando ebbe terminato con questo, il granduca, che si era spogliato nella sua camera, entrò in vestaglia, il cappello da notte in mano, con un'aria contenta e vivace, corse per baciare la mano dell'Imperatrice che lo abbracciò e gli chiese dove aveva preso il coraggio di fare quello che aveva fatto, dicendo che era entrata nella camera dove c'era il tavolo pieghevole e che aveva trovato la porta tutta bucata, che i buchi erano diretti verso dove lei si sedeva normalmente e che, apparentemente, facendo ciò egli aveva dimenticato il suo dovere. Aggiunse che lei poteva solo considerarlo un ingrato, che anche il padre di lei, Pietro I, aveva avuto un figlio ingrato e che lo aveva punito diseredandolo, che dai tempi dell'imperatrice

Anna lei le aveva sempre portato il rispetto che si doveva a un'imperatrice incoronata e consacrata da Dio; e ancora che lo scherzo non era ammissibile e che avrebbe fatto imprigionare tutti quelli che le mancavano di rispetto; che lui non era che un piccolo ragazzo al quale lei avrebbe insegnato a vivere. A questo punto egli incominciò a infastidirsi e le volle rispondere, così balbettò qualche parola. Ma l'Imperatrice gli ordinò di tacere e si arrabbiò in un tal modo che non ebbe più misura nella sua collera, cosa che le accadeva generalmente quando si adirava, e lo coprì di ingiurie e di cose oltraggiose, dimostrando tanto disprezzo quanta rabbia.

Tutti e due eravamo stupefatti e interdetti, e benché questa scena non mi riguardasse direttamente, avevo le lacrime agli occhi. Se ne accorse e mi disse: «Quello che dico non è diretto a voi. Io so che voi non avete avuto parte in quello che ha fatto e che voi non avete guardato né avete voluto guardare attraverso la porta.» Questa riflessione, che fece in modo giusto, la calmò un poco e tacque. Era comunque ben difficile aggiungere qualcosa a quello che aveva appena detto. Dopodiché ci salutò a tornò nei suoi appartamenti, paonazza e con gli occhi luccicanti[76].

Il granduca ritornò nei suoi appartamenti ed io andai a togliermi l'abito in silenzio e rimuginando su ciò che avevo appena sentito. Quando mi fui spogliata, il granduca venne da me e con un tono un po' mogio e un po' ironico, mi disse: «Era come una furia, non sapeva quello che diceva.» Gli risposi: «Era estremamente in collera.» E ci mettemmo a riesaminare quello che avevamo sentito poco prima. Dopodiché cenammo noi due soli nella mia camera. Quando il granduca se ne fu andato, entrò da me Mme Krouse che mi disse: «Bisogna ammettere che oggi l'Imperatrice ha agito veramente come madre.» Mi accorsi che provava a farmi parlare e per questo tacqui. Continuò: «Una madre si arrabbia, sgrida i propri figli e poi tutto passa. Voi avreste dovuto, tutti e due, dirle: «Ho sbagliato, mammina», e l'avreste disarmata.» Le dissi che ero rimasta interdetta e basita dalla collera di Sua Maestà e che tutto quello che ero stata capace di fare in quel momento era stato ascoltare e tacere. Se ne andò, apparentemente per andare a riferire. Quanto a me, il *vi domando perdono, signora*, per disarmare la collera dell'Imperatrice, mi rimase in mente e, in seguito, me ne sono servita in qualche occasione con successo, come si vedrà.

Qualche tempo prima che l'Imperatrice dispensasse il conte Brummer e il gran ciambellano Berkholz dalle loro funzioni presso il granduca, un giorno che ero uscita alla mattina prima di quanto facessi abitualmente, trovai il primo che, essendo solo, approfittò dell'occasione per parlarmi e mi pregò e scongiurò di andare tutti i giorni nella camera da toilette dell'Imperatrice, poiché mia madre ne aveva ottenuto il permesso, al momento della sua partenza, privilegio del quale avevo fatto poco uso perché mi disturbava molto. Vi ero stata due o tre volte. Vi avevo trovate le dame dell'Imperatrice le quali, poco a poco, si erano ritirate in modo che ero rimasta sola. Gli riferii questo. Mi disse che non importava, che era necessario continuare. A dire il vero non capivo questa ostinazione del cortigiano. Poteva essergli utile dal suo punto di vista, ma a me non serviva a nulla stare in piedi nella camera dell'Imperatrice e di esserle di peso. Spiegai al conte Brummer la mia riluttanza, ma fece di tutto per persuadermi, senza riuscirvi. Stavo meglio nel mio appartamento, soprattutto quando non era presente Mme Krouse. In quel periodo le scoprii un'inclinazione molto decisa per il bere e, ben presto da quando maritò sua figlia con il maresciallo di corte Sievers, o lei se ne andava o la mia cerchia trovava il modo di farla ubriacare. Dopodiché andava a dormire, il che liberava la mia camera da questo mostro stizzoso.

Il conte Brummer e il gran ciambellano Berkholz erano stati dispensati dalle loro funzioni presso il granduca e l'Imperatrice nominò per accompagnarlo il generale Basile Repnin. Questa nomina era certamente la migliore che l'Imperatrice potesse fare, poiché il principe Repnin non era solo un uomo d'onore e onesto, ma era anche intelligente e un galantuomo, schietto e leale[77]. Io, in modo particolare, potei solo lodare i metodi del principe Repnin. Non ebbi alcun rimpianto per il conte Brummer. Mi annoiava con i suoi continui discorsi politici. Sentivo odore d'intrigo, mentre il carattere militare e sincero del principe Repnin mi ispirava fiducia. Il granduca, da parte sua, era felice di essere stato abbandonato dai suoi istitutori che odiava. Costoro, lasciandolo, non mancarono di intimorirlo dicendo che lo abbandonavano alla mercé degli intrighi del conte Bestužev che era il perno di tutti questi cambiamenti, che si facevano sotto il plausibile pretesto della maggiore età di Sua Altezza imperiale, nel suo ducato di

Holstein. Il principe Augusto, mio zio, era sempre a Pietroburgo e vi curava l'amministrazione del paese ereditario del granduca.

Nel mese di maggio ci trasferimmo nel Palazzo d'estate. Alla fine del mese, l'Imperatrice mise, come capo governante presso di me, M.me Tchoglokov, una delle sue dame d'onore e sua parente[78]. Per me fu un colpo di fulmine. Questa dama era completamente dedita al conte Bestužev, sempliciotta, cattiva, capricciosa e molto interessata. Suo marito, ciambellano dell'Imperatrice, era allora andato a Vienna per non so quale missione per conto dell'Imperatrice. Piansi molto quando arrivò e continuai per tutto il giorno. All'indomani dovevo farmi salassare. Al mattino l'Imperatrice venne nella mia camera e, vedendomi gli occhi rossi, mi disse che le giovani donne che non amano il proprio marito piangono sempre; che mia madre, comunque, l'aveva rassicurata che non avevo avversione a maritarmi con il granduca, cosa alla quale, peraltro, lei non mi aveva obbligata. Aggiunse che poiché ero sposata non bisognava più piangere. Mi ricordai dei consigli di M.me Krouse e le dissi: «Vi domando scusa, signora», e lei si calmò. Nel frattempo arrivò il granduca che l'Imperatrice, questa volta, accolse con piacere e poi se ne andò. Mi si salassò e per il colpo ricevuto ne avevo un gran bisogno. Poi mi misi a letto e piansi tutto il giorno. Nel pomeriggio del giorno dopo, il granduca mi prese da parte e capii chiaramente che gli si era fatto credere che M.me Tchoglokov era stata messa al mio fianco perché io non amavo lui, il granduca. Ma non capivo come si fosse pensato di accrescere il mio affetto per lui ponendomi al fianco quella donna. Ed è ciò che gli dissi. Per farmi il cane da guardia, cosa che allora era diversa. Tuttavia, a questo scopo, sarebbe stato necessario sceglierne una meno stupida e, sicuramente, per questo scopo non era sufficiente essere cattiva e maligna. Si credeva M.me Tchoglokov estremamente virtuosa, per il semplice motivo che amava suo marito fino all'adorazione. Lo aveva sposato per amore. Un così bell'esempio messo sotto i miei occhi doveva convincermi, forse, a fare altrettanto. Vedremo come ci riuscì. Ecco, a quel che sembra, ciò che fece accelerare questa decisione. Ho detto accelerare, poiché penso che sin dall'iniziò il conte Bestužev avesse in programma di circondarci di sue creature. Avrebbe voluto fare la stessa cosa con la cerchia di Sua Maestà, ma era meno facile.

Al mio arrivo a Mosca, il granduca aveva nella sua camera tre domestici chiamati Tchernychev, tutti e tre figli di granatieri della compagnia del corpo dell'Imperatrice. Costoro avevano il grado di luogotenenti che era stato dato loro come ricompensa perché l'avevano messa sul trono[79]. Il maggiore dei Tchernychev era cugino degli altri due che erano fratelli. Il granduca era molto affezionato a tutti e tre. Erano tra i più intimi e veramente servizievoli, tutti e tre grandi e ben fatti, soprattutto il maggiore. Il granduca si serviva di questo per tutte le commissioni e, più volte nella giornata, lo mandava da me. Era ancora con lui che si confidava quando non aveva voglia di venire da me. Quest'uomo era molto legato a Yévreinoff, il mio valletto di camera, e sovente venivo a sapere attraverso questo canale quello che altrimenti avrei ignorato. Inoltre, entrambi erano molto attaccati a me e spesso traevo da loro chiarimenti, su parecchie cose, che mi sarebbe stato difficile ottenere in altro modo. Non so a proposito di che cosa il maggiore dei Tchernychev aveva detto un giorno al granduca: «Lei non è la mia promessa, ma la vostra». Questa battuta fece ridere il granduca, che me l'aveva raccontata e, da quel momento, piacque a Sua Altezza imperiale chiamarmi «sua promessa» e dire di Andrea Tchernychev che egli era il «mio promesso». Andrea Tchernychev, per far cessare questo scherzo, propose a Sua Altezza imperiale, dopo il nostro matrimonio, di chiamarmi sua madre ed io di chiamarlo «mio figliolo». Ma su questo figlio c'era da discutere sempre tra il granduca e me, poiché lui l'amava come i suoi occhi ed anch'io gli ero molto affezionata.

I miei si preoccupavano, gli uni per gelosia, gli altri avendo paura del seguito che tutto questo poteva avere per noi e per loro. Un giorno in cui c'era a corte un ballo mascherato e che io era ritornata nella mia camera per cambiarmi d'abito, il mio valletto di camera, Timothée Yévreinoff, mi prese da parte e mi disse che era, come tutti gli altri della mia camera, preoccupato per il pericolo nel quale vedeva che mi ero messa. Gli chiesi a che cosa si riferisse. Mi disse: «Voi non fate che parlare e occuparvi di Andrea Tchernychev.» «Ebbene – risposi nella mia ingenuità – che male c'è in questo? È mio figlio. Il granduca l'ama quanto e più di me ed egli è affezionato e fedele a noi.» «Sì – mi replicò – è vero il granduca può fare come gli piace, ma voi non avete lo stesso diritto. Ciò che voi chiamate bontà e attaccamento perché quest'uomo è fedele e vi serve, la vostra cerchia lo chiama amore.» Quando pronunciò questa parola, della quale non avevo mai avuto neanche un sospetto, fui colpita come dalla folgore, e dal giudizio della mia gente che definii avventato e dallo stato in cui mi trovavo senza accorgermi. Mi disse che aveva consigliato al suo amico Andrea Tchernychev di darsi ammalato al fine di far cessare queste dicerie. Il granduca si occupò molto della malattia di quest'uomo e me ne parlava sempre, non sapendo nulla di tutto ciò. Al Palazzo d'estate, Andrea Tchernychev ricomparve. Non ho mai più potuto rivederlo senza un certo imbarazzo. In attesa dell'Imperatrice avevo escogitato un nuovo sistema per i domestici della Corte. Dovevano servire in tutte le camere con ruoli a turno e, di conseguenza, Andrea Tchernychev come tutti gli altri. Il granduca, dopo cena, dava sovente dei concerti ed egli stesso suonava il violino. Durante uno di questi concerti, ai quali generalmente mi annoiavo, me ne andai nella mia stanza. Questa dava nella grande sala del palazzo di cui si stavano dipingendo i soffitti e che era piena di impalcature. L'Imperatrice era assente; M.me Krouse era andata da sua figlia, M.me Sievers. Io non trovai anima viva nella mia camera. Per noia aprii la porta della sala e vidi dall'altra parte Andrea Tchernychev. Gli feci segno di avvicinarsi. Venne fino alla porta, a dire il vero con molta apprensione. Gli chiesi se l'Imperatrice sarebbe venuta presto. Mi disse: «Non riesco a parlarvi. Si fa troppo rumore nella sala. Fatemi entrare nella vostra camera.» Risposi: «È quello che non farò.» Era fuori dalla porta e io all'interno tenevo la porta socchiusa mentre parlavamo. Un movimento involontario mi fece girare la testa dalla parte opposta alla porta dove ero. Vidi dietro di me, all'altra porta della mia camera da toilette, il ciambellano, conte Deviers, che mi disse: «Il granduca chiede di voi, signora.» Chiusi la porta della sala e tornai, con il conte Deviers, nell'appartamento dove il granduca teneva il suo concerto. Più tardi seppi che il conte Deviers era una specie di spia incaricata, come molti altri, messi vicino a noi. All'indomani, una domenica, il granduca ed io fummo informati, dopo la messa, che i tre Tchernychev erano stati mandati come luogotenenti nei reggimenti che erano dalle parti di Orenburg e, nel pomeriggio dello stesso giorno, M.me Tchoglokov fu messa al mio fianco.

Pochi giorni dopo, ricevemmo l'ordine di prepararci ad accompagnare l'Imperatrice a Reval[80]. Nello stesso tempo, M.me Tchoglokov mi venne a dire da parte di Sua Maestà imperiale che mi dispensava, per l'avvenire, di andare nella sua camera da toilette e che quando avessi avuto qualcosa da dirle lo facessi attraverso Mme Tchoglokov e tramite nessun altro. In fondo, ero felice di quest'ordine che mi dispensava dall'aspettare a lungo in piedi tra le dame dell'Imperatrice. Peraltro, non ci andavo spesso e molto raramente vedevo Sua Maestà. Di tutte le volte che vi ero andata, si era fatta veder da me non più di tre o quattro volte e, generalmente, a poco a poco e una ad una, le dame dell'Imperatrice lasciavano la stanza dopo che ero entrata. E per non restarvi da sola, rimanevo solo poco tempo.

A giugno l'Imperatrice partì per Reval e noi la accompagnammo. Il granduca ed io andammo su una carrozza a quattro posti con il principe Augusto e Mme Tchoglokov. Il nostro modo di viaggiare non era né piacevole né comodo. Le stazioni di posta e le locande erano occupate dall'Imperatrice. Per noi erano predisposte delle tende o dei magazzini. Mi ricordo che un giorno mi vestii vicino a un forno dove era stato appena cotto il pane e che, un'altra volta, nella tenda dove era stato preparato il mio letto, quando entrai avevo i piedi nell'acqua. Oltre a questo, l'Imperatrice, non avendo alcuna ora fissa né per partire, né per arrivare, né per riposare eravamo tutti, padroni e domestici, particolarmente sfiniti.

Dopo dieci giorni o dodici giorni di viaggio, arrivammo in una terra del conte Steinbock, a quaranta verste da Reval[81], da dove l'Imperatrice partì in pompa magna, volendo arrivare alla sera a Catherinenthal. Ma non so come il viaggio si prolungò sino all'una e mezza del mattino.

Durante tutto il viaggio, da Pietroburgo fino a Reval, Mme Tchoglokov fece la noia e la pena della nostra carrozza. Alla minima cosa che uno diceva, rispondeva: «Un simile discorso dispiacerebbe a Sua Maestà». Oppure: «Una cosa del genere non sarebbe approvata dall'Imperatrice». Si trattava qualche volta delle cose più innocenti e più trascurabili alle quali lei attribuiva simili giudizi. Presi la mia decisione: non feci altro che dormire nella carrozza lungo tutto il percorso.

Già il giorno dopo il nostro arrivo a Catherinenthal, la Corte riprese il suo normale ritmo di vita, vale a dire che dalla mattina alla sera e anche fino a notte fonda, si giocava molto nell'anticamera dell'Imperatrice, che era una sala che divideva la casa e i due piani in due. Mme Tchoglokov era felice. Mi coinvolse a giocare, come tutte le altre, a faraone. Tutte le favorite dell'Imperatrice vi erano coinvolte, quando non si trovavano nell'appartamento di Sua Maestà imperiale o piuttosto nella sua tenda, poiché ne aveva fatta mettere una molto grande e magnifica di fianco alle sue camere che erano al pianterreno e molto piccole, come Pietro I le faceva normalmente costruire. Era lui che aveva fatto costruire questa casa di campagna e piantare il giardino.

Il principe e la principessa Repnin, che erano della compagnia e che conoscevano la condotta arrogante e priva di buon senso che Mme Tchoglokov aveva avuto nel corso del viaggio, mi pregarono di parlarne alla contessa Šuvalov[82] e a Mme Ismaïlov, le dame più care all'Imperatrice. Queste dame non amavano Mme Tchoglokov ed erano già state informate di quanto mi era accaduto. La piccola contessa Šuvalov, che era l'indiscrezione fatta persona, non aspettò che gliene parlassi, ma essendo seduta a giocare di fianco a me, cominciò di sua iniziativa a parlarmene, e poiché aveva un tono alquanto canzonatorio, mise il comportamento di Mme Tchoglokov talmente in ridicolo che ben presto divenne lo scherno di tutti. Fece di più: raccontò all'Imperatrice tutto quello che era successo. Evidentemente, tutto ciò fece tacere Mme Tchoglokov, poiché addolcì molto il suo tono nei miei confronti. A dire la verità, avevo un gran bisogno che ciò avvenisse, poiché incominciavo a sentire un certa propensione alla malinconia. Mi sentivo completamente isolata. Il granduca, a Reval, si invaghì di una dama Cédéraparre. Come suo costume, non mancò di confidarmelo subito. Sentivo dolori al petto frequentemente, ed ebbi sbocchi di sangue a Catherinenthal, per i quali fui salassata. Nel pomeriggio di quel giorno, Mme Tchoglokov entrò nella mia camera e mi trovò con le lacrime agli occhi. Allora, con un fare estremamente dolce, mi chiese che cosa avessi e mi propose, da parte dell'Imperatrice, «per dissipare la mia ipocondria», disse, di fare un giro in giardino. Quel giorno il granduca era andato a caccia con il capocaccia Razumovskij. Oltre a questo, mi diede, per conto di Sua Maestà, tremila rubli per giocare a faraone. Le dame avevano fatto notare che io non avevo denaro e l'avevano detto all'Imperatrice. Pregai di ringraziare Sua Maestà della sua bontà e andai con Mme Tchoglokov a passeggiare in giardino per prendere un po' d'aria.

Qualche giorno dopo il nostro arrivo a Catherinenthal, vedemmo arrivare il gran cancelliere, conte Bestužev, accompagnato dall'ambasciatore imperiale, il barone Preyslain, e fummo informati, per le felicitazioni che ci fece, che le due corti imperiali avevano firmato un trattato di alleanza. A questo proposito, l'Imperatrice si recò a vedere le manovre della flotta. Ma ad eccezione del fumo dei cannoni non riuscimmo a vedere alcunché. La giornata era molto calda e la calma perfetta. Al ritorno da questa esercitazione, si tenne un ballo nelle tende dell'Imperatrice preparate sulla terrazza. La cena era servita all'aria aperta, intorno a una vasca dove c'era un getto d'acqua. Ma appena l'Imperatrice si mise a tavola arrivò un'onda che bagnò tutta la compagnia, che si ritirò, come poté, in casa e nelle tende. Così finì questa festa.

Qualche giorno dopo, l'Imperatrice partì per Roguervick[83]. La flotta vi faceva nuovamente le manovre e noi non vedemmo ancora che le fumate. Il viaggio, stranamente, causò a tutti dolori ai piedi. Il terreno di questo posto è una roccia coperta da uno spesso strato di piccole pietre fatte in modo tale che se uno si ferma per un po' di tempo nella stessa posizione, i piedi sprofondano e le pietre li coprono. Ci accampammo lì ed eravamo obbligati ad andare da una tenda all'altra. Ne ebbi male ai piedi per più di quattro mesi. I galeotti, che lavoravano al molo, portavano degli zoccoli che non resistevano più di otto o dieci giorni.

L'ambasciatore imperiale aveva seguito Sua Maestà in questo porto. Pranzava e cenava con lei a metà strada tra Roguervick e Reval. Durante uno di questi pranzi, fu condotta all'Imperatrice un'anziana donna di centotrenta anni che sembrava uno scheletro ambulante. Le regalò dei piatti della sua tavola e del denaro, mentre noi continuammo la nostra strada.

Ritornata a Catherinenthal, M.me Tchoglokov ebbe la soddisfazione di trovarvi suo marito, rientrato dalla sua missione a Vienna. Molti equipaggi della Corte avevano già preso la strada per Riga, dove l'Imperatrice voleva recarsi ma, ritornata a Roguervick, cambiò subito idea. Molti si arrovellavano per capire le ragioni di questo cambiamento. Molti anni dopo se ne scoprirono i motivi. Al passaggio di M. Tchoglokov da Riga, un prete luterano pazzo o fanatico gli diede una lettera e un promemoria per l'Imperatrice nel quale la esortava a non mettersi in viaggio, dicendole che correva un grave pericolo, che vi erano persone mandate dai nemici dell'Impero per ucciderla ed altre sciocchezze di questo genere. Queste missive consegnate a Sua Maestà le fecero passare la voglia di andare avanti. Il prete fu riconosciuto pazzo, ma il viaggio non si fece.

Ritornammo a piccole tappe da Reval a Pietroburgo. Durante questo viaggio presi un gran mal di gola e mi misi a letto per parecchi giorni. In seguito andammo a Peterhof e da là facemmo delle escursioni di otto giorni in otto giorni a Oranienbaum.

All'inizio di agosto, l'Imperatrice mandò a dire, al granduca e a me, che dovevamo osservare i nostri sacramenti. Entrambi seguimmo la sua volontà e subito cominciammo a far cantare alla mattina e al vespro e ad andar a messa tutti i giorni. Al venerdì, quando si trattò di andare alla confessione, si chiarì il motivo per il quale ci era stato ordinato di osservare i sacramenti. Simone Théodorsky, vescovo di Pleskoff, ci interrogò lungamente tutti e due, separatamente, su ciò che era accaduto tra noi e i Tchernychev. Ma poiché non era successo proprio nulla, fu un po' imbarazzato quando vide con l'ingenuità dell'innocenza, che gli dicemmo che non avevamo neanche l'ombra dell'idea di ciò che si era pensato. Gli scappò di dirmi: «Ma da dove viene dunque la convinzione contraria dell'Imperatrice?» Gli risposi che lo ignoravo. Suppongo che il nostro confessore abbia comunicato la nostra confessione a quello dell'Imperatrice, e questo ripeté a Sua Maestà quanto era avvenuto, il che certamente non poteva nuocerci. Prendemmo la comunione il sabato e, lunedì, andammo a Oranienbaum per otto giorni, mentre l'Imperatrice fece un'escursione a Tsarskoie-Celo.

Giunto a Oranienbaum, il granduca irreggimentò tutto il suo seguito. I ciambellani, i gentiluomini di camera, le cariche della Corte, gli aiutanti del principe Repnin, il suo figlio stesso, i domestici, i cacciatori, i giardinieri, tutti ebbero il moschetto sulle spalle. Sua Altezza li faceva esercitare tutti i giorni e faceva loro montare di guardia. Il corridoio della casa serviva come corpo di guardia, dove passavano la giornata. Per il pasto i cavalieri salivano in alto e, alla sera, venivano nella sala da ballo con le ghette. Di donne c'eravamo solo io, Mme Tchoglokov, la principessa Repnin, le mie tre damigelle d'onore e le mie dame di camera. Di conseguenza, il ballo era alquanto misero e male orchestrato, gli uomini sfiniti e di cattivo umore per questi continui esercizi militari che non piacevano certamente ai cortigiani. Dopo il ballo li si lasciava andare a dormire a casa loro. In generale, io e tutti, eravamo esasperati dalla vita noiosa che conducevamo a Oranienbaum dove eravamo cinque o sei donne sole, insieme dal mattino alla sera, mentre gli uomini, da parte loro, si esercitavano controvoglia. Feci ricorso ai libri che mi ero portata. Dal mio matrimonio non facevo che leggere. Il primo libro che lessi, da maritata, fu un romanzo intitolato *Tirant le Blanc*[84], e per un anno intero avevo letto solo romanzi, e questo iniziava ad annoiarmi. Casualmente incrociai le *Lettres* di M.me de Sévigné° e questa lettura mi divertì. Quando le ebbi divorate, mi capitarono tra le mani le opere di Voltaire. Dopo questa lettura cercai i libri con maggiore criterio. Ritornammo a Peterhof e dopo due o tre andirivieni tra Peterhof e Oranienbaum, con gli stessi svaghi, ritornammo a Pietroburgo al Palazzo d'estate.

Alla fine di autunno, l'Imperatrice passò al Palazzo d'inverno dove occupò gli appartamenti nei quali noi avevamo abitato il precedente inverno, mentre noi alloggiammo in quelli che il granduca aveva occupato prima del matrimonio. Questi appartamenti ci piacquero molto e invero erano molto comodi. Erano quelli dell'imperatrice Anna. Tutte le sere tutta la nostra corte si riuniva da noi e si giocava a ogni tipo di gioco o c'era un concerto. Due volte alla settimana c'era uno spettacolo nel teatro grande, che era di fronte alla chiesa di Kazan. In una parola, questo inverno fu uno dei più felici e dei meglio organizzati della mia vita. Letteralmente non facevamo che ridere e giocare per tutta la giornata.

Circa a metà dell'inverno, l'Imperatrice ci fece dire di seguirla a Tichvine[86], dove lei si stava recando. Era un viaggio religioso. Ma nel momento in cui stavamo salendo sulla slitta, ci fu detto che il viaggio era cancellato. Ci si disse, in un orecchio, che il capocaccia, conte Razumovskij, aveva la gotta e Sua Maestà non voleva partire senza di lui. Quindici giorni o tre settimane dopo, in effetti, partimmo per Tichvine. Questo viaggio durò solo cinque giorni e poi ritornammo. Passando per Ribathia-Slobodk, davanti alla casa dove sapevo abitavano i Tchernychev cercai di vederli attraverso le finestre, ma non vidi nulla. Il principe Repnin non fu presente a questo viaggio. Ci fu detto che aveva la calcolosi[87]. Il marito di M.me Tchoglokov, durante questo viaggio, fece le funzioni del principe Repnin, il che non fece piacere a nessuno. Era un ubriacone, arrogante e brutale. Tutti lo temevano terribilmente, e con sua moglie, a dire il vero, formava una coppia veramente nefasta. Tuttavia, c'era il modo, come emerse in seguito, non solo di distrarre il cane da guardia, ma anche di guadagnarselo. Allora non si era ancora arrivati a capirlo. Uno dei più sicuri era giocare a faraone con loro. Tutti e due erano giocatori e tutti e due erano avidi. Questo lato debole fu scoperto per primo, gli altri dopo.

Nel corso di questo inverno morì la principessa Gagarine, damigella d'onore, per una febbre altissima, nel momento in cui stava per sposarsi con il ciambellano principe Galitzine, che in seguito sposò sua sorella minore. La rimpiansi molto, e durante la sua malattia andavo a vederla numerose volte, nonostante le rimostranze di Mme Tchoglokov. L'Imperatrice fece venire da Mosca al suo posto la sorella maggiore, successivamente maritata con il conte Matiuschkine[88]. In primavera andammo ad abitare al Palazzo d'estate e da lì ci spostammo in campagna. Il principe Repnin, con il pretesto della sua malferma salute, ottenne il permesso di ritirarsi nella sua casa e M. Tchoglokov continuò, *ad interim*, a svolgere presso di noi le sue funzioni. In primo luogo, chiese l'espulsione dalla nostra corte del ciambellano Deviers, che fu messo come brigadiere nell'armata, e del gentiluomo di camera Villebois[89] che vi fu inviato come colonnello, il tutto perché M. Tchoglokov li guardava con occhio cattivo proprio perché noi li guardavamo invece di buon occhio. Una simile espulsione si era già verificata per il conte Zachar Tchernychev, nel 1745, per sollecitazione di mia madre. Questi licenziamenti erano guardati a Corte come delle disgrazie e perciò tutti erano particolarmente sensibili sull'argomento. Il granduca ed io fummo molto colpiti da questo: da parte dell'Imperatrice fu detto al principe Augusto, che aveva ottenuto ciò che voleva, di partire. Tutto questo era un complotto dei Tchoglokov che volevano assolutamente isolare il granduca e me, poiché seguivano le istruzioni del conte Bestužev, al quale tutto il mondo era sospetto.

Nel corso dell'estate, non avendo niente di meglio da fare ed essendo grande la noia, il mia più grande passione fu andare a cavallo. Il resto del tempo leggevo, nella mia camera, tutto quello che mi capitava in mano. Il granduca, al quale erano state tolte le persone più care, ne scelse altre tra i domestici della Corte.

Nel frattempo, il mio valletto di camera, Yévreinoff, un mattino, mentre stava pettinandomi, mi disse che per uno strano caso aveva scoperto che Andrea Tchernychev e i suoi fratelli erano a Ribatchia, agli arresti, in una casa di piacere appartenente all'Imperatrice, che l'aveva ereditata da sua madre. Ecco come tutto ciò era stato scoperto. Durante il carnevale, il mio uomo si era messo in slitta con sua moglie e sua cognata, e i due cognati dietro in un'altra slitta. Il marito della sorella era segretario del magistrato di San Pietroburgo. Costui aveva una sorella maritata a un sottosegretario della cancelleria segreta. Essi andarono un giorno a Ribatchia ed entrarono a casa della persona che aveva l'amministrazione di questa terra dell'Imperatrice. Ebbero un discussione sulla data in cui cadeva la festa di Pasqua. L'ospite della casa disse che per terminare velocemente la discussione non c'era che da chiedere ai prigionieri un libro, chiamato *Swiatzj*, dove si trovavano tutte le feste e il calendario per parecchi anni. Dopo poco il libro fu portato. Il cognato di Yévreinoff se ne impadronì e la prima cosa che vide aprendolo fu che Andrea Tchernychev vi aveva scritto il suo nome e la data del giorno in cui il granduca gli aveva regalato il libro. Dopo questo, cercò la festa di Pasqua. La discussione terminò, il libro fu rimandato e ritornarono a Pietroburgo dove, qualche giorno dopo, il cognato di Tchernychev gli confidò questa scoperta. Egli mi pregò di non parlarne al granduca perché non si fidava della sua discrezione Glielo promisi e mantenni la parola. Verso la metà della quaresima, andammo con l'Imperatrice a Gostilitza per la festa del capocaccia, conte Razumovskij. Danzammo e ci divertimmo molto, dopodiché ritornammo in città.

Pochi giorni dopo, fu comunicata la morte di mio padre, cosa che mi rattristò moltissimo. Mi si lasciò piangere per otto giorni quanto volevo, ma alla fine di questi otto giorni, M.me Tchoglokov mi venne a dire che bisognava smettere di piangere, che l'Imperatrice mi ordinava di finirla, che mio padre non era un re. Le risposi che era vero che non era re e a questo replicò che non era opportuno che una granduchessa piangesse per così lungo tempo un padre che non era re. Infine, si convenne che sarei uscita la domenica successiva e che avrei portato il lutto per sei settimane.

La prima volta che uscii dalla mia stanza trovai il conte Santi, gran maestro di cerimonia dell'Imperatrice[90], nell'anticamera di Sua Maestà Imperiale. Gli indirizzai qualche insignificante parola e passai oltre. Dopo qualche giorno, M.me Tchoglokov mi venne a dire che Sua Maestà aveva saputo dal conte Bestužev, al quale Santi lo aveva comunicato per scritto, che gli avevo detto che trovavo molto strano che gli ambasciatori non mi avessero fatto le condoglianze per la morte di mio padre. A questo aggiunse che Sua Maestà era molto contrariata dell'atteggiamento che avevo avuto con il conte Santi, che ero troppo orgogliosa, che dovevo ricordarmi che mio padre non era re e che per questo non dovevo pretendere, né potevo, di avere le condoglianze da parte di ministri stranieri.

Caddi dalle nuvole sentendo parlare in questo modo Mme Tchoglokov. Le dissi che se il conte Santi aveva riferito o scritto che gli avevo detto una sola parola su questo argomento era un gran bugiardo, che niente di simile mi era mai passato per la testa e che, pertanto, nulla avevo detto in merito né a lui né ad alcuno. Era l'esatta verità, poiché mi ero fatta un preciso dovere di non pretendere alcunché in nessun caso e di uniformarmi in tutto ai desideri di Sua Maestà e di fare ciò che mi si diceva di fare. In apparenza, la genuinità con la quale risposi a Mme Tchoglokov parve convincerla. Mi disse che non avrebbe mancato di riferire all'Imperatrice che avevo smentito il conte Santi. Effettivamente, andò da Sua Maestà e ritornò a dirmi che l'Imperatrice era molto arrabbiata con il conte Santi per aver detto un tale menzogna e che aveva ordinato di redarguirlo.

Di lì a qualche giorno, il conte Santi mi mandò diverse persone, tra le quali il ciambellano Nikita Panin[91] e il vice cancelliere Vorontsov, per dirmi che il conte Bestužev l'aveva obbligato a dire tale falsità e che era spiacente di trovarsi per questo in disgrazia con me. Dissi a questi signori che un bugiardo è un bugiardo, qualunque ragione abbia per mentire, e che nel timore che questo signore mi mischiasse nelle sue menzogne non gli avrei più parlato.

Ecco cosa penso di questa storia: Santi era italiano. Gli piaceva maneggiare ed era molto impegnato nel suo lavoro di gran maestro di cerimonia. Gli avevo sempre parlato come parlavo a tutti. Può darsi che pensasse che le condoglianze del corpo diplomatico per la morte di mio padre potessero essere consentite e, nel suo modo di ragionare, vi è da ritenere che pensasse di rendermi un servizio. Andò quindi dal conte Bestužev, gran cancelliere e suo capo, e gli disse che ero uscita per la prima volta e che gli ero sembrata molto rattristata. La mancanza di condoglianze poteva quindi aver contribuito ad accrescere questo mio stato d'animo. Il conte Bestužev, sempre astioso e desideroso di umiliarmi, fece subito mettere per iscritto ciò che Santi gli aveva detto o insinuato e che era incentrato sul mio nome e gli fece firmare questo verbale. L'altro, temendo il suo capo come il fuoco, e temendo soprattutto di perdere il suo posto, non esitò a firmare questa menzogna piuttosto che sacrificare la sua esistenza. Il gran cancelliere inviò la nota all'Imperatrice e questa si irritò nel vedere le mie pretese e mi mandò Mme Tchoglokov, come ho raccontato più sopra. Avendo però sentito la mia risposta, fondata sull'esatta verità, ne risultò una cosa imbarazzante per il grande maestro di cerimonia.

In campagna, il granduca formò una muta e iniziò egli stesso a istruire i cani. Quando era stufo di tormentarli, si metteva a suonare il violino. Non conosceva una nota, ma aveva molto orecchio e faceva consistere la bellezza della musica nella forza e nella violenza con la quale faceva uscire dei suoni dal suo strumento. Tuttavia, quelli che lo ascoltavano spesso si sarebbero volentieri chiuse le orecchie, se avessero osato, poiché le torturava terribilmente. Questa vita continuò sia in campagna sia in città. Ritornata al Palazzo d'estate, Mme Krouse, che non aveva smesso di essere un mastino, si rabbonì al punto che spesso si prestava a ingannare i Tchoglokov che erano diventati le bestie nere di tutti. Fece di più. Procurò al granduca dei giochi, dei pupazzi e degli altri giocattoli per bambini che egli amava alla follia. Durante il giorno li si nascondeva all'interno e sotto il mio letto. Il granduca andava a dormire subito dopo la cena e, da che noi eravamo a letto, Mme Krouse chiudeva la porta a chiave e allora il granduca giocava fino all'una o alle due del mattino. Volente o nolente ero obbligata a partecipare a questo bel divertimento, così come Mme Krouse. Spesso ne ridevo ma più frequentemente ne ero esasperata e anche infastidita: tutto il letto era coperto e pieno di pupazzi e di giochi qualche volta molto pesanti. Non so se a Mme Tchoglokov fosse giunta voce di questi divertimenti notturni, ma una sera, verso mezzanotte, venne a bussare alla porta della camera da letto. Non le si aprì immediatamente, poiché il granduca, Mme Krouse ed io non avevamo nulla di più urgente da fare che liberare il letto dai giochi e nasconderli, cosa per cui ci tornò utile la coperta sotto la quale li infilammo. Fatto questo, aprimmo, ma trovò molto a ridire perché l'avevamo fatta aspettare, e ci disse che l'Imperatrice si sarebbe arrabbiata molto nell'apprendere che noi non dormivamo ancora a quell'ora. Dopodiché se ne andò brontolando, non avendo potuto scoprire nulla. Una volta allontanatasi il granduca riprese le sue occupazioni fino a quando non ebbe voglia di dormire.

All'inizio dell'autunno passammo di nuovo negli appartamenti che avevamo occupato subito dopo le nozze, al Palazzo d'inverno. Qui fu impartita, per bocca di Mme Tchoglokov, la disposizione che nessuno entrasse negli appartamenti del granduca e miei senza il permesso di M. e Mme Tchoglokov, con un ordine alle dame e ai cavalieri della nostra Corte di restare nell'anticamera e di non oltrepassare la soglia della porta, di parlare unicamente ad alta voce e anche ai domestici, pena il licenziamento. Il granduca ed io, così ridotti a essere soli uno di fronte all'altro mormorammo entrambi dicendoci i reciproci pensieri su questa sorte di prigione che nessuno aveva meritato. Per procurarsi più divertimento nel corso dell'inverno, il granduca fece venire otto o dieci cani da caccia dalla campagna e li mise dietro a un tramezzo di legno che separava l'alcova della mia camera da letto da un immenso vestibolo che era dietro ai nostri appartamenti. Poiché l'alcova era separata solo da tavole, l'odore del canile vi penetrava e in questa puzza dormivamo tutte e due. Quando me ne lamentavo mi diceva che non c'era modo di fare altrimenti. Il canile era un gran segreto, ed io sopportai questa scomodità senza tradire il segreto di Sua Altezza imperiale.

Non essendoci stato alcun divertimento durante il carnevale alla Corte, il granduca pensò di fare delle mascherate nella mia camera. Faceva vestire i suoi domestici, i miei, e le mie dame in maschera e li faceva ballare nella mia camera da letto. Suonava il violino e ballava con loro. Tutto questo durava parecchio nel corso della notte. Personalmente, con vari pretesti, di mal di testa o di stanchezza, mi sdraiavo su di un canapè, ma sempre vestita in maschera, e mi annoiavo a morte di questi insipidi balli in maschera che lo divertivano tanto.

Giunta la quaresima, furono allontanate da lui ancora quattro persone, nel novero delle quali c'erano tre paggi ai quali era più affezionato degli altri. Questi frequenti licenziamenti lo affliggevano, ma non faceva un passo per fermarli o ne faceva di così maldestri che non facevano che aumentare il danno.

Nel corso dell'inverno, apprendemmo che il principe Repnin, benché malato, doveva comandare le truppe che si stavano inviando in Boemia in soccorso all'imperatrice Maria Teresa[92]. Era una vera disgrazia per il principe Repnin. Partì e non fece mai ritorno, poiché morì in Boemia dal dispiacere. Fu la principessa Gagarine, mia damigella d'onore, che me ne diede per prima la notizia, nonostante tutte le proibizioni di farci arrivare qualsiasi informazione di ciò che accadeva in città o alla Corte. Da questo si può dedurre come simili divieti non possano mai essere seguiti con rigore, anche perché c'è troppa gente che ha interesse ad infrangerli. Tutti quelli che ci circondavano, fino ai più stretti parenti dei Tchoglokov, si impegnavano a ridurre il rigore di quella sorta di prigione politica nella quale ci si sforzava di tenerci. Proprio il fratello di Mme Tchoglokov, il conte Hendrikoff[93], mi informava sovente di notizie utili e necessarie e anche altri si servivano di lui per farmele avere, cosa alla quale egli si prestava sempre con la sincerità di una brava e onesta persona, facendosi beffa delle bestialità e delle brutalità di sua sorella e di suo cognato, così che tutti erano contenti di lui e non avevano alcuna preclusione, visto che non aveva mai compromesso alcuno e tradito anima viva. Era un uomo con il senso della giustizia, ma limitato, maleducato, molto ignorante, però deciso e senza malizia.

Durante questa quaresima, un giorno verso mezzogiorno, entrai nella camera dove si trovavano i cavalieri e le dame – i Tchoglokov non c'erano ancora – e, parlando con l'uno e con l'altro, mi avvicinai alla porta dove c'era il ciambellano Outzine. A mezza voce, questi fece cadere il discorso sulla vita noiosa che conducevamo e disse che questo ci disponeva male nei confronti dell'Imperatrice; proseguì affermando che pochi giorni prima Sua Maestà imperiale aveva detto a tavola che io mi riempivo di debiti, che tutto quello che facevo aveva il marchio della stupidità, che con questo pensavo di avere molta originalità, ma non c'era nessuno che la pensava come me, che non ingannavo nessuno, che la mia perfetta stupidità era riconosciuta da tutti e che per questo bisognava sorvegliare ciò che facevamo sia io sia il granduca. Aggiunse, con le lacrime agli occhi, che aveva ricevuto ordine dall'Imperatrice di dirmi tutto questo, ma mi pregò di non far apparire di sapere che aveva ricevuto quest'ordine. Gli risposi che per quanto riguardava la mia stupidità, non si poteva farmene una colpa, poiché ciascuno era come *il buon Dio l'aveva creato*; per i miei debiti non c'era da meravigliarsi che ne avessi, visto che avevo trentamila rubli per il mio mantenimento, che mia madre partendo mi aveva lasciato da pagare seimila rubli per lei e che, oltre a questo, la contessa Rumjancev mi aveva spinta a fare mille spese che lei riteneva indispensabili. Inoltre, Mme Tchoglokov mi costava da sola, quell'anno, diciassettemila rubli e che sapeva da solo il gioco d'inferno che bisognava giocare tutti i giorni con loro. Aggiunsi che poteva dare questa risposta a chi lo aveva incaricato, che per il resto ero molto contrariata del fatto che mi si mettesse in cattiva luce nei confronti di Sua Maestà imperiale, alla quale tuttavia io non avevo mai mancato di rispetto, d'obbedienza e di deferenza, e che più mi si osservava più ci si sarebbe convinti di questo. Gli promisi di tenere il segreto come mi aveva chiesto e lo feci. Non so se riferì quanto gli avevo chiesto. Ma credo di sì, sebbene non intendessi più parlare di tutto ciò né ripetere una conversazione così poco gradevole.

L'ultima settimana di quaresima presi il morbillo. A Pasqua non mi fu possibile apparire in pubblico e presi la comunione nella mia camera il sabato. Mme Tchoglokov, benché in fase avanzata di gravidanza, non mi lasciava quasi mai e faceva quello che poteva per divertirmi. All'epoca avevo una giovane ragazza calmucca che amavo molto e che prese da me il morbillo.

Dopo Pasqua andammo al Palazzo d'estate e da là, alla fine di maggio per l'Ascensione, a casa del conte Razumovskij a Gostilitza. L'Imperatrice vi fece venire, il 23 dello stesso mese, l'ambasciatore della Corte imperiale, il barone Breitlack, che partiva per Vienna. Trascorse la serata e cenò con l'Imperatrice. La cena si tenne molto tardi nella notte e noi ritornammo nella piccola casa, dove eravamo alloggiati, dopo il sorgere del sole.

Questa casetta di legno era situata su una piccola elevazione e attaccata alla pista di ghiaccio. La sistemazione in questa casetta ci era piaciuta l'inverno, quando eravamo stati a Gostilitza per la festa del capocaccia e, per farci piacere, ci avevano alloggiati lì anche questa volta. Aveva due piani, quello in alto consisteva in una scala, una sala e tre stanze. Noi dormivamo in una, il granduca si vestiva in un'altra e Mme Krouse occupava la terza. Al piano terra alloggiavano i Tchoglokov, le mie dame e le mie donne di camera.

Ritornati dalla cena tutti si misero a letto. Verso le sei del mattino, un Sergente delle guardie, Levacheff, giunse da Oranienbaum per parlare a Tchoglokov delle costruzioni che all'epoca vi si stavano facendo. Trovando tutti addormentati, si sedette vicino alla sentinella, quando sentì degli scricchiolii che lo insospettirono. La sentinella gli disse che questi scricchiolii si erano ripetuti più volte da quando era montata in servizio. Levacheff si alzò e corse all'esterno della casa. Vide che sotto la casa si stavano staccando dei grossi massi di pietra. Corse a svegliare Tchoglokov e gli disse che le fondamenta stavano cedendo e che bisognava affrettarsi a far uscire tutti coloro che vi dormivano. Tchoglokov si mise una veste da camera e corse in alto dove, trovando le porte a vetri chiuse a chiave, ne fece saltare le serrature. Giunse così alla camera dove stavamo dormendo e, tirando la tenda, ci svegliò e ci disse di alzarci in fretta e di uscire perché le fondamenta stavano cedendo. Il granduca saltò dal letto, prese la sua veste da camera e fuggì. Io dissi a Tchoglokov che l'avrei seguito e questi se ne andò. Mi vestii in gran fretta. Vestendomi, mi ricordai che Mme Krouse dormiva nell'altra stanza. Andai a svegliarla. Poiché dormiva profondamente, ebbi il mio da fare a farle capire che bisognava uscire dalla casa. L'aiutai a vestirsi. Quando fu sistemata, varcammo la soglia della porta ed entrammo nella sala. Ma nel momento in cui vi posammo i piedi vi fu un crollo generale, accompagnato da un rumore come quello di un vascello che viene varato. Mme Krouse ed io cademmo a terra. Nell'attimo della nostra caduta Levacheff entrò dalla porta delle scale che era di fronte a noi. Mi rialzò da terra e mi portò fuori dalla camera. Gettai lo sguardo sulla pista di ghiaccio e vidi che era all'altezza del secondo piano. Non era più lì, ma almeno un'arcata al di sotto. Levacheff, arrivato con me fino alla scalinata dalla quale era salito, non la trovò più, era crollata. Ma essendoci numerose persone sulle rovine, mi consegnò a quelle più vicine, costoro a delle altre e così, di mano in mano, giunsi ai piedi della scala, nel vestibolo, e di là mi portarono in un prato. Là trovai il granduca in veste da camera.

Una volta uscita dalla casa, mi misi a osservare ciò che accadeva intorno ad essa e vidi numerose persone che ne uscivano sanguinanti e altre che venivano condotte fuori. Tra quelle ferite più gravemente vi era la principessa Gagarine, mia damigella d'onore. Aveva voluto salvarsi dalla casa come gli altri e, passando da una camera vicino alla sua, un forno che crollava era caduto su una paratia e l'aveva fatta cadere su un letto che era nella camera. Le caddero sulla testa numerosi mattoni che la ferirono gravemente, così come una ragazza che si stava salvando con lei. Sullo stesso piano, in basso, vi era una piccola cucina dove dormivano numerosi domestici, tre dei quali furono uccisi dal crollo dell'anticamera. Questo non era niente a confronto di ciò che accadde nelle fondamenta della casa e al primo piano. Sedici operai addetti alla pista di ghiaccio vi dormivano e tutti furono schiacciati dal crollo dell'edificio.

La causa di tutto ciò era che questa casa era stata costruita in autunno frettolosamente. Per le fondamenta erano stati posati quattro strati di pietre con la calce. L'architetto aveva fatto mettere al primo piano dodici travi come pilastri nel vestibolo. Doveva partire per l'Ucraina e, al momento di partire, aveva detto al reggente della terra di Gostilitza di non permettere a nessuno di toccare nulla sino al suo ritorno. Quando il reggente apprese che noi dovevamo soggiornare in questa piccola casa, nonostante il divieto dell'architetto, ritenendo che dodici colonne potessero sfigurare nel vestibolo, non ebbe di meglio da fare che farle abbattere. Quindi, giunto il disgelo, tutto si reggeva sui quattro strati di pietre a calce che scivolavano da tutte le parti e la stessa costruzione scivolò verso un cumulo di terra che l'arrestò.

Mi restò qualche livido blu e un grande spavento per il quale mi si salassò. Questo spavento fu così grande per tutti che per quattro mesi ogni porta che si chiudeva con un po' di forza ci faceva trasalire.

Quando la paura fu passata, l'Imperatrice, che alloggiava in un'altra casa, ci fece andare da lei con il desiderio di diminuire il pericolo, e tutti cercavano di mostrare poca paura e qualcuno addirittura nessuna. Il mio spavento la infastidiva e me ne rimproverò. Il capocaccia piangeva e si disperava. Parlava di uccidersi con un colpo di pistola. A quanto pare gli fu impedito, poiché non fece nulla, e l'indomani ritornammo a Pietroburgo e qualche settimana più tardi al Palazzo d'estate.

Non mi ricordo esattamente, ma mi sembra che fu circa allora che giunse in Russia il cavalier Sacromoso. Era da tanto tempo che non giungeva un cavaliere da Malta in Russia e, in generale, si vedevano pochi stranieri e Pietroburgo. Di conseguenza il suo arrivo fu una specie di evento. Fu trattato al meglio e gli si fece vedere ciò che vi era di notevole a Pietroburgo e a Cronstadt. Un ufficiale del corpo della marina fu incaricato di accompagnarlo. Si trattava di M. Poliansky, allora capitano d'alto bordo e poi ammiraglio. Ci fu presentato e baciandomi la mano Sacromoso mi fece scivolare nella mano un piccolissimo biglietto, mormorandomi: «È da parte di vostra madre.» Fui pressoché interdetta dallo spavento per ciò che aveva appena fatto. Morivo dalla paura che qualcuno l'avesse notato e soprattutto i Tchoglokov, che erano lì vicini. Nondimeno, presi il biglietto e lo feci scivolare nel guanto destro: nessuno se ne accorse. Ritornata nella mia camera, trovai davvero dentro questo biglietto arrotolato – dove mi diceva che attendeva una risposta attraverso un musicista italiano che sarebbe venuto al concerto del granduca – un biglietto di mia madre che, preoccupata per il mio involontario silenzio me ne domandava la ragione e voleva sapere in quale situazione mi trovassi. Risposi a mia madre e la informai di quanto voleva sapere. Le dissi che mi era stato proibito di scriverle come a chiunque altro, con il pretesto che non era ammesso per una granduchessa di Russia scrivere altre lettere che non fossero quelle redatte dal collegio degli Affari esteri alle quali dovevo solo apporre la firma e non dire mai nemmeno quello che bisognava scrivere poiché il collegio sapeva meglio di me ciò che era opportuno scrivere. A M. Olsufieff[94] si era addebitato pressoché un crimine perché gli avevo inviato qualche riga pregandolo di inserirle in una lettera a mia madre. Le diedi anche molte altre informazioni che mi chiedeva. Arrotolai il mio biglietto come quello che avevo ricevuto e attesi con impazienza il momento di disfarmene. Al primo concerto che si tenne presso il granduca, feci il giro dell'orchestra e mi fermai dietro alla sedia del violino solista d'Ologlio, l'uomo che mi era stato indicato. Quando mi vide arrivare dietro la sua sedia, fece finta di prendere il fazzoletto dalla tasca del suo abito e, quindi, l'aprì in modo ampio. Vi infilai, facendo finta di niente, il mio biglietto. Me ne andai da un'altra parte e nessuno si accorse di niente. Sacromoso, nel corso del suo soggiorno a Pietroburgo, mi passò ancora due o tre biglietti sullo stesso argomento e gli consegnai le mie risposte allo stesso modo. Mai qualcuno si accorse di nulla.

Dal Palazzo d'estate andammo a Peterhof che stavano ricostruendo. Fummo alloggiati in alto, nel vecchio palazzo di Pietro I che allora esisteva. Qui, per noia, il granduca, tutti i pomeriggi, si mise a giocare con me al *gioco dell'ombra* a due. Quando vincevo si infastidiva e quando perdevo voleva essere pagato subito. Io non avevo soldi e in mancanza di questi si metteva a giocare d'azzardo con me. Mi ricordo che un giorno il suo cappello da notte servì tra noi come segno per diecimila rubli, ma quando perdeva alla fine del gioco era furioso ed era capace di mettere il muso per parecchi giorni. Questo gioco non mi piaceva assolutamente.

Durante il soggiorno a Peterhof, vedemmo dalle nostre finestre, che davano sul giardino, verso il mare, che M. e M.me Tchoglokov andavano continuamente avanti e indietro dal palazzo in alto, verso quello di *Mon Plaisir*[95], in riva al mare, dove abitava l'Imperatrice. Questo incuriosiva noi ed anche M.me Krouse. Per sapere i motivi di questi frequenti andirivieni, M.me Krouse andò da sua sorella che era la prima dama dell'Imperatrice. Ritornò tutta raggiante, avendo saputo che l'andirivieni era causato dal fatto che l'Imperatrice aveva saputo che M. Tchoglokov aveva un intrigo amoroso con una delle mie damigelle d'onore, M.lle Koucheleff, e che quest'ultima era incinta. L'Imperatrice aveva chiamato M.me Tchoglokov e le aveva detto che suo marito la tradiva, mentre lei lo amava alla follia; che non aveva voluto vedere la realtà, al punto di far quasi abitare l'amante del marito con lei; che se voleva separarsi da suo marito immediatamente, avrebbe fatto cosa che non dispiaceva a Sua Maestà, che non aveva visto con piacere lo stesso matrimonio di M.me Tchoglokov con suo marito. Le disse chiaramente che non voleva che suo marito restasse con noi, che lo avrebbe allontanato e avrebbe lasciato a lei la responsabilità. La moglie, in un primo momento, negò all'Imperatrice la passione di suo marito, dicendo che era una calunnia, ma Sua Maestà imperiale, mentre le parlava, aveva mandato a interrogare la signorina. Questa ammise tutto e questo rese la moglie furiosa contro il marito. Ritornò a casa e coprì d'insulti il marito. Questi cadde ai suoi piedi, le domandò perdono e si servì di tutto l'ascendente che aveva su di lei per rabbonirla. La covata di bambini che avevano servì a rabberciare la loro intesa, che tuttavia non fu mai più sincera come prima. Divisi dall'amore, si unirono per interesse. La moglie perdonò il marito. Andò dall'Imperatrice e le disse che aveva perdonato tutto a suo marito e che voleva restare con lui per amore dei figli. Pregò Sua Maestà in ginocchio di non scacciare suo marito ignominiosamente dalla Corte, dicendo che questo l'avrebbe disonorata e l'avrebbe colmata di amarezza. Alla fine, si comportò così bene in questo frangente e con tanta decisione e generosità, inoltre, il suo dolore era così reale, che tutto questo disarmò l'Imperatrice. Fece di più. Portò suo marito davanti a Sua Maestà imperiale le disse le sue verità e poi si mise con lui in ginocchio e la pregò di perdonare suo marito per lei e per i suoi sei figli di cui era il padre.

Tutte queste sceneggiate durarono cinque o sei giorni e noi sapevamo quasi ora per ora quanto accadeva poiché in questi intervalli eravamo meno sorvegliati e tutti speravano di vedere cacciati i due personaggi. Ma il risultato non corrispose a questa attesa poiché solo la ragazza fu rimandata da suo zio, il gran maresciallo di Corte, Chépeleff, mentre i Tchoglokov rimasero, anche se meno boriosi di prima. Si stabilì il giorno in cui saremmo partiti per Oranienbaum e, mentre noi partivamo da una parte, si fece partire la signorina dall'altra.

A Oranienbaum, quell'anno, alloggiammo nella villa, a destra e a sinistra del piccolo corpo della costruzione. L'avventura di Gostilitza aveva così spaventato che, in tutte le case della Corte, si fecero esaminare i soffitti e i pavimenti. Dopodiché si riparavano quelli che ne avevano bisogno.

Ecco la vita che conducevo a Oranienbaum. Mi alzavo alle tre del mattino e da sola mi vestivo con abiti da uomo. Un vecchio cacciatore, che avevo, mi aspettava con i fucili. Uno schifo[96] da pesca era pronto sulla riva del mare. Attraversavamo il giardino a piedi, col fucile in spalla. Noi due e un cane da riporto salivamo sullo schifo insieme al pescatore e andavo a tirare alle anitre nei canneti lungo il mare dalle due parti del canale di Oranienbaum, che si estendevano per due verste sul mare. Sovente sorpassavamo il canale e, di conseguenza, talvolta stavamo molto tempo in mare aperto su questo schifo. Il granduca ci raggiungeva un'ora o due più tardi, perché doveva fare colazione e Dio sa che cosa portava con sé. Se ci incontrava, andavamo assieme, altrimenti ciascuno tirava e cacciava per conto suo. Alle dieci, e qualche volta anche più tardi, rientravo e mi vestivo per il pranzo. Dopo pranzo ci si riposava e alla sera il granduca suonava o correvamo a cavallo. Avendo fatto questa vita per circa otto giorni, mi sentivo la febbre e la testa pesante. Capii che mi occorreva del riposo e una dieta. Per ventiquattro ore non mangiai nulla e bevvi solo acqua fredda, dormii anche per due notti più che potevo. Dopo questo ripresi la stessa vita e stetti molto bene. Mi ricordo che in quel periodo leggevo le *Mémoires* di Brantôme[97] che mi divertivano molto. Prima di queste avevo letto la *Vie de Henri IV*, di Péréfixe[98].

Verso l'autunno rientrammo in città e ci fu detto che durante l'inverno saremmo andati a Mosca. Mme Krouse mi disse che era necessario, per questo viaggio, aumentare la mia biancheria. Entrai nei dettagli di questa biancheria e Mme Krouse voleva divertirmi facendola tagliare nella mia camera per insegnarmi, diceva, quante camice potevano uscire da un pezzo di tela. Questa educazione, o questo divertimento, evidentemente dispiacque a Mme Tchoglokov, che era di pessimo umore dopo la scoperta dell'infedeltà del marito. Non so che cosa disse all'Imperatrice, ma tant'è che un pomeriggio mi venne a dire che l'Imperatrice dispensava Mme Krouse dal suo servizio presso di me e che si sarebbe ritirata dal ciambellano Sievers, suo nipote. All'indomani mi condusse Mme Vladislava per occupare il suo posto al mio servizio. Era una donna alta, robusta, che sembrava avere un buon aspetto e la cui fisionomia spirituale mi piacque a prima vista. Consultai il mio oracolo Timothée Yévreinoff su questa scelta. Mi disse che questa signora, che non avevo mai visto prima, era la suocera del primo commesso del conte Bestužev, il consigliere Pougovichnikoff; che non era priva né di carattere, né di allegria, ma che passava per essere falsa. Bisognava vedere come si sarebbe comportata e soprattutto non darle molta confidenza. Si chiamava Praskovia Nikitichna. Iniziò molto bene. Era socievole, amava parlare, parlava e raccontava con spirito, sapeva nei dettagli tutti gli aneddoti del passato e del presente, conosceva quattro o cinque generazioni di tutte le famiglie, ricordava la genealogia dei padri, delle madri, dei nonni, delle nonne e degli avi paterni e materni di tutti, e nessuno è più stato in grado di informarmi, come faceva lei su ciò che era accaduto in Russia negli ultimi cento anni. L'atteggiamento e il modo di fare di questa signora mi consolarono molto e, quando mi annoiavo, la facevo parlare, cosa alla quale si prestava sempre volentieri. Scoprii facilmente che spesso disapprovava le parole e le azioni dei Tchoglokov, ma poiché frequentemente andava negli appartamenti di Sua Maestà, e non si sapeva nulla del perché, con lei, ad un certo punto, si stava in guardia, non sapendo come le azioni o le parole più innocenti potevano essere interpretate.

Dal Palazzo d'estate ci trasferimmo al Palazzo d'inverno. Qui ci venne presentata Mme La Tour Launay, che era stata vicina all'Imperatrice nella sua prima gioventù e aveva seguito la principessa Anna Petrovna, figlia maggiore di Pietro I, quando aveva lasciato la Russia, con il suo sposo il duca di Holstein, durante il regno di Pietro II. Dopo la morte di questa principessa, Mme Launay era ritornata in Francia e, attualmente, era ritornata in Russia per stabilirvisi, o anche per ritornarvi, dopo aver ottenuto da Sua Maestà qualche favore. Mme Launay sperava che in virtù della vecchia conoscenza sarebbe rientrata nei favori e in confidenza con l'Imperatrice, ma si sbagliava completamente. Tutti si unirono per escluderla. Dai primi giorni del suo arrivo pronosticai quanto sarebbe successo ed ecco come. Una sera in cui si giocava nell'appartamento dell'Imperatrice, Sua Maestà andava a veniva da una camera all'altra senza fermasi da nessuna parte, come era sua abitudine. Mme Launay, sperando evidentemente di ingraziarsela, la seguiva ovunque andasse. Mme Tchoglokov, vedendola, mi disse: «Guardate quella donna, segue ovunque l'Imperatrice. Ma non durerà a lungo. Ben presto la si disabituerà a correrle dietro.» Ne presi nota, ed effettivamente si iniziò ad allontanarla e, successivamente, la si rimandò con dei regali in Francia.

Nel corso di quest'inverno ci furono le nozze del conte Lestocq con Mlle Mengden, damigella dell'Imperatrice. Sua Maestà, con tutta la Corte, vi assistette e fece l'onore ai novelli sposi di andare a casa loro. Si sarebbe detto che essi godevano di grande favore, ma due o tre mesi dopo, la fortuna mutò. Una sera che eravamo a giocare nell'appartamento dell'Imperatrice vi vidi il conte Lestocq. Mi avvicinai a lui per parlargli, ma mi disse a mezza voce: «Non avvicinatevi a me, sono un uomo sospetto». Credetti che scherzasse e gli chiesi che cosa volesse significare tutto ciò. Mi rispose: «Vi ripeto seriamente di non avvicinarvi, perché sono un uomo sospetto da sfuggire». Vidi che aveva un'aria alterata e che era paonazzo. Pensai fosse ubriaco e andai da un'altra parte. Questo accadeva il venerdì. La domenica mattina, mentre mi pettinava, Timothée Yévreinoff mi disse: «Sapete che questa notte il conte Lestocq e sua moglie sono stati arrestati e portati alla fortezza come criminali di stato?» Nessuno sapeva il perché, ma si seppe che il generale Étienne Apraskin[99-100] e Alessandro Šuvalov erano stati nominati commissari per questa questione.

La partenza della Corte per Mosca fu fissata per il 16 dicembre. I Tchernychev erano stati trasferiti alla fortezza, in una casa dell'Imperatrice che si chiamava Smolnoy Dvor. Il maggiore dei tre fratelli qualche volta ubriacava le sue guardie e poi se ne andava in città dai suoi amici. Un giorno, una ragazza finlandese del guardaroba, che era al mio servizio e che era stata promessa a un domestico della Corte, parente di Yévreinoff, venne a portarmi una lettera di Andrea Tchernychev, nella quale mi chiedeva diverse cose. Questa ragazza l'aveva incontrato a casa del suo promesso, dove avevano passato la serata insieme. Io non sapevo dove cacciare questa lettera quando la ricevetti. Non volevo bruciarla per ricordarmi di quello che mi chiedeva. Era parecchio tempo che avevo ricevuto il divieto di scrivere, persino a mia madre. Attraverso questa ragazza acquistai una penna d'argento e uno scrittoio. Durante il giorno tenevo la lettera in tasca. Quando mi spogliavo la ficcavo sotto la giarrettiera nella calza e, prima di coricarmi, la tiravo fuori e la ponevo in una manica. Infine, gli risposi. Gli mandai ciò che aveva chiesto con lo stesso canale al quale aveva affidato la sua lettera, e scelsi il momento propizio per bruciare questa lettera che mi dava così ansia.

A metà dicembre partimmo per Mosca. Eravamo, il granduca ed io, in una grande slitta, i cavalieri di servizio davanti. Il granduca durante il giorno andava a mettersi in una slitta da città con Tchoglokov, mentre io rimanevo in quella grande che non fermavamo mai e facevo conversazione con quelli che erano seduti davanti. Mi ricordo che il ciambellano principe Alessandro Trubetskoj, durante il percorso, mi raccontò di come il conte Lestocq, incarcerato nella fortezza, nei suoi primi undici giorni di detenzione, avesse voluto lasciarsi morire di fame ma che era stato obbligato a nutrirsi. Era stato accusato di aver preso mille rubli dal re di Prussia per favorire i suoi interessi e di aver avvelenato un certo Œttinger che avrebbe potuto deporre contro di lui. Espostagli la situazione, fu esiliato in Siberia.

In questo viaggio l'Imperatrice ci precedette a Tver[101], e poiché aveva preso per il suo seguito i cavalli e le provviste che erano stati preparati per noi, restammo ventiquattro ore a Tver, senza cavalli e senza cibo. Avevamo una gran fame. Verso sera Tchoglokov ci fece avere uno storione arrosto che ci sembrò delizioso. Partimmo nella notte e arrivammo a Mosca due o tre giorni prima di Natale. La prima notizia che apprendemmo fu che il ciambellano della nostra Corte, il principe Alexis Mikhaïlovitch Galitzine, aveva ricevuto, al momento della nostra partenza da Pietroburgo, l'ordine di andare ad Amburgo come ambasciatore di Russia, con quattromila rubli di stipendio. Nuovamente, tutto questo fu visto come un ulteriore esilio. Sua cognata, la principessa Gagarine, che era con me, ne pianse molto e noi lo rimpiangiamo ancora.

A Mosca occupavamo gli appartamenti che avevo avuto con mia madre nel 1744. Per andare alla grande chiesa della Corte bisognava fare in carrozza il giro del palazzo. Il giorno di Natale, all'ora della messa, stavamo per metterci in carrozza ed eravamo già sulla scalinata dove c'erano ventinove gradi sotto zero, quando ci fu detto che l'Imperatrice ci dispensava di andare alla messa quel giorno per il freddo eccessivo che faceva. È vero che pungeva il naso. Nei primi tempi del mio soggiorno a Mosca fui costretta a restare nella mia camera a causa dell'eccesiva quantità di foruncoli che mi erano venuti in faccia. Morivo di paura di restare segnata. Feci venire il medico Boerhave che mi diede dei calmanti e una serie di cose per eliminare i foruncoli dal viso[102]. Alla fine, quando niente aveva fatto effetto, un giorno mi disse: «Voglio darvi ciò che li farà sparire». Tirò fuori dalla tasca un piccolo flacone di olio di Falk e mi disse di metterne una goccia in una tazza d'acqua e di lavarmi il viso con questa di tanto in tanto, per otto giorni di fila. In effetti l'olio di Falk mi pulì il viso e, dopo una decina di giorni, potei fare la mia ricomparsa. Poco tempo dopo il nostro arrivo a Mosca (1749), M.me Vladislava mi disse che l'Imperatrice aveva ordinato di fare al più presto le nozze della mia guardarobiera finlandese. La sola ragione per la quale, verosimilmente, si volevano affrettare le nozze era senza dubbio perché io avevo manifestato una predilezione per questa ragazza che era molto allegra e mi faceva ridere imitando un po' tutti e in particolare M.me Tchoglokov. La si maritò, quindi, e non ci furono più questioni.

A metà del carnevale, durante il quale non ci fu nessun svago né divertimento, l'Imperatrice ebbe una forte colica che parve divenire molto seria. M.me Vladislava e Timothée Yévreinoff mi vennero a bisbigliare la notizia in un orecchio, pregandomi di non dire a nessuno che me ne avevano parlato. Senza nominarli, avvertii il granduca che si agitò molto. Una mattina Yévreinoff mi disse che il cancelliere Bestužev e il generale Apraskin avevano passato la notte nell'appartamento di M.me e M. Tchoglokov, il che dava da pensare che l'Imperatrice stesse molto male. Tchoglokov e sua moglie erano più cupi che mai, vennero da noi a cena, ma non dissero una parola della malattia. Noi non ne parlavamo, né osavamo mandare a chiedere come stesse Sua Maestà, perché qualcuno avrebbe subito chiesto: «Come e da chi sapete che è ammalata?» E coloro che avrebbero potuti essere nominati o solo sospettati sarebbero stati sicuramente cacciati o esiliati o mandati alla cancelleria segreta, l'inquisizione dello Stato, che era più temuta del fuoco. Infine, quando dopo dieci giorni, Sua Maestà stette meglio, alla Corte si celebrarono le nozze di una delle sue damigelle d'onore. A tavola mi trovai seduta di fianco alla contessa Šuvalov, favorita dell'Imperatrice. Mi raccontò che Sua Maestà era ancora molto debole per la terribile malattia che aveva avuto, che aveva messo i suoi diamanti nella capigliatura della sposa (onore che faceva a tutte le sue damigelle d'onore) seduta sul suo letto, con solo i piedi fuori, e che per questo non era comparsa alla festa di nozze. Poiché la contessa Šuvalov era la prima a parlarmi di questa malattia, le testimoniai la mia preoccupazione e partecipazione. Mi disse che Sua Maestà avrebbe appreso con soddisfazione il mio pensiero.

Dopo due giorni, M.me Tchoglokov venne al mattino nella mia camera e mi disse, in presenza di M.me Vladislava, che l'Imperatrice era molto irritata contro il granduca e me per lo scarso interesse che avevamo manifestato per la sua malattia, che fino a quale momento non avevamo mandato a chiedere neanche una volta come stesse. Dissi a M.me Tchoglokov che mi ero adeguata a lei; che né lei né suo marito ci avevano detto una sola parola della malattia di Sua Maestà; che non sapendone nulla non avevamo potuto manifestare il nostro interessamento. «Come potete dire – mi rispose – che non ne sapevate niente? La contessa Šuvalov ha detto a Sua Maestà che avete parlato con lei a tavola di questa malattia.» «È vero – risposi – che gliene ho parlato, perché lei mi ha detto che Sua Maestà era ancora debole e non poteva uscire, e allora le ho chiesto dei dettagli sulla malattia». M.me Tchoglokov se ne andò borbottando e M.me Vladislava mi disse che era ben strano cercare di litigare con qualcuno per una cosa di cui non è a conoscenza, che essendo i Tchoglokov i soli in diritto di parlare, se non lo avevano fatto, l'errore era loro e non nostro, se avevamo sbagliato per ignoranza.

Qualche tempo dopo, un giorno in cortile, l'Imperatrice mi si avvicinò ed io trovai un momento favorevole per dirle che né Tchoglokov né sua moglie ci avevano avvertiti della sua malattia e che per questo non avevamo potuto manifestarle il nostro interesse. Ella capì perfettamente e mi sembrò che il credito dei personaggi andasse diminuendo.

La prima settimana di quaresima M. Tchoglokov volle prendere i sacramenti. Si confessò, ma il confessore dell'Imperatrice gli proibì di prendere la comunione. Tutta la corte diceva che era per ordine di Sua Maestà imperiale a causa della sua avventura con Mlle Koucheleff. Per un certo periodo del nostro soggiorno a Mosca, M. Tchoglokov parve legato strettamente con il cancelliere conte Bestužev e con l'anima nera di questi, il generale Étienne Apraskin. Era sempre con loro due e, a sentirlo parlare, si sarebbe detto che era il consigliere particolare del conte Bestužev, cosa peraltro impossibile poiché Bestužev era troppo intelligente per lasciarsi consigliare da uno stupido arrogante quale era Tchoglokov. Ma verso la metà del nostro soggiorno a Mosca, questa grande intimità cessò improvvisamente, non so esattamente perché, e divenne il nemico giurato dei due, che aveva frequentato sino a poco tempo prima.

Poco dopo il mio arrivo a Mosca, mi misi a leggere l'*Histoire d'Allemagne*, di padre Barre, canonico di Saint Geneviève, costituita da nove tomi in quarto[103]. Ogni otto giorni ne terminavo uno. Dopo questo, lessi le *Opere* di Platone[104]. La mia camera dava sulla strada, mentre la matrimoniale era occupata dal granduca e aveva le finestre che davano su un piccolo cortile. Leggevo nella mia stanza. Abitualmente una cameriera vi entrava e si intratteneva fino a quando voleva, poi usciva e un'altra prendeva il suo posto, quando lo giudicava opportuno. Manifestai a Mme Vladislava il fatto che tutto ciò era solo un disturbo e, comunque, pativo non poco la vicinanza degli appartamenti del granduca e ciò che vi accadeva, cosa che subiva anche lei quanto me, perché occupava una piccola stanza che si affacciava sul mio appartamento. Così ella acconsentì a dispensare le cameriere da questa specie di servizio. Ecco cosa ci faceva soffrire al mattino, durante il giorno e nella notte. Il granduca, con rara perseveranza, addestrava una muta di cani con grandi colpi di frusta e, gridando come i cacciatori, li faceva andare da una parte all'altra delle sue due camere (poiché non ne aveva di più). I cani che si stancavano o si distraevano erano puniti severamente e questo li faceva gridare ancora più forte. Quando si stufava di questo esercizio detestabile per le orecchie e per il riposo dei suoi vicini, prendeva il violino che raschiava malamente e con una straordinaria violenza, passeggiando per le stanze. Dopodiché ricominciava con l'istruzione della muta e i castighi che, a dire il vero, mi sembravano crudeli.

Un giorno, sentendo un povero cane che urlava terribilmente e a lungo, aprii la porta della mia camera da letto, dove ero seduta, e che era vicina a quella dove avveniva la scena. Vidi che teneva uno dei cani in aria per il collo e che un ragazzo, calmucco di nascita, teneva lo stesso cane per la coda (era un piccolo charlot di razza inglese) e, con un grosso manico di frusta, il granduca picchiava il cane con tutta la sua forza. Mi misi ad intercedere per questa povera bestia, ma questo fece raddoppiare i colpi. Non potendo sopportare questo spettacolo, che mi sembrava crudele, con le lacrime agli occhi, mi ritirai nella mia camera. In generale, le lacrime e le crisi, al posto di fare pietà al granduca, lo mettevano in collera. La pietà era un sentimento fastidioso e insopportabile per la sua anima.

In quel periodo, il mio valletto di camera Timothée Yévreinoff mi portò una lettera del suo vecchio compagno Andrea Tchernychev, che era stato rimesso in libertà e che passava nei pressi di Mosca per andare al reggimento dove era stato inviato come luogotenente. Con questa lettera feci come con quella precedente. Gli mandai tutto quello che mi chiedeva non dicendo nulla né al granduca né ad anima viva.

In primavera l'Imperatrice ci fece andare a Pérova, dove passammo qualche giorno con lei, a casa del conte Razumovskij. Il granduca e M. Tchoglokov scorrazzavano tutti i giorni nei boschi con il padrone di casa. Io leggevo nella mia camera, oppure Mme Tchoglokov, quando non giocava, veniva per noia a tenermi compagnia. Si lamentava molto di quanto accadeva in questo posto e delle continue cacce del marito, che era diventato un appassionato cacciatore da quando a Mosca gli era stato regalato un bellissimo levriero inglese. Seppi da altri che suo marito era lo scherno di tutti gli altri cacciatori, come si poteva supporre, e che gli si faceva credere che la sua Circe (così si chiamava la sua cagna) catturava tutte le lepri che si prendevano. Generalmente, M. Tchoglokov era portato a credere che tutto quello che gli apparteneva era di una bellezza o di una bontà rara. Sua moglie, i suoi figli, i suoi domestici, la sua casa, la sua tavola, i suoi cavalli, i suoi cani, tutto ciò che gli apparteneva, benché fosse mediocre, alimentava il suo amor proprio e, poiché gli apparteneva, diventava cosa incomparabile ai suoi occhi.

A Pérova, un giorno, mi prese un mal di testa così forte che non ricordo di averne avuto uno uguale in tutta la mia vita. L'eccessivo dolore mi provocò un violento mal di cuore. Vomitai in più riprese, e ogni passo che veniva fatto nella mia camera aumentava il dolore. Rimasi per circa ventiquattro ore in questo stato e, alla fine, mi addormentai. All'indomani mi sentivo molto debole. Mme Tchoglokov ebbe particolarmente cura di me durante questo violento malessere. In generale, tutte le persone che per malanimo peggiore metteva intorno a me, dopo poco tempo prendevano involontariamente a ben volermi e quando non erano spiate, né stimolate nuovamente, agivano contro il volere di quelli che li avevano incaricati e spesso si lasciavano andare ad essere portate nei miei confronti, o piuttosto all'interesse che ispiravo loro. Non mi trovavano mai imbronciata o astiosa, ma sempre disponibile al più piccolo segnale di approccio da parte loro. In questo il mio carattere allegro mi serviva molto, poiché tutti questi cani da guardia erano spesso divertiti dalla mia conversazione e si rallegravano a poco a poco loro malgrado.

A Pérova, Sua Maestà ebbe un altro attacco di coliche. Si fece portare a Mosca e noi andammo a piedi al palazzo che era solo a quattro verste. Questo attacco non ebbe alcun seguito e, poco tempo dopo, Sua Maestà andò in pellegrinaggio al convento di Troïtza. Voleva fare le sue sessanta verste a piedi e a tal fine andò alla casa di Pokrovskié. Ci fecero prendere la strada per Troïtza e andammo a stabilirci a undici verste da Mosca, su questa strada, in un piccolissima casa di campagna che apparteneva a Mme Tchoglokov e si chiamava Rajova. Come alloggio vi era una piccola sala in mezzo alla casa e da ogni lato due piccolissime camere. Furono messe delle tende nei pressi della casa dove si stabilì il nostro seguito. Il granduca ne aveva una, io occupai una delle piccole camere e Mme Vladislava un'altra. I Tchoglokov erano nelle altre. Cenammo nella sala. L'Imperatrice fece tre o quattro verste a piedi e poi si riposò qualche giorno. Questo viaggio durò quasi tutta l'estate. Andavamo a caccia tutti i pomeriggi.

Quando Sua Maestà giunse fino a Taïniska, che è pressoché di fronte a Rajova, dall'altra parte della grande strada del convento di Troïtza, l'atamano[105], conte Razumovskij, fratello minore dei favorito, che abitava nella sua campagna a Pokrovskoié, sulla strada di Pietroburgo, dall'altra parte di Mosca, decise di venire tutti i giorni da noi a Rajova. Era molto allegro e aveva circa la mia età. A noi piaceva molto. In quanto fratello del favorito, M. e Mme Tchoglokov lo ricevevano volentieri nella loro casa. La sua assiduità continuò tutta l'estate e sempre lo vedevamo arrivare con grande piacere. Pranzava e cenava con noi e, dopo cena, andava di nuovo nelle sue terre. Di conseguenza faceva quaranta o cinquanta verste tutti i giorni. Un ventina di anni più tardi, mi prese la curiosità di chiedergli che cosa lo spingesse, all'epoca a venire a condividere la noia e lo scialbore del nostro soggiorno a Rajova, mentre casa sua formicolava tutti i giorni della migliore compagnia che si trovava a Mosca. Senza esitare mi rispose: «L'amore!» «Ma Dio mio – risposi – di chi mai potevate essere innamorato?» «Di chi? – disse – Di voi!» Scoppiai in un risata perché, in vita mia, mai avrei sospettato una cosa del genere. A quel tempo, era sposato da molti anni a una ricca ereditiera della casa dei Narychkine, che l'Imperatrice gli aveva fatto sposare un po' controvoglia, in verità, ma con la quale sembrava stare bene. Comunque, era noto che tutte le più belle donne della Corte e della città se lo contendevano. Realmente era un bell'uomo, dal carattere originale, molto piacevole e aveva incomparabilmente più spirito di suo fratello che, d'altra parte, lo eguagliava in bellezza, ma lo superava in generosità e munificenza. Questi due fratelli erano la famiglia di favoriti più amati che io abbia visto.

Verso San Pietro, l'Imperatrice ci mandò a dire di raggiungerla a Bratovchina. Ci andammo subito. Poiché per tutta la primavera e parte dell'estate ero andata a caccia o ero stata sempre all'aria aperta, per la semplice ragione che la casa di Rajova era così piccola che passavamo gran parte del nostro tempo nei boschi che la circondavano, arrivai a Bratovchina eccessivamente rossa e abbronzata. L'Imperatrice, vedendomi, si lamentò del mio rossore e mi disse che mi avrebbe mandato un lavaggio per farmi passare l'abbronzatura. In effetti mi mandò subito una fiala nella quale c'era un liquore composto da limone, bianco d'uovo e acquavite di Francia. Ordinò alle mie dame di camera di applicarmi la composizione e stabilì la quantità che bisognava usare. Dopo qualche giorno il mio rossore passò. Dopodiché me ne servii sempre e l'ho data a numerose persone perché la usassero in casi analoghi. Quando la pelle è arrossata non conosco migliore rimedio. È anche un buon rimedio contro la pitiriasi.

Trascorremmo San Pietro al convento di Troïtza, e poiché non c'era niente, nel pomeriggio dello stesso giorno il granduca, per essere occupato in qualcosa, pensò di organizzare un ballo nella sua camera dove, peraltro, c'erano solo lui, due dei suoi valletti di camera e due donne che avevo con me, una delle quali aveva passato i cinquant'anni. Dal convento Sua Maestà passò a Taïninskoié e noi di nuovo a Rajova dove menammo la stessa vita. Vi restammo sino alla metà d'agosto, quando l'Imperatrice fece un viaggio a Sophino, luogo situato a sessanta o settanta verste da Mosca. Lì ci accampammo e all'indomani del nostro arrivo andammo nella sua tenda. La trovammo che rimproverava l'uomo che gestiva questa terra: vi era andata per cacciare e non aveva trovato neanche una lepre. L'uomo era pallido e tremante e non c'era ingiuria che non gli fosse detta. Realmente era furiosa. Vedendoci arrivare per baciarle le mani, come sempre ci abbracciò, poi continuò a rimproverare l'uomo. Nella sua collera lanciava dei fulmini su chi voleva. Lo faceva per gradi e con grande volubilità. Si mise a dire, tra le altre cose, che si intendeva perfettamente di gestione della terra; che lo aveva imparato durante il regno dell'imperatrice Anna; che avendo avuto poco si guardava dallo spendere; che se avesse fatto dei debiti, avrebbe temuto di dannarsi; che se fosse morta con dei debiti nessuno li avrebbe pagati; che la sua anima sarebbe andata all'inferno e questo non lo desiderava; che per questo a casa e quando non era obbligata, portava degli abiti molto semplici, la parte superiore di taffettà bianco e il sotto di un tessuto povero nero, con ciò faceva economia, e che si preoccupava di non mettere abiti costosi in campagna o in viaggio. Ora, tutto questo riguardava me. Io avevo un vestito lilla e argento. Lo ritenni indirizzato a me. Questa dissertazione, poiché tale era, visto che nessuno diceva una parola, vedendola rossa ed eccitata di collera, durò ben tre quarti d'ora. Alla fine, un pazzo che aveva chiamato Aksakoff, la fece smettere. Entrò e le portò un piccolo porcospino che le porse nel suo cappello. Si avvicinò a lui per guardarlo e, dopo averlo visto, gettò un acuto grido, disse che assomigliava a un topo e fuggì a gambe levate nella sua tenda, poiché era terrorizzata dai topi. Non la rivedemmo più, pranzò nella tenda. Dopo cena andò a caccia e prese con lei il granduca, mentre io ricevetti l'ordine di ritornare a Mosca con Mme Tchoglokov, dove il granduca rientrò qualche ora più tardi poiché, per il forte vento, la caccia era stata breve.

Una domenica, l'Imperatrice ci fece andare a Taïninskoié da Rajova, dove eravamo ritornati, e dove avemmo l'onore di cenare con Sua Maestà al tavolo. Ella era sola a capotavola, alla sua destra il granduca, io alla sinistra, vicino al granduca il maresciallo Boutourline, vicino a me la contessa Šuvalov. La tavola era molto lunga e stretta. Il granduca seduto tra l'Imperatrice e il maresciallo Boutourline, si ubriacò così tanto, con l'aiuto di questo maresciallo, che non disdegnava affatto il bere, che passò tutte le misure, non sapeva più quello che diceva e faceva, balbettava ed era così sgradevole che mi vennero le lacrime agli occhi, a me che nascondevo e rimediavo, per quel tanto che potevo, ciò che in lui vi era di riprovevole. L'Imperatrice mi fu grata della mia sensibilità e si alzò dal tavolo prima del solito. Sua Altezza imperiale, nel pomeriggio, doveva andare a caccia con il conte Razumovskij, ma questi rimase a Taïninskoié ed io ritornai a Mosca. Strada facendo fui presa da un orribile mal di denti. Iniziava a fare freddo e umido e non c'era alcun rimedio a Rajova. Il fratello di M.me Tchoglokov, il conte Hendrikoff, che era ciambellano di servizio presso di me, propose a sua sorella di guarirmi lì e in quel momento. Me ne parlò e acconsentii a provare questo rimedio che sembrava niente di che o piuttosto una perfetta ciarlataneria. Andò subito nell'altra camera e ne portò un piccolo rotolo di carta che mi disse di masticare con il dente malato. Appena l'ebbi fatto il dolore del mio dente ammalato divenne così forte che fui obbligata a mettermi a letto. Mi prese una forte febbre e iniziavo vaneggiare. M.me Tchoglokov, dispiaciuta del mio stato e attribuendolo al rimedio di suo fratello, lo coprì d'insulti. Non lasciò il mio letto per tutta la notte. Mandò a dire all'Imperatrice che la sua casa di Rajova non era assolutamente adatta per una persona gravemente malata come apparivo io e si diede tanto da fare che all'indomani, fui portata, ancora molto dolorante, a Mosca. Rimasi dieci o dodici giorni a letto e il mal di denti mi riprendeva ogni pomeriggio alla stessa ora.

All'inizio di settembre, l'Imperatrice si recò al convento di Voskrésensky dove anche noi ricevemmo l'ordine di recarci nel giorno del suo onomastico. Proprio in quell'occasione, nominò come gentiluomo di camera Ivan Ivanovitch Šuvalov. Tutti mormoravano che era il nuovo favorito. Io mi rallegrai della sua promozione perché quando era paggio si distingueva per la sua applicazione: lo si trovava sempre con un libro in mano[106].

Ritornata da questa escursione mi venne il mal gola con una forte febbre. L'Imperatrice venne a trovarmi durante questa malattia.

Appena cominciai a ristabilirmi e pur essendo ancora molto debole, Sua Maestà mi fece ordinare da M.me Tchoglokov di assistere alla nozze e di ornare la capigliatura della nipote della contessa Rumjancev, che si sposava con Alessandro Narychkine che in seguito fu gran coppiere. M.me Tchoglokov, che vedeva che ero appena convalescente, ebbe un po' di preoccupazione portandomi questa disposizione che non mi fece per nulla piacere, perché vedevo chiaramente che nessuno si preoccupava della mia salute, e forse della mia vita. Ne parlai con M.me Vladislava che mi parve, come me, molto poco contenta di quest'ordine dato senza riguardo né considerazione. Riunii le mie forze e, il giorno fissato, la promessa sposa fu portata nella mia stanza. Le misi in testa i miei diamanti e quando fu pronta, fu condotta nella chiesa della Corte per il matrimonio. Io fui condotta insieme a M.me Tchoglokov e alla mia corte nella casa di Narychkine. Ora, a Mosca alloggiavamo nel palazzo all'estremità della Sloboda[107] tedesca e per andare alla casa dei Narychkine bisognava attraversare tutta Mosca e fare almeno sette verste. Era il mese di ottobre, verso le nove di sera. C'era un freddo da spaccare le pietre e il ghiaccio era tale che si poteva procedere solo a piccoli passi. Fui per strada almeno due ore e mezza per andare e altrettante per tornare e non ci fu né un solo uomo né un cavallo del mio seguito che non cadde una o più volte. Infine, giunti alla chiesa di Kazansky, che era vicina alla porta della Troïtzkaïa, ci trovammo in un ulteriore impaccio. In questa chiesa, si sposava alla stessa ora la sorella di Ivan Ivanovitch Šuvalov, che era stata preparata dall'Imperatrice, mentre io avevo fatto l'acconciatura per M.lle Rumjancev, e tutto il traffico delle vetture era a questa porta. Arretrammo di qualche passo. Poi le scivolate ricominciarono, poiché nessun cavallo era ferrato per il ghiaccio. Alla fine arrivammo, ma non del migliore umore. Attendemmo per molto tempo i novelli sposi che ebbero i nostri stessi incidenti. Il granduca accompagnava il giovane sposo. Poi, si attese ancora l'Imperatrice e alla fine ci si mise a tavola. Dopo pranzo si fece qualche giro di danza di cerimonia nell'anticamera, poi ci dissero di condurre gli sposi nei loro appartamenti. Per questo, bisognava passare attraverso numerosi corridoi abbastanza freddi, salire qualche scala che non era da meno, poi passare per delle lunghe gallerie costruite con pavimenti umidi dove l'acqua colava da tutte le parti. Da ultimo, giunti negli appartamenti, ci sedemmo a una tavola imbandita di dessert, dove ci soffermammo a brindare alla salute degli sposi. Dopodiché si condusse la novella sposa nella camera da letto e ce ne andammo per ritornare a casa. La sera dell'indomani bisognava ritornarvi. Chi l'avrebbe creduto? Questo andirivieni, anziché nuocere alla mia salute, accelerò la mia convalescenza e all'indomani io stavo meglio del giorno prima.

All'inizio dell'inverno vidi il granduca particolarmente inquieto. E ne conoscevo la ragione. Non addestrava più la sua muta. Veniva venti volte al giorno nella mia camera, aveva l'aria molto afflitta, era trasognato e distratto. Si comprò dei libri tedeschi! E che libri! Una parte consisteva di libri di preghiere luterane e l'altra di storia e di processi penali di qualche ladro di strada che era stato impiccato o bruciato. Leggeva tutto il giorno, quando non suonava il violino.

Poiché non era capace di tenere per sé a lungo ciò che gli tormentava il cuore e poiché non aveva che me su cui contare, attendevo pazientemente che me ne parlasse. Infine, un giorno, mi confidò ciò che lo tormentava e trovai la cosa infinitamente più grave di quanto avessi supposto. Nel corso di quasi tutta l'estate, anche durante il soggiorno a Rajova, lungo la strada per il convento di Troïtza, avevo visto il granduca pressoché unicamente a tavola e a letto. Arrivava dopo che mi ero addormentata e se ne andava prima che mi svegliassi. Il resto del tempo lo trascorreva a caccia o nei preparativi della caccia. Tchoglokov aveva ottenuto, con il pretesto di divertire il granduca, due mute di grandi cacciatori, una di cani e cacciatori russi, l'altra di cani francesi o tedeschi. Queste ultime erano insieme a un vecchio battitore francese, un ragazzo curlandese e un tedesco. Poiché M. Tchoglokov si era preso carico della direzione della muta russa, il granduca prese quella della muta straniera, della quale l'altro non si occupava minimamente. Ciascuno dei due entrava nei minimi dettagli di tutto ciò che riguardava la sua parte. Conseguentemente, il granduca stesso andava continuamente al canile della muta, o i cacciatori venivano da lui per riferirgli lo stato della stessa, le notizie e le necessità. A essere sinceri e parlare chiaro, il granduca si intratteneva sempre con queste persone, pranzava a beveva con loro a caccia ed era sempre con loro.

Il reggimento di Boutirsky era all'epoca a Mosca. In questo reggimento vi era un luogotenente di nome Batourine, pieno di debiti, giocatore e conosciuto come un pessimo soggetto, benché uomo fortemente determinato. Ignoro per quale fortuito caso quest'uomo fece la conoscenza dei cacciatori della muta francese del granduca. Ma credo che gli uni e gli altri fossero alloggiati nei pressi o nel villaggio di Moutischa o di Alexéilwsky. Tant'è che i cacciatori del granduca gli dissero che c'era un luogotenente del reggimento di Boutirsky che dimostrava un grande attaccamento a Sua Altezza imperiale e che il reggimento aveva lo stesso sentimento. Il granduca ascoltò questa recita con compiacimento e dai suoi cacciatori volle sapere altri dettagli sul reggimento. Gli si parlò molto male dei capi e molto bene dei subalterni. Batourine, infine, sempre per tramite dei cacciatori, chiese di essere presentato al granduca durante la caccia. Dapprima il granduca rifiutò, ma poi acconsentì. Per proseguire nel discorso, quando un giorno il granduca era a caccia, Batourine si trovava in un posto appartato. Batourine, vedendolo e gettandosi alle sue ginocchia, gli giurò che non riconosceva altro capo che lui e avrebbe fatto tutto ciò che gli avrebbe ordinato. Il granduca mi disse che sentendogli proferire quelle parole si spaventò, spronò il suo cavallo e lo lasciò in ginocchio in mezzo al bosco e che i cacciatori, che l'avevano preceduto, non avevano sentito ciò che aveva detto. Il granduca affermava di non aver avuto con quest'uomo altro rapporto e che aveva avvertito i cacciatori di stare in guardia che costui non portasse loro delle sventure.

Le sue inquietudini derivavano da ciò che i cacciatori gli erano venuti a dire e cioè che Batourine era stato arrestato e trasferito a Préobrajenskoié, dove c'era la cancelleria segreta per i crimini di stato. Sua Altezza imperiale tremava per i cacciatori e temeva fortemente di essere compromesso. Per quanto riguarda i cacciatori i suoi timori si trasformarono presto in realtà, poiché pochi giorni dopo seppe che erano stati arrestati e tradotti anch'essi a Préobrajenskoié. Cercavo di alleviare le sue angosce dicendogli che se realmente non era entrato in altra confidenza se non quella che mi aveva detto, mi sembrava tutt'al più un'imprudenza essersi infilati in una così cattiva compagnia. Non sapevo se mi diceva la verità. Ho motivo di credere che probabilmente sminuisse ciò che aveva fatto, poiché anche a me, sulla vicenda, diceva mezze parole e di malavoglia. Peraltro, poteva essere proprio l'eccessiva paura a produrre questo effetto su di lui. Qualche tempo dopo, mi disse che alcuni cacciatori erano stati rimessi in libertà, ma con l'ordine di andare al di là della frontiera, e che gli avevano fatto riferire che non avevano pronunciato il suo nome. La qual cosa lo fece saltare di gioia. Nel suo animo ritornò la calma e non si parlò più di questa faccenda. Per quanto riguarda Y. Batourine fu trovato colpevole. Non ho visto né letto nulla su di lui successivamente a questo fatto, ma seppi che meditava niente di meno che uccidere l'Imperatrice, mettere a fuoco il palazzo e di portare, attraverso questo orrore e in questa confusione, il granduca al trono. Fu condannato, dopo aver chiarito la vicenda, a trascorrere il resto della sua vita rinchiuso nella fortezza di Shlisselburg[108]. Nel corso del mio regno, avendo tentato di fuggire da questa prigione, fu mandato nella Kamtchatka da dove scappò con Benjowsky[109]. Fu ucciso mentre saccheggiava l'isola di Formosa, nel mar Pacifico[110].

Il 15 dicembre, partimmo da Mosca per Pietroburgo. Viaggiavamo giorno e notte su una slitta scoperta. A metà del percorso mi prese nuovamente un violento mal di denti, ma malgrado ciò il duca non acconsentì a fermare la slitta. A malapena acconsentì che tirassi un poco la tenda della slitta, per ripararmi da un vento gelido e umido che mi arrivava in faccia. Finalmente, arrivammo a Tsarskoie-Celo[111], dove era già giunta l'Imperatrice che ci aveva passati lungo la strada, come al suo solito. Da quando misi piede a terra, entrai nell'appartamento che ci era destinato e mandai a cercare il medico di Sua Maestà, Boerhave, il nipote del più famoso[112], e lo pregai di fami togliere questo dente che mi tormentava da quattro o cinque mesi. Acconsentì con dispiacere alla mia richiesta, ma io ero assolutamente determinata, insistetti e, alla fine, fece venire il mio chirurgo, Gyon. Mi sedetti per terra, Boerhave da una parte, Tchoglokov dall'altra, mentre Gyon mi estirpava il dente. Ma nel momento in cui lo tirò i miei occhi, il mio naso, la mia bocca divennero delle fontane; dalla bocca usciva sangue, dal naso e dagli occhi colava acqua. Allora, Boerhave, che aveva un intuito particolare, gridò: «L'incapace!» E facendosi dare il dente, disse: «È quello che temevo e la ragione per cui non volevo farlo togliere». Gyon, togliendo il dente, aveva asportato un pezzetto di mascella in basso alla quale era attaccato il dente. L'Imperatrice venne alla porta della mia camera nel momento in cui accadeva tutto questo. Mi riferirono che si commosse fino alle lacrime. Mi misero a letto. Soffrii molto per quattro settimane, anche in città dove, malgrado tutto questo, andammo l'indomani con la slitta aperta. Non uscii dalla mia camera fino al gennaio 1750 poiché nella parte inferiore della guancia avevo impresse le cinque dita di Gyon con segni blu e gialli. Il primo giorno dell'anno, volendo pettinarmi, vidi il parrucchiere, di nazionalità calmucca, che avevo fatto educare, eccessivamente rosso e con gli occhi tumefatti. Gli chiesi che cosa avesse e mi disse che aveva molto mal di testa e caldo. Lo rimandai indietro dicendogli di andare a letto, perché realmente sembrava non poterne più. Se ne andò e alla sera mi dissero che gli era comparso il vaiolo. Fui terrorizzata dalla paura di averlo preso, ma non fu così benché mi avesse pettinata.

L'imperatrice rimase per gran parte del carnevale a Tsarskoie-Celo e Pietroburgo rimase quasi vuota. La maggior parte delle persone che vi restarono lo fecero per dovere e non per piacere. Quando la Corte era stata a Mosca e stava per ritornare a Pietroburgo, tutti i cortigiani si affrettavano a chiedere congedi per un anno, sei mesi o almeno qualche settimana per poter restare a Mosca. La gente in vista, come senatori o altri, faceva lo stesso e quando temevano di non ottenerli accampavano malattie vere o finte di mariti, mogli, padri, sorelle o bambini, o inventavano processi e altri impegni inderogabili. In poche parole, occorrevano sei mesi o più perché la Corte e la città ritornassero ciò che erano prima della partenza della Corte; e nel frattempo l'erba cresceva nelle strade di Pietroburgo perché in città quasi non c'erano carrozze che vi passassero. In questa situazione, non c'era per il momento da sperare nella possibilità di grande compagnia, soprattutto per noi, che eravamo tenuti molto isolati. M. Tchoglokov si impegnò, in questo periodo, nel divertirci, o piuttosto non sapendo lui stesso e sua moglie cosa fare per la noia, invitava, il granduca e me, ad andare tutti i pomeriggi a giocare da lui, nell'appartamento che occupava alla Corte, che consisteva in quattro o cinque stanze molto piccole. Vi faceva venire i cavalieri, le dame di servizio e la principessa di Curlandia, figlia del duca Ernest Jean Biren[113], vecchio favorito dell'imperatrice Anna.

L'Imperatrice Elisabetta aveva fatto ritornare questo duca dalla Siberia dove, sotto la reggenza della principessa Anna, era stato esiliato. Era là che abitava con sua moglie, i suoi figli e sua figlia. Quest'ultima non era né bella, né gradevole, né ben fatta poiché era gobba e molto piccola. Ma aveva dei begli occhi, spirito e una singolare propensione per l'intrigo. Suo padre e sua madre non l'amavano molto e lei asseriva che la maltrattavano in continuazione. Un bel giorno, se ne andò dalla casa paterna e fuggì a casa della moglie del voivoda Yaroslav, Mme Pouchkine. Costei, infatuata dall'idea di darsi dell'importanza a Corte, si indirizzò a Mme Šuvalov, e così fece passare la fuga della principessa di Curlandia dalla casa paterna come la conseguenza della persecuzione di cui i genitori l'avevano fatta oggetto, perché aveva espresso il desiderio di abbracciare la fede ortodossa. In effetti, la prima cosa che fece alla Corte fu realmente la sua professione di fede, della quale l'Imperatrice fu la madrina. Dopodiché le fu dato un appartamento tra le damigelle d'onore. M. Tchoglokov si compiaceva di dimostrarle dell'attenzione, poiché il fratello maggiore della principessa aveva dato avvio alla sua fortuna prendendolo dal corpo dei cadetti, dove era stato educato nella guardia a cavallo, e lo aveva tenuto presso di sé come galoppino. La principessa di Curlandia, in questo modo intrufolata con noi e giocando tutti i giorni a *trisset* per parecchie ore con il granduca, Tchoglokov e me, si comportò all'inizio con grande compostezza. Era arrendevole e il suo spirito faceva dimenticare ciò che aveva di sgradevole nella sua figura, soprattutto quando era seduta. Con ciascuno aveva l'atteggiamento che poteva fargli piacere. Tutti la guardavano come un orfanella interessante e la consideravano una persona quasi senza alcun peso. Aveva agli occhi del granduca un altro merito, che non era di poca importanza. Era una specie di principessa straniera e, in più, tedesca. Conseguentemente egli parlava con lei solo in tedesco e questo le dava un fascino particolare ai suoi occhi. Cominciò a dedicarle tutte le attenzioni di cui era capace. Quando cenava da lei le inviava del vino o qualche piatto preferito della sua tavola e quando acquistava qualche nuovo berretto da granatiere o qualche bandoliera, gliele mandava per mostrargliele.

La principessa di Curlandia, che all'epoca poteva avere ventiquattro o venticinque anni, non era l'unica acquisizione che la Corte aveva fatto a Mosca. L'Imperatrice vi aveva reclutate le due contesse Vorontsov, nipoti del vicecancelliere e figlie del conte Roman Vorontsov, suo fratello minore. La maggiore, Marie, poteva avere quattordici anni ed era stata messa tra le damigelle d'onore dell'Imperatrice. La minore, Elisabetta, ne aveva undici e fu data a me. Era una ragazza molto brutta, dal colore olivastro e sudicia al massimo grado[114].

Verso la fine del carnevale, Sua Maestà fece ritorno in città. Nella prima settimana di quaresima noi incominciammo a fare le nostre devozioni. Il mercoledì sera, dovevo andare fare il bagno nella casa di Mme Tchoglokov, ma la sera prima ella entrò nella mia camera, dove si trovava anche il granduca e gli comunicò, da parte di Sua Maestà, l'ordine di recarsi anch'egli al bagno. Ora, i bagni e tutte le altre usanze russe o abitudini del paese, non solo le aveva prese in antipatia, ma le detestava mortalmente. Disse decisamente che non avrebbe fatto niente. Questa, che era anche ostinata e non aveva alcun riguardo, gli disse che ciò significava disobbedire a Sua Maestà imperiale. Egli sostenne che non bisognava ordinargli ciò che ripugnava alla sua natura; che sapeva che il bagno, al quale non era mai andato, gli faceva male; che non voleva morire; che la vita era ciò che aveva di più caro e che l'Imperatrice non avrebbe lo mai obbligato ad andarci. Mme Tchoglokov rispose che l'Imperatrice avrebbe punito la sua disobbedienza. A questo punto andò in collera e disse con ira: «Vedrò un po' cosa farà. Io non sono un bambino.» Allora Mme Tchoglokov lo minacciò che l'Imperatrice lo avrebbe fatto rinchiudere nella fortezza. E si mise a piangere amaramente e si dissero tutto ciò che la rabbia poté loro ispirare di più offensivo e, letteralmente, entrambi persero ogni buon senso. Alla fine lei se ne andò affermando che avrebbe riportato parola per parola quella conversazione a Sua Maestà imperiale. Non so che cosa fece, ma ritornò e la discussione cambiò obiettivo, poiché ci venne a dire che l'Imperatrice diceva di essere molto arrabbiata che noi non avessimo figli, che voleva sapere chi di noi due ne fosse la causa; che a me avrebbe mandato una donna esperta e a lui un medico. Aggiunse a questo molte altre osservazioni oltraggiose e che non avevano né capo né coda e terminò col dire che l'Imperatrice ci dispensava dal prendere i sacramenti in settimana, visto che il granduca diceva che il bagno nuoceva alla sua salute. Bisogna sapere che nel corso di queste due conversazioni io non aprii bocca: in primo luogo perché parlavano tutti e due con una tale veemenza che non riuscivo a mettere parola; in secondo perché vedevo che entrambi sragionavano completamente. Non so come lo giudicò l'Imperatrice, ma tant'è che non vi fu questione né sull'una né sull'altra materia, dopo quanto ho raccontato.

A metà quaresima, Sua Maestà se ne andò a Gostilitza, a casa del conte Razumovskij, per festeggiarvi la sua festa e mandò noi con le sue dame d'onore e il nostro normale seguito a Tsarskoie-Celo. Il tempo era straordinariamente mite e anche caldo, così che, il 17 marzo, non c'era più neve, ma polvere lungo la strada. Arrivati a Tsarskoie-Celo, il granduca e Tchoglokov si misero a cacciare mentre io e le dame passeggiavamo, a piedi e in carrozza, fino a quando potevamo. Alla sera facevamo diversi giochi. Qui il granduca fu colto da una forte attrazione, soprattutto quando la sera aveva bevuto, il che accadeva tutti giorni, per la principessa di Curlandia. Non la lasciava di un passo e parlava solo con lei. Infine, la questione si manifestò apertamente in mia presenza e di fronte a tutti. Ciò che incominciava a ferire la mia vanità e il mio amor proprio era che il piccolo mostro fosse preferito a me. Una sera, alzandomi dal tavolo, Mme Vladislava mi disse che tutti erano sorpresi dei successi di questa gobbetta. «Che fare?» Le risposi. Mi vennero le lacrime agli occhi e andai a dormire. Mi ero appena addormentata quando il granduca venne a coricarsi. Essendo ubriaco e non sapendo quello che stava facendo, iniziò a intrattenermi sulle qualità della sua bella. Feci finta di dormire per farlo tacere al più presto, ma dopo aver parlato ancora più forte per svegliarmi, vedendo che non davo alcun segnale, mi diede due o tre pugni abbastanza forti sui fianchi, imprecando contro la forza del mio sonno, si girò e si addormentò. Piansi molto quella notte, per il fatto in sé e per i pugni che mi aveva dato, per la mia situazione tanto sgradevole quanto fastidiosa. All'indomani parve avere vergogna di quello che aveva fatto. Non me ne parlò e io feci finta di non averlo sentito.

Due giorni dopo ritornammo in città. L'ultima settimana di quaresima ricominciammo a fare le nostre devozioni. Nessuno disse più al granduca di andare a fare il bagno. In questa settimana, gli capitò un altro incidente che lo sconcertò un po'. Nella sua camera, dove stava tutta la giornata in un modo o in un altro in movimento, un pomeriggio si era esercitato a far schioccare una enorme frusta da cocchiere che si era fatta fare. La sbatteva con forza a destra e a sinistra e faceva correre non poco i suoi valletti da una parte e dall'altra della stanza, timorosi di prendere qualche staffilata. Non so come accadde, comunque accadde che si diede egli stesso un gran colpo sulla guancia. La ferita prendeva tutta la parte sinistra del viso e sanguinava. Ne fu molto spaventato, temendo di non poter uscire in pubblico a Pasqua e che, avendo la guancia sanguinante, l'Imperatrice, di nuovo, gli proibisse di fare le sue devozioni e che, sapendone la ragione, l'esercizio con la frusta gli attirasse una nuova reprimenda. Nel suo smarrimento corse immediatamente da me per consultarmi, cosa che non mancava mai di fare in simili occasioni. Lo vidi dunque arrivare con la guancia sanguinante. Vedendolo esclamai: «Mio Dio! Che cosa avete fatto?» Mi raccontò l'accaduto. Dopo aver considerato un po' la cosa, gli dissi: «Ebbene! Può darsi che vi tolga dall'impaccio. In primo luogo andate nella vostra camera e fate in modo di mostrare il meno possibile la vostra guancia. Io verrò da voi quando sarà opportuno e spero che non se ne accorga nessuno.» Se ne andò e io mi ricordai che quando ero caduta, qualche anno prima, nei giardini di Peterhof, mi ero scorticata fino a farmi sanguinare e il mio medico mi aveva dato del bianco di piombo in pomata, con il quale mi ero coperta la parte spellata. Non smisi di uscire e nessuno si accorse che avevo la guancia ferita. Mandai subito a cercare questa pomata e quando mi fu portata, andai immediatamente dal granduca e gli sistemai così bene la guancia che egli stesso, guardandosi, non vide nulla.

Il giovedì, prendemmo la comunione con l'Imperatrice nella grande chiesa della Corte e quando ci fummo comunicati ritornammo ai nostri posti. Il giorno illuminava la guancia del granduca. Tchoglokov si avvicinò a noi per dire non so cosa e, guardando il granduca, disse: «Asciugate la vostra guancia, perché c'è sopra della pomata.» Immediatamente dissi al granduca, come se stessi scherzando: «Ed io, che sono vostra moglie, vi proibisco di asciugarvi.» A questo punto il granduca si rivolse a Tchoglokov: «Guardate come ci trattano queste mogli. Non osiamo neanche asciugarci quando non vogliono.» Tchoglokov si mise a ridere e disse: «Ecco un vero capriccio da donna.» La cosa finì lì e il granduca mi fu grato sia della pomata, che gli serviva per risparmiargli delle seccature, sia della mia presenza di spirito, che non lasciò il minimo sospetto, neanche in Tchoglokov.

Dovendo fare la veglia nella notte di Pasqua, il sabato santo, andai a riposare verso le cinque del pomeriggio, per dormire fino all'ora in cui avrei dovuto iniziare a vestirmi. Mi ero appena coricata quando arrivò il granduca, correndo a perdifiato, e mi disse di alzarmi per andare subito a mangiare delle ostriche fresche che gli erano state portate dall'Holstein. Per lui era una grande, duplice festa quando arrivavano: gli piacevano molto e venivano dall'Holstein, suo paese natale, per il quale aveva un particolare riguardo, ma che non per questo riusciva a governare meglio e nel quale faceva o gli venivano fatte fare cose terribili. Se non mi fossi alzata l'avrei contrariato e mi sarei esposta a una vivace discussione. Così mi alzai e andai da lui, benché fossi sfinita dagli esercizi di devozione della settimana santa. Giunta da lui trovai le ostriche già servite, ne mangiai una dozzina, dopodiché mi permise di ritornare nella mia camera e andare a letto, e rimase a terminare il suo pasto di ostriche. Era stato lui a pregarmi di non mangiarne troppe perché non ne sarebbero rimaste abbastanza per lui, che ne era particolarmente goloso. A mezzanotte, mi alzai e mi vestii per andare ai mattinali e alla messa di Pasqua, ma non potei rimanere sino alla fine del servizio perché mi prese una violenta colica. Non mi ricordo in vita mia di aver avuto un simile dolore. Ritornai in camera mia con la sola principessa Gagarine, poiché tutte le mie persone erano in chiesa. Mi aiutò a svestirmi, a mettermi a letto, e mandò a chiamare dei medici. Mi diedero delle medicine e trascorsi i due primi giorni di festa a letto.

Fu all'incirca poco dopo questo periodo, che arrivarono in Russia il conte Bernès, ambasciatore della corte di Vienna[115], il conte Lynar[116], inviato della Danimarca, e il generale Arnheim, inviato della Sassonia. Quest'ultimo portò con sé la moglie, nata Hoim. Il conte Bernès era piemontese (aveva allora cinquant'anni o poco più), spiritoso, amabile, allegro e colto, aveva un tale carattere che i giovani preferivano stare con lui che non con i loro coetanei. Era amato e stimato da tutti, e mille volte ho detto e ripetuto che se lui stesso o uomo come lui fosse stato messo a fianco del duca, sarebbe stato un gran bene per il principe che, come me, aveva maturato per il conte Bernès un affetto e una stima particolari. Il granduca stesso diceva che con un uomo così vicino a sé si sarebbe vergognato di fare sciocchezze, eccellenti parole che non ho mai dimenticate. Il conte Bernès aveva con sé, come cavaliere d'ambasciata, il conte Hamilton, cavaliere di Malta. Un giorno in cui chiesi a quest'ultimo notizie dell'ambasciatore conte Bernès, che era indisposto, mi azzardai a dire al cavaliere Hamilton che avevo un'altissima opinione del conte Bathyani, che l'Imperatrice regina[117] aveva allora nominato tutore dei suoi due figli maggiori, gli arciduchi Joseph[118] e Charles[119], poiché in questo incarico era stato preferito al conte Bernès. Nel 1780, quando ebbi il mio primo incontro con l'imperatore Giuseppe II, a Mohileff[120], Sua Maestà imperiale mi disse che era a conoscenza di questa mia conversazione. Gli risposi che senza dubbio l'aveva saputo dal conte Hamilton, che era stato messo al fianco del principe dopo il suo ritorno dalla Russia. Mi disse che avevo indovinato e che il conte Bernès, che non aveva conosciuto, aveva lasciato dietro di sé la fama di essere più adatto a questo incarico che non il suo vecchio tutore.

Il conte Lynar, inviato del re di Danimarca, era stato inviato in Russia per trattare lo scambio dell'Holstein, che apparteneva al granduca, con la contea di Oldenburg[121]. Era un uomo che univa, a quanto si diceva, molte conoscenze ad altrettante capacità. Il suo aspetto esteriore era quello di un completo vanesio. Era grande e ben fatto, biondo virante verso il rosso, il colorito bianco come quello di una donna. Si diceva che avesse una così grande cura della sua pelle che non dormiva prima di essersi coperto il viso e le mani di crema, che metteva dei guanti e una maschera per la notte. Si vantava di avere diciotto figli e di aver messo le nutrici dei suoi bambini nelle condizioni di esserlo. Il conte Lynar, così bianco, portava l'ordine bianco di Danimarca e aveva abiti solo di colori estremamente chiari come, ad esempio, il celeste, l'albicocca, il lilla, color carne, etc., benché all'epoca si vedessero raramente nuance così chiare negli uomini. Il gran cancelliere conte Bestužev e sua moglie, a casa loro, consideravano il conte Lynar come il bambino della casa e gli facevano molte feste. Ma questo non mise il suo trattamento al riparo dal ridicolo. C'era anche un ulteriore elemento contro di lui, perché ci si ricordava che suo fratello era stato ricevuto più che bene dalla principessa Anna, la cui reggenza era stata condannata.

Ora, da quando quest'uomo arrivò, non ebbe nulla di più urgente da fare dello sfoggio del suo negoziato per lo scambio dell'Holstein contro la contea dell'Oldenburg. Il gran cancelliere conte Bestužev fece chiamare M. Pechlin, ministro del granduca per il suo ducato di Holstein, e gli disse le ragioni per cui era arrivato Lynar. M. Pechlin fece il suo rapporto al granduca, che amava l'Holstein, suo paese e che da quando era a Mosca l'aveva rappresentato all'Imperatrice come insolvente. Aveva chiesto del denaro all'Imperatrice e gliene era stato dato un po'. Questo denaro non era mai arrivato nell'Holstein, ma i debiti vistosi di Sua Altezza imperiale in Russia erano stati pagati. M. Pechlin presentò la situazione finanziaria dell'Holstein come disperata. Era cosa facile per Pechlin visto che il granduca si affidava a lui per l'amministrazione e non gli dedicava che pochissima o nessuna attenzione. A tal punto che un giorno M. Pechlin, spazientito, gli disse con voce grave: «Signore, dipende dal sovrano se interessarsi o meno del governo del suo paese. Se non se ne interessa, allora il paese si governa da solo, ma si governa male». Questo Pechlin era un uomo molto piccolo e grasso, che portava una enorme parrucca, ma non mancava né di conoscenze né di capacità. Questa grossa e bassa figura era abitata da uno spirito fine e delicato. Lo si accusava solo di non essere discreto nella scelta dei mezzi. Il gran cancelliere, conte Bestužev, aveva molta fiducia in lui ed era uno dei suoi più intimi confidenti. M. Pechlin disse al duca che ascoltare non significava trattare, che negoziare era ben lungi dall'accettare e che egli era sempre padrone di interrompere le trattative quando lo riteneva opportuno. Infine, passando da un'argo-mentazione all'altra si riuscì ad autorizzare M. Pechlin ad ascoltare le proposte dell'ambasciatore di Danimarca e i negoziati furono aperti. Tutto ciò rattristava il granduca che me ne parlò. Io, che ero stata allevata nel vecchio rancore del casato di Holstein contro la Danimarca e che ero stata indottrinata sul fatto che il conte Bestužev aveva solo propositi malevoli nei confronti miei e del granduca, sentii parlare di questi negoziati con molta impazienza e apprensione e li contrastavo presso il granduca il più possibile. Peraltro, in aggiunta a questo, nessun altro mi diceva una parola, poiché gli era stato raccomandato di tenere il massimo segreto soprattutto, era stato sottolineato, verso le donne. Penso che questa indicazione riguardasse me più degli altri. Ma in questo si sbagliavano perché Sua Altezza imperiale me ne parlò immediatamente. Più il negoziato progrediva più ci si sforzava di presentarlo al granduca come favorevole e conveniente. Lo vedevo spesso felice di quello che avrebbe avuto e poi aveva dei ripensamenti cocenti e dei rimpianti per quello che lasciava. Quando lo si vedeva ondeggiare si rallentavano gli incontri per riprenderli dopo aver inventato qualche nuova esca per mostrargli la cose sotto un aspetto favorevole.

All'inizio della primavera, ci trasferirono al giardino d'estate ad abitare la piccola casa costruita da Pietro I, dove gli appartamenti sono al piano terreno e danno sul giardino. Il marciapiede di pietra e il ponte di Fontanka[122] non esistevano ancora. In questa casa ricevetti una delle più gravi umiliazioni di tutto il periodo di regno dell'imperatrice Elisabetta. Un mattino, mi dissero che l'Imperatrice aveva tolto dal mio servizio il mio anziano valletto di camera, Timothée Yévreinoff. Si era preso come pretesto per questo licenziamento una discussione che aveva avuto in guardaroba con un uomo che ci serviva il caffè. Durante questa discussione, era sopraggiunto il granduca che aveva ascoltato una parte degli insulti che i due si erano scambiati. L'antagonista di Yévreinoff era andato a lamentarsi da M. Tchoglokov e gli aveva detto, che senza alcun riguardo per la persona del granduca, l'altro lo aveva riempito di insulti. M. Tchoglokov fece subito rapporto all'Imperatrice che ordinò di allontanarli tutti e due dalla Corte e Yévreinoff fu relegato a Kasan, dove in seguito fu nominato capo della polizia. La verità era che Yévreinoff e l'altro erano molto attaccati a noi, soprattutto il primo, ed era solo stato cercato un pretesto per allontanarlo da me. Aveva in mano tutto quello che mi apparteneva. L'Imperatrice ordinò che un uomo di nome Skourine, che aveva preso come aiuto, ne prendesse il posto. In costui io non avevo alcuna fiducia.

Dopo qualche giorno trascorso nella casa di Pietro I, ci trasferimmo al Palazzo d'estate, costruito in legno, dove ci erano stati preparati dei nuovi appartamenti, un lato dei quali dava sulla Fontanka, che allora era solo una palude melmosa, mentre l'altro lato dava su un piccolo orribile cortile. Il giorno di Pentecoste, l'Imperatrice mi fece dire di invitare a venire con me la moglie dell'inviato della Sassonia, Mme Arnheim. Era una donna alta, ben fatta, di venticinque o ventisei anni, un po' magra e gradevole nel viso che aveva lineamenti marcati e segnati dal vaiolo. Ma poiché sapeva come porsi, da lontano aveva una sorta di splendore e appariva abbastanza nivea. Mme Arnheim arrivò da me verso le cinque del pomeriggio, vestita da uomo dalla testa ai piedi, con un abito di stoffa rossa bordato da un gallone oro e una giacca a coste orizzontali verdi, anch'esse bordate. Non sapeva dove mettere il cappello e le mani e ci sembrò assai maldestra. Poiché sapevo che l'Imperatrice non amava che io montassi a cavallo da uomo, mi ero fatta preparare una sella inglese da donna e avevo messo un abito all'inglese da cavallo, con una stoffa molto ricca blu celeste e argento, con dei bottoni di cristallo che potevano essere scambiati per diamanti, mentre il mio caschetto nero era contornato da un cordone di diamanti. Discesi per mettermi a cavallo e in quel momento arrivò Sua Maestà per vederci partire. Poiché allora ero molto svelta e abituata a questo esercizio, non appena mi avvicinai al mio cavallo gli saltai in groppa. La mia gonna, che era aperta, cadde ai due lati del cavallo. L'Imperatrice, vedendomi montare con tanta agilità e velocità, rimase stupefatta ed esclamò che era impossibile montare a cavallo meglio di così. Domandò su quale sella fossi e, avendo saputo che ero su una sella da donna, disse: «Si giurerebbe che siate su una sella da uomo.» Quando venne il turno di Mme Arnheim, il suo approccio non brillò agli occhi di Sua Maestà imperiale. Aveva fatto venire il suo cavallo da casa ed era un brutto ronzino nero, molto grande e sporco, che i nostri cortigiani pensavano fosse uno dei timonieri della sua carrozza. Fu necessaria una scala per montarvi sopra. Tutto questo fu fatto in diversi modi e con l'aiuto di numerose persone. Piazzata sul suo ronzino, questo si mise a trottare in modo abbastanza rude tanto da sballottare la dama che non era sicura né in sella né sulle staffe e che si teneva con la mano alla sella. Vedendola seduta, me ne andai avanti, seguita da chi era in grado. Raggiunsi il granduca che mi aveva superata e Mme Arnheim, sul suo ronzino, rimase indietro. Mi fu riferito che l'Imperatrice rise molto e fu poco edificata del modo di andare a cavallo di Mme Arnheim. Non molto distante dalla Corte, penso che Mme Tchoglokov, che andava in carrozza, raccolse la dama che perdeva talvolta il cappello e talvolta le staffe. Infine, la portammo a Catherinoff, ma l'avventura non era ancora finita. Quel giorno aveva piovuto fino alle tre del pomeriggio e la gradinata della casa di Catherinoff era piena di pozze d'acqua. Discesa da cavallo ed essendo stata per un po' di tempo nella sala della casa dove c'era parecchia gente, decisi di passare oltre la scala scoperta per andare in una camera dove erano le mie dame. Mme Arnheim volle seguirmi e poiché io andavo velocemente poteva farlo solo correndo tra le pozze d'acqua, dove scivolò e cadde lunga e distesa, facendo ridere la numerosa folla di spettatori che era sulla scalinata. Si rialzò un po' confusa, dando la colpa della caduta agli stivali nuovi che aveva messo quel giorno. Ritornammo dalla passeggiata in carrozza e, cammin facendo, ci intrattenne sulla qualità del suo ronzino, mentre noi ci mordevamo le labbra per non scoppiare a ridere. Così, per parecchi giorni, fornì materiale per ridere alla Corte e alla città. Le mie dame dicevano che era caduta perché aveva cercato di imitarmi senza essere agile come me. Mme Tchoglokov, che non era incline alla giovialità, rideva fino alle lacrime quando glielo si ricordava, anche a distanza di molto tempo.

Dal Palazzo d'estate andammo a Peterhof dove, quell'anno, alloggiammo al Mon Plaisir. Passavamo regolarmente una parte del pomeriggio da Mme Tchoglokov dove venivano un po' tutti e questo era per noi un divertimento. Da là andammo a Oranienbaum dove, tutti i giorni che Dio mandava in terra, andavamo a caccia e talvolta eravamo a cavallo per tredici ore al giorno. L'estate, tuttavia, era molto piovosa. Mi ricordo che un giorno che ritornai tutta fradicia a casa, incontrai, scendendo da cavallo, il mio sarto che mi disse: «Guardate come siete fatta, non mi meraviglio più che gli abiti da cavallo siano appena sufficienti e che me ne vengano chiesti continuamente dei nuovi.» Io portavo solo quelli confezionati con cammellotto di seta, la pioggia li rovinava, il sole ne scoloriva i colori e, di conseguenza, me ne servivano in continuazione di nuovi. Fu in quel periodo che mi inventai delle selle sulle quali potevo sedermi come volevo. Avevano il gancio all'inglese e si poteva girare la gamba per essere seduti come un uomo. Oltre a questo, il gancio si divideva e un'altra staffa si alzava e si abbassava a piacere, in base alla mie necessità. Se qualcuno chiedeva agli scudieri come montavo, rispondevano: «Su una sella da donna, come vuole l'Imperatrice.» Non facevo passare la mia gamba se non quando ero sicura di non essere tradita e, poiché non mi ero mai vantata della mia invenzione e tutti erano ben contenti di farmi piacere, non ebbi mai alcun problema. Il granduca si preoccupava molto di come andavo. Gli scudieri trovavano meno rischioso per me andare a cavalcioni, soprattutto correndo continuamente a caccia, che non montare all'inglese, cosa che detestavano, poiché venivano a sapere ogni giorno di qualche incidente, di cui qualcuno avrebbe potuto in futuro dare loro la colpa. A dire la verità, io non mi preoccupavo affatto della caccia, ma amavo molto montare a cavallo. Più questo esercizio era violento e più mi piaceva, al punto che se un cavallo si imbizzarriva e scappava, gli correvo dietro e lo riportavo. All'epoca, avevo sempre in tasca anche un libro e se avevo un momento per me, lo impiegavo nella lettura.

Durante queste battute di caccia mi accorsi che M. Tchoglokov si rabboniva molto e soprattutto con me. Questo mi fece capire che non si accorgeva di farmi la corte, cosa che non sarebbe convenuta in alcun modo. Prima di tutto perché il personaggio non mi piaceva assolutamente. Era biondo e frivolo, molto grosso e anche grossolano di spirito e di corpo. Era odiato da tutti come un rospo e non era per niente gentile. La gelosia di sua moglie e la sua cattiveria e il suo malanimo erano altrettante cose da evitare, soprattutto per me che non avevo altro appoggio al mondo se non me stessa e la mia capacità, se ne avevo. Evitavo e schivavo, dunque, con una certa abilità, almeno mi sembra, tutti gli inseguimenti di M. Tchoglokov, senza tuttavia che potesse lamentarsi del mio comportamento. Tutto ciò fu perfettamente notato da sua moglie, che me ne fu grata e in seguito mi prese in grande amicizia, in parte a causa di questo.

C'erano, nella nostra corte, due ciambellani, figli del generale aiutante Vasili Téodorovitch Saltykov[123], la cui moglie, Marie Alexeievna, nata principessa Galitzine, madre di questi due ragazzi, era molto stimata dall'Imperatrice, per i servizi che le aveva reso durante la sua ascesa al trono e avendole dimostrato una fedeltà e un attaccamento rari[124]. Il più giovane dei suoi figli, Sergio, si era da poco tempo maritato con una damigella d'onore dell'Imperatrice, di nome Matrena Pavlovna Balk. Il fratello maggiore si chiamava Pietro. Era uno stupido nel senso pieno del termine e aveva la fisionomia più da ebete che io abbia visto in vita mia: grandi occhi fissi, il naso camuso e la bocca sempre aperta. Inoltre, era un grande spione e come tale molto ben visto dai Tchoglokov, a casa dei quali fu M.me Vladislava che, a titolo di vecchia conoscenza della madre di questa specie d'imbecille, a suggerire ai Tchoglokov l'idea di sposarlo con la principessa di Curlandia. Tant'è che si diede da fare per corteggiarla, le propose di sposarla, ottenne il suo consenso e i suoi genitori lo chiesero all'Imperatrice. Il granduca apprese tutto questo a cose fatte, al nostro ritorno in città. Ne fu molto irritato e mise il broncio con la principessa di Curlandia. Non so quali motivazioni addusse, comunque sia, benché avesse disapprovato il suo matrimonio, lei non mancò di mantenere una parte del suo affetto e una sorta di credito presso di lui per molto tempo. Per quanto mi riguarda, fui ben felice di questo matrimonio in previsione del quale feci ricamare un abito superbo. All'epoca, queste nozze alla Corte, dopo l'approvazione dell'Imperatrice, si facevano solo dopo qualche anno di attesa, perché Sua Maestà stessa fissava il giorno, spesso lo dimenticava per lungo tempo e quando glielo si ricordava, rimandava da una data all'altra. Così fu anche in questo caso.

In autunno, dunque, rientrammo in città ed ebbi la soddisfazione di vedere la principessa di Curlandia e M. Saltykov ringraziare Sua Maestà imperiale del consenso che aveva graziosamente concesso alla loro unione. Del resto la famiglia Saltykov era una delle più antiche e nobili di questo impero. Essa era anche unita alla casa imperiale attraverso la madre dell'imperatrice Anna, che era una Saltykov, ma di un altro ramo, mentre M. Biren, fatto duca di Curlandia per il favore dell'imperatrice Anna, era stato solo il figlio di un piccolo e povero fattore di un gentiluomo curlandese. Questo fattore si chiamava Biren, ma il favore di cui godeva il figlio in Russia fece in modo che la famiglia dei Biron, in Francia, lo aggregasse a sé, per la pressione del cardinale Fleury, il quale, volendosi ingraziare la corte russa, favorì i disegni e la vanità di Biren, duca di Curlandia.

Quando rientrammo a Mosca ci fu detto che oltre alle due giornate a settimana già programmate per la rappresentazione della commedia francese, ci sarebbero stati anche due giorni dedicati al ballo in maschera. Il granduca, da parte sua, ne aggiunse uno per dei concerti da lui e alla domenica normalmente ve ne era uno alla corte. Uno dei giorni del ballo mascherato era riservato alla sola Corte e a coloro che invitava l'Imperatrice, l'altro per tutti i titolati della città, sino al rango di colonnello, e a quelli che servivano come ufficiali nella guardia. Qualche volta si permetteva anche a tutta la nobiltà e alle persone più altolocate di parteciparvi. I balli di corte contavano tra le centosessanta e massimo duecento persone, mentre i balli pubblici non oltrepassavano le ottocento persone.

L'Imperatrice, nel 1744, a Mosca, si era divertita a far comparire ai balli mascherati della Corte tutti gli uomini in vestito da donna e tutte le donne in abiti da uomo, senza maschera sul viso. Era proprio un giorno di travestimento della corte. Gli uomini portavano enormi gonne, con abiti femminili ed erano pettinati come le donne nei giorni di corte, e le dame apparivano in abiti maschili, come questi negli stessi giorni. Gli uomini non amavano queste giornate di travestimenti. La maggiore parte era di pessimo umore, perché sentivano di essere orribili nel loro abbigliamento. Le donne sembravano dei piccoli pietosi ragazzi, e le più anziane avevano le gambe grosse e corte, che proprio non le abbellivano. Come uomo non c'era alcuno che eguagliasse l'Imperatrice. Poiché era alta e abbastanza robusta, l'abito da uomo le stava a meraviglia. Aveva le più belle gambe che io abbia mai visto ad alcun uomo e i piedi mirabilmente proporzionati. Danzava alla perfezione e aveva una particolare grazia in tutto quello che faceva. Vestita da uomo con la grazia di una donna, si sarebbe voluto osservarla sempre e non si girava lo sguardo se non con dispiacere, perché non vi era nulla di paragonabile[125]. Un giorno, a uno di questi balli, la guardai danzare un minuetto. Quando terminò venne da me e mi presi la libertà di dirle che era un bene per le donne che lei non fosse un uomo che solo il suo portamento così perfetto avrebbe potuto far girare la testa a più di una. Accolse molto bene quanto le avevo detto e mi rispose sullo stesso tono, molto gentile, che se fosse stata un uomo sarei stata io quella alla quale avrebbe data la mela. Mi inchinai per baciarle la mano per un complimento così inaspettato. Mi abbracciò e tutta la compagnia cercò di indovinare quello che era accaduto tra noi due. Non ne feci un segreto a M. Tchoglokov che lo ripeté all'orecchio di due o tre persone e, di bocca in bocca, dopo circa un quarto d'ora, tutti lo sapevano.

Durante il soggiorno della Corte a Mosca, il principe Jusupov[126], senatore e comandante del corpo dei cadetti, aveva avuto il comando in capo della città di San Pietroburgo, dove era rimasto in assenza della Corte. Per il suo divertimento e quello delle persone più importanti che erano rimaste con lui aveva fatto recitare alternativamente dai cadetti le migliori tragedie sia russe, composte all'epoca da Sumarokov, sia quelle francesi di Voltaire, ma queste ultime erano deturpate. Al rientro a Mosca, l'Imperatrice ordinò che le commedie di Sumarokov fossero rappresentate a Corte da questa compagnia di giovani. L'Imperatrice prese piacere ad assistere a queste rappresentazioni e ben presto fu notato che le vedeva recitare con maggiore divertimento di quanto ci si sarebbe aspettato. Il teatro, che era stato allestito in una sala del palazzo, fu trasportato nel suo appartamento e incominciò a divertirsi a preparare gli attori. Fece fare loro dei bellissimi abiti ed erano costantemente coperti da Sua Maestà di pietre preziose. Si notò soprattutto che il primo amoroso, un ragazzo molto bello di diciotto o diciannove anni, come ovvio, era il più agghindato. Lo si vide fuori dal teatro con fibbie di diamanti, anelli, orologi, merletti e della biancheria molto ricercata. Infine, uscì dal corpo dei cadetti e il capocaccia, conte Razumovskij, vecchio favorito dell'Imperatrice, lo prese subito come suo aiutante, il che gli conferì il grado di capitano. Allora i cortigiani trassero a loro modo le conclusioni e pensarono che, poiché il conte Razumovskij aveva preso il cadetto Beketov come suo aiutante, la ragione poteva solo essere quella di bilanciare il favore di M. Šuvalov, il gentiluomo di camera che si sapeva non essere nei favori della famiglia Razumovskij. Per finire fu fatta la congettura che questo giovane aveva iniziato a godere di un grande favore presso l'Imperatrice[127]. Si seppe, oltre a questo, che il conte Razumovskij aveva messo vicino al suo nuovo aiutante un altro galoppino, di nome Jean Perfiliévitch Yélaghine. Costui era maritato con un'anziana dama di camera dell'Imperatrice. Era quest'ultima che aveva avuto cura di fornire al giovane ragazzo la biancheria e i merletti di cui si è parlato prima, e poiché non era ricca, si pensò facilmente che il denaro di questa spesa non uscisse dalla sua borsa.

Nessuno fu più interessato al nascente favore di questo giovane uomo della principessa Gagarine, mia damigella d'onore, che non era più giovane e che stava cercando un partito di suo gusto. Ne aveva ben donde, non era bella, ma era intelligente e abile. Era la seconda volta che aveva messo gli occhi sulla stessa persona che, in seguito, avrebbe avuto accesso ai favori dell'Imperatrice. Il primo era stato Šuvalov, il secondo questo Beketov di cui abbiamo parlato. Molte giovani e graziose ragazze erano legate alla principessa Gagarine che aveva anche una numerosa parentela. Costoro accusavano Šuvalov di essere la causa segreta dei continui rimproveri che l'Imperatrice faceva alla principessa Gagarine sul suo abbigliamento e del divieto che faceva a lei e a molte altre giovani dame di portare una volta un tale tessuto e tal'altra un altro. In odio a costui, la principessa Gagarine e tutte le più graziose fanciulle della Corte dicevano il peggio di M. Šuvalov, che presero tutte a detestare, benché prima tutte l'avessero molto amato. Lui pensava di addolcirle facendo loro la corte e rivolgendo parole galanti a quelle più fidate, un comportamento da loro percepito come una ulteriore offesa. Tutte queste ragazze lo guardavano come la peste da sfuggire.

In questi frangenti, il granduca mi regalò un piccolo spaniel inglese che desideravo avere. Nella mia camera vi era un fuochista chiamato Ivan Ouchakoff. Gli altri si azzardarono a chiamare, grazie a costui, il mio spaniel Ivan Ivanovitch. Questo spaniel era un animale piacevole. Camminava sulle zampe posteriori, come un uomo, per la maggior parte del tempo, era straordinariamente divertente, così che io e le mie donne lo pettinavamo e lo vestivamo tutti i giorni in maniera diversa, e più lo si infagottava più era divertito. Veniva a tavola con noi, gli mettevano un tovagliolo e mangiava nel suo piatto. Alla fine girava la testa e chiedeva da bere abbaiando a chi era dietro lui. Qualche volta saliva sulla tavola per prendere quello che gradiva, come un piccolo paté, un biscotto o qualcosa di simile, cosa che faceva ridere tutta la compagnia. Essendo piccolo e non disturbando alcuno, lo si lasciava fare e non abusava mai della libertà di cui godeva ed era anche di una pulizia esemplare. Questo spaniel ci fece divertire per tutto l'inverno. L'estate successiva, lo portammo a Oranienbaum e il ciambellano Saltykov, il cadetto, che era venuto con sua moglie, insieme a tutte le dame della nostra corte, non facevano altro tutto il giorno che cucire abiti e preparare pettinature per il mio spaniel e se lo strappavano l'un l'altro. Infine, Mme Saltykov lo prese talmente a ben volere che si affezionò particolarmente a lei e quando se ne andò lo spaniel non volle lasciarla, né lei voleva lasciarlo, e mi pregò tanto di lasciaglielo che glielo regalai. Lo prese in braccio e se ne andò, in compagnia del suo spaniel, dritta verso la campagna di sua nonna, che era allora ammalata. Questa, vedendola arrivare con il cane al quale faceva mille complimenti, ne volle conoscere il nome e saputo che si chiamava Ivan Ivanovitch, non poté nascondere la sua meraviglia, in presenza di numerose persone che erano venute a trovarla da Peterhof. Costoro ritornarono alla Corte e, dopo tre o quattro giorni, la città e la Corte si riempirono del racconto di come tutte le giovani fanciulle, nemiche di Šuvalov, avessero ciascuna uno spaniel bianco che avevano chiamato Ivan Ivanovitch, in scherno al favorito dell'Imperatrice e di come a questi spaniel facessero indossare i colori chiari, con i quali egli amava vestirsi. La cosa andò così oltre, che l'Imperatrice fece dire ai genitori delle giovani fanciulle che trovava impertinente permettere simile atteggiamento. Lo spaniel bianco cambiò immediatamente nome, ma fu coccolato come prima e restò nella casa dei Saltykov, adorato dai suoi padroni, fino alla sua morte, malgrado la reprimenda imperiale in merito. Di fatto, era un pettegolezzo infondato. C'era solo un cane chiamato in quel modo e non si era pensato a M. Šuvalov dandogli questo nome. Mme Tchoglokov, che non amava i Šuvalov, aveva fatto finta di non fare caso al nome del cane che, tuttavia, sentiva in continuazione e al quale aveva dato parecchi piccoli paté, ridendo delle sue follie.

Durante gli ultimi mesi di quell'inverno e ai numerosi balli mascherati della Corte, vedemmo comparire nuovamente i miei due anziani gentiluomini di camera che erano stati messi nell'armata come colonnelli, Alessandro Villebois e Zachar Tchernychev. Poiché mi erano sinceramente affezionati, ero molto contenta di rivederli e, quindi, li ricevetti. Da parte loro, inoltre, non trascuravano alcuna occasione per manifestarmi il loro attaccamento affettuoso. Ai tempi amavo molto la danza e al ballo pubblico, generalmente, mi cambiavo d'abito tre volte. I miei completi erano molto ricercati e se il costume maschile che mettevo raccoglieva l'ammirazione generale, di sicuro non lo indossavo più, poiché avevo come regola che se aveva fatto un grande effetto una volta, poteva farne solo uno minore la seconda. Ai balli della Corte, dove il pubblico non era ammesso, mi vestivo nel modo più semplice possibile e con questo facevo piacere all'Imperatrice che non amava molto che qualcuno vi comparisse troppo agghindato. Tuttavia, quando le donne avevano l'ordine di presentarsi in abiti maschili, ne indossavano di superbi, bordati in tutte le cuciture con un gusto particolarmente ricercato, e questo passava senza critiche. Al contrario, questo piaceva all'Imperatrice, non so per quale motivo. Bisogna confessare che il carosello delle civetterie era allora grande alla Corte e riguardava soprattutto chi elaborava maggiormente la sua parure. Mi ricordo che un giorno, a una di queste mascherate pubbliche, avendo saputo che tutti si facevano abiti nuovi e bellissimi, non sperando di riuscire a superare le altre donne, pensai di mettere una sorta di corpetto in *gros de Tours*[128] bianco (avevo allora una taglia molto piccola) e una gonna uguale appoggiata su un piccolo cesto. Feci sistemare i miei capelli, che erano molto lunghi, belli e spessi, dietro la testa e li feci legare con un nastro bianco di coda di volpe. Misi sui capelli una sola rosa con la sua gemma e le foglie che imitavano la natura da potersi confondere. Un'altra la attaccai al mio corsetto. Misi al collo una garza molto bianca, dei polsini e un grembiule della stessa garza, e andai al ballo. Nel momento in cui entrai, vidi chiaramente che tutti gli occhi erano rivolti verso me. Passai, senza fermarmi, attraverso la galleria e me ne andai negli appartamenti dove si formavano le coppie. Incontrai l'Imperatrice che mi disse: «Buon Dio, che semplicità! Neanche un neo!» Mi misi a ridere e le dissi che era per essere vestita il più leggermente possibile. Estrasse dalla sua tasca la sua scatola di nei e ne scelse uno di media grandezza che mi applicò sul viso. Lasciandola, andai velocemente nella galleria dove feci notare ai miei più intimi il mio neo. Feci altrettanto con i favoriti dell'Imperatrice e poiché ero molto contenta, ballai più del solito Non mi ricordo in vita mia di aver sentito tanti complimenti da tutti come quel giorno. Mi si diceva che ero bella come il giorno e di uno splendore unico. A dire il vero, non mi sono mai ritenuta molto bella, ma piacevo e penso che questo fosse il mio forte. Ritornai a casa molto contenta della mia trovata di sobrietà, mentre tutti gli altri abiti erano di rara ricchezza. Con amenità di questo genere finì il 1750. Mme Arnheim ballava meglio di quanto montasse a cavallo e mi ricordo che un giorno ci confrontammo su chi delle due avrebbe resistito più a lungo. Alla fine fu lei che, seduta su una sedia, ammise che non ne poteva più, mentre io danzavo ancora.

Dal 1751 fino alla fine del 1758

All'inizio del 1751, il granduca che aveva, al pari di me, in simpatia il conte Bernès, ambasciatore della corte di Vienna, si azzardò a parlargli dei suoi problemi nell'Holstein, dei debiti di cui questo paese era gravato all'epoca e del negoziato avviato con la Danimarca che egli aveva autorizzato ad ascoltare. Mi disse un giorno di parlarne anch'io con il conte Bernès e gli risposi che, se me lo ordinava, non avrei mancato di farlo. In effetti, al primo ballo mascherato, mi avvicinai al conte Bernès, che era accanto alla balaustra, all'interno della quale si ballava, e gli dissi che il granduca mi aveva ordinato di parlare con lui della faccenda dell'Holstein. Il conte Bernès mi ascoltò con molto interesse e attenzione. Gli dissi sinceramente che essendo giovane e inesperta, probabilmente mi intendevo poco di affari e, non avendo alcuna esperienza in mio favore, le mie idee erano unicamente le mie; che potevano anche mancarmi delle conoscenze, ma che mi sembrava tuttavia che gli affari dell'Holstein non fossero così disperati come li si voleva far apparire; in secondo luogo, per quanto concerneva lo scambio in sé, capivo bene che poteva essere più utile alla Russia che non per la persona del granduca; che di certo, come erede al trono, l'interesse dell'Impero gli doveva stare a cuore, che se per questo era indispensabile che il granduca si separasse dall'Holstein, per terminare infinite discussioni con la Danimarca, allora si trattava solo, salvaguardando l'Holstein, di scegliere il momento più propizio perché il granduca acconsentisse. Aggiunsi che mi sembrava che tutto ciò non fosse, al momento, né nell'interesse né per la gloria del granduca, che tuttavia sarebbe potuto venire un tempo in cui le circostanze avrebbero reso un tale atto più di rilievo e più glorioso per lui e, probabilmente, più vantaggioso per l'Impero di Russia, ma al momento attuale tutto questo aveva l'aria di un manifesto intrigo che, andando a buon fine, avrebbe gettato sul duca un alone di debolezza dal quale, forse per sempre, sarebbe stato difficile riprendersi nel confronti dell'opinione pubblica. Inoltre, erano solo pochi giorni che si interessava dei problemi di questo paese che amava molto e, nonostante ciò, si era arrivati a persuaderlo di scambiarlo, senza che egli conoscesse esattamente il perché, con l'Oldenburg, che non conosceva per niente che era più lontano dalla Russia e, oltre a ciò, la porta di Kiel, nelle mani del granduca, avrebbe potuto essere importante per la navigazione russa. Il conte Bernès comprese tutte le mie motivazioni e alla fine mi disse: «Come ambasciatore non ho istruzioni per tutto ciò, ma come conte di Bernès penso che abbiate ragione». Dopo questo il granduca mi disse che l'ambasciatore gli aveva detto: «Tutto quello che posso dirvi in merito è che credo che vostra moglie abbia ragione e che fareste bene ad ascoltarla». In seguito a ciò il granduca si raffreddò molto per il negoziato, cosa della quale ci si accorse e fu il motivo per il quale gliene si parlò sempre più raramente.

Dopo Pasqua andammo, come d'abitudine, ad abitare al Palazzo d'estate a Peterhof, dove i soggiorni, di anno in anno, si facevano sempre più brevi. Quell'anno ci fu un avvenimento che diede materia ai cortigiani per spettegolare. Fu causato dagli intrighi dei Šuvalov. Il colonnello Beketov, del quale abbiamo precedentemente parlato, per noia e non sapendo che fare del favore di cui godeva, al punto che di giorno in giorno ci si aspettava di vedere chi dei due avrebbe ceduto il passo all'altro, vale a dire se Beketov a Šuvalov o questo al primo, decise di far cantare a casa sua i piccoli cantori dell'Imperatrice. Prese in simpatia parecchi di questi per la bellezza delle loro voci ed essendo egli stesso, con il suo amico Yélaghine, compositore, scrisse per loro delle canzoni che i ragazzi cantavano. A questo comportamento venne data un'interpretazione odiosa. Si sapeva che nulla era più detestato dall'Imperatrice di un vizio di questo tipo. Beketov, nell'ingenuità delle sue intenzioni, passeggiava con questi ragazzi nel giardino e questo fu considerata una prova della sua colpa. L'Imperatrice se ne andò a Tsarkoié per un paio di giorni e poi ritornò a Peterhof, e Beketov, con il pretesto di una malattia, ebbe l'ordine di restarvi. Vi rimase, in effetti, con Yélaghine, e prese una forte febbre di cui pensò di morire, e nei momenti in cui vaneggiava pensava solo all'Imperatrice, della quale era profondamente preso. Si riprese, ma rimase in disgrazia e si ritirò. Successivamente fu messo nell'armata dove non ebbe alcun successo, perché era troppo effemminato per il mestiere delle armi. Nel frattempo noi andammo a Oranienbaum dove tutti i giorni eravamo a caccia.

Rientrammo in città verso l'autunno. Nel mese di settembre, l'Imperatrice mise alla nostra corte M. Léon Narychkine, come gentiluomo di camera. Questi ritornava da Mosca con sua madre, suo fratello e la moglie di questi e le sue tre sorelle. Era una delle persone più singolari che avessi conosciuto e nessuno mi ha mai fatto tanto ridere come lui. Era un arlecchino nato e se non fosse stato per nascita ciò che era, avrebbe potuto guadagnarsi la vita, e guadagnare molto, con il suo talento comico. Non gli veniva mai a mancare lo spirito. Tutto quello di cui sentiva parlare si fissava nella sua testa in modo unico. Era in grado di fare le dissertazioni che voleva sulla tale arte o tal'altra scienza. Utilizzava i termini tecnici appropriati e parlava per un quarto d'ora e anche di più, alla fine né lui né altri avevano capito alcunché di ciò che usciva dalla sua bocca con parole messe insieme e tutti scoppiavano a ridere. Diceva della storia, tra l'altro, che non amava la storia nella quale c'erano delle storie e che affinché la storia fosse corretta bisognava che fosse privata della storia, perché altrimenti diventava contorta. Anche in politica era inimitabile. Quando ne discuteva neanche il più serio riusciva a resistergli. Ancora, diceva che delle commedie ben scritte la maggior parte erano noiose[129].

Appena fu messo alla Corte dell'Imperatrice diede disposizione a sua sorella maggiore di sposarsi con M. Séniavine che, a questo scopo, fu messo alla nostra corte come gentiluomo di camera. Fu un colpo di fulmine per questa signorina che si sposò con quest'uomo con non poca ripugnanza. Questo matrimonio fu mal visto dal pubblico, che ne gettava la colpa su M. Šuvalov, favorito dell'Imperatrice, che era stato molto attratto da questa signorina prima di essere il favorito: la si voleva maritare così male perché la perdesse di vista. Era una sorta di persecuzione veramente tirannica. Alla fine lo sposò, divenne scheletrica e morì.

Alla fine di settembre, ritornammo al Palazzo d'inverno. All'epoca la Corte era così male ammobiliata che gli stessi specchi, letti, tavoli e comò che ci servivano al Palazzo d'inverno passavano con noi al Palazzo d'estate, di là a Peterhof e ci seguivano a Mosca. Se ne rompevano e spaccavano un buon numero durante il trasporto e in questo stato infelice venivano portati a noi che avevamo difficoltà a servircene. E poiché, per averne altri, era necessario un espresso ordine dell'Imperatrice, che per la maggior parte del tempo era difficilmente accessibile, se non addirittura irraggiungibile, presi la decisione di comprarmi con i miei soldi, a poco a poco, dei cassettoni e i mobili più necessari, sia per il Palazzo d'inverno sia per quello d'estate. Così quando passavo da un palazzo all'altro trovavo ciò che mi era necessario senza difficoltà e senza le frustrazioni del trasporto.

Questo metodo piacque al granduca, così che fece lo stesso per il suo appartamento. Per Oranienbaum, che apparteneva al granduca, avevamo preso a spese nostre, tutto ciò che era necessario nei miei appartamenti in questa casa. Facevo tutto a mie spese, al fine di evitare ogni contestazione e difficoltà, poiché Sua altezza imperiale, benché molto spendacciona per le sue stravaganze, non lo era per nulla in ciò che mi riguardava. In generale, non era molto prodiga, ma poiché ciò che facevo nei miei appartamenti, con il mio denaro, serviva ad abbellire la sua casa, ne era molto contenta.

Nel corso di quell'estate, M.me Tchoglokov si affezionò in modo particolare e sincero a me, al punto che, rientrati in città, non poteva fare a meno di passare da me e si annoiava quando non ero con lei. Il motivo di questo affetto derivava dal fatto che non avevo del tutto risposto ai tentativi di approccio di suo marito, e questo mi aveva dato un merito particolare ai suoi occhi. Ritornati al Palazzo d'Inverno, Mme Tchoglokov mi mandava ad invitare tutti i pomeriggi ad andare a casa sua. Non c'era molta gente, ma sempre di più che nella mia camera, dove ero tutta sola a leggere quando il granduca non vi entrava per percorrerla a grandi passi e parlarmi di cose che interessavano lui, ma che per me erano assolutamente insignificanti. Il sue camminate duravano una o due ore e si ripetevano più volte nel corso della giornata. Bisognava camminare con lui fino ad essere sfiniti, bisognava ascoltare con attenzione, bisognava rispondere ai suoi ragionamenti, che il più delle volte non avevano né capo né coda: spesso giocava d'immaginazione. Mi ricordo che durante un inverno intero fu occupato a progettare di costruire, nei pressi di Oranienbaum, una casa di piacere a forma di convento di cappuccini, dove sia io sia lui, con tutta la Corte che lo seguiva, avremmo dovuto essere vestiti da cappuccini. Trovava questo abbigliamento gradevole e comodo. Ciascuno doveva avere un asino e, a turno, condurlo a cercare dell'acqua e a portare delle provviste al cosiddetto convento. Si estasiava dal ridere e dalla felicità per gli effetti stupefacenti e ridicoli che avrebbe provocato la sua trovata. Mi fece fare un abbozzo a matita di questa bell'opera e tutti i giorni bisognava aggiungere o togliere qualcosa. Benché fossi decisa a essere accondiscendente e ad avere pazienza nei suoi confronti, confesso che sovente ero molto infastidita da queste visite, camminate e conversazioni che erano di una vacuità mai vista. Quando usciva, il libro più noioso sembrava un delizioso divertimento.

Alla fine dell'autunno, ricominciarono i balli per la Corte e per il pubblico e, con questi, la ricerca delle parure e degli abiti in maschera. Il conte Zachar Tchernychev ritornò a San Pietroburgo. Poiché, come vecchia conoscenza, lo trattavo sempre molto bene, questa volta, interpretò il mio comportamento come se le sue premure mi fossero gradite. Incominciò dicendomi che mi trovava molto più bella. Era la prima volta che qualcuno mi diceva una cosa del genere, e non lo trovai spiacevole. Andai oltre: ebbi la bonomia di credere che dicesse il vero. A ogni ballo si rinnovava questa affermazione. Un giorno, la principessa Gagarine mi portò da parte sua un biglietto e aprendolo mi accorsi che era stato aperto e richiuso. Il biglietto era come sempre stampato, ma erano due versi molto teneri e pieni di sentimento. Dopo pranzo, mi feci portare dei biglietti e ne cercai qualcuno con frasi ad effetto per potergli rispondere, senza compromettermi. Ne trovai uno, lo inserii in una busta che rappresentava un'arancia e lo diedi alla principessa Gagarine che lo diede al conte Tchernychev . All'indomani, la principessa me ne riportò uno ancora da parte sua, ma questa volta trovai qualche riga scritta di suo pugno. Di getto gli risposi e così iniziammo una regolare corrispondenza, tutta sentimentale. Al primo ballo in maschera, danzando con me, mi confidò che aveva mille cose da dirmi che non poteva confidare alla carta, né mettere in una busta che la principessa Gagarine poteva stracciare nella sua tasca o perdere per strada. Mi pregava di accordargli un momento di colloquio nella mia camera o dove io ritenessi opportuno. Gli dissi che questo era impossibile, che le mie camere erano inaccessibili e che io non potevo assolutamente uscire. Mi disse che, se necessario, si sarebbe travestito da domestico. Rifiutai decisamente la cosa e il tutto rimase nei limiti di questa corrispondenza nascosta nelle frasi scritte nei biglietti. Alla fine, la principessa Gagarine si accorse di che cosa poteva trattarsi, mi rimproverò di darle un tale incarico e si rifiutò di andare oltre.

1752

È con questi fatti che finì il 1751 e che iniziò il 1752. Alla fine del carnevale, il conte Tchernychev partì per il suo reggimento. Qualche giorno prima della sua partenza, ebbi la necessità di farmi salassare. Era un sabato. Il mercoledì successivo, M. Tchoglokov ci invitò sulla sua isola, alla foce della Neva. Aveva una casa composta da una sala al centro e da qualche stanza intorno. Vicino a questa casa aveva fatto preparare delle piste di pattinaggio. Arrivando vi trovai il conte Roman Vorontsov che, vedendomi, mi disse: «L'ho fatto per voi. Ho fatto fare una bellissima piccola slitta per le piste di ghiaccio.» Poiché in precedenza mi aveva spesso portata, accettai la sua offerta e subito fece portare la sua piccola slitta, dove c'era una specie di piccolo sedile nel quale mi accomodai. Si mise dietro di me e scendemmo, ma a metà del pendio il conte Vorontsov perse il controllo della piccola slitta, che si rovesciò. Caddi e Vorontsov, che aveva un corpo molto pesante e poco agile, cadde sopra di me, o meglio sul mio braccio sinistro, nel quale mi ero fatta salassare quattro o cinque giorni prima. Ci rialzammo e andammo a piedi a raggiungere una slitta della Corte che aspettava quelli che scendevano e li riportava al punto di partenza per ricominciare a scendere di nuovo. Seduta in questa slitta con la principessa Gagarine, che mi aveva seguita con il principe Ivan Tchernychev, il quale si teneva in piedi, con Vorontsov, dietro alla slitta, sentii il mio braccio sinistro che si copriva di un calore di cui ignoravo la causa. Misi la mano destra nella manica della mia pelliccia per capire di che cosa si trattasse e, quando la tirai fuori, la vidi coperta di sangue. Dissi ai due conti e alla principessa che pensavo che la mia vena si fosse aperta e che ne scendesse del sangue. Fecero andare la slitta più velocemente e, anziché ritornare sulla pista, andammo a casa. Là trovammo solo un domestico addetto alla tavola[130]. Il domestico ci diede dell'aceto e il conte Tchernychev fece la parte del medico. Ci accordammo di non aprire bocca su questo incidente. Dopo che il mio braccio fu medicato, ritornai alla montagna per pattinare. Ballai il resto della serata, cenai e ritornammo molto tardi a casa senza che alcuno sospettasse di quello che mi era accaduto. Tuttavia ebbi, per circa tre mesi, la pelle tumefatta, che lentamente guarì.

Durante la quaresima ebbi un vivace alterco con M.me Tchoglokov. Eccone il motivo. Da un po' di tempo mia madre era andata a Parigi[131], e il figlio maggiore del generale Ivan Fédorovitch Glebov, di ritorno da questa città, mi portò da parte di mia madre due tagli di stoffa molto ricchi e belli. Guardandoli, in presenza di Skourine che li aveva stesi nella mia camera da toilette, mi scappò di dire che quelle stoffe erano così belle che ero tentata di offrirle all'Imperatrice e realmente aspettavo con impazienza il momento di parlarne a Sua Maestà imperiale, che vedevo raramente e la maggior parte delle volte in pubblico. Non ne feci parola con M.me Tchoglokov. Era un regalo che riservavo a me stessa. Proibii a Skourine di parlare ad anima viva di quello che mi era sfuggito di dire davanti a lui solo, ma egli non ebbe nulla di più urgente da fare di andarlo a riferire a M.me Tchoglokov. Un bel mattino, dopo qualche giorno, M.me Tchoglokov entrò nella mia camera e mi disse che l'Imperatrice mi faceva ringraziare delle mie stoffe, che ne aveva tenuta una e che mi rimandava l'altra. Sentendo una cosa del genere fui basita dallo stupore. Le dissi: «Come mai tutto ciò?» Allora M.me Tchoglokov aggiunse che aveva portato le mie stoffe all'Imperatrice, avendo sentito che le avevo destinate a Sua Maestà imperiale. Per la sorpresa, andai così in collera come non mi ricordo di esserlo mai stata. Balbettavo, non parlavo quasi più. Ciò nonostante, dissi a Mme Tchoglokov che mi ero riservata la gioia di presentare queste stoffe all'Imperatrice e che mi aveva privata di questo piacere togliendomele, a mia insaputa, e presentandole in questo modo a Sua Maestà; che lei, Mme Tchoglokov, non poteva sapere le mie intenzioni poiché non gliene avevo parlato e che se ne era a conoscenza era per bocca di un domestico traditore, che aveva ingannato la sua padrona, che lo riempiva di benefici tutti i giorni. Mme Tchoglokov, che voleva sempre avere ragione, mi disse e sostenne che non dovevo parlare di nulla con l'Imperatrice, che mi aveva informata di questa disposizione da parte di Sua Maestà imperiale e che i domestici dovevano riferire tutto ciò che io dicevo. Aggiunse che, di conseguenza, costui non aveva fatto che il suo dovere e lei il suo portando, a mia insaputa, le stoffe che avevo destinate all'Imperatrice, a Sua Maestà imperiale, e che tutto ciò era nelle regole. La lasciai dire, perché la collera mi bloccava la parola. Infine se ne andò.

Allora uscii in una piccola anticamera dove Skourine generalmente sostava, al mattino, e dove c'erano i miei stracci, trovandolo gli diedi, con tutta la mia forza, un grande e ben assestato schiaffo. Gli dissi che era un traditore e il più ingrato degli uomini per aver osato riferire a Mme Tchoglokov ciò che gli avevo proibito di dire; che lo riempivo di benefici e che lui mi tradiva anche nelle più innocenti parole; che da quel giorno non gli avrei regalato più nulla e che lo avrei fatto cacciare e picchiare[132]. Gli chiesi che cosa si aspettasse dal suo comportamento e gli dissi che io rimanevo quella che ero sempre stata e che i Tchoglokov, odiati e detestati da tutti, avrebbero finito per farsi cacciare dall'Imperatrice, la quale, prima o poi, avrebbe riconosciuto la loro profonda stupidità e la loro incapacità per una posizione dove un uomo perfido, attraverso l'intrigo, li aveva messi. Aggiunsi che se voleva poteva andare a riferire quello che gli avevo appena detto, che per quanto mi riguardava la cosa era indifferente, ma che avrebbe visto quello che sarebbe diventato. Il mio uomo cadde ai miei piedi, piangendo calde lacrime, e mi chiese perdono con un pentimento che mi parve sincero. Ne fui commossa e gli risposi che la sua futura condotta mi avrebbe indicato l'atteggiamento che dovevo tenere nei suoi confronti e che sul suo comportamento avrei conformato il mio. Era un ragazzo intelligente, che non mancava di carattere e che non mi mancò mai di parola. Al contrario ebbi da lui prove di zelo e di fedeltà più che accertate nei momenti più difficili.

Affinché giungesse all'orecchio dell'Imperatrice, mi lamentai con tutti quelli che potei del raggiro di Mme Tchoglokov. Quando mi vide, l'Imperatrice mi ringraziò delle mie stoffe e venni a sapere da terzi che disapprovò il modo in cui Mme Tchoglokova aveva agito e tutto si esaurì lì.

Dopo Pasqua ci trasferimmo al Palazzo d'estate. Vedevo già da qualche tempo che il ciambellano Sergio Saltykov era più assiduo alla Corte, di quanto non lo fosse normalmente. Vi veniva sempre in compagnia di Léon Narychkine, che divertiva tutti con le sue stranezze, delle quali ho già parlato. Sergio Saltykov era la bestia nera della principessa Gagarine, che amavo molto e della quale mi fidavo molto. Léon Narychkine era guardato come una persona senza alcuna influenza e molto strana. Sergio Saltykov si insinuava per quanto gli era possibile nella mente dei Tchoglokov. Poiché questi ultimi non erano né simpatici, né spiritosi, né divertenti, la sua assiduità doveva avere qualche obiettivo nascosto. Mme Tchoglokov era all'epoca incinta e spesso indisposta. Pretendeva che io le tenessi compagnia durante tutta l'estate, come durante l'inverno, e sovente voleva che io andassi a casa sua. Sergio Saltykov, Léon Narychkine, la principessa Gagarine e qualche altro erano generalmente da lei, quando non c'erano concerti dal granduca o delle commedie alla Corte. I concerti annoiavano M. Tchoglokov che non vi mancava mai e Sergio Saltykov trovò un modo singolare per tenerlo occupato. Non so come suscitò nell'uomo più greve e più privo di immaginazione e di spirito, una appassionata propensione a mettere le canzoni in versi, che non avevano senso comune. Scoperto questo, ogni volta che ci si voleva liberare di M. Tchoglokov, lo si pregava di fare una nuova canzone. Allora, con grande sollecitudine, andava a sedersi in un angolo della stanza, la maggior parte del tempo vicino alla stufa, e si metteva a comporre la sua canzone, il che riempiva la serata. La sua canzone veniva giudicata bella e con questo lo si incoraggiava a farne continuamente di nuove. Léon Narychkine musicava le sue canzoni e le cantava con lui. Aspettando, la conversazione si svolgeva senza problemi e si diceva quello che si voleva. Avevo un grande libro con queste canzoni, che non so che fine abbia fatto.

Durante uno di questi concerti, Sergio Saltykov mi fece capire quale era il motivo della sua assiduità. In un primo tempo non gli risposi, quando ritornò a parlarmi sullo stesso tema gli chiesi che cosa pensava di ottenere. A quel punto si mise a farmi un quadro tanto piacevole quanto appassionato di quanto si attendeva. Gli dissi: «E vostra moglie, che, due mesi fa, avete sposata per amore, e della quale si pensa voi siate innamorato, così come lei di voi, alla follia, che cosa dirà di tutto questo?» Allora iniziò a dirmi che non è tutto oro quello che luccica e che pagava caro un momento di accecamento. Feci di tutto per fargli cambiare idea – e credevo in buonafede di riuscirci – mi faceva pena. Per disgrazia lo ascoltai. Era bello come il giorno e sicuramente nessuno lo eguagliava né alla grande Corte né, tantomeno, alla nostra. Non mancava di carattere, né di quell'insieme di conoscenze, di modi di fare, di comportamenti che dà il gran mondo, ma soprattutto la Corte[133]. Aveva ventisei anni, nel complesso era, per nascita e per le numerose qualità, un cavaliere raffinato[134]. Sapeva nascondere i suoi difetti: i più grandi erano la tendenza agli intrighi e la mancanza di principi e tutto questo non lo promuoveva ai miei occhi. Resistetti per tutta la primavera e una parte dell'estate. Lo vedevo tutti i giorni. Non mutai la mia condotta nei suoi confronti. Mi comportavo con lui come con tutti gli altri. Lo vedevo solo in presenza della Corte o di una parte di questa. Un giorno, mi azzardai a dirgli, per disfarmene, che si stava indirizzando male e aggiunsi: «Che ne sapete voi? Può darsi che il mio cuore sia impegnato altrove.» Detto questo, al posto di scoraggiarsi, vidi che la sua caccia divenne più pressante[135]. Non era tanto questione, in tutto questo, del caro marito, poiché era cosa nota e risaputa che non era per nulla amabile, neanche per coloro di cui era infatuato, e lo era continuamente, facendo la corte, diciamo così, a tutte le donne. Solo quella che portava il suo nome era esclusa dalle sue attenzioni.

Nel frattempo, M. Tchoglokov ci invitò a una caccia sulla sua isola, dove andammo con una piccola barca a remi, mentre i nostri cavalli ci avevano preceduti. Dal momento in cui arrivai mi misi a cavallo e andammo a cercare i cani. Sergio Saltykov colse il momento in cui gli altri erano all'inseguimento dei levrieri e si avvicinò a me per parlarmi del suo argomento favorito. Lo ascoltai con maggiore attenzione del solito. Mi fece un quadro del piano che aveva preparato per avvolgere di un profondo mistero, diceva, la felicità di cui qualcuno poteva gioire in un simile frangente. Io non dicevo una parola. Approfittò del mio silenzio per persuadermi che mi amava appassionatamente e mi pregò di permettergli di credere che poteva sperare di non essermi del tutto indifferente. Gli dissi che poteva giocare d'immaginazione, senza che io potessi impedirglielo. Infine mi fece dei paragoni con altre persone della Corte e mi fece ammettere che era preferibile a loro. Da questo concluse che egli era il preferito. Ridevo di quello che mi diceva, ma in fondo ammetto che mi piaceva abbastanza. Al termine di un'ora e mezza di conversazione gli dissi di andarsene, perché intrattenersi così a lungo poteva destare sospetto. Mi disse che non se ne sarebbe andato se io non avessi detto che era «accettato». Gli risposi: «Sì, sì, ma andatevene.» Egli disse: «Lo ritengo per detto», e spronò il suo cavallo mentre io gli gridavo: «No, no» ed egli ripeteva «Sì, sì». E così ci separammo. Ritornati alla casa che era sull'isola cenammo e nel corso della cena si levò un forte vento dal mare, che fece ingrossare le acque in modo così impetuoso che arrivarono fino al livello delle scale della casa, e tutta l'isola era sommersa, per l'altezza di qualche piede, dall'acqua del mare. Fummo costretti a fermarci sull'isola di Tchoglokov fino a quando la tempesta terminò e le acque si abbassarono, il che avvenne verso le due o le tre del mattino. Durante questo tempo, Sergio Saltykov mi disse che anche il cielo gli era favorevole quel giorno, perché lo faceva godere per più tempo della mia vista, e una quantità di cose dello stesso tenore. Si credeva già molto felice, ma io non lo ero per nulla. Mille apprensioni mi giravano per la testa ed ero molto malinconica, secondo me, quel giorno, e insoddisfatta di me. Avevo creduto di poter governare e frenare la sua testa e la mia e compresi che l'una e l'altra cosa erano difficili, se non impossibili.

Dopo due giorni, Sergio Saltykov mi disse che uno dei valletti di camera del granduca, di nome Bressan, francese di origine, gli aveva riferito che Sua Altezza imperiale, nella sua camera, aveva detto: «Sergio Saltykov e mia moglie ingannano Tchoglokov facendogli credere ciò che vogliono e poi lo mettono in ridicolo.» A essere sinceri, qualcosa di vero c'era e il granduca se ne era accorto. Gli risposi consigliando a Saltykov di essere più circospetto per l'avvenire.

Dopo qualche giorno presi un terribile mal di gola che mi durò più di tre settimane, con una forte febbre durante la quale l'Imperatrice mi mandò la principessa Kourakine che doveva maritarsi con il principe Lobanoff. Dovevo acconciarla e per questo la fecero sedere, in veste da corte con un gran paniere[136], sul mio letto. Feci del mio meglio, ma M.me Tchoglokov, vedendo che mi era impossibile finire di prepararla, la fece scendere dal letto e terminò di acconciarla. Non ho mai più rivisto da allora quella signorina.

Il granduca era allora innamorato della signorina Marthe Isaëvna Chapiroff, che l'Imperatrice aveva nuovamente messo presso di me, come la sorella maggiore di questa, Anna Isaëvna. Sergio Saltykov, che era un demonio in fatto di intrighi, si intrufolò con queste due signorine al fine di sapere ciò che il granduca diceva di lui con le due sorelle, per comportarsi di conseguenza. Queste ragazze erano povere, abbastanza stupide e molto interessate e, realmente, divennero, in poco tempo, le sue confidenti.

Nel frattempo, andammo a Oranienbaum, nuovamente montai tutti i giorni a cavallo e non portavo altro che abiti da uomo, eccetto la domenica. Tchoglokov e sua moglie erano diventati docili come delle pecore. Io avevo, agli occhi di M.me Tchoglokov, un nuovo merito: amavo e coccolavo molto uno dei suoi figli che aveva portato con sé. Gli facevo dei vestiti e Dio sa quanti giochi e abiti usati gli regalavo. Ora, la madre amava molto questo ragazzo, il quale dopo tutto ciò, divenne un tale mascalzone che fu condannato, per le sue scappatelle, ad essere rinchiuso nella fortezza per quindici anni. Sergio Saltykov era diventato l'amico, il confidente, il consigliere di M. e M.me Tchoglokov. Sicuramente, nessun uomo dotato di senso comune, avrebbe potuto sottomettersi a un così duro compito come quello di ascoltare due stupidi orgogliosi, arroganti ed egoisti, sragionare tutta la giornata, senza averne un grande interesse. Si intuiva, si supponeva che cosa potesse guadagnarci. Tutto questo giunse a Peterhof e alle orecchie dell'Imperatrice. A quei tempi, accadeva abbastanza sovente che quando Sua Maestà imperiale aveva voglia di arrabbiarsi, non lo faceva per quello per cui avrebbe potuto farlo, ma prendeva il pretesto per cose per le quali nessuno si sarebbe sognato che si potesse arrabbiare. Questa è un'annotazione di un cortigiano! L'ho avuta dalla bocca del suo autore, Zachar Tchernychev. A Oranienbaum, tutto il nostro seguito aveva deciso, sia gli uomini sia le donne, di farsi fare, per l'estate, degli abiti dello stesso colore, il sopra grigio, il resto blu, con un colletto di velluto nero, il tutto senza alcun ornamento. Questa uniformità ci era comoda per diverse ragioni. Questo abbigliamento era la giustificazione, in particolare, del perché ero sempre vestita da cavallo e montavo come un uomo a Peterhof. Un giorno, l'Imperatrice disse a Mme Tchoglokov che questa maniera di montare a cavallo mi impediva di avere dei figli e che il mio abbigliamento era sconveniente, che quando lei montava a cavallo si cambiava d'abito. Mme Tchoglokov le rispose che per quanto riguardava avere figli la questione non era quella, i figli non potevano venire senza una causa e che benché le Altezze imperiali fossero sposate dal 1745, la causa non si era ancora manifestata[137]. Sua Maestà imperiale si irritò con Mme Tchoglokov e le disse che trascurava di sollecitare le parti interessate su questo problema[138] e, in generale, e con stizza le disse che suo marito era un funerale che si lasciava prendere in giro da dei mocciosi. Tutto questo fu riferito nel giro di ventiquattro ore a tutti i loro confidenti. Alla parola mocciosi, i mocciosi si soffiarono il naso e, in una riunione molto particolare, tenuta a questo scopo dai mocciosi, fu deciso e stabilito che da quel momento seguendo in modo rigoroso le opinioni di Sua Maestà imperiale, Sergio Saltykov e Léon Narychkine andavano incontro a una disgrazia simulata da parte di M. Tchoglokov, di cui probabilmente egli stesso non si sarebbe reso conto; che con il pretesto di una malattia dei loro parenti, si sarebbero ritirati nelle loro case per tre settimane o un mese, al fine di far cessare i pettegolezzi che correvano. Tutto questo fu eseguito alla lettera e all'indomani partirono per confinarsi nelle loro famiglie per un mese. Io cambiai subito l'abbigliamento, quindi, l'altro era diventato inutile. La prima idea di uniformità nell'abbigliamento ci era venuta da quello che portavamo di giorno alla corte di Peterhof. Il sopra era di tessuto bianco, il resto verde e ornato da galloni d'argento. Sergio Saltykov, che era bruno, diceva che con quest'abito bianco e argento, sembrava una mosca nel latte. Per il resto, io continuai e frequentare i Tchoglokov come prima, benché ne avessi una grande noia. Marito e moglie rimpiangevano l'assenza dei due principali campioni del loro circolo e io, sicuramente, non li contraddicevo.

    La malattia di Sergio Saltykov prolungò ancora la sua assenza, durante la quale l'Imperatrice ci fece comunicare di andare da Oranienbaum a Cronstadt[139], dove si sarebbe recata per far entrare le acque nel canale Pietro I, che questo imperatore aveva iniziato e che era stato appena terminato. L'Imperatrice ci precedette a Cronstadt e la notte seguente al suo arrivo vi fu una forte tempesta, nel corso della quale ella credeva fossimo in mare. Fu molto in apprensione per tutta la notte, le sembrò che una nave che vedeva dalle sue finestre e che era in difficoltà in mare potesse essere quella sulla quale noi dovevamo viaggiare. Fece ricorso a delle reliquie che teneva sempre a fianco del suo letto, le portò alla finestra e faceva fare loro il movimento contrario a quello della nave sbattuta dalla tormenta. Credette più volte che sicuramente saremmo morti e che sarebbe stata colpa sua perché, avendoci rimproverati, poco tempo prima, per manifestarle la nostra buona volontà eravamo partiti appena giunta l'imbarcazione. Ma, di fatto, la barca arrivò solo dopo questa tempesta a Oranienbaum, e noi salimmo a bordo solo nel pomeriggio del giorno successivo. Restammo tre giorni a Cronstadt, durante i quali ebbe luogo con grande solennità la benedizione del canale dove, per la prima volta, si fece entrare l'acqua. Nel pomeriggio ebbe luogo un grande ballo. L'Imperatrice volle restare a Cronstadt per vedere nuovamente uscire l'acqua, ma ripartì il terzo giorno senza che questo accadesse. Questo canale non è stato messo a secco da allora e per questo, durante il mio regno, ho fatto costruire il mulino a fuoco che lo prosciuga. All'epoca la cosa sarebbe stata impossibile essendo il fondo del canale più basso del mare, della qual cosa nessuno si era reso conto.

Da Cronstadt ciascuno rientrò a casa propria: l'Imperatrice andò a Peterhof e noi a Oranienbaum. M. Tchoglokov chiese e ottenne il permesso di andare in una delle sue terre per un mese. Durante la sua assenza, sua moglie si diede molto da fare per eseguire alla lettera gli ordini dell'Imperatrice. In primo luogo, ebbe molti incontri con il valletto di camera del granduca, Bressan. Costui trovò a Oranienbaum una graziosa vedova di un pittore, di nome M.me Groot. Ci volle qualche giorno per persuaderla, promettendole non so che cosa, poi a istruirla su che cosa si voleva da lei e a che cosa doveva prestarsi. In seguito, Bressan fu incaricato di far fare a Sua Altezza imperiale la conoscenza di questa giovane e graziosa vedova. Vedevo che M.me Tchoglokov era molto intrigata, ma non sapevo per che cosa, fino a quando Sergio Saltykov non ritornò dal suo esilio volontario e mi informò a poco a poco della questione. Infine, a forza di fatiche, Mme Tchoglokov raggiunse il suo scopo e, quando fu sicura del fatto suo, avvertì l'Imperatrice che tutto andava come lei desiderava. Sperava in grandi ricompense per le sue fatiche, ma su questo si sbagliava, perché non le fu dato alcunché. Tuttavia diceva che l'Impero le doveva molto[140]. Subito dopo noi rientrammo in città*. Fu in quel periodo che persuasi il granduca a rompere le trattative con la Danimarca. Gli ricordai i consigli del conte Bernès, che era già partito per Vienna. Mi diede ascolto e ordinò di terminare le trattative senza concludere nulla. Il che fu fatto. Dopo un breve soggiorno al Palazzo d'estate ritornammo in quello d'inverno.

Mi parve che Sergio Saltykov cominciasse a diminuire la sua assiduità, che fosse distratto, qualche volta stupido, arrogante e disattento. Ne ero arrabbiata e gliene parlai. Mi diede delle pessime giustificazioni e affermò che non capivo nulla dell'eccessiva scaltrezza della sua condotta. Aveva ragione, perché lo trovavo molto strano.

Ci fu comunicato di prepararci per il viaggio a Mosca. Partimmo il 14 dicembre 1752 da Pietroburgo. Sergio Saltykov rimase lì e venne solo molte settimane dopo. Partii da San Pietroburgo mostrando un lieve ingrossamento. Andammo molto velocemente, notte e giorno. All'ultima stazione prima di Mosca, l'ingrossamento svanì con un violenta colica. Arrivati a Mosca, e vedendo l'andamento che stavano prendendo le cose, mi domandavo se potevo aver avuto un aborto. Mme Tchoglokov era rimasta a San Pietroburgo perché aveva appena partorito il suo ultimo figlio, che era una femmina. Era il settimo. Quando si fu rimessa ci raggiunse a Mosca.

1753

Qui noi eravamo alloggiati in un'ala costruita in legno e rinnovata nell'autunno di modo che l'acqua colava dai rivestimenti e tutti gli appartamenti erano insolitamente umidi. Quest'ala era composta da due piani di cinque o sei grandi camere ciascuno, di cui quella che dava sulla strada era stata riservata a me e quella dall'altra parte al granduca. Nella stanza che doveva servirmi da toilette, alloggiavano le giovani e le dame di camera, con le loro cameriere, in modo tale che vi erano diciassette ragazze e donne in una camera, che in vero aveva tre grandi finestre, ma nessuna altra uscita se non nella mia camera da letto, attraverso la quale per ogni necessità dovevano passare. Il che non era comodo né per loro né per me. Fummo obbligate a sopportare questa scomodità, non avendo mai visto nulla di simile. Oltre a questo, la loro camera da pranzo era una delle mie anticamere. Arrivando, io ero ammalata e per rimediare a questo inconveniente, di forza, feci mettere un grande divisorio nella mia camera da letto, con l'aiuto del quale la divisi in tre, ma ciò fu pressoché inutile, perché le porte si aprivano e chiudevano in continuazione, e tutto questo era inevitabile. Infine, al decimo giorno, l'Imperatrice venne a trovarmi e, vedendo il continuo andirivieni, entrò nell'altra camera e disse alla mie dame: «Vi farò fare un' uscita diversa da quella della camera da letto della granduchessa.» Ma cosa fece? Ordinò di fare un tramezzo che tolse una delle finestre della camera dove convivevano già a fatica diciassette persone e la camera fu ristretta per guadagnare un corridoio. Fu aperta la finestra sulla strada e vi fu fatta una scala e così le mie donne furono obbligate a passare da lì. Sotto le finestre furono messi per loro dei gabinetti. Quando andavano a pranzo dovevano sempre passare dalla strada. In una parola, questa sistemazione non valeva nulla e non so come diciassette donne, ammucchiate e qualche volta ammalate, non presero qualche febbre infettiva in questa abitazione, e questo di fianco alla mia camera da letto che era piena di insetti di tutte le specie, a un punto tale da impedirmi il sonno.

Infine, quando Mme Tchoglokov si fu rimessa, arrivò a Mosca e, qualche giorno dopo, giunse anche Sergio Saltykov. Essendo Mosca molto grande, e tutti sempre molto sparsi, si servì dei vantaggi di questo luogo per nascondere la minore frequenza, falsa o vera che fosse, delle sue visite alla Corte. A dire la verità io ne ero rattristata. Tuttavia, egli mi diede delle spiegazioni così buone e valide che, dopo averlo visto e avergli parlato, le mie preoccupazioni svanirono. Ci accordammo sul fatto che per diminuire il numero dei suoi nemici avrei fatto dire qualche parola al conte Bestužev, che poteva darci qualche speranza di essere meno lontani. Incaricai di questo messaggio un certo Bremse, che era impiegato presso la cancelleria dell'Holstein di M. Pechline. Costui, quando non era alla Corte, andava spesso a casa del cancelliere, conte Bestužev. Prese l'incarico molto a cuore e mi disse che il cancelliere ne era stato felice e gli aveva detto che io potevo disporre di lui tutte le volte che lo avessi giudicato opportuno e che, se da parte sua poteva essermi utile, mi pregava di indicargli un canale sicuro per entrambi per comunicare. Ascoltai il resoconto e dissi a Bremse che ci avrei pensato. Riportai a Sergio Saltykov e subito decise che sarebbe andato egli stesso a casa del cancelliere, con il pretesto di una visita. Il vecchio lo ricevette molto bene, lo prese da parte e gli parlò dell'interno della nostra Corte, della stupidità dei Tchoglokov e, tra l'altro, disse: «So che, benché siate loro più intimo, voi li conoscete come me, perché siete un giovane intelligente». Poi, gli parlò di me e della mia situazione, come se avesse vissuto nella mia camera, e aggiunse: «In riconoscenza della buona volontà che la granduchessa mi ha dimostrato, voglio renderle un servizio del quale, penso, mi sarà riconoscente. Le rimanderò M.me Vladislava buona come un agnello e ne farà tutto quello che vorrà. Vedrà che non sono quel lupo mannaro che mi hanno dipinto ai suoi occhi». Infine, Sergio Saltykov ritornò felice di questa visita e del suo uomo. Gli diede numerosi consigli tanto saggi quanto utili. Tutto questo lo rese nostro amico senza che anima viva ne sapesse alcunché°.

Nel frattempo, M.me Tchoglokov, che aveva sempre in testa il suo progetto favorito di vegliare sulla successione, un giorno, mi prese da parte e mi disse: «Ascoltate, bisogna che vi parli sinceramente.» Aprii gli occhi e le orecchie, come opportuno. Incominciò con un lungo ragionamento alla sua maniera, sul suo attaccamento al marito, sulla sua saggezza, su ciò che bisognava e non bisognava fare per amarsi e per favorire i legami coniugali e poi si piegò a dire che qualche volta vi erano situazioni in cui, per un interesse superiore, si doveva fare un'eccezione alla regola. La lasciai dire tutto quello che volle senza interromperla, non sapendo dove volesse arrivare, meravigliata e all'oscuro se si trattasse di un tranello che mi stava preparando o se parlasse sinceramente. Mentre, dentro di me, facevo queste considerazioni, mi disse: «Voi vedrete se amo la mia patria e quanto sono sincera. Non dubito che voi non abbiate gettato uno sguardo di predilezione su qualcuno. Vi lascio scegliere tra Sergio Saltykov e Léon Narychkine. Se non mi sbaglio, è quest'ultimo.» A questo, gridai: «No, no, assolutamente no.» Ed ella mi disse: «Ah, bene, se non è questo è senza dubbio l'altro.» A questo non dissi una parola, e allora aggiunse: «Vedrete che non sarò io a crearvi delle difficoltà.» Feci la tonta ad un punto tale che me lo rimproverò più volte, sia in città sia in campagna, dove noi andammo dopo Pasqua[143].

Fu allora, o poco dopo quel periodo, che l'Imperatrice regalò le terre di Libéritza e numerose altre, a 14 o 15 verste da Mosca, al granduca, ma prima di andare a stare in questi nuovi possedimenti di Sua Altezza imperiale, l'Imperatrice celebrò l'anniversario della sua incoronazione a Mosca. Era il 25 aprile. Ci fu annunciato che aveva ordinato che il cerimoniale fosse esattamente seguito in base a quello del giorno dell'incoronazione. Eravamo molto curiosi di come sarebbe stato. Alla vigilia, l'Imperatrice dormì al Cremlino. Noi restammo a Sloboda, al Palazzo di legno, dove ricevemmo l'ordine di recarci alla messa nella cattedrale. Alle nove del mattino partimmo dal Palazzo di legno con un equipaggio da parata, i domestici del seguito a piedi. Attraversammo tutta Mosca al passo (il tragitto era di sette verste) e scendemmo davanti alla chiesa. Dopo qualche momento l'Imperatrice vi giunse con il suo corteo, la piccola corona sulla testa e il mantello imperiale, come d'uso, portato dai ciambellani. Andò a mettersi al suo abituale posto nella chiesa, e in tutto questo non vi era nulla di diverso da ciò che si faceva in tutte le altre feste del suo regno. In chiesa c'era un freddo umido, come non ho mai sentito in vita mia. Ero tutta blu e gelavo dal freddo, in vestito da corte e con la gola scoperta. L'Imperatrice mi fece dire di mettermi una palatina di zibellino, ma non l'avevo con me. Si fece portare le sue, ne prese una e la passò al suo collo. Ne vidi un'altra nella borsa e pensai che me la mandasse per metterla, ma mi sbagliavo, la rimandò indietro. Mi parve che fosse una cattiva volontà assai manifesta. M.me Tchoglokov, che vedeva che io tremavo, mi fece mandare da non so chi, un foulard di seta che mi misi al collo. Quando la messa e il sermone terminarono, l'Imperatrice uscì dalla chiesa. Noi accennammo di seguirla, ma ci fece dire che potevamo ritornare a casa. Fu allora che apprendemmo che andava a cenare da sola sul trono e che proprio in questo era osservato il cerimoniale della sua incoronazione, quando aveva cenato da sola. Esclusi dalla cena, ritornammo come eravamo venuti, in grande cerimonia, la nostra gente a piedi, che faceva 14 verste per andare e venire per le strade di Mosca, e noi intirizziti dal freddo e con una fame da morire. Se l'Imperatrice ci era parsa di pessimo umore durante la messa, non ci aveva congedati di umore migliore, per questa poca attenzione nei nostri confronti, per non dire altro. Nelle altre grandi feste, dove cenava sul trono, noi avevamo l'onore di cenare con lei; questa volta ci aveva congedati pubblicamente[144]. Cammin facendo, sola in carrozza con il granduca, gli dissi cosa ne pensavo. Mi rispose che ne era dispiaciuto. Ritornati a casa, tramortiti dal freddo e dalla fatica, mi lamentai con M.me Tchoglokov di essermi raffreddata. All'indomani ci fu un ballo al Palazzo di legno: mi diedi ammalata e non ci andai. In verità, il granduca fece dire non so che cosa ai Šuvalov ed essi risposero qualcos'altro, comunque soddisfacente per lui, e la questione si chiuse lì.

In quel periodo apprendemmo che Zachar Tchernychev e il colonnello Nicolas Leontieff, a casa di Roman Vorontsov, avevano litigato per il gioco, si erano battuti spada alla mano e il conte Zachar Tchernychev aveva riportato una grave ferita alla testa. Le sue condizioni erano tali che non era stato possibile trasportarlo dalla casa di Roman Vorontsov alla sua. Restò lì, gravissimo, e si parlava di trapanarlo. Ne fui sconvolta, perché gli volevo molto bene. Leontieff fu arrestato per ordine dell'Imperatrice. Questo duello mise la città in agitazione per la numerosa parentela dell'uno e dell'altro dei contendenti. Leontieff era nipote della contessa Rumjancev, parente molto vicino dei Panin e dei Kourakine. Anche l'altro aveva dei parenti, amici e protettori. Tutto era accaduto a casa del conte Rumjancev, dove c'era il ferito. Infine, quando cessò il pericolo, la faccenda si placò e le cose restarono com'erano.

Nel mese di maggio, ebbi nuovamente segni di ingrossamento. Andammo a Libéritza, tenuta del granduca a 12 o 14 verste da Mosca. La casa di pietra che vi era e che era stata costruita molto tempo prima dal principe Menšikov[145], cadeva in rovina e non fu possibile abitarvi. Per sopperire a ciò, furono montate delle tende nel cortile. Alla mattina, dalle tre o le quattro, il mio sonno era interrotto dai colpi d'ascia e dal rumore che veniva fatto per la costruzione di un'ala in legno, che ci si affrettava ad erigere a due passi, per così dire, dalle nostre tende, perché potessimo abitarci per il resto dell'estate. Il resto del tempo andavamo a caccia o a passeggiare. Io non andavo più a cavallo ma in cabriolet. Verso San Pietro ritornammo a Mosca e fui presa da un tale sonno che dormivo tutti i giorni fino a mezzogiorno e si faceva fatica a svegliarmi per il pranzo. San Pietro fu celebrato come di consueto. Mi vestii e assistetti alla messa, al pranzo, al ballo e alla cena. All'indomani, sentii dei dolori alle reni e M.me Tchoglokov fece venire un'ostetrica che pronosticò un aborto cosa che realmente accadde la notte seguente. Potevo essere gravida di due o tre mesi. Fui in un grave pericolo per tredici giorni, perché si pensava che fosse rimasta una parte del feto. Mi nascosero questa circostanza. Alla fine, al tredicesimo giorno, il tutto fu espulso, senza dolore né sforzo. Per questo incidente, mi fecero rimanere a letto nella mia stanza per sei settimane, con una febbre insopportabile. L'Imperatrice venne a trovarmi il giorno stesso in cui mi ammalai e parve addolorata del mio stato. Durante le sei settimane in cui rimasi nella mia camera mi annoiavo da morire. Tutta la mia compagnia consisteva in M.me Tchoglokov (che peraltro veniva assai raramente) e una piccola calmucca, alla quale ero affezionata perché era molto gentile. Per la noia spesso piangevo.

Per quanto riguarda il granduca, passava la maggior parte del tempo nella sua camera dove un ucraino, che aveva come valletto di camera, tanto stupido quanto ubriacone, faceva del suo meglio per divertirlo fornendogli dei giochi, del vino e degli altri liquori forti, fino a quanto gli era possibile, all'insaputa di M. Tchoglokov, che del resto tutti ingannavano e prendevano in giro. Ma nei baccanali notturni, fatti di nascosto dal granduca nella sua camera con i domestici, tra i quali vi erano numerosi giovani calmucchi, egli si trovava sovente male obbedito e mal servito, poiché erano ubriachi, non sapevano cosa facevano e dimenticavano che erano con il loro padrone e che il padrone era il granduca. Allora Sua Altezza imperiale era ricorso ai colpi di bastone e alla lame della spada. Malgrado ciò, la sua coorte gli ubbidiva malamente e più di una volta fece ricorso a me, lamentandosi della sua gente e pregandomi di far loro intendere ragione. A quel punto, andavo da lui e dicevo loro quanto dovuto, ricordando i loro doveri e immediatamente si raddrizzavano. Per questo il granduca mi disse più di una volta, e lo ripeté anche a Bressan, che non sapeva come prendessi questa gente, che lui bastonava senza riuscire a farsi obbedire, e dalla quale io ottenevo quello che volevo con le parole. Un giorno che entrai a questo scopo nella camera del granduca la mia vista fu colpita da una grosso ratto che aveva fatto catturare con un marchingegno da tortura, nel mezzo di uno stanzino che si era fatto fare con l'aiuto di una tramezza. Gli chiesi che cosa significasse. Mi disse che quel ratto aveva compiuto un'azione criminale degna dell'ultimo supplizio, secondo le leggi militari: che si era arrampicato sui bastioni di una fortezza di cartone, che lui teneva sul tavolo di questo stanzino, e che aveva mangiato due sentinelle fatte di esca, in lotta su uno dei bastioni; che lo aveva fatto giudicare e incriminare secondo le leggi di guerra; che il suo cane coricato aveva ingannato il ratto che subito era stato appeso come lo vedevo e che sarebbe rimasto là esposto agli occhi del pubblico per tre giorni, come esempio. Non potei fare a meno di scoppiare a ridere per la follia del cosa, ma questo lo irritò notevolmente. Vista l'importanza che vi attribuiva, mi ritirai e mi trincerai nell'ignoranza, in quanto donna, delle leggi militari. Tuttavia, non fece a meno di tenermi il broncio per la mia risata, almeno, si può dire, per la giustificazione del ratto che era stato appeso senza che gli si chiedesse o si fosse intesa la sua spiegazione.

Durante questo soggiorno della Corte a Mosca, accadde che un lacchè divenne pazzo ed anche furioso. L'Imperatrice ordinò che il suo primo medico, Bœrhave, prendesse in cura quest'uomo. Fu messo in una camera vicina all'appartamento di Bœrhave, che abitava alla Corte. Casualmente, quell'anno, accadde ancora che parecchie persone perdessero la testa. Nel momento in cui l'Imperatrice ne veniva informata, le prendeva alla Corte e le faceva alloggiare presso Bœrhave, di modo che a Corte si formò un piccolo ospedale di pazzi. Mi ricordo che i principali erano un maggiore delle guardie Semenovski, di nome Tchédaieff, un luogotenente colonnello Lintrum, un maggiore Tchoglokov, un monaco del convento di Voskrésensky, che si era mozzato con un rasoio le parti naturali, e numerosi altri. La follia di Tchédaieff consisteva nel fatto che considerava Schah Nadir, cioè Thomas Kuli Khan, usurpatore della Persia e suo tiranno[146], come il buon Dio. Quando i medici non riuscirono a guarirlo della sua mania, lo si mise nelle mani dei preti. Questi convinsero l'Imperatrice a farlo esorcizzare. Lei stessa assistette alla cerimonia, ma Tchédaieff rimase pazzo come sembrava essere. Tuttavia c'era qualcuno che dubitava della sua follia, perché egli era ragionevole su tutto ciò che non riguardava Schah Nadir. Gli stessi suoi vecchi amici andavano a consultarlo per i loro affari e dava loro dei consigli molto sensati. Quelli che non lo credevano pazzo attribuivano questa sua mania al fatto che avesse avuto un rovescio negli affari dal quale si era difeso con questo stratagemma. Dall'inizio del regno dell'Imperatrice, era stato alla revisione dei contribuenti ed era stato accusato di concussione e doveva subire un giudizio, nel timore del quale fu preso da questa fantasia che lo indusse a ritirarsi dagli affari.

Alla metà di agosto del 1753, ritornammo in campagna. Per il 5 settembre, giorno della sua festa, l'Imperatrice se ne andò al convento di Voskrésensky. Mentre si trovava lì, un fulmine cadde sulla chiesa e fu una fortuna che Sua Maestà si trovasse in una cappella accanto alla grande chiesa. Apprese dell'accaduto dallo spavento dei suoi cortigiani. Ciò nonostante non vi furono né feriti né morti per questo incidente. Poco tempo dopo, ritornò a Mosca, dove anche noi ritornammo da Libéritza. Al nostro rientro in città, vedemmo la principessa di Curlandia baciare pubblicamente la mano all'Imperatrice per il permesso che le aveva concesso di sposare il principe George Hovansky. Aveva litigato con il suo primo promesso sposo, Pietro Saltykov, che da parte sua sposò subito una principessa Souzoff.

Il 1° novembre di quell'anno, nel pomeriggio alle tre, ero nell'appartamento di Mme Tchoglokov, quando suo marito, Sergio Saltykov, Lèon Narychkine e numerosi altri cavalieri della Corte uscirono dalla camera per andare negli appartamenti del ciambellano Šuvalov, per andare a fargli gli auguri di compleanno. Mme Tchoglokov, la principessa Gagarine ed io stavamo chiacchierando quando, dopo aver sentito qualche rumore nella cappella che era vicina all'appartamento, vedemmo rientrare due di questi signori che ci dissero che non erano potuti passare nelle sale del castello per il fuoco che le aveva invase. Immediatamente, me ne andai nella mia camera e, passando per una anticamera, vidi che la balaustra dell'angolo della grande sala era in fiamme. Era a venti passi dalla nostra ala. Entrai nelle mie camere e le trovai già piene di soldati e domestici che portavano via i mobili e tutto ciò che potevano. Mme Tchoglokov mi seguì da vicino e poiché non vi era più nulla da fare nella casa se non aspettare che prendesse fuoco, uscimmo entrambe. Alla porta trovammo la carrozza del maestro di cappella Araja[147], che era venuto per un concerto dal granduca, che io stessa avevo avvertito dell'incendio, e vi salimmo. La strada era coperta di fango, per le continue piogge degli ultimi giorni, e ci mettemmo da là a guardare l'incendio e il modo in cui si portavano i mobili fuori dalla casa. Vidi allora una cosa strana, la stupefacente quantità di ratti e di topi che scendevano in fila dalle scale, senza neanche troppo affrettarsi. Non si poteva portare alcun aiuto a questa casa di legno poiché era priva di ogni attrezzo, e anche perché il poco che vi era si trovava esattamente sotto la sala che bruciava. Questa occupava più o meno il centro degli edifici che la circondavano, che potevano estendersi per circa due o tre verste di circonferenza. Ne uscii alle tre precise e verso le sei non esisteva più alcuna traccia della casa. Il calore del fuoco divenne così forte che né io né Mme Tchoglokov potevamo più sopportarlo e facemmo andare la nostra carrozza a qualche centinaio di passi, nella campagna. Infine, M. Tchoglokov venne con il granduca e ci disse che l'Imperatrice se ne andava alla residenza di Pokrovsky e che aveva ordinato che noi andassimo in quella di M. Tchoglokov, che si trovava a destra del primo incrocio della grande strada della Sloboda. Ci andammo subito. In questa casa vi era una sala nel mezzo e quattro camere per ogni lato. Non è possibile essere sistemati peggio di quanto non lo fossimo: il vento soffiava in ogni direzione, le finestre e le porte erano mezze marce, i pavimenti solcati da fenditure di tre o quattro dita. Oltre a questo, gli insetti vi regnavano. Vi abitavano i figli e i domestici di Mme Tchoglokov. Nel momento in cui entrammo, li fecero uscire e noi alloggiammo in questa orribile casa che era sguarnita di mobili.

All'indomani del soggiorno in questo palazzo, vidi che cosa può contenere un naso calmucco. La bambina che avevo vicino a me, al mio risveglio, mi disse, mostrandomi il naso: «Ho qui una nocciolina.» Le palpai il naso, ma non trovai nulla. Per tutta la mattina, questa bambina non fece che ripetere che aveva una nocciolina nel naso. Era una bambina di quattro o cinque anni. Nessuno sapeva che cosa intendesse per nocciolina nel naso. Verso mezzogiorno, correndo andò a sbattere contro un tavolo, il che la fece piangere e, piangendo, tirò fuori il suo fazzoletto e si soffiò il naso. Soffiandosi la nocciolina le cadde dal naso e allora capii che una nocciolina, che non avrebbe potuto stare in nessun naso europeo senza che qualcuno se ne accorgesse, poteva stare nella cavità di un naso calmucco che è collocato all'interno della testa tra due grosse guance.

I nostri stracci e tutto quello di cui avevamo bisogno erano rimasti nella melma, davanti al palazzo bruciato, e ci furono portati nella notte e il giorno successivo. Quello che mi fece pena furono soprattutto i miei libri. Avevo appena terminato il quarto tomo del *Dictionnaire de Bayle*[148]. Avevo impiegato due anni in questa lettura, ogni sei mesi finivo un tomo, e da questo si può capire in quale solitudine passassi la mia vita. Alla fine mi furono portati. Furono ritrovati i miei abiti, quelli della contessa Šuvalov e altri. Mme Vladislava mi fece vedere, per curiosità, le gonne della contessa Šuvalov, che dietro erano tutte foderate in cuoio, poiché non poteva ritenere le urine, inconveniente che le era rimasto a seguito dei suoi primi parti, e l'odore le impregnava tutte. Le rimandai immediatamente alla loro proprietaria. L'Imperatrice perse in questo incendio tutto ciò che aveva portato a Mosca del suo immenso guardaroba. Mi fece l'onore di dirmi che aveva perso quattromila abiti e che, di tutti, rimpiangeva solo quello che aveva fatto con la stoffa che le avevo mandato e che avevo ricevuta da mia madre. Perse altre cose preziose, tra le altre una bacinella coperta di cammei che il conte Rumjancev aveva acquistato a Costantinopoli e che aveva pagata ottomila ducati. Tutti questi oggetti erano stati messi in un guardaroba posto sopra la sala che aveva preso fuoco. Questa sala serviva come anticamera del salone del palazzo. Alle dieci del mattino, i fuochisti delle stufe erano giunti per riscaldare questa prima stanza. Dopo aver messo il legno nella stufa lo accesero come sempre ma, fatto questo, la camera si riempì di fumo. Credettero che passasse da qualche buco impercettibile del forno e si misero a riempire di argilla gli spazi tra le mattonelle di Faenza. Poiché il fumo aumentava si misero a cercare delle crepe nella stufa e non ne trovarono. Capirono che la crepa era tra le separazioni dell'appartamento, che erano fatte di legno. Andarono a cercare dell'acqua e spensero il fuoco nella stufa, ma il fumo aumentava e passò nell'anticamera dove c'era una sentinella della guardia a cavallo. Costui, temendo di soffocare e non osando lasciare il suo posto, ruppe un vetro e si mise a urlare ma, poiché non arrivava nessuno in suo soccorso e nessuno lo sentiva, sparò un colpo di fucile dalla finestra. Il colpo fu udito dal corpo di guardia che si trovava di fronte al palazzo. Corsero da lui e, entrando, si trovarono avvolti in una spessa cortina di fumo dal quale trassero via la sentinella. I fuochisti furono messi agli arresti. Avevano creduto che, senza avvertire alcuno, avrebbero spento l'incendio e, quindi, impedito al fumo di aumentare. In questo, in buona fede, si erano impegnati per cinque ore.

Questo incendio diede modo a M. Tchoglokov di fare una scoperta. Il granduca aveva nel suo appartamento numerosi grandi comò. Quando furono portati nella sua camera qualche cassetto aperto o chiuso male fece scoprire agli occhi degli spettatori di che cosa erano riempiti. Chi lo crederebbe? I cassetti non contenevano altro se non un'immensa quantità di bottiglie di vino e di liquori: servivano da cantina per Sua Altezza imperiale. Tchoglokov me ne parlò, dissi che non ne sapevo nulla ma vedevo spesso, quasi giornalmente, le ubriacature del granduca.

Dopo l'incendio restammo nella casa di Tchoglokov quasi sei settimane. Poiché, quando uscivamo, passavamo davanti a una casa, situata in un giardino vicino al ponte Saltykov, che apparteneva all'Imperatrice e che veniva chiamata la casa del vescovo, perché l'Imperatrice l'aveva acquistata da un vescovo, ci prese l'idea di chiederle, all'insaputa di Tchoglokov, di permetterci di andarci a stare, visto che ci sembrava e che si diceva essere più abitabile di quella dove eravamo. Ricevemmo l'ordine di trasferirci nella casa del vescovo. Era una casa di legno, molto vecchia, dalla quale non c'era alcuna vista. Era stata costruita sopra a delle cantine di legno e per questo era più alta di quella che avevamo appena lasciata, che aveva solo il pianterreno. Le stufe erano così vecchie che quando le accendevamo si poteva vedere il fuoco attraverso i fornelli, da tante crepe c'erano, e il fumo riempiva le camere. Avevamo tutti mal di testa e agli occhi. In questa casa si correva il rischio di essere bruciati vivi. C'era unicamente una scala di legno e le finestre erano alte. Durante la nostra permanenza ci fu il fuoco due o tre volte, ma riuscimmo a spegnerlo. Mi prese il mal di gola con molta febbre. Lo stesso giorno in cui mi ammalai, M. Breithardt, che era venuto in Russia per conto della corte di Vienna, doveva venire a cena da noi per prendere congedo. Mi trovò con gli occhi rossi e gonfi e credette che avessi pianto. Non si sbagliava: la noia, l'indisposizione e le scomodità fisiche e morali della mia situazione mi avevano creato non poca ipocondria. Durante tutta la giornata trascorsa con Mme Tchoglokov ad aspettare quelli che non erano venuti, lei diceva ad ogni momento: «Ecco come ci abbandonano!» Suo marito aveva pranzato fuori e aveva portato con sé tutti. Nonostante tutte le promesse che Sergio Saltykov ci aveva fatto di non sottrarsi a questo pranzo, ritornò proprio con Tchoglokov. Tutto questo mi mise di pessimo umore. Alla fine, dopo qualche giorno, ci fu concesso di andare a Libéritza. Qui sembrava di essere in paradiso: la casa era tutta nuova e molto bene arredata. Ballavamo tutte le sere e la nostra corte vi era riunita.

Durante uno di questi balli, notammo il granduca parlare per lungo tempo all'orecchio di M. Tchoglokov. Quest'ultimo, subito dopo, apparve mortificato, trasognato e più chiuso e imbronciato del solito. Sergio Saltykov, vedendo tutto ciò e che Tchoglokov era con lui stranamente freddo, si andò a sedere vicino a Mme Martha Chapiroff e cercò di sapere che cosa potesse essere questa confidenza poco usuale tra il granduca e Tchoglokov. Gli rispose che non sapeva di che cosa si trattasse, ma che il granduca le aveva detto più volte: «Sergio Saltykov e mia moglie ingannano Tchoglokov in una modo incredibile. Lui è innamorato della granduchessa, lei non lo può soffrire. Sergio Saltykov è il confidente di Tchoglokov e gli fa credere di darsi da fare per lui nei suoi confronti, e lei sopporta Sergio Saltykov che è divertente. La granduchessa se ne serve per abbindolare come vuole Tchoglokov, e alla fine si prende gioco di tutti e due. Bisogna che io disilluda questo povero diavolo di Tchoglokov, che mi fa pena, che gli dica la verità e allora vedrà chi è il suo vero amico, se mia moglie o io.»

Quando Sergio Saltykov apprese questo pericoloso dialogo e la scabrosa situazione che ne derivava, mi informò e si andò a sedere vicino a Tchoglokov e gli chiese che cosa avesse. Tchoglokov, all'inizio, non volle assolutamente spiegare alcunché e non faceva che sospirare. Poi, si mise a fare delle geremiadi sulla difficoltà che aveva a trovare degli amici fedeli. Infine, Sergio Saltykov lo girò e rigirò in tutte le direzioni, fino a fargli confessare la conversazione che aveva da poco avuta con il granduca. Sicuramente, non essendone a conoscenza, non si sarebbe potuto immaginare ciò che i due si erano detti. Il granduca aveva iniziato col fare a Tchoglokov grandi professioni di amicizia, dicendogli che proprio nelle occasioni più impellenti della vita si potevano distinguere i veri amici dai falsi, che per dimostrargli la sincerità della sua stava per dargliene una prova. Aggiunse che sapeva che lui, Tchoglokov, era innamorato di me, che non gliene faceva una colpa, che io potevo apparirgli gradevole e che non si era padroni del proprio cuore; ma che doveva avvertirlo che sceglieva male i suoi confidenti, che faceva male a credere bonariamente che Sergio Saltykov fosse suo amico e che lavorasse presso di me per lui, mentre non lavorava che per se stesso e che lo sospettava di essere un rivale. Per quanto mi riguardava, mi prendevo gioco di tutti e due, ma se lui, Tchoglokov, voleva seguire i suoi consigli e confidarsi con lui, avrebbe capito che egli era il suo solo e vero amico. M. Tchoglokov aveva ringraziato molto il granduca della sua amicizia e della sua professione di affetto, ma aveva preso il resto come una fantasticheria e una visione. È facile pensare che in nessun caso si fidasse di un confidente che per età e per carattere era tanto poco sicuro quanto utile. Detto questo, Sergio Saltykov ebbe solo la fatica di riportare la calma e la tranquillità nella testa di Tchoglokov, che era abituato a non fare né molta attenzione né caso ai discorsi di un uomo che non aveva alcun buon senso, così come era considerato da tutti. Quando seppi di tutto ciò, confessai di esserne indignata con il granduca e per evitare che ritornasse alla carica, gli feci capire che non ignoravo quello che si erano detti lui e Tchoglokov. Arrossì e non disse una parola, se ne andò, e tutto rimase così.

Ritornati a Mosca, fummo trasferiti dalla casa del vescovo negli appartamenti chiamati la casa d'estate dell'Imperatrice[149], che non avevano preso fuoco. L'Imperatrice si era fatta costruire dei nuovi appartamenti nell'arco di sei settimane: a questo scopo erano state prese e trasportate le travi della casa di Pérova, di quella del conte Hendrikoff e del principe Géorgie. Verso l'inizio dell'anno vi fece il suo ingresso.

Note

1 Carlo Pietro Ulrico di Holstein-Gottorp (1728-1762) fu successivamente, col nome di Pietro III, imperatore di Russia per sei mesi nel 1762. Alla nascita egli era nella posizione di essere l'erede dei troni di Svezia e di Russia. Figlio di Carlo Federico di Holstein-Gottorp (1700-1739) che era nipote di Carlo XII di Svezia, alla morte del padre, divenne duca di Holstein col nome di Carlo Pietro Ulrico. La madre, Anna Petrovna Romanova (vedi infra nota 3) era figlia di Pietro I (vedi infra nota 2), della sua seconda moglie, Caterina I di Russia, e sorella di Elisabetta che fu imperatrice di Russia dal 1741 al 1761. La zia Elisabetta, l'anno successivo alla sua salita al trono, lo nominò suo erede universale e combinò il matrimonio tra lui e la sua seconda cugina, la principessa Sofia Augusta di Anhalt-Zerbst la quale, in seguito a questo, si convertì alla religione ortodossa e prese il nome di Caterina. Dal matrimonio nacque un figlio, cui fu dato il nome di Paolo. Pietro III, che era divenuto imperatore alla morte di Elisabetta, nel 1762, non aveva mai amato molto la Russia, era sempre stato filo prussiano, né aveva mai dimenticato le sue radici nell'Holstein, così il suo atteggiamento nella Guerra dei Sette Anni (vedi infra nota 175) lo portò a ritirare le truppe russe e a concludere un'affrettata pace con la Prussia, che non portò alcun vantaggio al suo trono, ad eccezione di una vittoria teorica della guerra e all'occupazione di Berlino. Questo, ma anche il suo carattere instabile e umorale, la poca stima di cui aveva goduto sin dal suo arrivo in Russia e la sua propensione al bere, lo portarono ben presto in rotta di collisione con la nobiltà del paese sul quale doveva regnare. Tra l'altro, nel suo breve regno, creò un'alleanza con la Prussia per preparare un impopolare conflitto con la Danimarca per restituire all'Holstein-Gottorp la regione dello Schleswig. Caterina, più amata e, soprattutto, stimata dalla nobiltà russa, lo detronizzò utilizzando la stessa Guardia d'Onore di Pietro. Pietro venne ucciso in carcere a Ropsha ed è tutt'ora da chiarire se in questa morte vi sia stato l'intervento di Caterina.

2 Pietro I Romanov, detto Pietro il Grande, (1672-1725) era figlio di Alessio I e della sua seconda moglie, Natal'ja Kirillovna Naryškina. La sua reggenza ha inizio nel 1682, quando aveva 10 anni, in condivisione con Ivan V, figlio della prima moglie di Alessio I, che era malato sia fisicamente sia mentalmente e che muore nel 1796. Dalla prima moglie, Alessio I aveva avuto cinque figli e otto figlie ma, al momento della nascita di Pietro, solo due figli maschi erano ancora in vita, Fëdor e Ivan. Alla morte di Alessio I, nel 1674, Fëdor assume il titolo di zar, il suo regno dura solo sei anni e alla sua morte non lascia eredi. Il regno di Pietro I è caratterizzato da un profondo spirito innovativo volto a mo-

dernizzare la Russia. Riorganizza l'esercito sul modello occidentale e dà un forte impulso alla marina al fine di dare alla Russia un maggiore sbocco sui mari, fino ad allora limitato al Mar Bianco. Con il mar Baltico che è dominio della Svezia, rivolge il suo interesse al Caspio, per conquistare il quale deve però scontrarsi con l'Impero Ottomano. Nel 1697 viaggia per l'Europa con lo scopo di creare una coalizione anti-ottomana, ma fallisce nel suo obiettivo e l'anno successivo è costretto a rientrare in patria per soffocare una rivolta degli strelizi fomentata dalla sorellastra Sofia, che costringe a farsi monaca. Pone anche fine al suo matrimonio con Evdokija Loupochina, dalla quale ha avuto tre figli, dei quali solo uno, Alessio, è ancora in vita. Nel 1699, nel quadro di occidentalizzazione del suo impero, abbandona il tradizionale calendario russo per adottare quello giuliano e impone ai boiari di vestire all'occidentale e di tagliarsi la tradizionale barba. Rinuncia a scontrarsi con l'impero ottomano e rivolge il suo interesse al Baltico, dominio della Svezia, retta dal sedicenne Carlo XII, contro la quale, con l'appoggio di Danimarca, Norvegia, Sassonia e Polonia inizia una guerra con alterne vicende. Il primo scontro, la battaglia di Narva del 1700, ha per Pietro I un esito disastroso e Carlo XII, liberatosi dalla preoccupazione russa, volge le sue armi contro la Polonia e la Sassonia. Pietro, nel frattempo, si riorganizza e conquista l'attuale Estonia. Mentre prosegue la guerra tra polacchi e svedesi, Pietro fonda la città di San Pietroburgo, in Ingria, la cui costruzione ha inizio nel 1703 sotto la guida dell'architetto svizzero Domenico Trezzini di Astano. Nel 1707 sposa Martha Skavronskaja, che si converte alla religione ortodossa con il nome di Caterina. Nel 1708, Carlo XII sconfigge Pietro nella battaglia di Golovčin ma viene poi battuto a Lesnava, subendo gravi perdite. Nonostante questo, il re di Svezia decide di invadere l'Ucraina, ma i suoi sforzi verranno frustrati l'anno successivo nella battaglia di Poltava (27 giugno 1709) dove Pietro di fatto annienta l'esercito svedese, mutando le sorti della guerra. In Polonia, Augusto II, che aveva abdicato, rioccupa il trono, mentre Carlo XII si rifugia nell'Impero Ottomano, contro il quale Pietro ha meno fortuna e nel 1711 è costretto a firmare una pace che lo costringere a cedere i porti sul Mar Nero. In cambio il sultano, Ahmed III, espelle il re di Svezia. Carlo XII prosegue nel suo scontro con la Russia e solo alla sua morte, nel 1718, si apriranno le trattative di pace che si concluderanno con la firma del trattato di Nystad, nel 1721 (l'anno precedente la Svezia aveva già concluso la pace con tutti gli altri belligeranti). Si conclude così la Grande guerra del Nord. La Russia ottiene l'Ingria, l'Estonia, la Livonia, una porzione di Carelia e conserva alcune terre finlandesi intorno a San Pietroburgo, divenuta capitale nel 1712. Pietro I viene acclamato imperatore. Prosegue nella sua opera riformatrice del paese volgendo la sua attenzione alla Chiesa ortodossa russa e nel 1721 crea il Santo Sinodo, un concilio di dieci ecclesiastici che sostituisce il tradizionale patriarca, non più eletto dal 1700. Nel 1722 istituisce un nuovo ordine gerarchico, la *Tavola dei*

Ranghi, dove la posizione è costituita anche dal titolo di merito del servizio all'imperatore e non unicamente dalla nascita come in precedenza. La *Tavola dei Ranghi* rimarrà in vigore fino al 1917. Nel 1724 associa al trono Caterina, alla quale attribuisce il titolo di imperatrice. Pietro I muore nel 1725 e gli succede, grazie a una legge del 1722 che gli dà il privilegio di scegliere l'erede al trono, la moglie Caterina, alla cui morte, nel 1727, sale al trono Pietro II (figlio di Alessio) con il quale termina la discendenza diretta maschile dei Romanov.

3 Anna Petrovna Romanova (1708-1728),era figlia di Pietro I e di Caterina I, ma la sua nascita fu legittimata solo nel 1712 con il matrimonio dei genitori. La sua «illegittimità» fu causa del rifiuto di diverse alleanze matrimoniali fino a quando venne accettata da Carlo Federico di Holstein-Gottorp (1671-1702), figlio di Federico IV di Holstein-Gottorp e della duchessa Edvige Sofia di Svezia (1681-1708) e nipote di Carlo XII che non aveva figli. Anna e Federico si sposarono nel 1725 a San Pietroburgo. Solo tre anni dopo, il 4 marzo 1728, a Kiel, Anna morì dando alla luce il figlio Pietro, futuro imperatore di Russia.

4 (N.d.A.) Anna Petrovna, figlia maggiore di Caterina I, aveva sposato il 21 maggio/1° giugno 1725 Carlo Federico duca di Holstein. Tre giorni dopo il matrimonio il ministro sassone scriveva alla sua corte:«Ho ricevuto rimostranze perché dopo il suo matrimonio, il duca di Holstein ha dormito fuori casa tre volte, sia per rifiuto, sia per la ragazzotta di Mosca che è qui.» La duchessa si consolò ben presto. Un anno dopo, prese la sua rivincita e passava le notti a casa degli uni e degli altri. Molto bella, molto spiritosa, non si occupava che di «avere la libertà dei suoi vizi». (Chappe, *Voyage en Siberie*, I,76 – Waliszewski, *L'héritage de Pierre le Grand*, 18-19) Secondo le *Mémoires* di Stœhlin, la causa della sua morte fu un po' differente. «Desiderosa di vedere i fuochi artificiali e l'illuminazione, lasciò il suo letto per mettersi davanti a una finestra aperta, malgrado il freddo e l'umidità della stagione . . . Fu presa da una febbre alta di cui morì dieci giorni dopo.» (Citato da Dolgorukov, *Mémoires*, II, 62).

5 Carlo Federico di Holstein-Gottorp (1700-1739) divenne duca all'età di due anni e, sotto la reggenza della madre, Edvige Sofia, figlia di Carlo XI di Svezia, visse a Stoccolma, mentre il ducato era affidato ad amministratori locali. Alla morte di Carlo XII venne presentato come pretendente alla corona svedese, ma la zia Ulrica Eleonora (1689-1741) si oppose a questa pretesa. Carlo Federico si recò quindi in Russia dove morì prima della zia, lasciando i diritti al trono al figlio. Il Trattato di Frederiksborg (1720) firmato tra la Svezia e il Regno di Danimarca a Norvegia prevedeva che la prima non sostenesse ulteriormente l'Holstein-Gottorp, il che impediva a Carlo Federico i diritti al trono e, soprattutto, non poteva più contare sull'aiuto svedese per la conquista

dello Schleswig, parte nord del ducato tedesco. Sposò la granduchessa Anna Petrovna Romanova (vedi *supra* nota 4) e il loro figlio, Carlo Pietro Ulrico, divenne zar con il nome di Pietro III, nel 1762.

6 Carlo XII (1682-1718) trascorse gran parte della sua vita in guerra, lontano da Stoccolma, capitale del regno di Svezia, al cui trono salì nel 1697. In quella che viene chiamata la *Grande guerra del Nord*, che ebbe inizio nel 1700 per terminare solo diciotto anni dopo, il re di Svezia dovette fronteggiare una coalizione formata dalla Sassonia, dalla Danimarca e dalla Russia di Pietro I (vedi *supra* nota 2). Dopo una prima fase iniziale che gli fu favorevole e gli consentì di cacciare, con la vittoriosa battaglia di Narva, le truppe russe che avevano invaso i suoi territori e la conclusione di un trattato di pace con la Sassonia di Augusto II (Altransädter, 13 ottobre 1706), le sue armi ebbero minore fortuna. Diresse le sue truppe verso Mosca, ma dopo una prima vittoria conseguita a Golovčhin, subì una dura sconfitta nella battaglia di Lesnaja (28 settembre 1708) che lo costrinse a rinunciare al suo progetto moscovita. Attraversato il fiume Dnepr, l'esercito svedese ripiegò a sud in Ucraina dove sperava nell'aiuto dei cosacchi di Ivan Mazeppa a Baturin, che però fu rasa al suolo dai russi. All'inizio dell'aprile del 1709, Carlo pose sotto assedio Poltava, sul fiume Worskla, dove però i difensori russi resistettero per poco meno di tre mesi sino all'arrivo del loro esercito. Lo scontro decisivo ebbe luogo il 27 giugno, quando Carlo XII ferito nel corso di una ricognizione dieci giorni prima, non era in grado di portare personalmente le sue truppe sul campo di battaglia. Sconfitto ancora più duramente il giorno successivo, quando decise di contrattaccare, fu catturato e liberato fortunosamente da un suo ufficiale. Si rifugiò in Turchia, determinando così uno scontro tra l'impero ottomano e la Russia. Con la sua sconfitta la Sassonia e la Russia ripresero i territori precedentemente persi e ne conquistarono altri, sempre svedesi, Augusto II risalì sul trono di Polonia che conservò sino alla morte, nel 1733, mentre la Prussia attaccò i territori svedesi in Germania. Cacciato dalla Turchia, dove ormai era un ospite *prigioniero*, Carlo XII morì nel tentativo di occupare Cristiania, in Norvegia, colpito alla testa da un proiettile. Il suo trono andò alla sorella Ulrica Eleonora.

7 Adolfo Federico di Svezia (1710-1771), figlio di Cristiano Augusto di Holstein-Gottorp, vescovo di Lubecca e amministratore nella Grande Guerra del Nord dei ducati omonimi, salì al trono nel 1751. Da parte di madre, Albertina Federica di Baden-Burlach, discendeva da re Gustavo I di Svezia e da una sorella di Carlo X di Svezia. Fu un sovrano debole e privo di particolari qualità. Durante la minore età del nipote, Carlo Pietro Ulrico, futuro Pietro III, fu vescovo di Lubecca e amministrò il ducato dell'Holstein-Kiel. Fu eletto nel 1743 erede al trono di Svezia soprattutto per ottenere condizioni di pace migliori da Elisabetta di

Russia, che aveva adottato il nipote rendendolo erede al trono. In Svezia viene ricordato come «il re che ha mangiato fino alla morte» poiché morì per problemi di digestione dopo un pasto pantagruelico.

8 Il Trattato di Åbo (Turku in finlandese) del 1737 pone fine alla guerra tra Russia e Svezia, con esso i territori della Finlandia passavano alla Russia e la successione al trono svedese andrà ad Adolfo Federico di Holstein.

9 Elisabetta di Russia (1709-1762) regnò dal 1741 al 1762. Al momento della sua nascita il padre, Pietro il Grande, e la madre, Caterina I, non erano ancora sposati e questa sua illegittimità costituì il principale argomento contro la sua ascesa al trono da parte dei suoi oppositori. L'intenzione del padre era di farla sposare con Luigi XV di Francia, ma i Borboni avevano in programma altre alleanze matrimoniali. Ritrovatasi sola alla morte della madre si appoggiò al suo amante Aleksandr Danilovič Menšikov, che apparteneva a una delle più influenti famiglie di quel periodo a Corte. Tramontata la fortuna dei Menšikov, nei favori della Corte subentrò la famiglia dei Dolgorukov i quali, avendo in odio Pietro I, non tardarono a emarginarla. Libera da ogni vincolo e abbandonata a se stessa, Elisabetta trovò consolazione in diversi amori e molte furono le relazioni che intrecciò; tra queste vi fu un cosacco di nome, Aleksej Grigor'evič Razumovskij, che molto probabilmente divenne successivamente suo marito. Alla morte di sua cugina, la zarina Anna Ivanovna, che fu al trono dal 1730 al 1740, la breve reggenza di Anna Leopodovna, per l'infante Ivan VI, fu contraddistinta da un diffuso malcontento che portò il governo ad essere propenso a spodestarla. Le ambizioni di Elisabetta trovarono quindi terreno fertile, fu così che nella notte del 6 dicembre 1741, con un gruppo di amici, diede attuazione al colpo di stato che la portò sul trono. Nella sua opera di governo si ispirò al padre, Pietro il Grande, e il primo atto fu l'abolizione del Gabinetto di Consiglio dei Ministri e la ricostituzione del Senato. In politica estera si avvalse dell'abile vice cancelliere Aleksej Petrovič Bestužev-Rjumin (vedi *infra* nota 15) che rappresentava la fazione anti francese, anti prussiana e filo inglese. L'azione di Bestužev portò alla risoluzione delle questioni che coinvolgevano la Russia con la Polonia, la Svezia, la Turchia e riuscì nell'isolamento della Prussia e a una riconciliazione con le corti di Vienna e di Londra. L'ultimo periodo della sua reggenza fu segnato dalla Guerra dei sette anni (vedi *infra* nota 175) che vide impegnate la Francia, l'Austria, la Gran Bretagna, la Prussia e la Russia dal 1756 al 1763.

10 (N.d.A.) Secondo Dolgoroukov, Caterina I ansiosa di avere dei nipoti da questo strano menage di Holstein, aveva incaricato Brummer, gran maresciallo della piccola corte, di occuparsi della faccenda. (*Mémoires*, I, 46). Brummer fu precettore di Pietro III dal 1739, e

quale precettore! Un agente francese disse giustamente che era bravo per allevare dei cavalli e non dei principi. (Citato da Waliszewski, *Le roman d'une impératrice*, 27-28) Il bravo pedagogo tedesco Stœhlin constata che trattava il granduca «con disdegno e in modo dispotico». «Durante il soggiorno del granduca a Peterhof – aggiunge – ci fu un giorno una scena violenta con Brummer in presenza del ciambellano Berkholz e del professor Stœhlin. Il nuovo conte andò talmente in collera che si gettò sul principe a pugni chiusi e con l'intenzione di malmenarlo.» Stœhlin riuscì a separarli, ma il granduca, comunque, corse alla finestra per chiamare in suo aiuto i granatieri di servizio. (Citato da Dolgorukov, *Mémoires*, II, 75).

11 (N.d.A.) Busching, nel suo Magazine, ha pubblicato in tedesco il suo Journal degli anni 1721-1724. (Tomi XIX, XX, e XXI)

12 (N.d.A.) Ci sono due Korf, il maggiore Nicolas, maritato da Elisabetta con la contessa Skavronski, e Giovanni Alberto, l'ambasciatore di Roma in Danimarca. Andarono tutti e due a cercare il granduca. (Dolgorukov, *Mémoires*, I, 414 e II, 66).

13 (N.d.A.) Un dispaccio di La Chétardie ad Amelot spiegava lo stato d'animo dell'Imperatrice: «La zarina, lontana dal prevedere gli inconvenienti che la presenza del duca di Holstein poteva provocare, l'ha creduto assolutamente indispensabile per assicurare la tranquillità interna e per assicurare la successione nella discendenza di Pietro I. È ancora per la successione dello stesso principe che oggi pensa, con i suoi ministri, che non può sposarlo troppo presto, al fine di continuare la sua opera, se possibile, con una numerosa discendenza. Questo principe arriverà mercoledì o giovedì al più tardi. Secondo le ultime notizie ricevute.» (3 febbraio 1742. *Sbornik*, C, 65) .

14 (N.d.A.) Fratello del conte e gran cancelliere (Aleksej Petrovič Bestužev-Rjumin). Discendeva da Gabriel Best, emigrato dal Kent in Russia nel 1413, il cui figlio Jacob aveva avuto il titolo di boiardo. (Bain, *The pupils of Peter the Great*, 75).

15 Nikita Ivanovitč Panin (1718-1783) fu l'artefice della politica estera della Russia per diciotto anni e il consigliere di Caterina II. Godette anche della fiducia di Elisabetta I, con la quale fu concorde nello scegliere Caterina come erede al trono imperiale. La sua carriera diplomatica ebbe inizio nel 1747, quando fu nominato ambasciatore a Copenaghen, per poi essere poco dopo inviato a Stoccolma, dove rimase per dieci anni. Nel 1760, divenne tutore dell'erede al trono, il granduca Paolo, figlio di Caterina, e questo gli consentì di avere una posizione privilegiata a Corte. Partecipò attivamente al complotto del 1762, con

i fratelli Orlov, per deporre Pietro III. Salita al trono Caterina, propose di formare un consiglio di gabinetto formato da sei a otto ministri che avrebbe avuto l'incarico di trattare tutti gli affari di stato. Caterina comprese che un simile organismo avrebbe limitato i suoi poteri ed evitò che fosse realizzato. Panin fu l'artefice del famoso Accordo del Nord tra Russia, Prussia, Polonia, Svezia e probabilmente la Gran Bretagna contro la Lega Borboni Asburgo. Tale accordo, di fatto molto eterogeneo e con interessi spesso contrastanti, ebbe conseguenze sulla linea politica estera tenuta dalla Russia per parecchi anni, ma proprio l'impossibilità di una sua concreta realizzazione che segnò l'inizio del declino di Panin. Con la nomina di Stanislao Poniatowski (1732-1798) a re di Polonia, Panin si impegnò a mantenere l'integrità territoriale del paese, ma non poté prevedere le complicazioni dovute alle ingerenze della stessa Russia negli affari interni polacchi. La Confederazione di Bar (1768), il riavvicinamento della Russia alla Francia, la guerra russo turca (1768-1774) lo colsero impreparato e determinarono il decadimento della sua influenza. Inoltre, si mise in rotta con Caterina II quando si intromise nelle disposizioni riguardanti le nozze del granduca Paolo, con il quale condivideva una forte simpatia per la Prussia. I suoi sforzi per impedire un'alleanza tra l'Austria e la Russia determinarono Caterina II ad allontanare il suo consigliere e l'occasione per la definitiva rottura si ebbe sulla questione della dichiarazione di neutralità dell'Armata del Nord. Nel maggio del 1781, il conte Panin fu spogliato di tutte le sue funzioni. Il motivo principale della sua disgrazia fu, senza dubbio, la sua predilezione per la Prussia, che gli impedì di adeguarsi al mutato scenario che vedeva l'Austria sempre più influente, ma è anche certo che il principe Aleksandrovič Potëmkin (1739-1791) e l'ambasciatore inglese James Harris (1746-1820) operarono contro di lui.

16 Eutin è una cittadina che si trova nello Schleswig-Holstein, in Germania.

17 Albertina Federica di Baden-Durlach (1682-1755), figlia del margravio Federico VII Magnus di Baden-Durlach.

18 Giovanna di Holstein-Gottorp, principessa di Holstein-Gottorp (1712– 1760)), madre delle futura Caterina II di Russia, sposò Cristiano Augusto di Anhalt-Zerbst, cugino del principe regnante. Giovanna era anche pronipote di re Federico III di Danimarca e sorella di Adolfo Federico (1710-1771) che divenne re di Svezia nel 1751. Ebbe cinque figli: Sofia (1729-1796), futura Caterina II di Russia, Guglielmo (1730-1742), Federico (1734-1793), Augusta (1736-1736) ed Elisabetta (1742-1745).

19 Federico Augusto di Holstein-Oldenburg (1711–1785) era figlio di

Cristiano Augusto di Holstein-Gottorp e di Albertina Federica di Baden-Durlach. Dal matrimonio con Ulrica Federica Guglielmina di Assia Kassel dalla quale ebbe tre figli.

20 Anna (1709-1758), sposò Guglielmo di Sassonia – Gotha - Altenburg (1701-1771) ed era figlia di Federico Augusto di Holstein-Oldenburg (1711–1785).

21 Carlo Augusto di Holstein-Gottorp (1706-1727) era succeduto al padre Cristiano Augusto (1673-1726) come principe vescovo di Lubecca e principe dell'Holstein-Gottorp. Morì di vaiolo pochi mesi dopo la morte del padre.

22 (N.d.A.) Il buon ricordo che aveva conservato del suo fidanzato ha dato adito alla maldicenza dei contemporanei. Pierre Dolgorukov (N.d.T. Si tratta di Pyotr Vladimirovich Dolgorukov, 1816-1868, storico russo che fuggì, perseguitato, a Parigi nel 1859, dopo un decreto che gli toglieva ogni proprietà, che gli derivava dalla nobile famiglia, e lo dichiarava in esilio perpetuo) le cui interessanti memorie ripercorrono tutte le tradizioni della sua famiglia, una delle più nobili della Russia, riporta che il matrimonio di Elisabetta fu rimandato in seguito alla malattia e alla morte di sua madre. Alla fine di aprile del 1727, lo stato di Caterina I si aggravò all'improvviso e tutti corsero con grande fretta a cercare Elisabetta che si trovava in intimità con il suo fidanzato. Guardando attraverso la serratura, sorprendono i due giovani in un'intimità più che tenera. (Dolgorukov, Mémoires, I, 67).

23 Il nome russo della cittadina è Pskov.

24 (N.d.A.) Il 1° giugno 1742 «il professor Stoehlin entrò in qualità di precettore presso il giovane duca – dice nelle sue *Mémoires* - e l'Imperatrice disse loro in quest'occasione:"Vi dico che S.A. si annoia sovente e che ha ancora numerose cose da apprendere e a questo scopo gli do la compagnia di un uomo il quale, ne sono sicura, saprà occupare il suo tempo libero in modo utile e gradevole". (Citato da Dolgorukov, *Mémoires*, II, 67) Stoehlin, sassone, giunto in Russia nel 1735, era uno di quei tedeschi capaci di fare tutto che insegnavano ai russi quella lingua che si è chiamata *il francese di Mosca*. Professore di retorica, poesia e filosofia, poeta librettista, maestro di cappella, ha lasciato delle memorie brevi, ma piene di interesse.

25 (N.d.A.) Laudet era l'autore dei balletti allegorici che dilettavano la Corte e la città. Fu lui che formò il corpo di ballo ammirato dagli stranieri per la grazia con la quale ballava il minuetto.

26 (N.d.A.) La Chétardie, in uno dei suoi dispacci (24 febbraio 1742) dice che egli «non respira che cose militari». (*Sbornik*, C 84) (N.d.T.) Jacques - Joachim Trotti, marchese di La Chétardie (1705-1759) era un militare e diplomatico francese che giunse a San Pietroburgo come ministro plenipotenziario francese nel 1739.

27 Aleksej Petrovič Bestužev-Rjumin (1693-1766) apparteneva a una nobile famiglia moscovita e ricevette una solida educazione. Con il fratello maggiore Mikhaïl frequentò l'Università di Copenaghen e di Berlino dove apprese le lingue straniere e le scienze applicate. Nel 1712 entrò al servizio di Pietro il Grande e partecipò al Congresso di Utrecht (1712). Per fare pratica in diplomazia gli fu concesso di servire presso l'elettore di Hannover, Georg Ludwig von Hannover, che divenne nel 1714, con il nome di Giorgio I, re di Gran Bretagna e Irlanda. Bestužev accompagnò l'elettore in Inghilterra per poi essere inviato a San Pietroburgo con un documento nel quale il nuovo re spiegava la sua ascesa al trono britannico. Ritornato in Inghilterra vi rimase per quattro anni, nel corso dei quali apprese le basi per quella che fu la sua successiva brillante carriera di diplomatico. Rientrato in Russia, Bestužev fu al servizio per due anni, come gentiluomo di Camera, alla corte di Anna di Curlandia, futura Anna I. Nel 1721 succedette a Vasiliy Lukich Dolgorukov (1672-1739) come ambasciatore a Copenaghen, per sorvegliare la nascente alleanza tra Federico IV di Danimarca e Giorgio I d'Inghilterra, che aveva come scopo armare le potenze del Nord contro Pietro il Grande. La morte di Pietro il Grande (8 dicembre 1725) determinò uno stallo nella sua carriera e per più di dieci anni rimase a Copenaghen. Nonostante questo riuscì a rendere importanti servizi alla zarina Anna I, che lo fece suo consigliere privato, e al suo amante, Ernest Johann von Biron o Biren (1690-1772). Elisabetta I, ascesa al trono il 6 dicembre 1741, lo nominò vice cancelliere e gli affidò la politica estera dell'Impero. Bestužev considerava la Francia, che beneficiava dell'amicizia della temuta Prussia di Federico II, come una nemica della Russia, mentre Inghilterra e Austria erano considerate le sue naturali alleate. Inoltre, la Polonia e la Svezia avevano interessi opposti nei confronti della Turchia, e si temeva che la Francia tramasse tra tre queste tre potenze, confinanti con l'Impero. Questo, con la preoccupante partecipazione di Federico il Grande alla Guerra di Successione dell'Austria (1740-1746), fece in modo che la Gran Bretagna, l'Austria e la Sassonia divenissero giocoforza alleate della Russia e con questo obiettivo si mosse la politica di Bestužev. Non poche furono le difficoltà che dovette superare per perseguirla, a cominciare dalla stessa francofilia dell'imperatrice, contraria a un'alleanza con la Gran Bretagna e l'Austria. Nonostante gli ostacoli, le manovre e i complotti degli stessi amici dell'imperatrice, favorevoli alla Prussia e alla Francia, Bestužev riuscì nel suo intento, anche con l'aiuto del fratello maggiore Mikhaïl. Russia e Svezia entrarono in conflitto nel 1741 e l'anno

successivo il vice cancelliere riuscì a concludere un'alleanza difensiva con la Gran Bretagna e con il trattato di Åbo, dell'agosto del 1743, la Russia vittoriosa riusciva a ottenere la Finlandia. Ben sapendo il debole che Elisabetta aveva per il casato dell'Holstein, la Francia intervenne per ottenere migliori condizioni per questo ducato e, su richiesta dell'imperatrice, gli svedesi accettarono Adolfo Federico di Holstein come futuro re. Bestužev non poté impedire un'alleanza difensiva tra la Prussia e la Russia, stretta nel marzo del 1743 che, tuttavia, fu priva di conseguenze politiche sia per l'esclusione di alcune garanzie sulla Slesia, richieste da Federico II, sia perché il credito della Prussia andava scemando presso la corte russa. La posizione di Bestužev si fece alquanto precaria con un presunto complotto concepito dalla diplomazia dell'Holstein con l'aiuto della Francia, per opera del suo ambasciatore La Chétardie, e della Prussia, in base al quale Elisabetta I fu persuasa che l'ambasciatore austriaco lavorava in segreto per rimettere sul trono Ivan VI. Il vice cancelliere, con l'aiuto del conte Vorontsov, riuscì a convincere Elisabetta degli intrighi posti in essere dall'ambasciatore francese e, il 6 giugno 1744, La Chétardie fu espulso dalla Russia. A metà di luglio dello stesso anno Bestužev fu nominato Gran Cancelliere imperiale. Le mire espansionistiche della Prussia erano l'elemento di maggiore preoccupazione della diplomazia, Bestužev, nel 1746, al fine di premunirsi, concluse un trattato di alleanza offensiva e difensiva con la Gran Bretagna e con l'Austria e, l'anno successivo, ne siglò uno con l'Impero ottomano e la Danimarca. Il Gran Cancelliere dovette anche difendersi dalle trame dei suoi nemici interni e, in particolare, del suo ex amico Vorontsov, divenuto vice cancelliere, segretamente sostenuto da Federico il Grande. Bestužev riuscì a provare a Elisabetta che Vorontsov percepiva denaro dalla Prussia e riuscì, in questo modo, a sbarazzarsi del geloso rivale. L'apice della carriera di Bestužev coincise con il trattato di Aix-la-Chapelle (18 ottobre 1748) che modificò in modo significativo gli equilibri europei. La rottura dell'alleanza franco prussiana, ebbe come conseguenza un riavvicinamento dell'Inghilterra alla Prussia e, a cascata, un inevitabile accordo tra la Francia e i nemici della Prussia, tra cui la Russia. Bestužev, anti francese convinto, fu restio a riconoscere il nuovo quadro europeo e quando, nel 1756, Inghilterra e Prussia firmarono un trattato di alleanza al quale si contrappose quello tra Francia e Austria, il vice cancelliere Vorontsov auspicò un'adesione della Russia a quest'ultima alleanza, mentre Bestužev insistette per un trattato con la Gran Bretagna e convocò un Consiglio dei Ministri per dirimere le due avverse posizioni. L'evidenza impose alla Russia di aderire alla lotta contro la coalizione prussiana nel corso della Guerra dei Sette anni (1756-1763) e Bestužev affidò il comando delle truppe all'amico conte Apraxin (1702-1758). Il 30 agosto 1757 Apraxine riportò una schiacciante vittoria sui prussiani nella battaglia di Gröss-Jägerdorff, ma non la sfruttò astenendosi dall'invadere il territorio prussiano, come gli era stato ordinato, rientrando in Russia, preoccupato per lo stato di salute di Elisabetta e per sostenere il futuro Pietro III, qualora l'Imperatrice fosse deceduta. Bestužev, dal canto suo, si era alleato con la granduchessa Caterina, futura Caterina II, alla quale aveva proposto il trono al posto di Pietro che riteneva incapace di regnare. Il comportamento di Apraxine fu oggetto di varie congetture, tra le quali si fece strada quella che fosse stato lo stesso Gran Cancelliere a richiamarlo in Russia. Tanto bastò ai suoi avversari per accusarlo di alto tradimento. Dimesso dalle sue funzioni nel 1758, l'anno successivo fu esiliato a Goretovo. Con l'ascesa la trono di Caterina il provvedimento fu revocato e l'Imperatrice lo nominò maresciallo, ma non fu più partecipe degli affari di stato.

28 (N.d.A.) Alexis Bestužev, cresciuto a Copenaghen e a Berlino, ha debuttato in diplomazia sotto il principe Kourakin, che accompagnò al congresso di Utrecht (1713). Di volta in volta al servizio di Hannover, impiegato nella diplomazia russa, ha servito nell'oscurità fino alla fine del regno di Anna. Elisabetta lo fece cancelliere. «Il conte Bestužev – si legge in un dispaccio di Allion al principe de Conti – è stato messo lì dal caso. È sostenuto più dall'intrigo che dalla capacità. La disgrazia di M. de La Chétardie, suo primo benefattore, lo ha portato all'attuale posizione. È finanziariamente un disonesto. Vende il suo credito per denaro agli inglesi e agli austriaci, senza togliersi la libertà di chiedere altrove. (4 gennaio 1746, *Sbornik* CV, 621).

29 (N.d.A.) Egli era stato una delle creature di Biren e suo fedele fino a quando il reggente conservò tutto il suo potere, ma dal momento in cui cadde in disgrazia e fu arrestato, Bestužev si affrettò a riscattarsi con delle confessioni contro di lui. La sua avidità era proverbiale. Dolgorukov ne dà una nota spietata. Menchikov (N.d.T. *Alessandro Danilovitch Menchikov, 1672-1729*) aveva mandato Ivan Tolstoj a morire esiliato in un'isola del mar Bianco. La contessa Tolstoj supplicò Bestužev di perorare presso l'imperatrice la causa degli orfani spogliati dalla confisca. I beni non erano stati ancora distribuiti. «Dubito – rispose – che S.M. acconsenta a restituirvi il tutto, ma mandatemi due liste: mettete nella lista n° 1 le più belle fra queste terre e sulla lista n° 2 le mediocri. Se non arrivo a ottenere la restituzione di tutto, almeno vi si renderanno le migliori terre della vostra famiglia.» M.me Tolstoj seguì questo consiglio e fu grande il suo stupore nell'apprendere che le terre poste nella seconda lista le venivano restituite e che quelle messe nella prima erano stato donate dall'Imperatrice al cancelliere. (Dolgorukov, *Mémoires*, I, 22-22).

30 (N.d.A.) «La principessa Giovanna Elisabetta – scriveva Mardefeld (*N.d.T. Ministro di Federico il Grande, re di Prussia*) - sarà una corda in più al suo arco per far cadere Bestužev.» (14 febbraio 1744. Federico II, *Corrispondenza politica*, III, 11)

31 Jean Armand conte di Lestocq (1692-1767) ha esercitato una notevole influenza sulla politica estera russa nel corso dei primi anni di regno di Elisabetta I e fu uno dei principali artefici del colpo di stato che, nel 1741, la portò sul trono. Nato da una nobile famiglia dello Champagne, giunse a Mosca nel 1709 come medico di Corte fino a quando, nel 1720, venne esiliato a Kazan dal marito di Caterina I, come punizione per aver sedotto la figlia del suo giullare. Alla morte del marito, Caterina lo richiamò a San Pietroburgo, dove si legò in particolare con la figlia dell'imperatrice, Elisabetta. Fu lui a suggerire il nome di Sofia Augusta d'Anhalt-Zerbst, la futura Caterina II, per il matrimonio con l'erede al trono, Carlo Pietro Ulrico di Holstein-Gottorp (Pietro III). Dopo l'incoronazione di Elisabetta, Lestocq e l'ambasciatore francese La Chétardie, altro fautore dell'ascesa dell'imperatrice, cercano di monopolizzare il potere a Corte, soprattutto in favore della Francia e della Prussia. Nel 1743, Lestocq organizzò la cospirazione di Lopoukhina volta a provocare la destituzione del cancelliere Bestužev-Rjumin (vedi *supra* nota 15), che però riuscì a sventare il complotto e, due anni dopo, intercettando la corrispondenza tra Lestocq e La Chétardie, riuscì a far espellere dalla Russia quest'ultimo. La resa dei conti con il cancelliere si ebbe si ebbe nel 1748, quando fu accusato di cospirare per detronizzare Elisabetta in favore di Pietro, che era smodatamente filo prussiano. Incarcerato e torturato, Lestocq fu condannato a morte ma, graziato da Elisabetta, fu esiliato. Solo dopo la morte dell'imperatrice fu reintegrato nei suoi possedimenti e gli fu consentito di rientrare nella capitale.

32 (N.d.A.) La Chétardie, ambasciatore di Francia, e Lestocq erano stati i veri autori della rivoluzione del 1742. La principessa Anhalt Zerbst, che era al posto giusto per essere informata su questo punto, lo dice chiaramente in una lettera a M. di Pouilly: «Un solo valletto di camera, fedele, provato, riporta a lei, fu il suo Mercurio con il marchese di La Chétardie che non osava incontrare. Quest'uomo portava dentro un legno dei biglietti a un francese di cui conosceva l'aspetto e l'abito, ma non ne sapeva il nome: era il marchese di . . . Là si scambiavo grossi pacchetti di lettere, liste di persone sospette o divenute amiche, lettere di cambio, istruzioni, avvisi. Là si decidevano le sorti future di due popoli: la Svezia e la Russia.» (Bilbasov, *Histoire de Catherine II*, 520).

33 Mikhaïl Illarionovitch conte Vorontsov, (1714-1767), nato da una famiglia di boiardi originaria di Novgorod, entrò a corte all'età di quattordici anni come paggio e, con gli anni, ne divenne uno dei principali personaggi. Nel 1742, sposò Anna Karlovna Skavronskaïa, una cugina di Elisabetta I. Partecipò attivamente al complotto che portò Elisabetta sul trono, nel 1741, e ,nel 1744, la stessa gli concesse il titolo di conte

dell'Impero e lo nominò vice cancelliere. La sua carriera subì una battuta d'arresto per la partecipazione avuta alla cosiddetta «cospirazione di Lopoukhina», organizzata dall'avventuriero francese conte Jean Armand Lestocq (1692-1767) (vedi *supra* nota 32), e rivolta a destituire il Gran Cancelliere Bestužev-Rjumin (1693-1766), del quale era geloso. Fu salvato dalla sorte che ebbero gli altri cospiratori, ma durante la carica di Bestužev-Rjumin visse in disparte. Nel 1757, caduto in disgrazia il suo rivale, Vorontsov gli succedette nella carica di Cancelliere dell'Impero. Condusse una politica filo francese e austriaca, in accordo con gli intendimenti di Elisabetta I, e fu nemico della Prussia. Con l'ascesa al trono di Pietro III, che era un convinto ammiratore della Prussia, non si adoperò per modificare questo atteggiamento, mentre il nuovo imperatore abbandonò l'alleanza con la Francia e l'Austria. Inoltre, spinse la nipote a diventare l'amante di Pietro III e chiese allo zar di divorziare da Caterina per sposarla. Continuò a sostenere Pietro III quando fu deposto dal trono (9 luglio 1762) e si rifiutò di servire la nuova imperatrice. Fu relegato in una residenza sorvegliata fino a quando non prestò giuramento di fedeltà a Caterina II, per essere reintegrato nella dignità di cancelliere dell'Impero.

34 (N.d.A.) «Mio zio – si legge in una memoria del conte Alessandro Romanovitch Vorontsov – è il solo che ha accompagnato la principessa Elisabetta che si è messa al suo seguito per andare dal reggimento delle guardie Preobrajenssky, alla compagnia dei granatieri di questo reggimento, la sola che era a parte del segreto, benché la voce della principessa Elisabetta sul trono di Pietro il Grande, suo padre, fosse certamente generale in Russia. M. Lestocq, altro collaboratore di questa rivoluzione, era al quartiere della compagnia dei granatieri quando la principessa Elisabetta vi giunse con mio zio.» (*Archives Vorontsov*, v. 8-9).

35 Il matrimonio fu celebrato il 3 gennaio 1742.

36 (N.d.A.) Alessandro Vorontsov dice che suo zio visse un'unione perfetta con la contessa Skavronsky. Quello che racconta Dolgorukov è del tutto diverso: «Durante questo matrimonio – racconta – tutta Pietroburgo spettegolava che il novello sposo, deluso dall'aver trovato sua moglie diversa da come l'aspettava, era andato a lamentarsi dell'Imperatrice che cercò di consolarlo. La contessa Bestužev se ne andò dicendo: «Che imbecille! S'immaginava che questa giovane ragazza dovesse imporsi delle privazioni per piacere al suo futuro marito? Bisogna confessare che gli uomini sono molto esigenti nel tener conto di queste banalità.» (Dolgorukov, *Mémoires*, I, 156).

37 Peter Alexandrovich Rumjancev (1725-1796) fu probabilmente il

più abile comandante militare russo dell'epoca. Figlio unico di Alessandro Ivanovitch Rumyantsev, si diceva che fosse figlio illegittimo di Pietro il Grande poiché la madre, la contessa Marie Matvéiev, aveva trascorso molto tempo in compagnia dell'imperatore. Ricevette il battesimo del fuoco nel corso della guerra con la Svezia (1741-1743) e scortò personalmente l'imperatrice alla firma del trattato di Åbo, concluso dal padre nel 1743. Si distinse particolarmente nel corso della Guerra dei Sette Anni (1756-1763) nella battaglia di Gross-Jägersdorf (1757), in quella di Kunersdorf (1759) e nel 1751 conquista la fortezza di Kołobrzeg, aprendo così ai russi la via di Berlino. Nel 1769, inviato contro i turchi come comandante dell'armata riporta su di essi importanti vittorie che gli guadagnano, da parte di Caterina II, il governo dell'Ucraina e il titolo di maresciallo. La guerra russo turca si concluse nel 1774 con la completa vittoria delle truppe russe. Rumyantsev è anche ricordato per i suoi testi di carattere militare che servirono da base teorica per la riorganizzazione dell'esercito russo. Morì pochi mesi dopo Caterina II.

38 Nikita Trubetskoj (1699-1767), figlio del governatore di Belgorod, senatore Yuri Trubetskoj, ha ricoperto nel corso della sua carriera numerose cariche governative e militari. Educato all'estero, era uomo colto e conoscitore d'arte.

39 Le origini della famiglia Šuvalov risalgono al XVI secolo, ma la vera ascesa avviene nel 1700, quando numerosi membri di essa ricoprono importanti cariche nell'impero Russo. Possiamo ricordare, per il periodo di nostro interesse: Ivan Maximovitch Šuvalov, il vecchio, morto nel 1737, comandante la fortezza di Vyborg; Ivan Maximovitch Šuvalov, il giovane, morto nel 1747, capitano della guardia imperiale e padre di Pietro e Ivan; Pietro Pavlovitch Šuvalov (1711-1762), fratello di Ivan, maresciallo di campo e ministro della guerra; Ivan Ivanovitch Šuvalov (1727-1797), favorito dell'imperatrice Elisabetta I, grazie alla quale la famiglia assume notevole rilevanza, non solo in Russia.

40 Aleksej Grigor'evič Razumovskij (1709-1771), figlio di un cosacco, imparò a leggere e a scrivere dal sagrestano della sua parrocchia, dove cantava sin da fanciullo nel coro. Furono proprio le sue doti musicali a portarlo a Corte quando, nel 1731, il colonnello Vyšnevskij, diretto nella capitale dopo aver condotto una missione in Ungheria, decise di portarlo con sé a San Pietroburgo, per aggregarlo al coro della cappella ucraina. La voce e la bellezza del giovane colpirono Elisabetta Petrovna, la futura imperatrice, che decise di introdurlo alla Corte imperiale. Ben presto ne divenne il favorito e, quando perse le sue caratteristiche vocali, divenne suonatore di bandura (lo strumento tipico dell'Ucraina che unisce i principi acustici dell'arpa e del liuto) e amministratore di uno dei palazzi reali. La sua carriera proseguì con la nomina a super-

visore di Corte e con il conferimento del titolo di Kamer-Junker. Razumovskij contribuì alla salita al trono di Elisabetta, il 6 dicembre 1741, e per questo fu nominato generale e, nel maggio dell'anno successivo, in occasione dell'incoronazione dell'imperatrice, maresciallo. Gli furono anche assegnati possedimenti terrieri a Mosca e in altre città russe. Ricevette, inoltre, il titolo di conte dell'Impero da Carlo VII e, sempre nel 1744, quello di conte in Russia. Nel 1756 fu nominato feldmaresciallo. Nonostante la sua continua ascesa, a detta dei contemporanei, rimase sempre una persona disponibile e alla mano e non si interessò quasi mai di politica. Fu sempre rispettato e amato fino alla morte. Probabilmente sposò in segreto Elisabetta, nell'autunno del 1742, in una chiesa di campagna di Perovo, oggi inglobata in Mosca. Dopo la morte di Elisabetta, nel 1752, si ritirò nel Palazzo Anichkov, dono dell'imperatrice, e rifiutò il titolo di «altezza» che gli fu offerto dalla nuova reggente, Caterina II. Alla sua morte fu seppellito nella Cattedrale dell'Annunciazione del Monastero di Aleksandr Nevskij.

41 (N.d.A.) Si tratta evidentemente di Anastasia Strepanovna Lapouchkine, figlia dell'ammiraglio Etienne Vassiliewitch e della bella Nathalie. Ella sposò il conte Nicolas Golovine. «Mia suocera – dice di lei la contessa Golovine nei suoi *Souvenirs* – era una donna di grande carattere e moralità, che ha sempre goduto, a giusta ragione, di una immacolata reputazione. Ha dato grandi prove di coraggio e di spirito durante il suo esilio e le disgrazie della sua famiglia e la sua prigionia, durante il regno di Elisabetta.»

42 (N.d.A.) La principessa di Zerbst ne fa un grande elogio nelle lettere a suo marito. (*Sbornik*, VII, 29-30).

43 (N.d.A.) Basile Adadurov, allievo dello storico Muller, segretario di Razumovskij, poi del maresciallo Bestužev, curatore dell'Università di Mosca.

44 (N.d.A.) La lettera dell' 11/22 febbraio 1744 conteneva in particolare questo passaggio: «Tutte le vostre riflessioni portano alla preferenza che la Danimarca ha dato al duca di Cumberland e sui negoziati relativi al reciproco disarmo. Il primo punto non mi ha meravigliato, noi vi eravamo preparati. Sembrerebbe, poiché la zarina ne aveva parlato, prima che la questione fosse nota, come di una cosa che non credeva possibile e che lei ne fosse molto offesa. Penso anche che questo sia stato il metodo e sono convinto che devo richiamare la sua attenzione su questo punto, ma per sollecitare la sua sensibilità, ci vorrebbe più coerenza nelle idee e maggiore fermezza di carattere. *Seguire più da vicino i suoi affari non è cosa compatibile con le distrazioni che crea l'attrattiva del piacere e la seduzione del potere così arrendevole quan-*

do si gode di un completo riposo.» (*Archives Vorontsov*, I, 612)

45 (N.d.A.) Caterina scriveva a suo padre il 5/16 luglio:«S.M.I. ha deciso improvvisamente che la mia professione di fede fosse fissata per giovedì scorso e la promessa venerdì, ha trovato anche giusto aggiungere il nome di Caterina agli altri. S.M., come S.A.I., per l'occasione mi hanno fatto dei magnifici regali in gioielli.» (*Sbornik*, VII, 5).

46 (N.d.A.) Il principe Hesse-Hombourg aveva sposato una principessa Trubetskoy, figlia maggiore del principe Trubetskoy che fu catturato a Narva e che ebbe durante la sua prigionia in Svezia un figlio naturale, il famoso Betzkoy o Betzky. (*Archives Woronstoff*, XXXIII., *Portraits*, manoscritto del cancelliere Woronstoff, 6).

47 (N.d.A.) Il conte Zakhar Tchernychev, la cui madre era l'istitutrice di Pietro il Grande, passava per il figlio dello zar: «Il maresciallo – dice Dolgorukov – assomigliava molto a Pietro I, non di statura, visto che era piccolo, ma per i tratti del viso. Aveva lo stesso tic del terribile imperatore . . . Era un uomo di grande merito, di carattere rispettabile e simpatico. (*Mémoires*, I, 175).

48 Zakhar Grigoryevich conte Chernyshov, Tchernyshov o Tchernychev, (1722-1784) era figlio di uno dei generali di Pietro il Grande e intraprese giovanissimo la sua carriera militare entrando nell'armata russa nel 1735. Dopo una breve parentesi nella carriera diplomatica, con un incarico a Vienna, fu nominato comandante di un corpo d'armata russo durante la Guerra dei Sette Anni e alla sua testa prese possesso di Berlino. Con l'ascesa al trono di Pietro III, grande ammiratore della Prussia e di Federico II, gli fu ordinato, nel maggio del 1762, di congiungersi alle truppe prussiane. Nei pressi di Burkersdorf, mentre stava attaccando l'esercito austriaco, ricevette l'ordine di disimpegnarsi dalla battaglia. Nonostante questo, su richiesta del re di Prussia, partecipò alla vittoria che fu conseguita sul campo. Caterina II lo nominò presidente del Consiglio militare e maresciallo dell'Impero nel 1773. I suoi successi, anche in campo amministrativo, suscitarono l'invidia del principe Potëmkin (1739-1791), amante dell'imperatrice, che riuscì a convincere Caterina II ad allontanarlo da Corte. Fu dimesso da tutte le cariche nel 1774 e incaricato di amministrare la Russia bianca, tolta alla Polonia nel 1772 in occasione della Prima spartizione del paese.

49 (N.d.A.) Elisabetta scriveva il 14 agosto, da Zerbst, al maresciallo Michel Vorontsov:«Abbiamo felicemente terminato proprio adesso il nostro viaggio. Il granduca ha avuto per un solo giorno una leggera indigestione. La granduchessa, più sobria nei gusti, si è comportata mol-

to bene. L'uno e l'altro non sono per niente stanchi. Aspettiamo tutti con impazienza l'arrivo della nostra divina sovrana che non dovrebbe tardare . . . Questa casa del conte Razumovskij è bella.» (*Archives Woronstoff*, I, 419).

50 (N.d.A.) Elisabetta era molto vanitosa e non cessò mai di esserlo.

51 (N.d.A.) Betzky, figlio naturale di Ivan Trubetskoy e della contessa di Wrède, era stato attaché, nel 1726, all'ambasciata di Parigi e vi aveva conosciuto, si dice, la principessa Zerbst. In maniera alquanto gratuita da allora, si è detto che fosse il padre di Caterina II. (Waliszewski, *Autour d'une impératrice*, 400-401).

52 (N.d.A.) Ivan Trubetskoy e Nikita Trubetskoy. Nikita aveva sposato Natalie Golovkine, istitutrice di Ivan Dolgorukov, favorito di Pietro II. Vedovo nel 1735, sposò Anne Droutzkoy, vedova Héraskoff. Era un anima vile e cupida. Nel 1740, all'epoca del famoso processo Volyinski, sollecitò il dono di un magnifico palazzo sulla Prospettiva Newsky, confiscato al suo amico Moussine Pouchkine. (Dolgorukov, *Mémoires*, II, 49) Nell'affare Pouchkine implicò la contessa Michel Bestužev, nata Golovkine, la sua bella sorella e le fece infliggere la sferza nella pubblica piazza. Nel 1767, prima di morire, implorò il perdono della sua vittima. (Dolgorukov, *Mémoires*, II, 93).

53 Tver si trova a 160 km da Mosca verso San Pietroburgo ed era la tappa principale nel viaggio tra le due città.

54 (N.d.A.) Una lettera della principessa di Zerbst a M. Vorontsov dà alcuni dettagli su questa malattia: «Le buone notizie che V.E. mi dà del felice stato di Mgr il granduca – scrive il 2 gennaio 1745 – mi sono infinitamente più care perché vengono da lei. Tutte quelle che ci sono giunte dall'inizio, ci hanno ricompensato delle tremende preoccupazioni nelle quali siamo stati, ma se la gioventù e la solerzia della granduchessa le hanno permesso di tranquillizzarsi e di attenersi al contenuto delle lettere, vi confesso, signore, che ero assai dubbiosa nel prestare fede a dei rapporti che mi sembravano studiati per essere tutti egualmente buoni. In egual misura ho sofferto del mio scetticismo, che mi obbligava a nascondere il mio dispiacere, mascherandomi verso gli altri, ho sofferto due martiri in luogo di uno. Rivivo dopo le assicurazioni positive di V.E. alle quali credo pienamente.» (*Archives Vorontsov*, I, 419)

55 Novgorod.

56 Herman Cedercreutz, nato Tersmeden, conte, (1684-1754), sena-

tore e diplomatico.

57 Si tratta del nipote di Carl Gyllenborg (1679-1746) uomo di stato e primo ministro svedese.

58 (N.d.A.) «Abbiamo qui – scrive il 22 febbraio 1745 un agente inglese a Pietroburgo – un conte Gyllenborg che è il nipote del Gyllenborg che è stato a capo del governo in Svezia.» (*Record office*, Russie, 47).

59 Si tratta di Adolfo Federico (1710-1771) che fu re di Svezia dal 1751 alla morte. (Vedi *supra* nota 7).

60 (N.d.A.) Louis Caravaque (1684-1754), pittore francese di origine guascona, è vissuto in Russia dove dipinse, nel 1716 ad Astrakan, il ritratto di Pietro il Grande, che gli aprì le porte della Corte di cui fu pittore ritrattista sotto i regni di Pietro, Caterina I, Anna ed Elisabetta. Peraltro, Caravaque non era che un cattivo imbrattatore al quale furono pagati 1.200 rubli per dodici ritratti. (Waliszewski, *Le roman d'une impératrice*, 265).

61 Étienne Maurice Falconet (1716-1791) è considerato uno dei più importanti scultori francesi della sua epoca. Fu influenzato dalla scuola del barocco, del quale è considerato un maestro, ma per molti aspetti resta uno scultore neoclassico. Nato a Parigi, iniziò la sua attività come carpentiere, ben presto però le sue sculture in legno attirano l'attenzione di Jean Baptiste Lemoyne (1704-1778), ritrattista di Luigi XV, che ne divenne il protettore. Grazie al suo *Milon de Crotone*, nel 1754 fu nominato membro dell'Accademia reale di pittura e scultura. Diventò direttore della sezione di scultura della manifattura reale della porcellana di Sèvres, dove partecipò attivamente al successo del «*biscuit de Sèvres*», nome dato alle caratteristiche sculture della manifattura lasciate senza smalto e decorazioni. Diderot (1713-1784) gli affidò la redazione della voce «scultura» dell'*Encyclopédie*. Nel 1766 venne chiamato da Caterina II per lavorare alla statua equestre di Pietro il Grande, opera alla quale dedicò dodici anni di lavoro. I suoi dissensi con l'imperatrice gli impedirono di presenziare alla presentazione pubblica del monumento, collocato a San Pietroburgo nella Piazza del Senato e avvenuta il 9 agosto 1782, poiché aveva lasciato la Russia ben quattro anni prima del completamento del progetto. Rientrato in Francia fu nominato rettore dell'Accademia reale di pittura e scultura.

62 Federico Augusto di Holstein-Oldenburg, vedi *supra* nota 20.

63 La Dalarna è una provincia storica della Svezia centrale.

64 (N.d.A.) Effettivamente la principessa di Zerbst si irritò molto per questa vicenda: «Ho trovato al mio arrivo qui – scriveva a M. Vorontsov (2 gennaio 1745) – numerose lettere dove mi si comunica che mio fratello ha ricevuto l'ordine di S.M. Imperiale di presentarsi a questa Corte. Oserei, per la fiducia che ho in V.E., domandarle confidenzialmente cosa è successo, convinta che lei non farà cattivo uso di questa piccola curiosità, normale in questo caso.» (*Archives Vorontsov*, I, 420).

65 Carlo Alberto di Baviera (1697-1745), Imperatore del Sacro Romano Impero, era figlio del principe elettore Massimiliano II Emanuele di Baviera e della sua seconda moglie Teresa Cunegonda di Polonia, figlia del re polacco Giovanni III Sobieski. Il padre, governatore dei Paesi Bassi spagnoli, allo scoppio della guerra di successione spagnola fu costretto, nel 1701, a riparare con la famiglia a Monaco di Baviera e, alleandosi con la Francia di Luigi XIV, nella speranza di poter sconfiggere l'Austria, e fu considerato un traditore da parte dei principi tedeschi. Ma la Baviera venne occupata dall'Austria e i suoi figli tenuti in ostaggio presso la corte austriaca, per cui Carlo Alberto venne educato a Klagenfurt e a Graz. Nel 1715, terminata la guerra di successione spagnola, Massimiliano II ottenne da Giuseppe I di poter rientrare in Baviera come sovrano. Carlo Alberto era ormai adulto e, dopo essersi recato in Italia, ritornò in patria per unirsi a un contingente bavarese in una spedizione contro i turchi. Nel 1722 sposò Maria Amalia d'Asburgo, figlia minore dell'imperatore Giuseppe I e quindi cugina di Maria Teresa d'Austria. Le nozze costituirono la totale rappacificazione tra Austria e Baviera, anche se una clausola del contratto matrimoniale prevedeva la rinuncia, da parte di Carlo Alberto, a qualunque pretesa al trono degli Asburgo. Con la morte del padre, nel gennaio del 1726, Carlo Alberto gli succedette come principe elettore di Baviera. In base alle disposizioni di Leopoldo I, padre di Giuseppe I e di Carlo VI, in assenza di eredi maschi le figlie di Giuseppe I avrebbero dovuto prevalere su quelle di Carlo VI; ma Maria Amalia aveva rinunciato ai suoi diritti al momento del matrimonio e Carlo Alberto aveva riconosciuto la *Prammatica Sanzione* del 1713 (con la quale l'imperatore Carlo VI d'Asburgo voleva estendere l'ereditarietà dei suoi territori all'interno dell'Impero a sua figlia Maria Teresa e garantire l'elezione a imperatore del marito di lei Francesco di Lorena - Toscana) contro la quale protestò e alla morte di Carlo VI avanzò pretese sugli stati ereditari dell'Austria. Con l'aiuto dei francesi riuscì a conquistare Praga e, nel dicembre del 1741, venne nominato re di Boemia, per essere incoronato Imperatore del Sacro Romano Impero nel febbraio dell'anno successivo col nome di Carlo VII. Subito dopo l'incoronazione gli austriaci occuparono la Baviera e Carlo VII dovette fuggire. Nel 1744, con l'aiuto dei francesi la Baviera fu liberata dagli austriaci e Carlo VII poté rientrare nei suoi possedimenti. Poco dopo la sua morte, il figlio Massimiliano Giuseppe concluse con l'Austria il trattato di Füssen (aprile 1745).

66 Francesco Stefano di Lorena (1708-1765) con la moglie Maria Teresa fu il fondatore della dinastia Asburgo – Lorena. Fu duca di Lorena, di Bar e di Teschen con il nome di Francesco III di Lorena, successivamente vice re d'Ungheria (1732-1765) e granduca di Toscana con il nome di Francesco II di Toscana. Sposò, nel 1736, Maria Teresa, figlia dell'imperatore Carlo VI ed erede della Casa d'Austria. Questo matrimonio gli consentì di essere eletto Imperatore del Sacro Romano Impero (1745-1765). Francesco Stefano, figlio di Leopoldo I e di Elisabetta Carlotta d'Orléans, era terzo in ordine di successione ma, nel 1711, il vaiolo uccide Giuseppe I, il delfino di Francia e altri tre figli della coppia ducale e la successione passa a Leopoldo Clemente, di quattro anni, che però, nel 1723, perirà anch'esso della stessa malattia. Francesco Stefano diviene così l'erede del trono dei ducati di Lorena e Bar. Viene mandato a Vienna, alla corte di Carlo VI, che lo alleva come un figlio. Nel 1731, viene nominato dall'imperatore vice re d'Ungheria e abbandona i suoi stati nei quali non farà più ritorno. La nomina avviene per porre fine alla guerra di successione del paese e Carlo VI accetta di accordare al vinto Stanislao Leszczyński, suocero di Luigi XV, a compensazione della perdita della corona polacca, i ducati di Lorena e di Bar, con la clausola che alla morte dell'ex re questi diverranno francesi. Francesco Stefano, per compensare la perdita di queste terre su cui la famiglia regnava da più di settecento anni, si vede offrire il granducato di Toscana, scambio che viene sancito dal trattato di Vienna del 1738. Con la morte, nel 1740, di Carlo VI in base alla *Prammatica Sanzione,* promulgata dallo stesso Carlo VI e riconosciuta da tutti gli stati europei, i possedimenti degli Asburgo dovevano passare alla figlia Maria Teresa. Nonostante ciò il re di Prussia, Federico II, chiede delle compensazioni territoriali e gli elettori di Sassonia e di Baviera, sposati ad arciduchesse austriache, rifiutano di riconoscere Maria Teresa come unica erede dell'impero e di eleggere Francesco Stefano imperatore. Si apre così la Guerra di Successione austriaca (1740-1748) . Nel settembre 1745, a Francoforte sul Meno, Francesco viene eletto imperatore e un mese dopo è incoronato. Maria Teresa non ha quindi il titolo di imperatrice, ma di fatto è lei che dirige la politica dell'Impero e amministra i vasti territori e patrimoni. Francesco, non molto portato come comandante militare, è però abile amministratore e crea la fortuna degli Asburgo – Lorena. Muore nel 1765 a Innsbruck, poco dopo il matrimonio di suo figlio Leopoldo con Maria Luisa di Spagna.

67 (N.d.A.) Alexis Sumarokov, allevato nel corpo dei cadetti, poeta russo che fu una della creature del teatro nazionale.

68 Elisabetta, nata nel 1742, morì a tre anni, nel 1745.

69 (N.d.A.) Il marchese Botta d'Adorno, compagno d'armi del principe Eugenio, uomo maturo e d'esperienza, fu uno dei migliori servitori della politica di Maria Teresa che dovette sconfessarlo.
70 Antoniotto Botta Adorno, o Antonio Ottone, marchese, (1688-1774), esponente della dinastia lombardo ligure dei Botta Adorno. Fu alto ufficiale dell'impero asburgico e ministro plenipotenziario dei Paesi Bassi austriaci, generalissimo delle armate austro – ungariche e sarde. Nel 1762 partì come ambasciatore presso la corte di Caterina II e tre anni dopo venne nominato reggente del Granducato di Toscana, rimasto vacante dopo la morte di Francesco II. L'anno successivo si ritirò da ogni attività per morire a Branduzzo.

71 Peterhof è soprannominata la Versailles russa e venne edificata da Pietro il Grande, proprio dopo un suo viaggio in Francia, sulle rive del Golfo di Finlandia. I lavori durarono dal 1714 al 1723 e lo stesso imperatore ne sorvegliò l'esecuzione. La grande cascata, costruita sotto il Gran Palazzo, copiata da quella fatta da Luigi XIV, è ornata con duecento statue e sfrutta sessanta getti d'acqua.

72 (N.d.A.) Secondo una lettera a Michel Vorontsov, la sua partenza era stata fissata per il 25 settembre 1745. (*Archives Vorontsov*, I, 421)

73 (N.d.A.) Nastasie Michaïlovna Narychkine (Mme Ismaïloff) era la confidente di Elisabetta. Lei per prima aveva notato la bellezza di Razumovskij. «La Narychkine – dice un dispaccio indiscreto di La Chétardie – ignora che cosa significhi porre un intervallo tra il desiderio e il momento di soddisfarlo. Prese così bene le sue misure che Razumovskij non le sfuggì. Lo stato di sfinimento in cui si trovava, rientrando a casa, allarmò la sensibilità dell'Imperatrice e risvegliò la sua curiosità. Ella non le nascose alcuna circostanza. Nello stesso momento venne presa la decisione di attaccarsi a quel personaggio, incapace di qualsiasi compassione.»

74 (N.d.A.) Pierre Dévier era figlio di Antonio Manuel de Vierre o de Veyra, nato da una famiglia ebrea portoghese rifugiata in Olanda e che era entrato al servizio di Pietro il Grande. «Era una nullità – dice Dolgorukov - dedito al bere e con un carattere insignificante.» (*Mémoires*, I, 247) Fu il degno favorito di Pietro III.

75 (N.d.A.) Era Charles Sievers, figlio del vecchio Sievers, ambasciatore di Pietro il Grande. Inviato a Berlino con il pretesto di portare a Federico II il cordone di Sant'Andrea, era stato uno dei principali promotori del matrimonio di Caterina. Fu l'origine della fortuna alla quale giunse sotto il regno di questa imperatrice. «Era – dice Dolgorukov – un uomo dall'intelligenza mediocre, ma abile e perspicace, dotato di

un buon cuore, preciso e puntuale come un vero tedesco».

76 (N.d.A.) Un caporale del corpo dei cadetti e un servitore di palazzo ricevettero delle vergate per aver raccontato ciò che avevano visto al granduca. (*Antiquité russe*, 1875, articolo *La chancellerie secrète sous Elisabeth*, 529) Si riconosceva generalmente che vi era stato un matrimonio segreto tra l'Imperatrice e il capocaccia e che Mme Chouvalof e il conte Lestocq erano stati testimoni nella chiesa del quartiere della Pokovska o in quella di Perovo. (Waliszewski, *La dernière des Romanoff*, 70-71).

77 (N.d.A.) Le opinioni su Repnin sono controverse. Infatti, d'Allion, della legazione della Francia, lo definisce «uno dei russi più amabili che conosco e una delle migliori teste di questo paese», altri vedevano in lui un militare più allegro che abile, un diplomatico venale e vizioso, pagato da tutti. (Waliszewski, *Autour d'une impératrice*, 51-52) Ciò che è sicuro è che questo corrispondente di Voltaire e di Diderot era un uomo di eccellente cultura.

78 (N.d.A.) Maria Semenovna Hendrikoff, cugina di primo grado della zarina, aveva sposato Tchoglokov. Nel 1747 fu nominata dama della granduchessa. Tchoglokov passò per un mediocre amministratore di una cassa esaurita. «È la cattiva economia che ne è la causa – scrive in un dispaccio Mardefeld – Il solo mantenimento dei paggi costa 24.000 rubli all'anno senza tener conto dei loro abiti.» Tutto viene di conseguenza. Mme Tchoglokov compensava con la sua stupidità e cattiveria l'incapacità di suo marito. Un giorno, mentre si intratteneva con l'imperatrice Elisabetta, vedendo che non era contenta del granduca, le disse con aria afflitta che era una disgrazia che questo principe, ancora così giovane, si desse al bere. Elisabetta, che sentiva per la prima volta accusare il granduca di questo vizio, credette che si trattasse di una calunnia e sfidò la Semenovna a provare la sua affermazione. «Niente di più facile.» Rispose l'impudente. «Vostra Maestà potrà giudicare con i propri occhi.» Pochi giorni dopo, sapendo che il granduca era indisposto e chiuso nella sua camera, andò a trovarlo e gli chiese il permesso di tenergli compagnia a cena. Pietro acconsentì e la fece sedere a tavola con lui. Durante il pasto, la Semenovna si mostrò molto gioiosa e affettuosa e disse al principe che lo voleva guarire con una bottiglia di champagne, che fu subito richiesta. Abilmente la Semenovna se ne impossessò e vi gettò furtivamente una presa di tabacco di Spagna. Fece bere al granduca qualche sorso alla salute della zia e lo fece ubriacare completamente. Andò immediatamente a cercare Elisabetta la quale, alla vista della scena, non poté non vedere con collera il suo triste nipote e da allora si dimostrò disposta a credere a tutte le storie della Tchoglokov e dei suoi complici.

79 (N.d.A.) Era spesso tra i domestici di palazzo che venivano reclutati i favoriti. Alexis Razumovskij, «l'imperatore notturno», il cantore della cappella imperiale, divenuto afono e bandurista (suonatore di *bandura*) al servizio di Elisabetta, aveva il rango di valletto di camera e percepiva la sua parte di razioni di acquavite e di birra dei musicisti. Sievers, gran maresciallo di Corte, ha debuttato come furiere incaricato di fare il caffè. Alessandro Chouvalof era gentiluomo di camera. In una lettera del 7-18 novembre 1782, Alessandro Romanovitch Vorontsov deplorava ciò che si era visto di Deviers, di Sievers, giunti ai primi impieghi di corte. «Voi sapete – diceva – che un contadino che è stato valletto di camera di mio padre è stato fatto ufficiale (vale a dire *nobile*) dal principe Galitzine. Ho conosciuto un lacchè di Skakronsky che, tredici anni fa mi ha servito a tavola in Italia e tre anni dopo l'ho visto ufficiale. Tolstoj ha fatto più di 2000 figli di mercanti ufficiali nelle guardie e ha procurato loro dei posti da ufficiali nelle armate. E così tutti, e la loro posterità nobili come i Pojaskoi e i Chérémétéff.» (*Archives Vorontsov*, IX, 270).

80 Tallin, capitale dell'Estonia.

81 Una versta corrisponde a 1066,8 metri, quindi erano a poco più di quaranta chilometri da Reval.

82 (N.d.A.) Maria Egorovna Chépieleff sposò Pierre Chouvalof. Cattiva come un demonio, interessata in egual misura, i contemporanei la chiamavano la fatina Concombre (*zucchina*). L'Hôpital dice che essendo giorno e notte vicina all'Imperatrice le procurava dei piaceri passeggeri e segreti. (Waliszewski, *La dernière des Romanoff*, 130) È lei che nel 1749 organizzò a Znemenkoié, a casa di Nicolas Galitzine, l'incontro tra Elisabetta e suo cugino Ivan Ivanovich Chouvalof, e lo fece così bene che egli ritornò da questo viaggio paggio, favorito e ben presto ciambellano. La sua influenza alla Corte fu enorme fino alla sua morte (1759). Nel 1757, salvò suo cugino Pietro, denunciato dai Vorontsov per il furto di una miniera di ferro, ceduta dal colpevole al ciambellano Vorontsov, fratello del cancelliere, per riconciliare le due famiglie. (*Op. Cit.* 134-135).

83 Roguervick o Rogerwick si trova all'ingresso del golfo di Finlandia. Il porto fu iniziato da Pietro il Grande e proseguito da Elisabetta.

84 (N.d.A.) Joan Martorell, scrittore catalano del XV secolo, è l'autore del celebre romanzo *Tirant le Blanc*. Qualcuno gli ha attribuito un semplice adattamento di un testo inglese anteriore, ma nessuno è stato in grado di fornire indicazioni su questo preteso originale. Sia come

sia, *Tirant le Blanc* fu dimenticato in Francia e ignorato in Russia fino a circa metà del XVIII secolo. Si sapeva solo quello che aveva detto Cervantes nel passaggio del *Don Chisciotte* dove il curato e il barbiere criticano e censurano la biblioteca di *hidalgo*. «Come – esclamò il curato - avete là il cavaliere *Tirant le Blanc*. Datemelo, maestro Nicolas, vi prego. È un tesoro che avete trovato; è l'antidoto contro la tristezza: è là che vedremo il valente cavaliere don Kyrie Eleison di Montauban e Thomas di Montauban, suo fratello, combattere il valoroso Tirant con il mastino, le prominenze della damigella Piacere – della – mia – vita, gli amori e gli inganni della vedova Recente e l'imperatrice amante del suo scudiero. Non vi mento, amico mio. *Ecco il miglior libro del mondo per lo stile, e il più semplice.* Qui, i cavalieri mangiano e dormono. Muoiono nei loro letti e fanno testamento prima di morire e mille altre cose utili e necessarie delle quali gli altri libri non dicono neanche una parola. Ma, con questo, non fu un gran male mandare l'autore a passare il resto dei suoi giorni in galera per aver detto di proposito tante sciocchezze. Portatelo a casa vostra, amico, lo leggete e vedrete se tutto quello che vi ho detto non è vero.» Allettato da così belle premesse il conte Caylus pubblicò del *Tirant le Blanc,* nel 1737, un adattamento che ebbe un gran successo e fu più volte ristampato. Evidentemente è questa la versione che ha conosciuto Caterina.

85 Marie de Rabutin-Chantal, baronessa di Sévigné, detta la marchesa di Sévigné (1626-1696).

86 Tichvine si trova a circa 180 chilometri a est di Pietroburgo.

87 (N.d.A.) Il principe Basile Anikitch Repnin si distingueva «per il suo disinteresse così raro alla Corte ed ereditario nella famiglia dei principi Repnin». (Dolgorukov, *Mémoires*, 426-427) Già alla corte di Elisabetta, fu successivamente comandante dell'artiglieria e comandante in capo del corpo ausiliario inviato in Franconia nel 1748. Vorontsov gli offrì un milione di ducati, in nome del gabinetto di Versailles, per prolungare le operazioni militari. Rifiutò. Morì di apoplessia al campo, vicino a Culmbach, il 21 luglio 1748.

88 (N.d.A.) Doria Alexievna Gagarine sposò Alessandro Mikhaïlovitch Galitzine. «Il mio progenitore – racconta il principe Dolgorukov – venne un giorno a fare visita alla principessa Galitzine in campagna, sulla strada per Peterhof. Ella esclamò: «Mio caro principe, sono felice di vedervi. Piove. È impossibile fare passeggiate. Mio marito è assente. Mi annoio a morte. Non sapevo più cosa fare. Ero sul punto di far fustigare i miei calmucchi.» (Dolgorukov, *Mémoires*, 278-279).

89 (N.d.A.) Si tratta di Alessandro Guillemotte di Villebois, figlio del

grande ammiraglio e della sua seconda moglie. «Era – dice Dolgorukov – uno degli uomini più illustri del suo tempo e il favorito del granduca Pietro per la sua fedeltà al culto luterano.» Morì nel 1781.

90 (N.d.A.) Santi, gentiluomo piemontese, compromesso nella cospirazione di Cellamare, si era rifugiato alla corte di Assia-Homburg, poi in Russia dove, sotto Caterina I, fu fatto maestro di cerimonia, poi esiliato a Iakoutsk, con i ferri ai piedi e alle mani. Autorizzato ad abitare a Iakoutsk, sposò la figlia di un funzionario, ma dopo qualche mese un ordine di Biren lo inviò nella piccola frazione di Oustvileisk dove visse, isolato da tutti, senza penne, senza inchiostro né carta. Vi trascorse numerosi anni in una casa non riscaldata, in vincoli, spesso senza il pane e nutrendosi di farina sciolta nell'acqua fredda. Richiamato sotto Elisabetta, era diventato uno dei corifei del gruppo di Bestužev. Molto cordiale, alto, secco, portava una grande parrucca, passava per avaro, ma era generoso con chi lo teneva informato su quanto si diceva su di lui e pagava i domestici della Corte per ripetergli le voci che lo riguardavano di che era vicino all'Imperatrice. Un giorno, Elisabetta, a colazione, ripeté questo banale gioco di parole:«*Santé* non è senza la *t*, ma *maladie* è senza *t*.» Il domestico, pagato da Santi, non sapeva la lingua francese. Scambiò la parola *maladie* per il russo *molodoy*, e andò a fare il suo rapporto al vecchio, raccontandogli che Sua Maestà, a tavola, aveva detto:«Santi non è più un Santi, ma ecco il giovane Santi.» «Ah! - gridò il vecchio – io sono un uomo finito, ma nondimeno mio figlio avrà una bella carriera.» (Dolgorukov, *Mémoires*, I, 250) - (N.d.T), *Antonio del Giudice principe di Cellamare. - Diplomatico (Napoli 1657 - Siviglia 1733); combatté nella guerra di successione di Spagna (1700-14), e all'assedio di Gaeta (1707) cadde prigioniero. Liberato nel 1712, fu alla corte di Luigi XIV come ambasciatore di Spagna. Implicato, alla morte del re (1715), nei complotti degli antiorleanisti contro il reggente, ai quali pare che il re di Spagna Filippo V non fosse estraneo (congiura di C., 1718), il Cellamare fu arrestato ed espulso dalla Francia.* (Fonte: Enciclopedia Treccani).

91 (N.d.A.) Nikita Ivanovitch Panin, cognato di Kourakine. Sotto Caterina II lo si riteneva un uomo indispensabile e, tuttavia, secondo un agente francese:«Il sonno, la pigrizia e le donne erano gli affari di Stato». Sabatier de Cabre, meno severo, puntualizza: «Ha capacità e intelligenza – dice – un approccio sollecito che non rovinano per nulla la sua estrema difficoltà a parlare di fila e i suoi entusiasmi assai frequenti e spesso indiscreti. Ma, con questi vantaggi, è lontano dall'essere un gran ministro. La sua indolenza e la sua pigrizia sono al di là di ogni dire. Passa la vita con le donne e le cortigiane di seconda categoria.»

92 Maria Teresa d'Austria (1717-1780), sposò nel 1736 Francesco III Stefano, duca di Lorena, che fece eleggere, nel 1745, Sacro Romano

imperatore col nome di Francesco I (vedi *supra* nota 66). Fu arciduchessa regnante d'Austria, regina d'Ungheria, Boemia, Croazia e Slovenia, duchessa regnante di Parma e Piacenza, granduchessa consorte di Toscana e madre degli imperatori Francesco II e Leopoldo II, di Maria Carolina, regina delle Due Sicilie, e di Maria Antonietta, regina di Francia. Al termine della guerra di successione austriaca (1740-1748), che si concluse con il Trattato di Aquisgrana, le furono riconosciuti tutti i suoi titoli ad eccezione di quelli relativi ai ducati di Parma e Piacenza , che andarono a Filippo I di Parma. Anche se non poté essere imperatrice regnante, poiché tale titolo per il Sacro Romano impero non prevedeva che vi fosse sul trono una donna, fu lei nella realtà a governare e lo fece per ben quarant'anni.

93 (N.d.A.) Il conte Hendrikoff era un personaggio molto influente. Aveva sposato Anna Wolynski la cui sorella era la moglie di Ivan Hilarionovitvh Vorontsov, fratello minore del cancelliere. «Il conte Hendrikoff – racconta Dolgorukov – era a caccia con un numeroso seguito di battitori. Passando per un villaggio, i suoi cani fecero a pezzi qualche montone appartenente ai paesani che, giustamente irritati, uccisero due o tre cani. Il conte ordinò di appiccare il fuoco ai quattro angoli del villaggio, lo bruciò tutto intero e all'indomani inviò qualche centinaio dei suoi servi a radere al suolo le rovine fumanti e arare il suolo dove il villaggio sorgeva. Fu fatta una lamentala al voivoda che non osò agire contro il conte e la trasmise al governatore della provincia. Questi la inviò a Pietroburgo al procuratore generale dell'Impero. Hendrikoff si recò a Pietroburgo e si presentò davanti all'Imperatrice, la quale si limitò a dirgli di non lasciarsi più andare a tali farse.»

94 (N.d.A.) Nel 1755, Olsufieff era stato sollecitato ad entrare al soldo dell'Inghilterra. Williams scrive alla corte di Londra il 4 luglio: «M. Olsufieff è l'anima di Vorontsov che ne parla come piace a lui. Per 500 ducati in contanti e una pensione di 500, posso conquistarlo e immagino di fare un buon affare.»

95 (N.d.A.) «Questo luogo è bello, maestoso e signorile – annota la contessa Golovine – belle cascate, alti alberi, camminamenti coperti e il mare offrono uno spettacolo nobile e grandioso.»

96 Lo schifo è una piccola imbarcazione leggera.

97 Pierre de Bourdeille, detto Brantôme, abate di Brantôme (1535-1614) fu uno scrittore francese, conosciuto soprattutto per i suoi scritti sui cortigiani e i soldati. La sua opera più famosa sono le sue *Mémoires* e *Les vies des dames galantes*. Fu militare nel corso della prima guerra di religione tra cattolici e protestanti. Carlo IX gli elargì una pensio-

ne come gentiluomo di camera. Fu abate laico o secolare.

98   Paul Philippe Hardouin de Beaumont de Péréfixe (1606-1671), nato da una famiglia di origini napoletane e figlio di un *maître d'hotel* di Richelieu, fu vescovo di Rodez e arcivescovo di Parigi. Studiò alla Sorbona e, nel 1644, divenne precettore di Luigi XIV, del quale divenne confessore. La sua opera più famosa è una *Histoire du Roy Henry le Grand*, edita nel 1661.

99   Stepan Fiodorovitch Apraskin (1702-1758) ha comandato l'armata russa nel corso della Guerra dei Sette Anni. Fu un oppositore della fazione pro prussiana e del conte Jean Lestocq (vedi *supra* nota 32) e fu uno dei pochi a manifestare il suo sostegno a Bestužev-Rjumin (vedi *supra* nota 15), al quale doveva il suo bastone di maresciallo. Per non aver invaso la Prussia dopo la vittoria conseguita sulle truppe di Federico II a Gross-Jägerdorf, ma essere rientrato in Russia (qualcuno ipotizza richiamato dallo stesso Bestužev-Rjumin), ma in realtà per aver ricevuto la falsa notizia della morte imminente di Elisabetta I e volendo sostenere il futuro Pietro III, l'imperatrice, sulla spinta del tribunale militare che riteneva fosse stato corrotto, lo imprigiona e muore in carcere.

100   (N.d.A.) Quando, al momento della Guerra dei Sette anni, Apraskin fu nominato maresciallo, Boutourline e Nikita Trubetskoy chiesero lo stesso grado. Razumovskij lo ricevette insieme a loro, ma il favorito disse all'Impe-ratrice: «Guarda, tu puoi nominarmi maresciallo ma non riuscirai mai a fare di me un semplice colonnello che si possa prendere sul serio.» (Dolgorukov, *Mémoires*, I, 138).

101   Tver o Kalinin si trova a 160 chilometri a nord ovest di Mosca verso San Pietroburgo.

102   (N.d.A.) Si tratta senza dubbio di Hermann Boerhave (1705-1753), nipote del celebre Boerhave e che, benché figlio della sorella, ricevette da lui il permesso di portare il suo nome. Arrivato in Russia durante la reggenza aveva sostituito Lestocq presso Elisabetta. (Dolgorukov, *Mémoires*, I, 206).

103   (N.d.A.) Joseph Barre, ginevrino, pubblicò nel 1748 una *Histoire générale d'Allemagne* in undici volumi in quarto, opera piena di ricerche ma spesso inesatta.

104   (N.d.A.) Probabilmente nella traduzione di Dacier, 1699 e 1701.

105   Presso i cosacchi russi con questo termine si intendeva il più alto

grado militare. Questa terminologia venne soppressa dalla stessa Caterina II nel 1764.

106 (N.d.A.) Ivan Chouvalof fu probabilmente apprezzato da molti suoi contemporanei. «Era – dice la contessa Golovine – uno dei migliori uomini per la sua bontà. Giocò un grande ruolo sotto il regno dell'imperatrice Elisabetta e fu protettore delle arti . . . Aveva portato con lui (dall'estero dove aveva trascorso più di quindici anni) un'infinità di oggetti della più bella antichità. Non avevo abbastanza occhi per guardare tutto. Avevo intenzione di copiarli tutti. Gioiva della mia estasi e incoraggiava le mie propensioni.» (*Souvenirs*, 4)

107 La Sloboda è un insediamento caratteristico russo il cui nome deriva dalla parola «libertà» in slavo antico. Alle origini gli abitanti di questi «insediamenti liberi» erano esenti da tasse e balzelli, ma lo status ebbe nel tempo diverse evoluzioni. Alla metà del XVIII fu soppresso ogni privilegio e la Sloboda divenne un normale quartiere cittadino.

108 La fortezza di Šlissel'burg (in russo) o Schlüsselburg (in tedesco) prende il nome dall'omonima cittadina sita sulla riva sinistra della Neva, nel punto in cui nasce dal lago Ladoga.

109 (N.d.A.) Il conte Benyowsky, celebre avventuriero slovacco, ufficiale austriaco, rifugiato in Inghilterra per atti di violenza, entrò al servizio della confederazione di Bar (*N.d.T. La Confederazione di Bar, 1768-1772, prende il nome dalla fortezza dove fu fondata da nobili polacchi per la difesa della Confederazione polacco-lituana contro le aggressioni dell'Impero russo e contro lo stesso re Stanisław Augusto Poniatowski e i riformatori polacchi che stavano cercando di limitare il potere dei magnati della Confederazione*). Fatto prigioniero dai russi fu inviato in Kamtchatka. Da là fuggì alla testa di un centinaio di deportati e giunse su un battello che li aveva raccolti in Cina, a Macao. Ritornò in Francia (1772) e organizzò una spedizione in Madagascar. Riuscì a farsi proclamare re da qualche tribù ma, abbandonato dalla Francia, rientrò nei ranghi nell'esercito austriaco. Tentò anche di vendere all'Inghilterra i suoi pretesi diritti sul Madagascar, dopodiché fece ritorno in Francia. Respinto ovunque, provò ad operare con una società commerciale di Baltimore (1785). Questa volta il governatore dell'Ile de France si oppose con la forza all'esecuzione dei suoi progetti e Benyowsky fu ucciso in uno scontro (23 maggio 1786). Batourine era arrivato in Kamtchatka nel 1770 contemporaneamente a Benyowsky con il quale fece subito società e concluse un patto di alleanza. (Benyowsky, *Voyages*, I, 53).

110 (N.d.A.) I *Voyages et Mémoires de Maurice-Auguste, comte de Benyowsky*, non fanno menzione della morte di Batourine a Formosa.

Quelli dei suoi compagni che furono uccisi erano Vasili Passow, Jean Loginow e Jean Popow, il 29 agosto 1771. Batourine, al contrario, sembra arrivato sano e salvo al porto di Macao, ma non è escluso che fosse uno dei quattro compagni che vi morirono (II, 49). L'edizione inglese del capitano Pasfield Oliver (1893) lo afferma esplicitamente.

111   Tsarskoie-Celo o Pushkin (dal 1937) si trova a 24 chilometri a sud di San Pietroburgo.

112   Vedi *supra* nota 102.

113   Ernst Johann von Biron o Bühren (1690-1772),duca di Curlandia, fu un personaggio controverso, senza scrupoli e avido di denaro e di potere. Unica educazione che ricevette fu quella dell'Accademia di Kœnisberg, che lo espulse per condotta «bellicosa». Giunse in Russia nel 1714, ma in questa prima fase ebbe poco successo e fece rientro in patria, dove ebbe l'appoggio di sua sorella, fidanzata del ministro reggente, Peter Bestužev, che era stato amante di Anna Ivanovna. Approfittando dell'assenza di Bestužev lo soppiantò nei favori di questa e riuscì a farlo confinare in Siberia con la famiglia. Quando Anna salì al trono, nel 1730, rientrò a Mosca dove fu nominato Gran Ciambellano, Conte dell'Impero e adottò le armi della casata francese dei Biron. La ricchezza accumulata gli permise, quando si estinse la linea dei Ketter, reggenti di Curlandia, di esserne il successore. Morente, Anna lo nominò reggente per l'erede Ivan, futuro zar. La reggenza durò tre mesi poiché venne sorpreso mentre tentava di uccidere il feldmaresciallo Burkhard Christoph von Münnich, suo vecchio rivale. Condannato a morte per squartamento, venne graziato dalla nuova reggente, Anna Leopoldovna, madre di Ivan IV, e fu mandato, dopo la confisca di ogni suo bene, al confino in Siberia. Ne ritornò solo ventidue anni dopo, nel 1762, quando Pietro III lo richiamò a Corte. Nel 1763, la nuova zarina, Caterina II, lo ristabilì nella reggenza del suo ducato, dove nove anni dopo, nella capitale Mitau, morì.

114   (N.d.A.) Secondo un dispaccio di Breteuil del 1762, «era assai simile a una serva d'osteria». Il loro padre, se si crede al principe Dolgorukov, aveva una pessima reputazione: «rubava a tal punto - egli dice – nelle amministrazioni che gli erano affidate che aveva ricevuto il soprannome di *Roman dalla tasca larga.*» (Dolgorukov, *Mémoires*, I, 501-502).

115   (N.d.A.) Il conte Bernès era specificatamente incaricato di evitare una guerra della Russia contro la Svezia. Intimamente legato a Bestužev, indulgente con le sue dissolutezze e impegnato a riconciliarlo con suo figlio e sua moglie, passava per conoscere meglio di

chiunque altro il prezzo della sua coscienza. (Waliszewski, *La dernière Romanoff*, 119).

116 (N.d.A.) Il conte Lynar apparteneva a una famiglia italiana, i Linari, veri condottieri, che avevano servito in tutti i paesi. Il progenitore era diventato brandeburghese. Charles Maurice (1702-1768) fu mandato in Sassonia dal 1734 al 1740 e fu amante di Anna di Brunswick. Suo fratello minore, Roch Frédérich, fu ambasciatore di Danimarca a Stoccolma, governatore dell'Holstein e ambasciatore di Danimarca a Pietroburgo.

117 Maria Teresa d'Austria vedi *supra* nota 92.

118 Giuseppe II d'Asburgo – Lorena (1741-1790). «Qui giace Giuseppe II, colui che fallì qualsiasi cosa intraprese», questo l'epitaffio che egli stesso volle fosse scritto sulla sua tomba. In realtà, Francesco II fu l'artefice di riforme che interessarono il diritto, la religione, la politica estera, l'economia e la politica interna. Imperatore del Sacro Romano Impero e duca di Milano fu associato al trono con la madre Maria Teresa dal 1765, con la morte del padre, e dal 1780 regnò da solo. Fu il classico rappresentante del dispotismo illuminato, seguace della regola «tutto per il popolo, nulla attraverso il popolo».

119 Carlo Giuseppe d'Asburgo - Lorena, arciduca d'Austria (1745-1761) morì di vaiolo all'età di sedici anni. Fu uno dei figli prediletti di Maria Teresa, probabile erede del trono austriaco.

120 Moguilev si trova in Bielorussia.

121 L'Oldenburg si trova in Bassa Sassonia.

122 Fontanka è il braccio sinistro del fiume Neva che attraversa San Pietroburgo.

123 Vassili Feodorovitch Saltykov (1675-1751) generale e uomo politico, sposò la principessa Maria Alexeievna Galitzine e fu nominato, nel 1732, da Caterina I, comandante della polizia di San Pietroburgo.

124 (N.d.A.) La principessa di Zerbst ha così riassunto il ruolo di Maria Alexeievna: «Mme Saltykov – racconta - poteva incantare intere famiglie. Era bella, influì straordinariamente e in una maniera tale che non poté avere eredi. Andava con una delle sue ragazze alla caserma delle guardie. Si abbandonava; si ubriacava. Giocava, perdeva, li lasciava guadagnare. Aveva per amanti i trecento granatieri che

accompagnavano Sua Maestà.(citato da Waliszewski, *Le roman d'une impératrice*, 80).

125 (N.d.A.) Di Elisabetta si ha un bel ritratto fatto dalla principessa Zerbst a M. di Pouilly, che era il suo felice amante all'epoca del suo soggiorno in Francia. «L'imperatrice Elisabetta - dice la principessa – è molto alta. È molto ben fatta. Rispetto al passato era ingrassata e mi sembrava sempre che ciò che dice Saint Evremond nel ritratto della famosa duchessa Mazarino, Ortensia Mancini, fosse fatto per l'Imperatrice. Dice: quella che per lei è una figura snella, per un'altra sarebbe ben fatta. Questo era letteralmente vero, dalla testa ai piedi. Mai testa fu più perfetta. È vero che il naso è meno bello degli altri tratti, ma è al suo posto. La sua bocca è unica, non ce ne fu mai una uguale: così i suoi portamenti, le sue risa, i suoi occhi. Non riuscirebbe mai a fare una smorfia. Non ha mai fatto una grinza gratuita. Avremmo adorato anche un insulto, se avesse potuto pronunciarlo. Due fili di perle si mostrano sotto due labbra rosse che bisogna avere viste per farsene un'idea. Gli occhi sono commoventi. Ecco, l'effetto che hanno fatto a me. Si scambierebbero per neri, ma sono blu. Ispirano tutta la dolcezza di cui sono animati. Ispirano un rispetto naturale delle emozioni del cuore che vi rapiscono. Non si possono guardare senza subire un fascino segreto che vi lega a lei per tutta la vita. Mai fronte fu più gradevole. I suoi capelli sono disposti in modo così perfetto che con un colpo di pettine paiono sistemati in modo artistico. L'Imperatrice ha le sopraciglia nere e la capigliatura naturalmente grigio cenere. Tutta la sua figura è nobile. La sua andatura è magnifica. Si presenta con grazia. Parla bene, con una voce gradevole. I suoi gesti sono misurati. Infine, mai una personalità assomigliò alla sua. Non si sono mai visti così bei colori, né gola né mani. Credetemi, un poco me ne intendo e parlo senza pregiudizi.» (Lettera del 1758, citata da Bilbasov, *Histoire de Catherine II*, II, 527-528).

126 Si tratta del principe Boris Grigorievitch Ioussoupov. Nominato ciambellano nel 1730, Ioussoupov nel 1738 è governatore generale di Mosca e, nel 1749, assume la stessa carica per San Pietroburgo. Senatore sino al 1759 è stato anche alla guida delle scuole imperiali russe.

127 (N.d.A.) Il favore di Békétoff sembra posteriore al 29 settembre 1750. È allora che Kirill Razumovskij organizzò la rappresentazione della commedia di Lomonsov, quando l'Imperatrice si occupò dei costumi del cadetto Békétoff e dei suoi compagni e fece portare sulla scena i suoi gioielli. Békétoff aveva allora diciotto o diciannove anni. M.me Yélaghine, anziana dama di camera di Elisabetta, gli diede la biancheria e i merletti. Békétoff fu ben presto alloggiato nel palazzo che il favorito uscente, Chouvalof, lasciò nel maggio del 1751. (Vassiltchikoff, *Les Razumovskij*, I, 98-99).

128 Gros de Tours: tessuto (armatura) a coste orizzontali regolari e uguale davanti e dietro. Per armatura si intende l'intreccio che compiono i fili durante la tessitura di un tessuto. L'armatura più semplice è la Tela (detta Taffettà se fatta in seta) in cui ogni filo di ordito va sopra e sotto alternativamente a ogni filo di trama davanti e dietro a coste orizzontali regolari e uguale davanti e dietro.

129 (N.d.A.) «Lov (Léon Alexandrovitch Narychkine) – scriveva Brühl nel 1762 – primo scudiero, che per un particolare spirito dedito alla barzelletta e per il talento a imitare il lato ridicolo delle persone, si è reso gradito al principe al punto che non può più farne a meno. In ogni momento è stato aggregato alla sua giovane corte, così che suo fratello maggiore, dopo essere stato maresciallo di campo è oggi gran maresciallo della Corte imperiale. (citato da Bilbasov, *Histoire de Catherine II*, II, 605-606).

130 In francese *couvreur de table* e in tedesco *Tafeldecker*, era un domestico specificatamente incaricato di preparare la tavola.

131 (N.d.A.) La principessa di Zerbst, reggente durante la minore età di suo figlio, era desiderosa, appena sbarazzatasi della sua tutela, di andare a Parigi dove soggiornò per diversi anni sotto il nome di contessa d'Oldenburg.

132 (N.d.A.) È in questo atteggiamento di Caterina nei confronti di Skourine o Chkourine che lo storico Bilbasov giudica la vera «russificazione» di questa principessa. A suo giudizio, si trattava di un'azione da vera russa, una principessa tedesca non avrebbe mai proceduto in quel modo. (Bilbasov, *Histoire de Catherine II*, citato da Waliszewski, *Le roman d'une impératrice*, 64).

133 (N.d.A.) Questo è il ritratto che fa di lui M. de Champeaux (settembre 1758): «Era fatto per attirare tutti gli sguardi in una corte dove l'aspetto seducente e amabile hanno una grande importanza. È nato con una figura più che accattivante: parla con acutezza, mostra nobiltà in tutte le sue azioni e sovente recita per darsi arie di grandezza. I suoi sentimenti sono del tutto onesti e gloriosi fino all'eccesso: c'è della superficialità nel suo animo. Aveva rischiato la Siberia per degli intrighi e fuggiva alla vista di una spada. Sensibile e pieno di candore per tutto ciò che non può nuocergli, geloso di tutto ciò che può stare al suo pari, manca di accortezza e di quella astuzia così necessarie in una corte dove non si vede altro che malizie e intrighi.» (*Archives des affaires étrangers*: Russie, LVII, citato da Bilbasov, I, 499).

134 (N.d.A.) «I Saltykov – dice il principe Dolgorukov – ebbero in tutti i tempi un grande ruolo nella storia della Russia.» (*Mémoires*, I, 116)

135 (N.d.A.) Il racconto di Champeaux sugli esordi di questi amoreggiamenti è abbastanza diverso: «Dall'epoca del granduca – dice – Saltykov ebbe ben presto tutti i suoi favori. Gli divenne necessario, fu il direttore dei piaceri della sua corte, dove niente sembrava degno di attenzione se Saltykov non vi prendeva parte, se Saltykov non l'aveva ordinato. Il granduca non poteva separarsene. Spesso dormiva con lui. La granduchessa vedeva con piacere questo attaccamento di suo marito per un uomo che dimostrava loro un grande attaccamento e trascurava di fare altrettanto con l'Imperatrice. La granduchessa gli manifestava fiducia e credeva di dovere questo segno di riconoscenza alla sua condotta. Queste attenzioni di una principessa giovane e bella fecero particolare impressione al cuore di M. Saltykov . . . Morì suo padre e improrogabili impegni lo chiamarono a Mosca. Fu allora che per le difficoltà incontrate ad andarsene da Pietroburgo, vide chiaramente le ragioni che li univano. Prese congedo dalla granduchessa. Baciandole le mani si lasciò scappare qualche lacrima che appena lei percepì, le fece fare un piccolo movimento. Saltykov non osò guardarla e partì immediatamente.» (*Archives des Affaires étrangers*: Russia, LVII)

136 *Robe à paniers* è un abito da donna molto in voga nel XVIII secolo.

137 (N.d.A.) Se bisogna credere a Champeaux, «il granduca, senza sospettarlo, era incapace di avere figli a causa di un ostacolo al quale i popoli orientali pongono rimedio con la circoncisione, ma che egli crede senza rimedio». Castéra, nei suoi appunti, spiega il ruolo avuto dalla vedova Groot: «La vergogna – scrive – in cui lo schiacciava il suo malessere era tale che il granduca non ebbe nemmeno il coraggio di rivelarlo e la principessa, che non riceveva più le sue attenzioni, se non con ripugnanza, e che all'epoca non era più esperta di lui, e non si sognava né di consolarlo né di fargli cercare i mezzi che lo riconducessero tra le sue braccia.» In *Les Jours de Trianon* (28-46), i curiosi troveranno un problema simile . . . risolto in un modo meno . . . cosacco.

138 (N.d.A.) Un passaggio del memoriale di Champeaux chiarisce questa pagina dove Caterina II non dice evidentemente tutto. «A Peterhof – racconta – si facevano numerose partite di caccia. La granduchessa, con la scusa di essere indisposta, non partecipava alla maggior parte di esse. M. Saltykov, con diverse scuse, ottenne dal granduca il permesso di non seguirlo . . . (Questi punti di sospensione indicano una cancellazione nel testo di Champeaux. Soppressione, peraltro maldestra, dovuta a M. Bilbasov, che ha pubblicato il documento. Più

avanti si troverà il completamento come l'ha dato Waliszewski.) Saltykov cercò subito di convincere il granduca a *fare tutto ciò che era necessario per darsi degli eredi*. Gli fece sentire tutte le ragioni politiche che dovevano impegnarlo in tal senso. Gli diede anche un'idea affatto nuova del piacere e ottenne di renderlo insicuro su quello che doveva fare. Il giorno stesso organizzò una cena con persone che il granduca vedeva molto volentieri e, in un momento di allegria, tutti i unirono a chiedere al principe di acconsentire a quanto gli veniva chiesto. Nello stesso momento entrò Bœrhave con un chirurgo e, in un minuto, l'operazione fu fatta e riuscì molto bene. Saltykov ricevette dall'Imperatrice, per questa occasione, un diamante molto bello.» (Bilbasov, *Histoire de Catherine II*, I, 504).

139   Cronstadt o Kronstadt, che si trova a circa 20 chilometri da San Pietroburgo, nel golfo di Finlandia, fu edificata da Pietro il Grande nel 1710, dopo aver preso agli svedesi, nel 1703, l'isola di Kotline, dove è situata la città.

140   (N.d.A.) Le memoria di Champeaux forniscono naturalmente un'altra versione. Ecco la pagina tagliata da Bilbasov o dalla censura russa:« Passò (Saltykov) tutti i suoi momenti (di caccia) con la principessa ed ebbe la capacità di portare a buon fine le favorevoli aperture che gli erano state fatte intravedere. M. Saltykov che, nei primi momenti, si era trovato felice nel possedere l'oggetto di cui si era occupato, sentì che era più sicuro nel dividerlo con il granduca, il cui male sapeva non essere irrimediabile. Ma era pericoloso agire in cose di tali conseguenze senza specifici ordini dell'Imperatrice. Il caso portò avanti i fatti nella direzione auspicata. Tutta la Corte era a un gran ballo. L'Imperatrice, passando vicino a Mme Narychkine, cognata di Saltykov, che allora era incinta e parlava con Saltykov, disse a questa dama di trasmettere un po' della sua virtù alla granduchessa. Rispose che probabilmente non sarebbe stato difficile e se dava il permesso anche a M. Saltykov di lavorare in quel senso, poteva assicurarle di riuscirvi. Mme Narychkine l'informò sulla condizione del granduca. Aggiunse che M. Saltykov aveva tutta la sua fiducia e che poteva convincerlo. Non solo l'Imperatrice acconsentì, ma disse che le avrebbe reso un grande servizio. (Citato da Waliszewski, *Le roman d'une impèratrice*, 84).

141   (N.d.A.) Bisogna qui citare, ancora una volta, le *Mémoires* di Champeaux:«Questo fatto (l'operazione fatta sul granduca) che M. Saltykov pensava dovesse assicurargli il suoi piaceri e il suo favore, attirò su di lui una bufera che lo mise in pericolo di essere perso... Si parlava molto dell'unione che pareva esserci tra lui e la granduchessa. Si scelse quest'occasione per cercare di screditarlo presso l'Imperatrice. Le si insinuò che questa operazione era solo uno stratagemma impiegato per mascherare un incidente di cui si voleva far credere che

il granduca fosse l'autore. Queste cattiverie fecero una grande impressione all'Imperatrice . . . Allora, i suoi nemici fecero di più: si rivolsero al granduca e gli insinuarono gli stessi sospetti . . . Nel primo momento di scontento nei confronti di Saltykov, al posto di accentuare la considerazione nei confronti della granduchessa, l'Imperatrice si era lasciata scappare, in presenza di numerose persone, che esigeva di conoscere che cosa era accaduto sino a quel momento e che quando il granduca fosse guarito sufficientemente da abitare con sua moglie, voleva avere delle prove dello stato nel quale era rimasta sino a quel giorno.» Questa prova, secondo le usanze russe, era molto meno scioccante che non per quelle dell'Europa occidentale. L'abate Chappe, austriaco, nel suo *Voyage en Siberie* racconta di questa usanza, ivi compreso l'invio della cassetta all'assemblea nuziale, «che contiene la testimonianza della verginità della giovane sposa». Il Principe si è ispirato per il suo racconto dall'incisione riprodotta in quest'opera (p. 161). Champeaux prosegue: «Nondimeno, si era giunti ai tempi in cui il granduca poté abitare con la granduchessa. Poiché era stato offeso dai discorsi dell'Imperatrice, volle soddisfarla sui particolari che desiderava sapere e, il mattino della notte in cui il matrimonio fu consumato, inviò in una cassetta, chiusa da lui stesso, a questa principessa le prove della virtù della granduchessa, che lei stessa aveva detto di voler avere . . . Il rapporto della granduchessa con Saltykov non fu disturbato da questi fatti e durò ancora otto anni in tutta la sua vivacità.» (Citato da Waliszewski, *Le roman d'une impératrice*, 84-85) Dopo aver citato le memorie di Champeaux che contraddicono la versione di Caterina II, è opportuno ricordare che quando, nel 1758, queste memorie furono inviate da Versailles a San Pietroburgo per dare compimento alle disposizioni del marchese L'Hôpital, egli le qualificò così: «Ho letto con piacere il primo tomo ovvero il romanzo tragicomico del matrimonio e delle avventure della granduchessa. In quello che contiene c'è un fondo di verità. Lo stile lo abbellisce, ma da vicino gli eroi e le eroine farebbero perdere il valore che il loro nome dà a queste avventure. M. Saltykov è un uomo sciocco e un piccolo capo russo, vale a dire un uomo ignorante, senza gusto e senza pregi. Mme la granduchessa non lo può soffrire e tutto quello che si dice dello scambio di lettere con Saltykov è millanteria e falsità.» È a quel punto che il romanzo finisce ed entra in scena un altro eroe.

142 (N.d.A.) Anche le memorie di Champeaux parlano del riavvicinamento di Saltykov e del grancancelliere ma, secondo lui, Saltykov sarebbe stato il gonzo della vecchia volpe. «Guadagnò Saltykov – dice – con particolari proposte e con cose adulatorie e raffinate alle quali un uomo vanitoso come lui non poteva resistere. Pensando di essere entrato nella stima e nell'amicizia, per le manifestazioni che gli faceva il grancancelliere, ne divenne il pupazzo. Bestužev gli parlava sovente dell'incostanza dei principi e della difficoltà di far durare il loro attac-

camento e dei modi per metterli nell'impossibilità di stancarsi delle persone che prima erano nelle loro grazie. Saltykov, in queste conversazioni, si riteneva fortunato di potere avere consigli da un uomo di tale esperienza e dal quale pensava un giorno di poter ricavare grande utilità. Bestužev lo persuase a mettere vicino al granduca solo persone senza talento e senza lignaggio, con lo scopo di impedire a questo principe di trovare un giorno un uomo che potesse superarlo. Appoggiava i suoi consigli con esempi tratti dalla sua condotta con l'Imperatrice. Saltykov, colpito da una luce affatto nuova, temeva di non essere abbastanza riconoscente nei confronti di un uomo che gli dimostrava tale amicizia e si comportava esattamente seguendo i consigli del cancelliere. Vi riuscì così bene che nell'arco di due anni la Corte del granduca era diventa la cosa più pietosa al mondo. Saltykov, nello stesso tempo, stabilì un così stretto rapporto di confidenza tra la granduchessa e il cancelliere Bestužev che quando quest'ultimo usciva dalle riunioni o dal gabinetto dell'Imperatrice, informava Saltykov di quanto era accaduto, al fine che egli ne informasse la granduchessa. Gli inviava anche, sempre per trasmetterle a lei, tutte le minute delle lettere per i ministri della Russia nelle varie Corti straniere e tutti i dispacci di questi.» (Citato da Bilbasov, *Histoire de Catherine II*, I, 507-508).

143 (N.d.A.) Tutti gli storici sono concordi nel ritenere che M.me Tchoglokov non avrebbe potuto usare un simile linguaggio senza il permesso dell'Imperatrice. Elisabetta non era una donna da farsi scrupolo di considerazioni puramente morali. «Tanto empia, tanto fervente, incredula fino all'ateismo, bigotta fino alla superstizione – dice il cavaliere d'Eon – passa intere ore in ginocchio davanti a un'immagine della Vergine, parlando con lei, interrogandola con ardore e domandandole di grazia in quale compagnia delle guardie deve scegliere l'amante del giorno.» (Citato da Waliszewski, *Le roman d'une impératrice*, 38).

144 (N.d.A.) Elisabetta era, lo si vede, di carattere molto duro e altero. «Il suo candore e la sua bontà non sono che una maschera – dice il cavaliere d'Eon – Alla sua ascesa al trono, in effetti, giurò sull'immagine venerata di san Nicola che nessuno sarebbe stato condannato a morte sotto il suo regno. Ha mantenuto la parola alla lettera e nessuna testa è ancora stata tagliata; ma duemila lingue, duemila paia d'orecchie lo sono state . . .» (Citato da Waliszewski, *Le roman d'une impératrice*, 37).

145 (N.d.A.) Figlio di un pasticciere e favorito di Pietro il Grande (1670-1729), Menšikov prese parte alla repressione della rivolta degli Strelizi; combatté a Nöteborg (1702), a Kalich (1706) e ricevette il titolo di principe dell'Impero russo che ancora portano i suoi discendenti. A Poltava, la Russia gli dovette la vittoria e lo zar lo ricompensò con il bastone di feldmaresciallo. Comandò nel corso di tutte le cam-

pagne dal 1710 al 1713, ma le sue malversazioni obbligarono Pietro il Grande a portarlo davanti ai giudici, suoi oppositori, che lo condannarono a morte. Pietro trasformò la condanna in una ammenda. Fu l'autore dell'ascesa al trono di Caterina I, ma sotto Pietro II, che aveva obbligato a fidanzarsi con sua figlia, cadde bruscamente in disgrazia, relegato a Ranenburg e poi esiliato a Berëzovo. Tutti i suoi beni furono confiscati. Si distinse per la sua fermezza nell'avversa fortuna. «Come un saggio, come un vincitore di se stesso – disse uno scrittore russo – merita di essere sugli altari.»

146 (N.d.A) Schah-Nadir, della tribù turca degli Afschar, «figlio e nipote della sua spada, e così di seguito fino alla settantesima generazione», come egli stesso si definiva, prima brigante e fuorilegge, prese servizio nelle truppe di Schah Tamasp e gli diede un aiuto per cacciare gli afgani. Divenuto reggente dopo la caduta di Tamasp, si fece offrire la corona, finse di rifiutarla e poi di cedere alle sollecitazioni dei grandi (1736). Regnò undici anni come tiranno onnipotente. Pretendeva di comandare alle anime come ai corpi, talvolta dichiarando che, piacendo a Dio di conservarlo in salute, avrebbe fatto una religione migliore di tutte quelle esistenti.

147 (N.d.A.) Araja dirigeva l'Opéra italien, per la quale Elisabetta versava i contributi. (Waliszewski, *La dernière des Romanoff*, 263)

148 (N.d.A.) L'edizione di Bâle o quella di Amsterdam del 1740.

149 (N.d.A.) «Le case di campagna dell'epoca – scrive Dolgorukov - eccettuate quelle situate alle porte della capitale, i cui proprietari, gente ricca, avevano viaggiato, si assomigliavano tutte tra loro e si differenziavano solo per essere più o meno grandi. Erano delle case di legno, con solo il pianterreno, tagliate in mezzo da un corridoio molto largo, da una parte del quale si trovavano le stanze dei padroni e dall'altra la cucina, la dispensa, una camera di deposito di tutti gli effetti personali e le camere dei servitori più personali. Nelle dimore dei più agiati, le dimensioni della casa permettevano d'estate di avere delle camere speciali senza stufe, che si chiudevano in autunno per essere riaperte d'estate. In ogni camera vi era un *dipinto* e qualche volta una collezione di *dipinti* in un armadio a vetri, messo in un angolo o appeso al muro, in base alla dimensione. I muri, di travi messe una sopra l'altra, erano ricoperti di carta da parati solo nelle case dei più ricchi. L'arredamento consisteva in panche di legno, che venivano ricoperte da un tappeto per i visitatori di maggiore riguardo. Le sedie erano rare. Le poltrone erano un oggetto di lusso. Le tavole era abbondanti, dato il buon prezzo della carne, del pesce, dei legumi, ma per lo più erano abominevoli, non solo in provincia, ma anche nella capitale,

se non presso un ristretto numero nelle case di gente ricca e civilizzata. La maggiore o minore ricchezza si poteva vedere e ammirare negli abiti, nei cavalli, negli equipaggi e nelle loro bardature, ed anche soprattutto nel vasellame e nel numero di domestici. Il numeroso servitorame mangiava in abbondanza, le provviste erano a buon mercato e i domestici avevano la loro verdura, i loro volatili e il loro bestiame. La maggior parte portava delle pelli di montone. I servitori della casa erano vestiti con dei brutti grossi tessuti. Avevano i gomiti bucati e gli abiti rattoppati. Camminavano a piedi nudi, e così servivano a tavola, solo nei giorni di grande festa o quando doveva arrivare un ospite di particolare riguardo, gli uomini di servizio mettevano degli stivali e le donne delle scarpe . . . Senza parlare dell'impossibilità, in un paese mal popolato e con un'industria urbana allo stato embrionale, di procurarsi le mille cose necessarie della vita se non facendole fare a casa propria e del fatto che numerosi domestici erano anche indispensabili per la difesa dei proprietari e dei loro famigliari contro i delinquenti, così numerosi in quel periodo.» (Dolgorukov, *Mémoires*, 271).

I primi amori

1754

L'Imperatrice festeggiò il primo giorno del gennaio 1754 nel suo palazzo e il granduca ed io avemmo l'onore di pranzare con lei, in pubblico, sotto il palco. A tavola, Sua Maestà apparve allegra e ciarliera. Vicino al trono erano state preparate delle tavole apparecchiate per qualche centinaio di persone di primo piano. Durante la colazione, l'Imperatrice domandò chi fosse quella persona così magra e brutta con il collo da gru, che vedeva lì seduta. Indicò anche il posto. Le dissero che era M.me Marta Chafirov. Scoppiò a ridere e, avvicinandosi a me, mi disse che le faceva venire in mente un proverbio russo che diceva: «Il collo lungo non è buono solo per il pendaglio.» Non potei impedirmi di sorridere della malizia di questo sarcasmo imperiale, che non cadde nel silenzio e che i cortigiani si passarono di bocca in bocca, così che quando mi alzai da tavola trovai molte persone che già lo sapevano. Non so se il granduca lo abbia sentito, ma ciò che è sicuro è che non disse una parola e io ebbi la cortesia di parlagliene.

Mai anno vide più incendi del 1753-54. Mi è capitato più volte di vedere dalle finestre del mio appartamento del palazzo d'estate, due, tre, quattro e fino a cinque incendi alla volta, in differenti luoghi di Mosca[1].

Durante il carnevale, l'Imperatrice diede ordine che vi fossero nei suoi appartamenti diversi balli e mascherate, nel corso di una delle quali notai che l'Imperatrice ebbe una lunga conversazione con la moglie del generale Matiouchkine. Questa non voleva che suo figlio sposasse la principessa Gagarine, mia damigella d'onore. L'Imperatrice, tuttavia, persuase la madre e la principessa Gagarine, che aveva trentotto anni compiuti, ebbe il permesso di sposarsi con Dimitri Matiouchkine. Ne fu molto contenta ed io anche, perché si trattava di un matrimonio di simpatia e Matiouchkine era allora molto bello. M.me Tchoglokov non venne ad alloggiare con noi negli appartamenti estivi; con differenti scuse, rimase nella sua casa, che era molto vicina alla corte, con i suoi figli. Ma la verità era che sebbene fosse saggia e amasse suo marito, era stata presa dalla passione per il principe Pietro Repnin e da una forte avversione per suo marito. Le sembrava di non poter essere felice senza confidarlo e io le sembrai la persona più sicura. Mi mostrava tutte le lettere che riceveva dal suo amante; io custodivo fedelmente il suo segreto, con un'accuratezza e una prudenza scrupolose. Vedeva il principe in gran segreto e, nonostante ciò, il marito ebbe qualche sospetto. Un ufficiale della guardia a cavallo, di nome Kaminine, glielo aveva fatto nascere. Quest'uomo era la gelosia e il sospetto personificati, era così di carattere ed era una vecchia conoscenza di Tchoglokov. Costui ne parlò con Sergio Saltykov, che cercò di tranquillizzarlo. Ebbi l'accortezza di dire a Sergio Saltykov che ne ero al corrente, per timore di qualche indiscrezione anche involontaria. Alla fine il marito mi fece qualche accenno, ma io feci la tonta e la stupida e stetti zitta. Nel mese di febbraio ebbi dei segnali di gravidanza.

Il giorno stesso di Pasqua, durante la messa, Tchoglokov si ammalò per una colica. Gli furono dati parecchi rimedi ma il suo male non faceva che peggiorare. Durante la settimana pasquale, il granduca, con i cavalieri della nostra corte, andò a cavalcare. Sergio Saltykov era tra loro. Io rimasi a casa, perché si temeva di lasciarmi uscire nel mio stato, dato che avevo già avuto due aborti. Ero sola nella mia camera quando M. Tchoglokov mi fece pregare di andare nella sua. Vi andai e lo trovai a letto. Mi fece mille lamentele su sua moglie, mi disse che vedeva il principe Repnin, che lui veniva a piedi da lei, che durante il carnevale, un giorno di ballo, era venuto in abito da arlecchino, che Kaminine lo aveva fatto seguire, e Dio solo sa quanti altri dettagli mi disse.

Nel momento in cui era più infervorato arrivò sua moglie; allora si mise a farle, in mia presenza, mille rimproveri, dicendole che lo abbandonava quando era ammalato. Entrambi erano persone molto sospettose e limitate; io morivo dalla paura che la moglie credesse che fossi io ad averla tradita data la quantità di dettagli che le disse sui suoi incontri. Sua moglie, da parte sua, gli disse che non sarebbe stato strano che lei lo punisse della sua condotta nei suoi confronti; che né lui né alcuno al mondo potevano rimproverarle di avergli mancato in qualcosa e concluse dicendo che a lui non si addiceva il compiangersi. L'uno e l'altra si rivolsero a me, prendendomi come giudice e arbitro in quello che dicevano. Io tacevo, timorosa di offendere o l'uno o l'altra o tutti e due, o di essere compromessa. Il viso mi bruciava dall'apprensione, ero sola con loro due. Al culmine della disputa Mme Vladislava mi venne a dire che l'Imperatrice era venuta nei miei appartamenti, vi andai immediatamente. Mme

Tchoglokov uscì con me, ma invece di seguirmi, si fermò in un corridoio dove c'era una scala che dava sul giardino, dove si sedette, a quanto mi è stato riferito in seguito. Entrai nella mia camera affannata e vi trovai l'Imperatrice che, appena mi vide senza fiato e con la pelle arrossata mi chiese dove fossi stata. Le dissi che venivo da casa Tchoglokov, che era ammalato, e che avevo corso per arrivare più in fretta, avendo saputo che lei gentilmente era venuta da me. Non mi fece altre domande, ma mi sembrò che ripensasse a quanto le avevo detto e che le sembrasse strano. Tuttavia, continuò a parlare con me. Non domandò dove era il granduca, perché sapeva che era uscito. Né lui né io, durante tutto il regno dell'Imperatrice, osammo uscire dalla città senza chiederle il permesso.

Mme Vladislava era nella mia camera. L'Imperatrice le rivolse più volte la parola, e poi a me, discorrendo di cose di poco conto. Dopo poco più di mezz'ora se ne andò, dicendomi che a causa della mia gravidanza mi dispensava dal comparire il 21 e il 25 aprile. Ero meravigliata che Mme Tchoglokov non mi avesse seguita e, quando l'Imperatrice se ne fu andata, chiesi a Mme Vladislava che cosa fosse successo. Mi disse che si era seduta sulla scala, dove aveva pianto. Dopo il ritorno del granduca, raccontai a Sergio Saltykov quello che mi era accaduto durante la loro passeggiata, come Tchoglokov mi avesse fatto chiamare, la mia apprensione su ciò che si erano detti moglie e marito e la visita fattami dall'Imperatrice. Allora mi disse: «Se è come mi dite, penso che l'Imperatrice sia venuta a vedere che cosa fate in assenza di vostro marito, e affinché si veda che voi siete perfettamente sola a casa vostra e a casa di Tchoglokov, io porto tutti i miei compagni, infangati come siamo fino ai denti, a casa di Ivan Šuvalov[2]». Effettivamente, dopo essersi ritirato, il granduca se ne andò, con tutti quelli che erano stati a cavallo con lui, a casa di Šuvalov, che alloggiava a corte. Quando vi giunsero, questi chiese loro dei dettagli sulla loro passeggiata e Sergio Saltykov mi disse in seguito che per quanto riguardava le ipotesi che aveva fatte, gli parve di non essersi sbagliato.

Da quel giorno la malattia di Tchoglokov non fece che peggiorare. Il 21 aprile, giorno della mia nascita, i medici dichiararono che non vi era alcuna speranza di rimettersi. Informarono l'Imperatrice, che ordinò, come ne aveva presa l'abitudine, di trasportare l'ammalato nella propria casa, affinché non morisse alla Corte, perché lei aveva paura dei morti[3].

Fui molto addolorata quando appresi lo stato in cui si trovava Tchoglokov. Morì proprio nel momento in cui, dopo numerosi anni di fatiche e di lavoro, eravamo riusciti a renderlo non solo meno maligno e perfido, ma a farlo diventare trattabile e a tenergli testa, a forza di studiare il suo carattere. Sua moglie allora mi amava sinceramente e da mastino duro e malevolo era diventata un'amica sicura e affezionata. Tchoglokov visse nella sua casa, dove morì nel pomeriggio, del 25 aprile, giorno dell'incoronazione dell'Imperatrice. Fui subito avvertita e mi recai là quasi immediatamente. Ne fui veramente addolorata e piansi molto. Sua moglie era rimasta a letto anche negli ultimi giorni della malattia del marito: uno da una parte della casa, lei nell'altra. Sergio Saltykov e Léon Narychkine[4] si trovavano nella camera della moglie al momento del decesso di suo marito, le finestre della camera erano aperte, entrò un uccello e andò a posarsi sulla cornice del soffitto, di fronte al letto di M.me Tchoglokov. Allora lei disse: «Sono convinta che mio marito ha reso l'anima, mandate qualcuno a chiedere che ne è di lui». Le dissero che era deceduto e lei affermò che quell'uccello era l'anima di suo marito. Si cercò di dimostrarle che era solo un normale uccello, ma non riuscirono a ritrovarlo. Le dissero che era volato via, ma poiché nessuno l'aveva visto, restò convinta che era l'anima di suo marito che era venuta a trovarla.

Quando terminarono i funerali di M. Tchoglokov, sua moglie volle venire a casa mia. L'Imperatrice, vedendola passare il lungo ponte di Yaousa, le mandò a dire che la dispensava dalle sue funzioni presso di me e che ritornasse a casa. Sua Maestà imperiale trovava sconveniente che come vedova uscisse così presto. Lo stesso giorno nominò M. Alessandro Ivanovitch Šuvalov per ricoprire presso il granduca le funzioni del defunto Tchoglokov. Questo Šuvalov, non tanto per lui, quanto per il posto che occupava, era il terrore della Corte, della città e di tutto l'impero. Era il capo del tribunale dell'inquisizione di stato, che allora veniva chiamata la cancelleria segreta. Le sue funzioni, a quanto si diceva, gli avevano dato una specie di movimento convulsivo che lo prendeva in tutta la parte destra del viso, dall'occhio sino al basso volto, ogni volta che era preso dalla gioia, dalla collera, dalla paura o dall'apprensione. Era strano come si fosse scelto quest'uomo con una smorfia così orrenda, per metterlo continuamente davanti a una giovane donna incinta; se avessi partorito un bambino con questo disgraziato tic, penso che l'Imperatrice ne sarebbe stata molto afflitta. Tuttavia, questo sarebbe potuto accadere, vedendolo sempre, mai volentieri, e la maggior parte delle volte con un involontario movimento di ripugnanza causato dalla sua persona, dai suoi genitori e dalla sua carica per la quale era certo che il gradimento della gente non potesse aumentare. Ma questo non era che un piccolo inizio dei bei tempi che si preparavano e in particolare per me.

All'indomani mi dissero che l'Imperatrice stava mandando nuovamente da me la contessa Rumjancev. Sapevo che costei era nemica giurata di Sergio Saltykov, non amava di più la principessa Gagarine, e che aveva fatto numerosi torti a mia madre nella considerazione dell'Imperatrice. Per il colpo, quando seppi questo, persi la pazienza, mi misi a piangere amaramente e dissi al conte Alessandro Šuvalov che se si metteva al mio fianco la contessa Rumjancev avrei visto tutto ciò come una grande sfortuna per me, che questa donna aveva danneggiato mia madre, che le aveva fatto del male per compiacere l'Imperatrice, che allo stato attuale avrebbe fatto altrettanto nei miei confronti, che, quando era stata da noi, era temuta come la peste, e che avremmo avuto molti problemi a causa di questa disposizione se non avesse trovato il modo di evitarla. Mi promise di darsi da fare e finì col tranquillizzarmi. Temendo soprattutto per il mio stato, andò dall'Imperatrice e, quando ritornò, mi disse che sperava che questa non avrebbe più messo la contessa Rumjancev presso di me. In effetti, non ne sentii più parlare, e si occuparono solo della partenza per San Pietroburgo. Fu stabilito che avremmo fatto la strada in ventinove giorni, cioè che avremmo fatto una stazione di posta al giorno. Morivo di paura all'idea che lasciassero Sergio Saltykov e Léon Narychkine a Mosca, ma non so come, accadde che si ebbe la condiscendenza di metterli nel nostro seguito.

Infine partimmo, il 10 o l'11, dal palazzo di Mosca. Ero in carrozza con la sposa del conte Alessandro Šuvalov, la donna più noiosa che si possa immaginare, Mme Vladislava e la levatrice della quale si pensava di non poter fare a meno, essendo io incinta. Mi annoiavo come un cane in questa carrozza e non facevo che piangere. Alla fine, la principessa Gagarine che personalmente non amava la contessa Šuvalov, a causa di sua figlia, che era maritata con Golovkine, cugino della principessa, e che aveva dei modi poco riguardosi nei confronti dei genitori di suo marito, colse un momento per avvicinarmi e per dirmi che stava lavorando per ottenere il favore di Mme Vladislava nei miei confronti, poiché lei e tutti temevano che la tristezza che nasceva dalla mia situazione nuocesse a me e al bambino che portavo; che per quanto riguardava Sergio Saltykov, non osava avvicinarmi né da vicino né da lontano a causa dell'imbarazzo e della costante presenza dei Šuvalov, marito e moglie. Veramente, giunse a far intendere ragione a Mme Vladislava, che si prestò a qualche condiscendenza per alleggerire lo stato di disagio e di contrarietà costante dalla quale nasceva la tristezza che non era più in mio potere dominare. Si trattava di poca cosa, solo di qualche momento di conversazione; alla fine ci riuscì.

Dopo ventinove giorni di viaggio così noioso, arrivammo a San Pietroburgo al Palazzo d'estate. Il granduca ristabilì nuovamente i suoi concerti e questo mi diede modo di fare conversazione, ma la mia tristezza era diventata tale che in ogni momento e per qualunque motivo, avevo sempre le lacrime agli occhi, e mille apprensioni mi passavano per la testa. In una parola, non mi potevo togliere dalla testa che tutto portava verso l'allontanamento di Sergio Saltykov.

Andammo a Petherof, dove camminai parecchio, ma malgrado ciò la mia tristezza mi seguiva da vicino. Nel mese di agosto rientrammo in città per occupare nuovamente il Palazzo d'estate. Fu per me un colpo mortale apprendere che per il mio parto venivano preparati degli appartamenti attigui e prossimi a quelli dell'Imperatrice. Alessandro Šuvalov mi portò a vederli e trovai due stanze, come tutte quelle del Palazzo d'estate, tristi e con una sola uscita, male ammobiliate in damasco cremisi, e quasi senza mobili e senza alcuna comodità. Vidi che sarei stata isolata, senza alcuna compagnia e sfortunata come una pietra. Lo dissi a Sergio Saltykov e alla principessa Gagarine i quali, benché non si amassero, avevano un punto in comune nell'amicizia per me. Vedevano ciò che vedevo io, ma era impossibile porvi rimedio. Dovevo passare il mercoledì in questi appartamenti, molto lontani da quelli del granduca. Alla sera del martedì andai a dormire e mi risvegliai nella notte con dei dolori. Svegliai Mme Vladislava che mandò a cercare la levatrice, la quale assicurò che stavo per partorire. Fu svegliato il granduca, che dormiva nella sua stanza, e il conte Alessandro Šuvalov. Questi avvisò l'Imperatrice, che non tardò ad arrivare. Alle due del mattino circa stetti molto male. Infine, l'indomani, 20 settembre, partorii un bambino.

Una volta fasciato, l'Imperatrice fece entrare il suo confessore che impose al bambino il nome di Paolo, dopodiché fece subito prendere il neonato dalla levatrice e le disse di seguirla. Io restai miserevolmente nel mio letto. Questo letto era di fronte ad una porta attraverso la quale io vedevo il giorno, dietro di me vi erano due grandi finestre che si chiudevano male, a destra e a sinistra due porte, di cui una dava nella mia camera da toilette e l'altra in quella occupata da M.me Vladislava. Dopo che l'Imperatrice se ne era andata, anche il granduca se ne andò, come M. e M.me Šuvalov e io non rividi alcuno fino alle tre suonate.

Avevo sudato molto e pregai M.me Vladislava di cambiarmi la biancheria e di mettermi a letto, ma mi rispose che non osava. Mandò a chiamare più volte la levatrice, ma questa non venne. Chiesi da bere, ma ricevetti sempre la stessa risposta. Infine, dopo tre ore, arrivò la contessa Šuvalov, che aveva fatto una grande toilette. Quando mi vide ancora seduta nello stesso posto dove mi aveva lasciata si mise a gridare, dicendo che così mi stavano uccidendo. Tutto ciò era molto consolante per me che già profondevo in lacrime dal momento in cui avevo partorito, soprattutto per l'abbandono in cui ero stata lasciata, in una posizione scomoda, dopo un travaglio duro e doloroso, tra porte e finestre mal chiuse, senza che nessuno si azzardasse a portarmi nel mio letto, che era a due passi, dove io stessa non potevo trascinarmi, non avendone la forza.

M.me Šuvalov se ne andò immediatamente, e penso che fece cercare la levatrice perché questa arrivò dopo circa mezz'ora, dicendo che l'Imperatrice era così presa dal neonato che non l'aveva lasciata andare un istante[5]. A me nessuno pensava. Questa dimenticanza e abbandono non era certo lusinghiero per me. Morivo di sete. Alla fine fui messa nel mio letto e non vidi più anima viva per tutta la giornata, né qualcuno fu mandato a informarsi di me. Il granduca, da parte sua, non fece altro che bere con quelli che incontrava, e l'Imperatrice si occupava del bambino. In città e nell'impero vi fu grande gioia per l'avvenimento.

Il giorno seguente incominciai a sentire un dolore insopportabile e reumatico, dopo l'anca lungo la coscia e alla gamba sinistra. Questo dolore mi impedì di dormire e mi prese una forte febbre.

Malgrado ciò, all'indomani, le attenzioni furono le stesse; non vidi nessuno e nessuno chiese mie notizie. Però, il granduca entrò nella mia stanza un momento e poi se ne andò, dicendo che non aveva tempo per rimanere. Non facevo che piangere e gemere nel mio letto, c'era solo Mme Vladislava nella mia camera, che mi compativa ma non poteva fare nulla per porvi rimedio. Non amavo lamentarmi, né compiangermi, avevo l'animo troppo fiero e la sola idea di essere sventurata mi era insopportabile: fino a quel momento avevo fatto tutto quello che potevo per non sembrarlo. Avrei potuto vedere il conte Alessandro Šuvalov e sua moglie, ma erano persone così insulse e noiose che ero felice quando non c'erano.

Al terzo giorno vennero a chiedere, da parte dell'Imperatrice, a Mme Vladislava se una mantellina di satin blu che avevo indossato il giorno del parto, perché nella mia camera faceva molto freddo, non fosse rimasta nel mio appartamento. Mme Vladislava cercò ovunque questa mantellina e infine la trovò in un angolo della mia camera da toilette, dove non era stata notata perché dopo il mio parto nessuno era entrato in quella stanza. Avendola trovata la restituì immediatamente. Questa mantellina, secondo quando apprendemmo successivamente, aveva dato luogo a un incidente assai strano. L'Imperatrice non aveva orari né per andare a letto né per la colazione, né per la cena, né per la toilette. Un pomeriggio di questi tre giorni trascorsi, si coricò su un canapè dove aveva fatto mettere un materasso e dei cuscini. Coricatasi, e avendo freddo, domandò questa mantellina, che fu cercata ovunque senza essere ritrovata poiché era rimasta nella mia camera. Allora l'Imperatrice ordinò di cercarla sotto i cuscini del suo letto, credendo che fosse là. La sorella di Mme Krouse, la dama di camera favorita dell'Imperatrice, passò le mani sotto il letto di Sua Maestà imperiale e le ritrasse dicendo che non c'era la mantellina ma che c'era un pacchetto di capelli e qualcosa del genere, che non sapeva cosa fosse. L'Imperatrice subito si alzò dal suo posto e fece togliere i materassi e i cuscini e si vide, non senza stupore, una pezzo di carta nel quale vi erano dei capelli contornati da qualche radice di legumi. A quel punto le dame dell'Imperatrice e lei stessa si misero a dire che certamente si trattava di qualche stregoneria o sortilegio, e tutte fecero delle congetture su chi avesse avuto l'ardire di mettere questo pacchetto sotto il giaciglio dell'Imperatrice. Si sospettò una delle dame preferite di Sua Maestà, che era conosciuta con il nome di Anna Dmitrevna Doumachéva. Da poco tempo questa dama era diventata vedova e aveva sposato in seconde nozze un valletto di camera dell'Imperatrice. I Šuvalov non amavano questa donna, che era loro contraria, per il suo credito e per la confidenza con l'Imperatrice, che aveva dalla sua gioventù; era molto capace di giocare loro qualche tiro che poteva diminuire di molto il loro favore. Poiché i Šuvalov non erano privi di sostenitori, questi incominciarono a considerare la cosa come criminale e a questo la stessa Imperatrice era predisposta poiché credeva alle stregonerie e ai sortilegi. Di conseguenza ordinò al conte Šuvalov di fare arrestare questa donna, suo marito e i suoi due figli, di cui uno era ufficiale delle guardie e l'altro paggio della camera dell'Imperatrice. Il marito, due giorni dopo essere stato arrestato, chiese un rasoio per farsi la barba e si tagliò la gola. Sua moglie e i ragazzi furono per parecchio tempo agli arresti, e lei confessò che perché il favore dell'Imperatrice nei suoi confronti si prolungasse, aveva usato questa stregoneria e che aveva messo qualche grano di sale bruciato, il giovedì santo, in un bicchiere di vino ungherese e che lo aveva offerto all'Imperatrice. La faccenda finì esiliando a Mosca la donna e i suoi figli. Si fece poi correre la voce che uno svenimento che l'Imperatrice aveva avuto poco tempo prima del mio parto fosse una conseguenza di ciò che questa donna le aveva dato da bere; ma il fatto è che le aveva dato unicamente due o tre grani di sale bruciato il giovedì santo, che sicuramente non potevano nuocerle. In tutto questo c'era di riprovevole solo la sfacciataggine di questa donna e la sua superstizione.

Il granduca, che alla sera senza le mie damigelle d'onore, alle quali faceva la corte, si annoiava, mi propose di passare la serata nella mia camera. All'epoca corteggiava precisamente la più brutta, la contessa Elisabetta Vorontsov[6].

Il sesto giorno ebbe luogo il battesimo di mio figlio, il quale aveva già rischiato di morire di stomatite. Io non potevo avere sue notizie se non di nascosto: poiché chiedere delle notizie avrebbe potuto essere considerato come un dubbio sulle cure che se ne prendeva l'Imperatrice e sarebbe stato mal recepito. Peraltro, l'aveva messo nella sua stanza e quando piangeva correva lei stessa e a furia di premure lo si soffocava letteralmente. Lo tenevano in una camera molto calda, avvolto nella flanella, sdraiato in una culla ornata di pelliccia di volpe nera; lo coprivano con una coperta di raso trapuntato e imbottita di ovatta e sopra a questa se ne metteva una di velluto rosa, foderata anche questa di pelliccia di volpe nera. Io stessa l'ho visto, dopo, più volte a letto in questa maniera: il sudore gli colava sul viso e in tutto il corpo, cosicché, divenuto più grande, il minimo refolo d'aria lo raffreddava e si ammalava. Oltre a questo, vi era attorno uno stuolo di vecchie matrone che, a forza di premure male intese e non avendo alcun senso comune, gli facevano infinitamente più male nel fisico e nel carattere che non del bene.

Il giorno stesso del battesimo l'Imperatrice, dopo la cerimonia, venne nella mia camera e mi portò su un piatto d'oro un ordine al suo gabinetto di mandarmi centomila rubli. Da parte sua aveva aggiunto un piccolo scrigno, che aprii solo quando se ne fu andata. Questo denaro giunse a proposito, poiché non avevo un soldo ed ero oppressa dai debiti. Quando lo aprii, lo scrigno non ebbe un grande effetto su di me: vi era un collier molto povero con degli orecchini e due miserabili anelli che avrei avuto vergogna a regalare alle mie dame di camera. In tutto lo scrigno non c'era una pietra che valesse cento rubli; non brillavano né la lavorazione né il buon gusto. Stetti zitta e feci chiudere lo scrigno imperiale.

Senza dubbio la palese meschineria di questo regalo fu percepita, poiché il conte Alessandro Šuvalov mi venne a dire che aveva l'ordine di informarsi da me se ero soddisfatta dello scrigno. Gli risposi che ero abituata a guardare tutto ciò che mi veniva dalle mani di Sua Maestà imperiale come qualcosa senza prezzo. Con questo complimento se ne andò con l'aria felice. Ritornò in seguito alla carica quando vide che non mettevo mai la bella collana e soprattutto i miserabili orecchini, dicendomi di metterli. Gli risposi che alle feste dell'Imperatrice ero abituata a mettere ciò che avevo di più bello e che questa collana e questi orecchini non rientravano in questo caso.

Quattro o cinque giorni dopo che mi ebbero portati i soldi che l'Imperatrice mi aveva regalato, il barone Tcherkassov, suo segretario di gabinetto, mi fece pregare di imprestare, in nome di Dio, questo denaro al gabinetto dell'Imperatrice, poiché lei domandava del denaro e lui non aveva un soldo. Gli rimandai il suo denaro, che mi rese nel mese di gennaio. Il granduca, che aveva saputo del regalo che mi aveva fatto l'Imperatrice, andò su tutte le furie perché a lui non era stato regalato nulla. Ne parlò con veemenza con il conte Alessandro Šuvalov. Questi lo riferì all'Imperatrice che immediatamente inviò al granduca una somma uguale a quella che mi aveva data e, a questo scopo, mi si chiese tale somma in prestito. Bisogna dire invero, che i Šuvalov in generale erano le persone più pavide e per questo si potevano spadroneggiare, ma queste belle qualità allora non erano ancora del tutto state scoperte.

Dopo il battesimo di mio figlio a Corte vi furono feste, balli, illuminazioni e fuochi d'artificio. Io ero sempre a letto, ammalata e sofferente per la grande noia. Al diciassettesimo giorno dal mio parto mi furono annunciate due buone notizie in una sola volta: la prima, che Sergio Saltykov era stato incaricato di portare la comunicazione della nascita di mio figlio in Svezia; la seconda, che il matrimonio della principessa Gagarine era stato fissato per la settimana seguente. Vale a dire, in poche parole, che stavo per essere per lungo tempo separata da due persone che amavo più di tutte le altre che mi circondavano. Mi riconfermai nella decisione di stare a letto, dove non facevo che affliggermi. Per restarvi adducevo sempre maggiori dolori alla gamba, che mi impedivano di alzarmi, ma la verità era che non potevo né volevo vedere nessuno, perché ero triste.

Durante le mie doglie, il granduca ebbe anche un grande crepacuore, perché il conte Alessandro Šuvalov gli disse che un vecchio cacciatore del granduca, certo Bastien, al quale l'Imperatrice aveva ordinato, qualche anno prima, di sposare Mlle Schenck, mia vecchia donna di camera, era andato da lui a denunciare come avesse saputo, non so da chi, che Bressan voleva dare, non so cosa, da bere al granduca. Ora, questo Bastien era un gran furfante e un ubriacone, che beveva di tanto in tanto con Sua Altezza imperiale, ed essendo in rotta con Bressan, che credeva più in favore presso il granduca di lui, pensava di giocargli un brutto scherzo. Il granduca li amava entrambi. Bastien fu rinchiuso nella fortezza; Bressan pensò di esservi imprigionato anche lui, ma scappò per la paura. Il cacciatore fu bandito dal paese e rinviato nell'Holstein con sua moglie, e Bressan conservò il suo posto perché serviva a tutti da spione.

Sergio Saltykov, dopo qualche temporeggiamento dovuto al fatto che l'Imperatrice non firmava né spesso né con facilità, partì. La principessa Gagarine, in attesa, si maritò il giorno fissato.

Quando furono trascorsi quaranta giorni dal mio parto, l'Imperatrice, venne una seconda volta nella mia camera per la purificazione della puerpera. Per riceverla mi ero alzata dal letto, ma mi vide così debole e affaticata che mi fece sedere durante le preghiere che lesse il suo confessore. Mi era stato portato mio figlio in camera. Era la prima volta che lo vedevo dopo la nascita. Lo trovai molto bello e la sua vista mi rallegrò un poco; ma nel momento stesso in cui le preghiere furono finite, l'Imperatrice lo fece riportare e se ne andò.

Sua Maestà imperiale fissò il 1° novembre perché ricevessi le felicitazioni d'uso, dopo sei settimane dal parto. A questo scopo fu sistemata della mobilia molto ricca nella camera di fianco alla mia e là, seduta sul letto di velluto color rosa bordato in argento, tutti vennero a baciarmi la mano. Anche l'Imperatrice venne e da me passò al Palazzo d'inverno, dove noi ricevemmo l'ordine di seguirla due o tre giorni dopo. Fummo alloggiati nelle camere che aveva occupato mia madre e che propriamente facevano parte della casa Yagoujisky e metà dalla casa Ragousinsky; l'altra metà di quest'ultima era occupata dall'istituto degli affari esteri. Si costruiva all'epoca il Palazzo d'inverno di fianco alla grande piazza.

Passai dal Palazzo d'estate all'abitazione invernale, con il fermo proposito di non lasciare la mia camera per tutto il tempo necessario a riprendere le forze per vincere la mia tristezza. Leggevo allora l'*Histoire d'Allemagne* e l'*Histoire Universelle* di Voltaire; dopo questi lessi, quell'inverno, tutti i libri russi che riuscii a procurarmi e tra questi due immensi tomi di Baronius[7] tradotti in russo[8]. Poi passai a l'*Esprit des Lois* di Montesquieu e dopo lessi gli *Annales* di Tacito che ebbero uno strano effetto nella mia testa, al quale probabilmente contribuì non poco la mia malinconica disposizione d'animo di quel periodo. Cominciai a vedere le cose in nero, e a cercare le cause più profonde e più aderenti a diversi interessi nelle cose che mi si presentavano.

Radunai le mie forze per uscire a Natale. In effetti, assistetti ai servizi sacri, ma nella chiesa stessa fui presa da un tremore e da dolori in tutto il corpo. Ritornata a casa, mi spogliai e mi misi nel mio letto, che altro non era che una *chaise long* che avevo messo davanti a una porta chiusa, attraverso la quale mi sembrava non passasse il vento, perché oltre a una tenda vi era una schermatura, ma che credo, sia stata la causa di tutte le infiammazioni che mi afflissero quest'inverno. Il giorno dopo Natale la febbre era così alta che io battevo i denti. Quando chiudevo gli occhi vedevo solo le figure mal disegnate sulle piastrelle della stufa che era ai piedi della mia *chaise long*, la stanza era piccola e stretta. Non entrai mai nella mia camera da letto che era molto fredda perché le finestre erano rivolte verso levante e al nord, da due lati, sulla Neva. Il secondo motivo per cui me ne stavo lontana era la vicinanza degli appartamenti del granduca dove, durante il giorno e parte della notte c'era sempre un baccano quasi come a un corpo di guardia. Oltre a questo, lui e tutti quelli che lo circondavano fumavano molto, il fumo sgradevole e l'odore del tabacco si sentivano molto. Restai quindi per tutto l'inverno in questa piccola stanza stretta, che aveva due finestre e un trumeau, in tutto poteva avere l'estensione da sette a otto piccoli archetti in lunghezza e quattro in larghezza, con tre porte.

1755

È così che iniziò il 1755. Dopo Natale fino alla quaresima, alla Corte e in città si ebbero solo feste. L'occasione era sempre la nascita di mio figlio; tutti, di volta in volta, si premuravano a gara di organizzare pranzi, balli, mascherate, illuminazioni e fuochi d'artificio al meglio. Io non assistetti ad alcuno con la scusa della malattia.

Verso la fine del carnevale Sergio Saltykov ritornò dalla Svezia. Durante la sua assenza il gran cancelliere, conte Bestužev, mi aveva inviato tutte le notizie che riceveva da lui e i dispacci del conte Panin, all'epoca inviato della Russia in Svezia, attraverso M.me Vladislava, alla quale venivano date dal nipote, primo segretario del gran cancelliere, e io le rimandavo per la stessa via. Attraverso gli stessi canali appresi che quando Sergio Saltykov sarebbe rientrato, si era deciso di mandarlo a risiedere, come ambasciatore di Russia, ad Amburgo, al posto del principe Galitzine, che era stato messo all'armata. Questa notizia non attenuò la mia tristezza.

Quando Sergio Saltykov fu rientrato, mi mandò a dire da Léon Narychkine di informarlo se potevo trovare il modo di vederlo. Ne parlai con M.me Vladislava che acconsentì a questo incontro. Egli doveva passare prima da casa sua e da là nella mia. Attesi fino alle tre del mattino, ma non venne ed ero in un'angoscia mortale pensando a cosa gli avesse impedito di venire. Seppi all'indomani che era stato trattenuto dal conte Roman Vorontsov, in una loggia massonica, e affermava che non aveva potuto andarsene senza destare sospetti. Ma io insistetti a tal punto con Léon Narychkine che vidi chiaramente che aveva mancato di riguardo e di attenzione nei miei confronti, senza alcuna considerazione al fatto che io soffrissi da tempo unicamente per affetto nei suoi confronti. Léon Narychkine stesso, benché suo amico, non lo scusò in alcun modo. A dire il vero fui molto irritata. Gli scrissi una lettera dove mi lamentavo amaramente del suo comportamento. Mi rispose e venne da me e non gli fu difficile rabbonirmi, perché ne ero ben disposta. Mi persuase a uscire in pubblico, seguii il suo consiglio e feci la mia comparsa il 10 febbraio, giorno della nascita del granduca e dell'inizio della quaresima. Mi feci fare, per quel giorno, un abito superbo di velluto blu bordato in oro. Poiché nella mia solitudine avevo fatto più e più riflessioni, presi la decisione di far sentire a coloro i quali mi avevano causato tanta tristezza, per quello che era in mio potere, che nessuno mi offendeva impunemente e che non era con i cattivi comportamenti che ci si guadagnava il mio affetto o la mia approvazione. Conseguentemente, non perdevo occasione per testimoniare ai Šuvalov come mi avessero disposto nei loro confronti. Manifestai loro un profondo disprezzo, facevo notare agli altri la loro cattiveria, la loro stupidità. Li mettevo in ridicolo ogni volta che mi era possibile e avevo sempre qualche battuta da lanciare che, in seguito, faceva il giro della città e divertiva la malignità nei loro confronti. In una parola, mi vendicavo di loro in tutte le maniere possibili e in loro presenza non mancavo mai di indicarli come quelli che non mi amavano. Poiché vi erano molti che li odiavano, i clienti non mancavano mai. I conti Razumovskij, che avevo sempre amati, furono più affettuosi che mai.

Raddoppiai le attenzioni e le premure verso tutti, eccetto che per i Šuvalov. In una parola, mi mantenni ferma, camminavo a testa alta, più come il capo di una grande fazione che come una persona umiliata e oppressa. I Šuvalov non sapevano che pesci pigliare. Tennero consiglio e si fece ricorso agli intrighi e agli espedienti dei cortigiani. In quel periodo fece la sua comparsa in Russia un certo M. Brockdorf, gentiluomo dell'Holstein, che in precedenza era stato respinto dalla frontiera della Russia (dove voleva venire) dalla cerchia di allora, Brummer e Berkholz, perché lo conoscevano come un uomo di pessimo carattere e portato all'intrigo. Quest'uomo giunse proprio a proposito per i Šuvalov. Come duca dell'Holstein, costui aveva una chiave, in qualità di ciambellano del granduca, e questa gli permise di accedere a Sua Altezza imperiale che, peraltro, era favorevolmente disposto per ogni persona stupida che veniva da quel paese. Costui trovò anche il modo di avvicinare il conte Pietro Šuvalov, ed ecco come. Fece la conoscenza, nell'albergo dove alloggiava, con un uomo che non usciva da questo luogo se non per andare a casa di tre ragazze tedesche molto carine, di nome Reifenstein. Una di queste ragazze godeva di una rendita che le aveva assegnata il conte Pietro Šuvalov. L'uomo in questione, che si chiamava Braun, era una specie di trafficante in tutto. Costui introdusse Brockdorf a casa di queste ragazze e là è così che fece la conoscenza del conte Pietro Šuvalov. Quest'ultimo si profuse in manifestazioni di affetto per il granduca e, subdolamente, si lamentò di me. Brockdorf, alla prima occasione, riferì tutto questo al granduca, e lo istruì, a quanto diceva lui, a mettere sua moglie sulla via della ragione. A questo scopo Sua Altezza imperiale, un giorno che avevamo pranzato, venne nella mia camera e mi disse che incominciavo ad essere di un'arroganza insopportabile e che mi avrebbe costretta a ragionare. Gli chiesi in che cosa consistesse quest'arroganza. Mi rispose che mi comportavo in modo troppo altezzoso. Gli ribattei se per fargli piacere bisognava tenere la schiena piegata, come gli schiavi del Gran Signore. Si infuriò e mi disse che sarebbe stato meglio se avessi messo la testa a posto. Gli chiesi come. Allora si mise con la schiena contro il muro e sguainò la spada sino a metà e me la mostrò. Gli chiesi che cosa significasse, se voleva battersi con me, nel qual caso avrei dovuto averne una. Rimise la sua spada nel fodero e mi disse che ero diventata di una cattiveria spaventosa. Gli chiesi in che cosa. Allora mi disse, balbettando: «Ma, nei confronti dei Šuvalov». A questo gli risposi che non era che un racconto, e che avrebbe fatto meglio a non parlare di cose che non sapeva, né capiva. Si mise a dire: «Questo significa non fare affidamento sui propri veri amici; allora ci si trova a mal partito. Se voi vi foste fidata di me, vi sareste trovata bene.» «Ma in che cosa fidata?» Gli risposi. A quel punto iniziò a fare dei discorsi di una tale stravaganza e così fuori dal più banale senso comune che, vedendo che semplicemente vaneggiava completamente, lo lasciai dire senza rispondergli e scelsi un momento che mi sembrò favorevole per consigliargli di andare a dormire, poiché vedevo chiaramente che il vino gli aveva alienato la ragione e tolto ogni senso comune. Seguì il mio consiglio e andò a coricarsi. Già allora cominciava ad avere costantemente un odore di vino, mischiato a quello del tabacco da fumare, che era veramente insopportabile per chi lo avvicinava.

La stessa sera, mentre ero a giocare a carte, il conte Alessandro Šuvalov venne ad avvertirmi da parte dell'Imperatrice, che ella aveva vietato alle dame di usare nelle loro parure le qualità di chiffon che erano precisate nell'annuncio. Per dimostrargli come Sua Altezza imperiale mi aveva castigata, gli risi in faccia, e gli dissi che avrebbe potuto esimersi di notificarmi questa disposizione, perché non mettevo mai alcuna stoffa sgradita a Sua Maestà imperiale; che, inoltre, io non affidavo il mio valore né nella bellezza né nell'abbigliamento, poiché quando una era passata l'altro diventava ridicolo e non restava altro che il carattere. Ascoltò tutto questo fino alla fine, sbattendo l'occhio destro, come al suo solito, e se ne andò con la sua smorfia. Lo feci notare a quelli che mi stavano attorno imitandolo, il che fece ridere tutti.

Qualche giorno dopo il granduca mi disse che voleva chiedere del denaro all'Imperatrice per i suoi affari nell'Holstein, che andavano sempre peggio, e che era Brockdorf ad averglielo consigliato. Vidi benissimo che era un'esca che gli era stata tesa perché confidasse nei Šuvalov. Gli chiesi se non ci fosse modo di fare altrimenti. Mi rispose che mi avrebbe mostrato in merito che cosa l'Holstein rappresentasse per lui. In effetti lo fece, e dopo aver visto le carte che mi mostrò, gli dissi che mi sembrava che poteva continuare a chiedere denaro a sua zia, ma che forse glielo avrebbe rifiutato, visto che non erano passati sei mesi che gli aveva regalato centomila rubli. Ma lui restò della sua opinione e io della mia. Ciò che è certo è che gli si fece sperare per lungo tempo che lo avrebbe avuto, ma che alla fine non ebbe nulla.

Dopo Pasqua andammo a Oranienbaum[9]. Prima di partire l'Imperatrice mi permise di vedere mio figlio, per la terza volta da quando era nato. Bisognava attraversare tutti gli appartamenti di Sua Maestà imperiale per arrivare alla sua camera. Lo trovai in un caldo soffocante, come ho già raccontato.

Giunti in campagna assistemmo a uno strano accadimento. Sua Altezza imperiale, al quale quelli dell'Holstein ricordavano sempre il deficit, e al quale tutti predicavano di diminuire questo mondo inutile che, peraltro, poteva vedere solo furtivamente e in modo frammentario, decise e osò all'improvviso farne venire un intero distaccamento[10]. Era ancora un intrallazzo dell'infido Brockdorf, che sollecitava la passione dominante del principe. Ai Šuvalov aveva fatto intendere che concedendogli questo giochetto o esca, si assicuravano il suo favore per sempre, che occupandosene sarebbero stati certi della sua approvazione in tutto quello che avrebbero fatto successivamente. All'Imperatrice, che destava l'Holstein e tutto ciò che ne veniva, che aveva visto che simili giochetti militari avevano fatto perdere il padre del granduca, il duca Carlo Frederick, nello spirito di Pietro I e in quello del pubblico russo, all'inizio si nascose il tutto e le si disse che era una piccola cosa della quale non valeva la pena parlare e che, d'altronde, la sola presenza del conte Šuvalov era un freno sufficiente perché il tutto fosse senza conseguenze. Imbarcato a Kiel, questo distaccamento arrivò a Cronstadt e successivamente a Oranienbaum. Il granduca, che dai tempi di Tchoglokov non aveva indossata la divisa dell'Holstein se non nella sua camera e di nascosto, già non portava altro, ad eccezione dei giorni di Corte, benché fosse luogotenente colonnello del reggimento Préobrajensky e avesse, inoltre, in Russia un reggimento di corazzieri. Secondo me, il granduca, su consiglio di Brockdorf, fece in gran segreto questo trasporto di truppe. Confesso che quando ne venni a conoscenza, tremai all'effetto odioso che questa marcia avrebbe avuto per il granduca di fronte al pubblico russo e anche nei confronti dell'Imperatrice della quale non ignoravo del tutto i sentimenti. Alessandro Šuvalov vide passare questo distaccamento davanti al balcone di Oranienbaum, strizzando l'occhio. Io ero di fianco a lui. Dentro di sé disapprovava ciò che lui e i suoi parenti avevano deciso di tollerare. La guardia del castello di Oranienbaum era affidata al reggimento di Inguermanie che si alternava con quello di Astracan. Seppi che vedendo passare le truppe dell'Holstein, avevano detto: «Questi maledetti tedeschi sono tutti venduti al re di Prussia; solo dei traditori possono portarli in Russia». In generale il pubblico era scandalizzato da questa apparizione; i più discreti alzarono le spalle, i più moderati trovarono la cosa ridicola; in fondo era una ragazzata molto imprudente. Io stavo zitta, quando qualcuno me ne parlava dicevo la mia opinione in modo tale che si capì che non approvavo affatto la cosa, poiché comunque la si guardasse, poteva essere pregiudizievole per l'immagine del granduca. Quale altra opinione si poteva avere esaminandola? Il suo solo piacere non poteva compensare il danno che tutto questo gli procurava nei confronti della pubblica opinione. Ma il granduca, entusiasmato dalle sue truppe, andò a stabilirsi con loro nel campo che aveva fatto preparare a questo scopo, e non faceva altro che esercitarle.

Poi, bisognava nutrirle, cosa alla quale non si era affatto pensato. Nondimeno la cosa era urgente. Ci fu qualche discussione con il maresciallo della Corte, che non era preparato a tale richiesta, ma alla fine si prestò e i lacchè della Corte, con i soldati della guardia del castello del reggimento di Inguermanie, furono impiegati per portare dalla cucina del castello al campo il cibo necessario a nutrire i nuovi arrivati. Questo campo non era proprio vicino alla casa e né gli uni né gli altri vennero ricompensati per la fatica: si può ben immaginare la bella impressione che doveva fare questa sistemazione così saggia e prudente. I soldati del reggimento Inguermanie dicevano: «Eccoci diventati i camerieri dei maledetti tedeschi.» Il personale della Corte diceva: «Siamo impegnati a servire un branco di villani». Quando vidi e compresi ciò che stava accadendo, decisi fermamente di tenermi lontana più che potevo da questo deleterio gioco infantile.

I cavalieri della nostra Corte, che erano sposati, avevano con loro le mogli, e questo formava una compagnia assai numerosa; gli stessi cavalieri non avevano nulla da fare nel campo delle truppe dell'Holstein, dal quale Sua Altezza non si schiodava più. Così in mezzo a questa compagnia di persone e in mezzo a loro, andavo, il più possibile, a passeggiare, ma sempre dalla parte opposta al campo, al quale non ci avvicinavamo per nessun motivo.

Mi prese allora il desiderio di farmi un giardino a Oranienbaum, e poiché sapevo che il granduca non mi avrebbe dato un pollice di terra per questo, pregai il principe Galitzine di vendermi o di cedermi uno spazio di cento tese[11] di terreno inutilizzato e da tanto tempo abbandonato che aveva proprio di fianco a Oranienbaum. Questo terreno apparteneva a otto o dieci persone della loro famiglia, che me lo cedettero volentieri, non chiedendomi alcunché. Cominciai allora a fare dei progetti e a piantare, e poiché era la prima iniziativa che facevo in tema di progetti e costruzioni, divenne grandissima. C'era un vecchio chirurgo, Gyon, che vedendo tutto ciò mi disse: «A che pro tutto ciò? Datemi retta, vi predico che un giorno abbandonerete tutto questo». La sua predizione si è avverata, ma all'epoca avevo bisogno di una distrazione e di poter esercitare l'immaginazione. Per iniziare a creare il mio giardino, mi avvalsi del giardiniere di Oranienbaum, certo Lamberti, che era al servizio dell'Imperatrice da quando era ancora principessa, nelle terre di Tsarskoie-Celo, da dove l'aveva spostato a Oranienbaum. Si piccava di fare predizioni e, fra queste, quella sull'Imperatrice si era compiuta, perché aveva predetto che sarebbe salita al trono. Questo stesso uomo mi ha detto e ripetuto, tutte le volte che ho voluto ascoltarlo, che sarei diventata imperatrice sovrana di Russia, che avrei avuto figli, nipoti e pronipoti e sarei morta molto anziana, a più di ottant'anni. Fece di più, predisse l'anno della mia salita al trono sei anni prima l'avvenimento. Era un uomo molto strano, che parlava con una sicurezza che nulla poteva intaccare. Diceva che l'Imperatrice gli voleva del male per quello che le aveva predetto e per ciò che era accaduto, e che l'aveva rimandato da Tsarskoie-Celo a Oranienbaum perché lo temeva. A Pentecoste, ricordo, lasciammo Oranienbaum per tornare in città. Circa in quel periodo venne in Russia il cavaliere Williams[12-13], ambasciatore d'Inghilterra. Aveva nel suo seguito il conte Poniatowski[14], polacco, figlio di quello che aveva seguito il partito di Carlo XII, re di Svezia[15].

Dopo un breve soggiorno in città, ritornammo a Oranienbaum, dove l'Imperatrice ordinò di festeggiare San Pietro. Lei non venne, perché non voleva festeggiare il primo compleanno di mio figlio Paolo, che cade lo stesso giorno[16], e rimase a Petherof. Là si mise a una finestra, dove apparentemente rimase tutto il giorno, perché tutti quelli che vennero a Oranienbaum dissero di averla vista lì. Giunse un gran bel mondo, si danzò nella sala che era all'entrata del mio giardino e poi si cenò. Giunsero anche gli ambasciatori e i ministri stranieri. Mi ricordo che l'ambasciatore d'Inghilterra, il cavaliere Williams, cenò vicino a me e che facemmo una conversazione piacevole e spensierata: poiché era dotato di molto spirito e cultura e conosceva l'Europa intera, non era difficile fare conversazione con lui. Seppi in seguito che si era così divertito con me in questa serata, che parlava di me elogiandomi, cosa che non mi è mai venuta meno con le menti e gli spiriti simili al mio, e poiché all'epoca avevo meno invidiosi, di me si parlava generalmente con molti elogi. Passavo per una persona dotata di spirito, e molti che mi conoscevano più da vicino mi onoravano della loro confidenza, si fidavano di me, mi domandavano consiglio e si trovavano bene con quelli che davo loro. Da tempo il granduca mi chiamava Mme la Ressource e, anche quando era arrabbiato o immusonito con me, se si trovava in difficoltà su qualche cosa, arrivava da me a gambe levate, come era sua abitudine, per ottener il mio parere e, quando l'aveva avuto, se ne andava di nuovo a gambe levate.

Mi ricordo che a questa festa di San Pietro, a Oranienbaum, vedendo ballare il conte Poniatowski, parlai al cavaliere Williams di suo padre e del male che aveva fatto a Pietro I.

L'ambasciatore d'Inghilterra mi parlò molto bene del figlio[17] e mi confermò ciò che già sapevo, vale a dire che suo padre e la famiglia di sua madre, i Czartorisky, formavano allora in Polonia il partito russo, e che aveva inviato suo figlio in Russia, e glielo aveva affidato, per crescerlo nella sensibilità per la Russia e che speravano avesse successo. All'epoca poteva avere ventidue o ventitré anni. Gli risposi che in generale io guardavo la Russia, per gli stranieri, come la pietra d'inciampo del merito e che se fosse riuscito in Russia poteva essere sicuro di riuscire in tutta l'Europa[18].

Questa considerazione l'ho sempre ritenuta infallibile, poiché non vi è nessun luogo in Europa più capace della Russia a mettere in risalto la debolezza, il ridicolo e i difetti di uno straniero; si può essere certi che non gli verrà perdonato nulla, perché per natura i russi non amano profondamente alcuno straniero.

Circa in quel periodo seppi che la condotta di Sergio Saltykov era stata poco consona sia in Svezia sia a Dresda. Oltre a ciò aveva corteggiato tutte le donne che aveva incontrato. All'inizio non volevo crederci, ma poi lo sentii ripetere da tante parti che i suoi stessi amici non furono in grado di discolparlo[19].

Nel corso di quest'anno strinsi più che mai amicizia con Anna Narychkine e Léon, suo cognato, vi contribuì molto. Era sempre, come terzo, tra noi e le sue follie non finivano mai. Qualche volta ci diceva:«A quella di voi due che si comporterà meglio, destino un gioiello di cui mi ringrazierete!» Lo si lasciava dire e nessuno era curioso di chiedergli che cosa fosse questo gioiello[20].

In autunno le truppe dell'Holstein furono rimandate via mare e noi andammo a occupare il Palazzo d'estate. In quel periodo Léon Narychkine si ammalò con una febbre altissima, durante la quale mi scrisse della lettere che vedevo bene che non erano scritte da lui. Gli risposi. Mi chiedeva con le sue lettere a volte delle confetture, a volte altre miserie simili e poi mi ringraziava. Le lettere erano ben scritte e molto allegre; diceva che utilizzava la mano del suo segretario. Alla fine seppi che questo segretario era il conte Poniatowski, che non si spostava da casa sua e si era intrufolato nella casa di Narychkine[21].

All'inizio dell'inverno, dal Palazzo d'estate passammo al nuovo Palazzo d'inverno, che l'Imperatrice aveva fatto costruire, in legno, là dove era la casa dei Tchitchérine. Questo palazzo prendeva tutto il quartiere sino davanti alla casa della contessa Matiouchkine, che allora apparteneva a Naoumoff; le mie finestre erano davanti a questa casa, che era occupata dalle damigelle d'onore. Entrandovi fui colpita dall'altezza e dalla grandezza degli appartamenti destinati a noi; quattro grandi anticamere e due camere con un gabinetto erano pronte per me e altrettante per il granduca. I nostri appartamenti erano così ben distribuiti che non ebbi a soffrire della vicinanza di quelli del granduca. Il che era un grande punto di vantaggio. Il conte Alessandro Šuvalov notò la mia contentezza e andò subito a dire all'Imperatrice che avevo molto lodato la grandezza e la quantità degli appartamenti che mi erano destinati, cosa che mi riferì in seguito con una sorta di soddisfazione segnata da ammiccamento dell'occhio accompagnato da un sorriso.

A quel tempo, e per molto tempo dopo, il principale gioco del granduca, in città, era un'eccessiva quantità di piccoli pupazzi, di soldati di legno, di piombo, di cera che sistemava su dei tavoli molto stretti che occupavano tutta una stanza e tra quali si poteva passare a fatica. Aveva inchiodato delle bande di ottone lungo questi tavoli, a queste bande erano attaccati degli spaghi e, quando si tiravano questi spaghi, queste producevano un rumore che, secondo lui, riproduceva il fuoco dei fucili. Celebrava le feste della Corte con molta regolarità facendo riprodurre le raffiche di fuoco a quelle truppe. Oltre a questo, ogni giorno c'era il cambio della guardia, vale a dire che da ogni tavolo si prendevano i pupazzi che si riteneva dovessero essere di guardia. Assisteva a queste parate in uniforme, stivali, speroni, gorgiera e fascia a tracolla. I domestici che erano ammessi a questo bell'esercizio erano obbligati ad assistervi allo stesso modo.

Verso l'inverno di quell'anno, mi credetti nuovamente incinta. Fui salassata. Ebbi un'infiammazione, o piuttosto credetti di averla, alle due guance, ma dopo aver sofferto per qualche giorno, mi uscirono quattro denti molari alle quattro estremità delle mascelle.

Poiché i nostri appartamenti erano molto spaziosi, il granduca istituì tutte le settimane un ballo e un concerto, ai quali venivano solo le damigelle d'onore e i cavalieri della nostra corte con le loro spose. I balli erano interessanti secondo chi vi partecipava, mai molto. I Narychkine erano più socievoli degli altri: in questo annovero Mme Siniavine e Ismaïlov, sorelle di Narychkine, e la moglie del fratello maggiore, della quale ho già fatto menzione. Léon Narychkine, più folle che mai, e guardato da tutti come un uomo senza importanza, come in effetti era, aveva preso l'abitudine di correre continuamente dalla camera del granduca alla mia, non fermandosi da nessuna parte per lungo tempo. Per entrare da me aveva preso il vezzo di miagolare come un gatto alla porta della mia camera e, quando gli rispondevo, entrava.

Il 17 dicembre, tra le sei e le sette di sera, si annunciò alla mia porta e gli dissi di entrare. Iniziò facendomi i complimenti su sua cognata, ma dicendomi che non si comportava molto bene; poi mi disse: «Ma voi dovreste andarla a trovare.» Gli dissi: «Lo farei volentieri, ma sapete che non posso uscire senza permesso e che non mi si permetterà mai di andare da lei.» Mi rispose: «Vi porterò io.» Gli ribattei: «Avete perso il buon senso? Come posso venire con voi! Metteranno voi alla fortezza e io ne avrei chissà quali contrarietà.» «Oh – disse – nessuno lo saprà, prenderemo le nostre precauzioni.» «Come?» Allora mi disse: «Verrò a prendervi tra un'ora o due da adesso; il granduca sarà a cena (era da tempo che con il pretesto di non cenare io rimanevo nella mia camera), sarà a tavola per una parte della notte, si alzerà molto ubriaco e andrà a dormire (dormiva la maggior parte delle volte a casa sua, dopo il mio parto). Per maggiore sicurezza vestitevi da uomo e andremo a casa di Anna Nikitichna Narychkine insieme.»

L'avventura incominciava a tentarmi. Ero sempre sola nella mia camera con i miei libri, senza alcuna compagnia. Alla fine, a forza di discutere con lui questo progetto di per se stesso folle, e che mi era parso tale a prima vista, vi trovai la possibilità di procurarmi un momento di divertimento e di spensieratezza. Uscì. Chiamai un parrucchiere calmucco e gli dissi di portarmi uno dei miei abiti da uomo e tutto quello che mi serviva a questo scopo, perché avevo bisogno di mostrarlo a qualcuno. Questo ragazzo aveva l'abitudine di non aprire la bocca, e si faceva più fatica a farlo parlare che non a far tacere tutti gli altri. Si occupò della mia commissione con prontezza e mi portò tutto ciò di cui avevo bisogno. Presi come scusa un mal di testa e andai a letto di buon'ora. Quando Mme Vladislava mi ebbe messo a letto e si fu ritirata, mi alzai e mi vestii da capo a piedi come un uomo, sistemando i miei capelli come meglio potei. Da tempo avevo quest'abitudine e nel farlo ero abbastanza capace. All'ora indicata, Léon Narychkine venne, passando dagli appartamenti del granduca, a miagolare alla porta, che gli aprii. Passammo per una piccola anticamera in un vestibolo e ci mettemmo nella sua carrozza, senza che alcuno ci vedesse, ridendo come dei matti per la nostra fuga. Léon alloggiava con suo fratello e la moglie di questi nella stessa casa. Arrivati in questa casa, Anna Nikitichna, che non sospettava nulla, si trovava lì e vi trovammo anche il conte Poniatowski[22]. Léon annunciò uno dei suoi amici, che pregò di ricevere bene e la serata trascorse nel modo più folle che si possa immaginare. Dopo un'ora e mezza di visita me ne andai e ritornai a casa particolarmente contenta, senza che anima viva ci incontrasse. All'indomani, giorno della nascita dell'Imperatrice, a Corte alla mattina e alla sera al ballo, nessuno di noi, a conoscenza del segreto, poteva guardarsi senza scoppiare a ridere per la follia della vigilia. Qualche giorno dopo Léon propose una contro visita che doveva aver luogo a casa mia; allo stesso modo condusse la sua cerchia nella mia camera, così bene che nessuno ne ebbe sentore.

Fu così che iniziò il 1756[23]. Prendemmo un strano piacere a questi incontri furtivi, non c'era settimana in cui non ve ne fosse uno o due e anche tre, talvolta a casa degli uni, talvolta degli altri e quando c'era qualcuno della compagnia ammalato, era a casa sua che sicuramente si andava. Qualche volta a teatro, senza parlarci, utilizzando segni convenuti, sebbene in palchi differenti e qualcuno nel parterre, ciascuno sapeva dove recarsi e non ci fu mai un equivoco fra noi. Solo due volte ho dovuto rientrare a piedi a casa, il che era una passeggiata[24].

1756

Ci si stava allora preparando alla guerra contro il re di Prussia[25]. L'Imperatrice, per il suo trattato con la casa d'Austria, doveva fornire trentamila uomini di supporto: questa era l'opinione del gran cancelliere Bestužev, ma la casa d'Austria voleva che la Russia l'assistesse con tutte le sue forze, là dove poteva e spesso per canali differenti. Il partito che si opponeva a Bestužev era formato dal vice cancelliere, conte Vorontsov, e dai Šuvalov. L'Inghilterra era allora legata al re di Prussia e la Francia all'Austria. L'Imperatrice Elisabetta incominciava ad avere frequenti indisposizioni. I primi tempi non si sapeva di che cosa si trattasse; lo si attribuiva all'inizio della menopausa. Si vedevano spesso i Šuvalov afflitti e molto sconcertati, blandire talvolta il granduca. I cortigiani mormoravano che queste indisposizioni di Sua Maestà imperiale avrebbero potuto avere maggiori conseguenze di quanto non si credesse; alcuni chiamavano disturbi isterici ciò che gli altri chiamavano svenimenti, o convulsioni, o mal di nervi. Questo durò per tutto l'inverno dal 1755 al 1756.

A primavera, apprendemmo che il maresciallo Apraksin partiva per comandare l'armata che doveva entrare in Prussia[26]. La moglie del maresciallo venne da noi per prendere congedo con la figlia minore. Le parlai delle preoccupazioni che avevo sullo stato di salute dell'Imperatrice, e che ero spiacente che suo marito partisse in un momento in cui, ritenevo, non vi fosse molto da contare sui Šuvalov, che guardavo come miei nemici particolari, che me ne volevano particolarmente perché amavo più i loro nemici che loro, e specificatamente i conti Razumovskij. Ripeté il tutto a suo marito, che fu molto contento del mio atteggiamento nei suoi confronti[27] come verso il conte Bestužev, che non amava i Šuvalov ed era alleato con i Razumovskij, avendo suo figlio sposato una nipote di questi. Apraksin poteva essere un utile intermediario tra tutti gli interessati per il rapporto che esisteva tra sua figlia e il conte Pietro Šuvalov: Léon affermava che questo rapporto era conosciuto dal padre e dalla madre.

Io capivo perfettamente e, oltre a questo, vedevo chiaro come il giorno, che i Šuvalov usavano M. Brockdorf più che mai per allontanare da me il granduca più che potevano. Nonostante questo egli aveva ancora una involontaria fiducia in me: che ha sempre conservato in un modo singolare, del quale lui stesso non si rendeva conto e non si interrogava né si vergognava. In quel momento aveva litigato con la contessa Vorontsov ed era innamorato di Mme Téplov, nipote dei Razumovskij. Quando la volle ricevere, mi consultò sul modo di abbellire la sua camera per piacere di più alla dama, e mi mostrò che aveva riempito questa camera di fucili, berretti da granatiere, di bandoliere così che sembrava un angolo di un arsenale. Lo lasciai fare e me ne andai. Oltre a questo, alla sera fece venire una piccola cantante tedesca, di nome Lèonore, per intrattenerlo e per cenare con lui. Era la principessa di Curlandia che aveva fatto litigare il granduca con la contessa Vorontsov. A dire il vero, non so esattamente come, questa principessa di Curlandia giocasse allora un ruolo particolare a Corte: in primo luogo era una donna di circa trent'anni, piccola, brutta e gobba, come ho già detto[28]. Aveva saputo mettersi sotto la protezione del confessore dell'Imperatrice e di numerose dame di camera di Sua Maestà imperiale, di modo che le si perdonava tutto quello che faceva.

Alloggiava con le damigelle d'onore di Sua Maestà che erano sotto la bacchetta di una certa Mme Schimidt, che era la moglie di un trombettiere di Corte. Questa Mme Schimidt era di nazionalità finlandese, prodigio-samente grossa e massiccia, e aveva il tono volgare e villano della sue origini. Tuttavia giocava un ruolo a Corte ed era sotto l'immediata protezione delle vecchie dame di camera tedesche e svedesi dell'Impera-trice e, di conseguenza, del maresciallo di corte Siévers, che era anch'egli finlandese e che aveva sposato la figlia di Mme Krouse, sorella di una delle più affezionate di Sua Maestà. Mme Schimidt governava all'interno della casa delle damigelle d'onore con più vigore che intelligenza, ma non compariva mai a Corte, In pubblico alla loro testa vi era la principessa di Curlandia, alla quale Mme Schimidt aveva tacitamente affidata la loro condotta a Corte. Nella loro abitazione alloggiavano tutte in una fila di stanze che portavano da una parte a quella di Mme Schimidt e dall'altra a quella della principessa di Curlandia. Erano in due, tre, quattro per camera, ciascuna con un paravento attorno al proprio letto, mentre tutte le camere non avevano altro sbocco che l'una nell'altra. A un primo sguardo sembrava dunque che, grazie questa a sistemazione, l'appartamento delle damigelle d'onore fosse impenetrabile, poiché ci si poteva arrivare solo passando per la camera di Mme Schimidt o per quella della principessa di Curlandia. Ma Mme Schimidt era spesso malata per le indigestioni di tutti i paté grassi a altri cibi che le mandavano i genitori di queste ragazze e, di conseguenza, non restava che l'uscita della camera della principessa di Curlandia. Qui la maldicenza voleva che per passare nelle altre stanze bisognasse, in un modo o nell'altro, pagare pedaggio. Ciò che c'era di certo a questo proposito, era che la principessa di Curlandia fidanzava e sfidanzava, prometteva e negava le damigelle d'onore dell'Imperatrice, nel corso di parecchi anni, come giudicava meglio. Da molti, e tra questi da Léon Narychkine e dal conte Boutourline ho saputo, la storia del pedaggio che veniva richiesto nel caso in cui non ci fosse possibilità di pagamento in denaro.

Gli amori del granduca con Mme Teplov durarono fino a quando non andammo in campagna. Qui si interruppero, poiché Sua Altezza imperiale in estate era insopportabile. Non potendolo vedere, Mme Teplov pretendeva che le scrivesse due o tre volte alla settimana, e per impegnarlo in questa corrispondenza, cominciò con lo scrivergli una lettera di quattro pagine. Quando la ricevette, venne nella mia camera con un volto molto alterato, tenendo la lettera di Mme Teplov nelle mani, e mi disse con una foga e un tono di collera molto accesa: «Immaginatevi: mi scrive una lettera di quattro pagine intere e pretende che io la debba leggere e, inoltre, che le risponda, io che devo andare a fare le esercitazioni (aveva nuovamente fatto venire le sue truppe dall'Holstein), poi pranzare, poi sparare, e poi vedere la replica di un'opera e il balletto dove danzeranno i cadetti! Le farò dire in modo deciso che non ho il tempo e se si arrabbia, litigherò con lei per tutto l'inverno.» Gli risposi che era certamente la strada più breve.

Penso che gli elementi che cito siano caratteristici e che proprio per questo non siano fuori luogo. Ecco il punto cruciale dell'apparizione dei cadetti a Oranienbaum. Nella primavera del 1756, i Šuvalov avevano pensato di fare un atto di buona politica, per staccare il granduca dalle sue truppe dell'Holstein, persuadendo l'Imperatrice a dare a Sua Altezza imperiale il comando del corpo dei cadetti di fanteria, che era allora il solo corpo di cadetti esistente[29]. Si era messo sotto di lui l'intimo amico di Ivan Ivanovitch Šuvalov, e suo confidente, A. P. Melgounoff. Costui era maritato con una delle dame di camera tedesche, e favorita dell'Imperatrice. Così i Šuvalov avevano uno dei loro intimi nella camera del granduca, che poteva parlargli in ogni momento. Con il pretesto dei balletti dell'opera a Oranienbaum, vi si portarono, quindi, un centinaio di cadetti, e M. Melgounoff, con gli ufficiali più vicini a lui, giunsero insieme a questi: erano come dei sorveglianti *alla Šuvalov*.

Tra i comandanti che vennero a Oranienbaum con i cadetti, si trovava il loro scudiere Zimmerman, che aveva fama di essere il miglior cavaliere che vi fosse allora in Russia. Poiché la mia presunta gravidanza dell'autunno precedente era svanita, decisi di prendere lezioni di maneggio da Zimmerman. Ne parlai al granduca che in merito non fece alcuna difficoltà. Era da tempo che tutte le vecchie regole introdotte dai Tchoglokov erano state dimenticate, trascurate o ignorate da Alessandro Šuvalov che, peraltro, godeva egli stesso di pochissima o nessuna considerazione. Noi ci prendevamo gioco di lui, di sua moglie, di sua figlia, dei suoi nipoti quasi in loro presenza; vi si prestavano, poiché mai si videro figure più ignobili e meschine. Mme Šuvalov era stata da me soprannominata con l'epiteto di statua di sale. Era magra, piccola e contratta, la sua avarizia traspariva dal suo abbigliamento: le sue gonne erano sempre troppo strette e avevano un telo di meno di quanto servisse rispetto alle gonne delle altre dame. Sua figlia, la contessa Golovkine, era messa alla stessa maniera, le loro acconciature e i loro polsini erano miseri e risentivano sempre della mancanza di qualche cosa, benché fossero gente molto ricca e in una buona posizione, ma amavano per gusto tutto ciò che era modesto e meschino, vera immagine del loro spirito.

Da quando ripresi a prendere lezioni per montare a cavallo, mi diedi a questa attività nuovamente con passione. Mi alzavo alle sei del mattino, mi vestivo da uomo e me ne andavo nel mio giardino, dove avevo fatto approntare un luogo che serviva da maneggio. Facevo progressi così rapidi che sovente Zimmerman, in mezzo al maneggio, correva da me, la lacrima agli occhi, e mi baciava lo stivale con una sorta di entusiasmo che non controllava. Altre volte esclamava: «Mai nella vita ho avuto un allievo che mi ha fatto tanto onore, né dei progressi di questo tipo in così breve tempo!» A queste lezioni assisteva solo il mio vecchio chirurgo Gyon, una dama di camera e qualche domestico. Poiché mi applicavo molto a queste lezioni, che prendevo tutte le mattine, ad eccezione della domenica, Zimmerman ricompensò il mio lavoro con degli speroni d'argento che mi regalò, secondo le regole del maneggio. In capo a tre settimane avevo compiuto tutte le lezioni di maneggio e, verso l'autunno, Zimmerman fece arrivare un cavallo da salto, dopodiché voleva regalarmi le staffe. Ma alla vigilia del giorno fissato per montarlo, ricevemmo l'ordine di rientrare in città; la partita fu quindi rinviata fino alla successiva primavera.

Nel corso di questa estate il conte Poniatowski andò a fare un giro in Polonia, da dove ritornò con un accredito come ministro del re di Polonia. Prima di partire venne a Oranienbaum per prendere congedo da noi. Era accompagnato dal conte Horn[30], che il re di Svezia[31], con il pretesto di portare a San Pietroburgo la notizia della morte di sua madre, mia nonna, aveva fatto venire in Russia per sottrarlo alle persecuzioni del partito francese, altrimenti detto dei *cappelli*, rispetto a quello russo, o dei *berretti*. Questa persecuzione divenne così grande in Svezia, a questa data del 1756, che pressoché tutti i capi del partito russo furono, in quell'anno, decapitati. Lo stesso conte Horn mi disse che lui stesso, se non fosse venuto a San Pietroburgo, sarebbe stato tra quelli.

Il conte Poniatowski e il conte Horn restarono per due giorni a Oranienbaum. Il primo giorno il granduca li trattò molto bene, il secondo lo annoiarono, poiché aveva in testa le nozze di un suo cacciatore dove voleva andare a bere, e quando vide che i conti Poniatowski e Horn restavano, li piantò là e rimasi io incaricata di fare gli onori di casa. Dopo pranzo portai la compagnia che era rimasta, e che non era troppo numerosa, a vedere gli interni degli appartamenti del granduca e miei. Arrivati nel mio gabinetto, un piccolo cane di razza bolognese[32] si mise ad abbaiare molto forte contro il conte Horn, ma quando vide il conte Poniatowski credetti che impazzisse di gioia. Poiché il gabinetto era molto piccolo, oltre a Léon Narychkine, sua cognata ed io, nessuno vide la scena. Ma il conte Horn non fu offeso; mentre attraversavo gli appartamenti per ritornare nella sala, il conte Horn tirò per l'abito il conte Poniatowski e gli disse: «Amico mio, non vi è nulla di più terribile di un cane di razza bolognese; la prima cosa che ho sempre fatto che le donne che amavo, è stata di regalargliene uno, ed è attraverso loro che riconoscevo se c'era qualcuno più favorito di me. La regola è sicura e certa, lo vedete, il cane ha ringhiato, voleva mordere me, che non conosce, mentre non sapeva cosa fare per la gioia quando ha visto voi, poiché sicuramente non è la prima volta che vi vede là[33].» Il conte Poniatowski prese la cosa come un po' folle, ma non poté dissuaderlo. Il conte Horn gli rispose semplicemente: «Non temete, avete a che fare con un uomo discreto.» Il giorno seguente se ne andarono. Il conte Horn diceva che quando voleva innamorarsi, era sempre di tre donne alla volta. Mise questo in pratica sotto i nostri occhi a San Pietroburgo, dove fece la corte a tre signorine in una sola volta. Il conte Poniatowski partì due giorni dopo per il suo paese. Durante la sua assenza il cavaliere Williams mi fece dire da Léon Narychkine, che il gran cancelliere Bestužev maneggiava perché questa nomina del conte Poniatowski non avesse luogo e che attraverso lui aveva tentato di dissuadere il conte Brühl[34], allora ministro e favorito del re di Polonia, dal nominarlo; ma che non aveva avuto cura di eseguire questa commissione, benché non l'avesse rifiutata, nel timore che il gran cancelliere l'avesse affidata a qualcun altro che, forse, se ne sarebbe occupato con maggiore puntualità e per questo avrebbe nuociuto al suo amico, il quale sperava soprattutto di ritornare in Russia. Il cavaliere Williams supponeva che il conte Bestužev, che da tempo aveva dalla sua parte i ministri sassoni-polacchi, volesse far nominare qualcuno dei suoi fedeli per quest'incarico. Nonostante questo, il conte Poniatowski lo ottenne e ritornò, verso l'inverno, come inviato della Polonia e la missione sassone rimase sotto la direzione del conte Bestužev.

Qualche tempo prima di lasciare Oranienbaum, vi vedemmo arrivare il principe e la principessa Galitzine, accompagnati da M. Betzky. Costoro visitavano paesi stranieri per la loro salute, soprattutto Betzky, che aveva bisogno di distrarsi dalla profonda tristezza che gli era rimasta nell'anima dalla morte della principessa di Hesse-Hombourg, nata principessa Trubetskoy, madre della principessa Galitzine, la quale discendeva dal primo matrimonio della principessa di Hesse con l'*hospodar*[35] di Valacchia, Prina Kantemir. Essendo sia i principi Galitzine sia Betzky vecchie conoscenze mi preoccupai di riceverli nel migliore dei modi a Oranienbaum e dopo una lunga passeggiata, montai con la principessa Galitzine su di un *cabriolet* che condussi io stessa e andammo a passeggiare nei dintorni di Oranienbaum. Cammin facendo, la principessa Galitzine, che era una persona abbastanza strana e molto ottusa, cominciò a farmi dei discorsi con i quali mi diede a intendere che riteneva io avessi del malanimo nei suoi confronti. Le dissi che non ne avevo alcuno, e non sapevo su che cosa questo malanimo potesse basarsi, non avendo mai avuto alcunché da discutere con lei. Allora mi disse che aveva saputo che il conte Poniatowski l'aveva messa in cattiva luce nei miei confronti. A queste parole caddi dalle nuvole, e replicai che sognava del tutto, che questi non poteva nuocerle né qui né nei miei confronti, essendo partito da lungo tempo, che non lo conoscevo se non di vista e come straniero e che non sapevo che idea fosse questa.

Ritornata a casa chiamai Léon Narychkine e gli raccontai questa conversazione, che mi sembrava tanto stupida quanto impertinente e indiscreta. In merito mi disse che nel corso dell'inverno trascorso la principessa Galitzine aveva mosso cielo e terra per attirare a casa sua il conte Poniatowski e che questi, per educazione e per non mancarle di rispetto, aveva manifestato nei suoi confronti qualche attenzione; lei gli aveva fatto ogni sorta di *avance*, alle quali, era facile immaginare, egli non aveva in alcun modo risposto, poiché era vecchia, brutta, sciocca e matta, ed anche stravagante, e vedendo che non rispondeva per nulla ai suoi desideri, evidentemente aveva concepito dei sospetti nei confronti di quelli che erano sempre con lui, Léon Narychkine, e la sua bella cognata.

Durante il breve soggiorno della principessa Galitzine a Oranienbaum, ebbi un terribile litigio con il granduca in merito alle mie damigelle d'onore. Notavo che queste, sempre confidenti o amanti del granduca, in più occasioni venivano meno ai loro doveri o anche al riguardo e al rispetto che mi dovevano. Un dopo pranzo me ne andai nel loro appartamento e le rimproverai per la loro condotta, ricordando i loro doveri, quello che mi dovevano e aggiunsi che se continuavano avrei portato le mie lamentele all'Imperatrice. Qualcuna si spaventò, altre si irritarono, altre ancora piansero, ma da quando uscii non ebbero nulla di più urgente che riferire al granduca quello che era accaduto nella loro camera. Sua Altezza imperiale divenne furioso e si precipitò immediatamente da me. Entrando, iniziò col dirmi che non era più possibile vivere con me; che tutti i giorni diventavo più superba e altezzosa; che chiedevo riguardo e rispetto alle damigelle d'onore e rendevo loro la vita amara; che piangevano a calde lacrime tutto il giorno; che erano fanciulle di una certa condizione sociale che trattavo come serve, che se mi lamentavo di loro con l'Imperatrice, lui si sarebbe lamentato di me, della mia superbia, della mia cattiveria e Dio sa quant'altro mi disse. Lo ascoltai, non senza agitazione, e gli risposi che poteva dire di me tutto quello che gli pareva, che se la faccenda fosse stata portata davanti a sua zia, avrebbe facilmente giudicato lei se la cosa più ragionevole non era che cacciare queste ragazze dalla pessima condotta che, con le loro chiacchere, facevano litigare suo nipote e sua zia. Aggiunsi che Sua Maestà imperiale, per ristabilire la pace e l'accordo tra lui e me, ed anche per non ascoltare più alcuna discussione, non avrebbe avuto altra decisione da prendere che quella e che sarebbe certamente stato quello che avrebbe fatto. A questo punto, abbassò di un tono la voce e immaginò (poiché era sospettoso) che io ne sapessi di più delle intenzioni dell'Imperatrice riguardo alle giovani di quanto facessi trasparire e che realmente avrebbero potuto essere cacciate per questa vicenda. Cominciò col dirmi: «Ditemi, dunque, sapete forse qualcosa in merito? Si è già parlato di questo?» Gli risposi che se le cose fossero arrivate al punto di essere portate davanti all'Imperatrice, non dubitavo che le avrebbe risolte in modo deciso. Allora si mise a camminare a grandi passi per la camera meditando, si ammorbidì, e poi se ne andò con un mezzo broncio. La stessa sera raccontai, alle ragazze che mi sembravano più ragionevoli, la scena che mi aveva procurato il loro imprudente riferire parola per parola ciò di cui le avevo avvertite, al fine di non portare le cose a un punto tale di cui sarebbero probabilmente divenute le vittime.

In autunno ritornammo in città. Poco tempo dopo il cavaliere Williams ritornò per congedo in Inghilterra. Aveva mancato il suo obiettivo in Russia[36]. All'indomani della sua udienza con l'Imperatrice, aveva proposto un trattato di alleanza tra la Russia e l'Inghilterra. Il conte Bestužev ebbe l'ordine e pieni poteri per concludere questo trattato. In effetti questo trattato fu firmato dal gran cancelliere, ma l'ambasciatore non si sentì di gioire del suo successo e già l'indomani, il conte Bestužev gli comunicò, con una nota, l'adesione della Russia alla convenzione, firmata a Versailles, tra la Francia e l'Austria. Questo fu un colpo di fulmine per l'ambasciatore d'Inghilterra, che era stato beffato e ingannato dal grande cancelliere, o pareva che lo fosse stato. Ma lo stesso conte Bestužev non era più padrone di fare ciò che voleva: i suoi antagonisti incominciavano a vincere su di lui, e tramavano, o piuttosto si tramava a casa loro, per portarli verso il partito franco-austriaco, al quale erano molto propensi. I Šuvalov, e soprattutto Ivan Ivanovitch, amavano la Francia, e tutto ciò che ne veniva, alla follia, e in questo erano assecondati dal vice cancelliere Vorontsov, al quale Luigi XV ammobiliò, per il suo servizio, il palazzo che aveva appena costruito a San Pietroburgo, con vecchi mobili che avevano incominciato ad annoiare la marchesa di Pompadour, sua amante, e che aveva venduto al re con profitto. Il vice cancelliere aveva, oltre all'utile, ancora un altro motivo, che era di sminuire il suo rivale, il conte Bestužev, nel credito e di accaparrare il suo posto per Pietro Šuvalov. Meditava, inoltre, di avere il monopolio del commercio del tabacco della Russia per venderlo in Francia.

1757

Verso la fine di quell'anno, il conte Poniatowski ritornò a Pietroburgo come ministro del re di Polonia. Nel corso dell'inverno, quando iniziò il 1757, il treno di vita a casa nostra fu lo stesso dell'inverno precedente: stessi concerti, stessi balli, stessa conventicola.

Ben presto, dopo il nostro rientro in città, dove vedevo le cose più da vicino, mi accorsi che M. Brockdorf, con i suoi intrighi, faceva parecchia strada nell'animo del granduca. Era assecondato in questo da un buon numero di ufficiali dell'Holstein, che aveva incoraggiato Sua Altezza a tenersi, durante l'inverno, a San Pietroburgo. Erano almeno una ventina ed erano continuamente intorno, assieme a lui, al granduca, senza contare una coppia di soldati, sempre dell'Holstein, che facevano servizio nella sua camera, come galoppini, come valletti di camera, ed erano impiegati in tutte le salse: in fondo servivano da spie ai signori Brockdorf e compagnia. Attesi un momento favorevole, nel corso dell'inverno, per parlare seriamente al granduca e dirgli sinceramente che cosa pensavo di quelli che lo circondavano e degli intrighi che vedevo. Il momento si presentò e non lo lasciai sfuggire. Lo stesso granduca venne un giorno nel mio gabinetto per dirmi come fosse assolutamente indispensabile che inviasse un ordine segreto in Holstein, per fare arrestare uno dei personaggi più importanti del paese per la sua carica e il suo merito, un certo Elendsheim, di estrazione borghese, ma che per i suoi studi e per le sue capacità era giunto sino a quella posizione. Subito gli chiesi quale scontento vi fosse contro quest'uomo e che cosa aveva fatto per meritarsi di essere arrestato. A questo mi risposte: «Vedete, si dice che sia sospettato di malversazione.» Domandai chi erano i suoi accusatori. A questo si credette nella ragione rispondendomi: «Oh! Accusatori non ce ne sono, poiché tutti lo temono e lo rispettano nel paese, ed è per questo che è necessario che lo faccia arrestare, e quando lo sarà mi assicurano che se ne troveranno molti e sempre di più.» Fremetti per quello che mi diceva e gli replicai: «Ma prendendo in questo modo le cose al mondo non ci saranno più innocenti; sarà sufficiente un invidioso che farà correre tra la gente una vaga voce sulla quale si arresterà chi sembrerà onesto dicendo: le accuse e i crimini si troveranno dopo. È *alla maniera dei barbari, amico mio*, come nella canzone, che vi si consiglia di agire senza avere riguardo né alla vostra gloria né alla vostra giustizia. Chi vi dà questi pessimi consigli? Permettetemi di chiedervelo.» Il mio granduca si trovò un po' in imbarazzo per la mia domanda e mi disse: «Voi volete sempre saperne più degli altri.» Gli risposi che non era per fare la saputa che gli parlavo, ma perché odiavo l'ingiustizia, e non credevo, in un modo o nell'altro, che volesse commetterne una a cuor leggero. Si mise a passeggiare a grandi passi per la camera e poi se ne andò, più agitato che offeso.

Poco tempo dopo, ritornò e mi disse: «Venite da me, Brockdorf vi parlerà dell'affare di Elendsheim, e vedrete che sarete persuasa che io lo faccia arrestare.» Gli risposi: «Molto bene, vi seguirò e ascolterò ciò che dirà, visto che lo volete.» Effettivamente, trovai M. Brockdorf nella camera del granduca, che gli disse: «Parlate alla granduchessa.» Brockdorf, un po' interdetto, si inchinò davanti al granduca e gli disse: «Poiché Vostra Altezza me lo ordina, parlerò alla granduchessa.» Qui fece una pausa e poi disse: «È una faccenda che deve essere trattata con molta segretezza e prudenza.» Io ascoltavo. «Tutto il paese di Holstein è pieno delle voci delle malversazioni e delle concussioni di Elendsheim. È vero che non ci sono accusatori, perché lo si teme, ma quando sarà arrestato se ne potranno avere quanti se ne vorranno.» Gli chiesi dei dettagli su queste malversazioni e concussioni, ma seppi che per quanto riguardava le malversazioni recenti non poteva averne, visto che non aveva in mano il denaro del granduca, ma che si considerava malversazione il fatto che essendo a capo del dipartimento della giustizia, in tutti i processi giudicati vi era sempre una parte in causa che si lamentava dell'ingiustizia e diceva che la parte avversa aveva vinto perché aveva pagato i giudici. Ma M. Brockdorf poteva ben mettere in mostra tutta la sua eloquenza, ma non riusciva a persuadermi. Continuavo a sostenere con Brockdorf, in presenza del granduca, che si cercava di portar Sua Altezza imperiale a un'ingiustizia spaventosa, persuadendolo a emanare un ordine per fare arrestare un uomo contro il quale non esisteva né una denuncia né un'accusa formale. Dissi a Brockdorf che in questo modo il granduca poteva farlo rinchiudere in ogni momento e dire anche che i crimini e le accuse sarebbero venuti dopo e che, in fatto di questioni di giustizia, non era difficile pensare che colui che aveva perso il processo credesse sempre che gli era stato fatto un torto. Aggiunsi anche che il granduca doveva stare in guardia più di chiunque altro contro simili faccende, perché l'esperienza gli aveva già insegnato, a sue spese, ciò che la persecuzione e l'odio delle fazioni possono produrre. Erano, infatti, solo due o tre anni o poco più che, per mia intercessione, Sua Altezza imperiale aveva fatto rilasciare M. Holmer, che era stato tenuto in prigione sei o otto anni, per fargli rendere conto degli affari che aveva trattato durante la tutela del granduca e durante l'amministrazione del suo tutore, il principe reale di Svezia, al quale M. di Holmer era stato legato e che aveva seguito in Svezia, da dove era rientrato solo dopo che il granduca ebbe firmato e inviato un benestare e un'approvazione formale di tutto ciò che egli aveva fatto durante la sua minore età. Nonostante questo, si era impegnato il granduca a far arrestare M. Holmer e a nominare una commissione per esaminare ciò che era stato fatto sotto l'amministrazione del principe di Svezia. Questa commissione, dopo aver inizialmente operato con molto vigore, avendo aperto un campo libero ai delatori e, malgrado questo, non avendo trovato alcunché, era caduta in letargo, priva di elementi. Nello stesso tempo, M. Holmer languiva in una stretta prigione senza vedere né sua moglie, né i suoi figli, né i suoi amici, né i suoi parenti. Alla fine tutto il paese gridava all'ingiustizia e alla tirannia che veniva usata in quest'affare, che era veramente odioso, e che non sarebbe ancora finito se non fossi stata io a consigliare al granduca di tagliare questo nodo gordiano inviando un ordine di liberazione di M. Holmer e di abolizione della commissione che, oltre tutto, non costava poco denaro alle casse a quel tempo molto povere del granduca, nel suo ducato ereditario. Ma ebbi un bel citare questo esempio lampante, il granduca mi ascoltava, penso, fantasticando altre cose e M. Brockdorf, ostinato nella sua cattiveria, con un'intelligenza limitata e caparbio come un ceppo di legno, mi lasciò dire, non avendo più argomenti da far valere. Quando fui uscita, disse al granduca che tutto quello che avevo detto era unicamente frutto della mia bramosia di dominare; che io disapprovavo tutte le misure che non avevo consigliate; che non capivo nulla delle questioni di stato; che le donne volevano sempre occuparsi di tutto e che guastavano tutto quello che toccavano e che, soprattutto, le azioni di forza erano al di sopra della loro portata. Alla fine, fece tanto da escludere il mio consiglio e il granduca, persuaso da lui, fece preparare e firmò l'ordine, che fu spedito, per l'arresto di M. Elendsheim. Un certo Zeitz, segretario del granduca, addetto a Péchlin e nipote dell'ostetrica che mi aveva servito, mi avvertì di questo. Il partito di Péchlin, in generale non approvava questa misura violenta e priva di ragione, con la quale M. Brockdorf faceva tremare loro e tutto il paese dell'Holstein. Da quando appresi che i maneggi di Brockdorf l'avevano condotto in una causa così ingiusta, per me e per tutto quello che avevo spiegato al granduca, presi la ferma decisione di manifestare in pieno la mia indignazione a Brockdorf. Dissi a Zeitz, e feci dire a Péchlin, che da quel momento vedevo Brockdorf come la peste che bisognava fuggire e scacciare dal granduca, se fosse stato possibile e che avrei impegnato me stessa e tutto quello che era in mio potere per questo.

Effettivamente, presi spunto in ogni occasione per manifestare il disprezzo e l'orrore che mi aveva ispirato la condotta di quest'uomo; non ci fu sorta di ridicolo di cui non fu coperto e non lasciai che nessuno ignorasse, quando se ne presentava l'occasione, quello che pensavo di lui. Léon Narychkine e altri giovani della compagnia si divertivano e mi assecondavano. Quando M. Brockdorf attraversava le camere, tutti gli gridavano dietro: pellicano. Questo era il suo epiteto. Questo uccello era il più schifoso che si conoscesse e un uomo come M. Brockdorf era altrettanto schifoso sia nell'aspetto sia nell'animo. Era grande, con un collo lungo e la testa grossa e piatta, rossiccia e portava una parrucca di filo d'ottone, i suoi occhi erano piccoli e infossati nella testa, senza palpebre e quasi senza ciglia, gli angoli della bocca scendevano verso il mento, il che gli dava un'aria penosa e malvagia. Sul suo animo mi rifaccio a quello che ho già detto, ma aggiungo ancora che prendeva denaro da chiunque volesse darglielo. Perché il suo augusto padrone non trovava nulla a ridire alle sue concussioni, col tempo, vedendolo sempre bisognoso, lo convinse a fare altrettanto procurandogli, in questo modo, tutto il denaro che poteva vendendo ordini e titoli nobiliari dell'Holstein a chi voleva pagarli, o sollecitando il granduca, e spingendo nei diversi tribunali dell'impero e al senato ogni sorta d'affare, spesso ingiusto, talvolta anche oneroso per l'impero, come dei monopoli e altre gabelle che prima non sarebbero mai passate, perché contrarie alle leggi di Pietro I. Oltre a questo, Brockdorf spingeva più che mai il granduca a bere e nella crapula, avendolo circondato di un miscuglio di avventurieri e di gente tirata fuori dal corpo di guardia e dalle taverne, di Pietroburgo e della Germania, che non aveva né legge né fede, e non faceva che bere, fumare e parlare con volgarità di scemenze.

Vedendo che nonostante tutto quello che facevo e dicevo per screditare Brockdorf, questi rimaneva vicino al granduca ed era più favorito che mai, presi la decisione di dire al conte Šuvalov che cosa pensavo in merito a quest'uomo, aggiungendo che lo consideravo uno degli esseri più pericolosi da mettere vicino a un giovane principe, ereditario di un grande impero, e che in coscienza ero obbligata a parlargliene in confidenza perché avvertisse l'Imperatrice o prendesse le misure che riteneva opportune. Mi chiese se poteva nominarmi e gli risposi di sì e che se l'Imperatrice me lo avesse chiesto non avrei fatto boccucce per dire ciò che sapevo e vedevo. Il conte Alessandro Šuvalov, ascoltandomi seriamente, strizzava l'occhio in modo spasmodico, ma non era un uomo da agire senza il consiglio di suo fratello Pietro e di suo cugino Ivan. Per molto tempo non mi disse nulla, poi mi fece capire che probabilmente l'Imperatrice avrebbe voluto parlarmi.

Nel frattempo, un bel mattino, vidi entrare saltellando nel mio appartamento il granduca e il suo segretario Zeitz che correva dietro a lui con una carta in mano. Il granduca mi disse: «Guardate questo diavolo d'uomo, ho bevuto troppo ieri e sono ancora stordito oggi ed ecco che mi porta tutto un foglio che è il registro degli affari che vuole che finisca. Mi segue fino alla vostra camera.» Zeitz mi disse: «Tutto ciò che contiene richiede solo un sì o un no ed è faccenda di un quarto d'ora.» Dissi: «Ma sentiamo, dunque! Può darsi che ne verrete a capo prima di quanto pensiate.» Zeitz si mise a leggere mentre io dicevo «sì o no». Questo piacque al granduca e Zeitz gli disse: «Ecco, Signore, se due volte alla settimana voi consentirete a fare così i vostri affari non si fermeranno mai. Sono solo miserie, ma bisogna che procedano, e la granduchessa ha concluso il tutto con sei sì e altrettanti no.» Da quel giorno Sua Altezza imperiale si premurò di mandarmi Zeitz tutte le volte che doveva rispondere con dei sì o dei no. Dopo qualche tempo gli dissi di darmi una disposizione firmata per ciò che potevo concludere o meno senza il suo ordine, cosa che fece. Eravamo solo Péchlin, Zeitz ed io a conoscenza di questo accordo, del quale Péchlin e Zeitz erano felici: quando si trattava di firmare, il granduca firmava ciò che io avevo deciso.

L'affare Elendsheim rimase sotto la giurisdizione di Brockdorf, ma poiché costui era agli arresti, Brockdorf non si premurò di concluderlo, avendo ottenuto, più o meno, tutto quello che desiderava, allontanandolo dagli affari e dimostrando là il suo credito presso il granduca.

Scelsi un giorno in cui trovai l'occasione e il momento favorevole, per dire al granduca che poiché trovava gli affari dell'Holstein così noiosi da sbrigare e li guardava come un esempio di ciò che un giorno avrebbe dovuto fare, quando l'impero di Russia sarebbe caduto sotto la sua responsabilità, ritenevo che dovesse guardare a quel momento come a un peso ancora più penoso. Subito mi ripeté, cosa che mi aveva detto altre volte, che non si sentiva nato per la Russia, che lui stesso per i russi non era adatto, né i russi per lui, e che era persuaso che sarebbe morto in Russia. A questo proposito gli dissi, come più volte precedentemente, che non doveva lasciarsi andare a questa idea come inevitabile, ma che doveva fare del suo meglio per farsi amare da tutti in Russia e pregare l'Imperatrice di metterlo al corrente degli affari dell'impero. Lo indussi anche a chiedere di avere un posto nelle riunioni che avevano luogo nel consiglio dell'Imperatrice. In effetti, ne parlò ai Šuvalov che convinsero l'Imperatrice ad ammetterlo a queste riunioni tutte le volte che vi partecipava anche lei. Il che fu come dire che non vi avrebbe mai partecipato, poiché lei stessa vi andò con lui solo due o tre volte, e poi né lei né lui vi andarono più°.

I consigli che davo al granduca erano generalmente buoni e giovevoli, ma colui che consiglia lo fa secondo la sua intelligenza e in base al suo modo di pensare, di vedere le cose e di prenderle. Ora, il difetto dei miei consigli di fronte al granduca era che il suo modo di fare e di prendere le cose era affatto differente dal mio e più andavamo avanti con gli anni più questa differenza aumentava. Mi sforzavo in tutte le cose di avvicinarmi più che potevo alla verità e lui di giorno in giorno se ne allontanava, fino a quando non diventò un risoluto bugiardo. Poiché il modo in cui lo divenne è abbastanza singolare, vado a renderne conto: forse aiuterà il cammino della conoscenza umana su questo punto e potrà così servire e prevenire questo vizio o a correggerlo in qualche individuo che potrebbe aspirare a liberarsene.

La prima menzogna che il granduca concepì, per farsi valere su qualche giovane donna o fanciulla, contando sulla loro ignoranza, fu la seguente: quando era ancora a casa di suo padre in Holstein, suo padre l'aveva messo alla testa di un drappello di sue guardie e l'aveva mandato per colpire truppe egiziane che giravano intorno a Kiel e commettevano, diceva, efferate azioni di brigantaggio. Tutto questo lo raccontava in dettaglio, come i tranelli che aveva messo in atto per circondarle, impegnarli in uno o più combattimenti nei quali pretendeva di aver fatto prodigi di abilità e di valore, dopo i quali li aveva catturati e portati a Kiel. All'inizio aveva l'avvertenza di raccontare tutto questo a persone che ignoravano tutto ciò che lo riguardava, ma a poco a poco, osò esporre la sua storia davanti a persone sulla cui discrezione poteva contar per non essere smentito. Quando decise di fare questa recita davanti a me, gli chiesi quanto tempo prima della morte di suo padre tutto questo fosse accaduto. Allora, senza esitare, mi rispose: «Tre o quattro anni.» «Ah, bene – dissi – avete cominciato ben giovane a fare delle prodezze, poiché tre o quattro anni prima della morte del duca vostro padre, voi non avevate che sei o sette anni, essendo rimasto a undici anni, dopo di lui, sotto la tutela di mio zio, principe reale di Svezia. E quello che mi meraviglia allo stesso modo è che vostro padre, non avendo che voi come figlio, ed essendo la vostra salute sempre stata delicata, a quanto mi hanno detto, volle mandarvi a combattere contro dei ladri, e tutto questo ancora quando avevate sei o sette anni.» Il granduca si arrabbiò terribilmente contro di me per quello che gli avevo appena detto e mi disse che volevo farlo passare per un bugiardo di fronte al mondo, che io lo screditavo. Gli dissi che non ero io ma il calendario che screditava quello che raccontava, che lasciavo che lui stesso giudicasse se era umanamente possibile mandare un bambino di sei o sette anni, figlio unico e principe ereditario, tutta la speranza di suo padre, a catturare degli egiziani. Si zittì ed io anche. Mi mise il broncio per lungo tempo. Ma quando ebbe dimenticata la mia dimostrazione, non continuò a fare a meno, anche in mia presenza, di questo racconto che variava all'infinito. In seguito, ne concepì un altro molto più vergognoso e dannoso per lui, che racconterò a tempo debito. Mi sarebbe impossibile adesso dire tutte le fantasticherie che spesso immaginava e dava come fatti, nei quali non c'era ombra di verità. È sufficiente, penso, questo esempio.

Un giovedì, verso la fine del carnevale, ci fu un ballo a casa nostra e io mi sedetti tra la cognata di Léon Narychkine e sua sorella Mme Siniavine. Guardavamo ballare il minuetto Marine Ossipovna Sakrefkaïa, damigella d'onore dell'Imperatrice, nipote del conte Razumovskij. Era allora agile e leggera e si diceva che il conte Horn ne fosse molto innamorato, ma poiché lo era sempre di tre donne alla volta, si contavano anche la contessa Maria Romanovna Vorontsov e Anna Alexievna Hitrov, anch'esse damigelle d'onore di Sua Maestà imperiale. Trovammo che la prima ballava bene ed era molto graziosa mentre ballava con Léon Narychkine. A questo proposito sua cognata e sua sorella mi raccontarono che la madre parlava di maritare Léon Narychkine con Melle Hitrov, nipote dei Šuvalov da parte di madre, che era la sorella di Pietro e Alessandro Šuvalov e che era stata sposata con il padre di Melle Hitrov. Questi andava sovente nella casa dei Narychkine e aveva fatto tanto che la madre di Léon si era messa in testa questo matrimonio. Né Mme Siniavine né sua cognata si preoccupavano della parentela dei Šuvalov che, come ho già detto, non amavano. Léon, peraltro, non sapeva che sua madre pensava a maritarlo. Era innamorato della contessa Maria Vorontsov, della quale ho appena parlato. Avendo sentito questo, dissi alle signore Siniavine e Narychkine che non bisognava permettere questo matrimonio che la madre combinava con Melle Hitrov, che nessuno sopportava, perché era intrigante, odiosa e pettegola, e per tagliar corto a simili idee bisognava dare a Léon una donna di nostro piacimento e a questo proposito scegliere la suddetta nipote dei conti Razumovskij, che era oltretutto amata da queste due dame e sempre nella loro casa. Le due dame approvarono con entusiasmo il mio consiglio.

All'indomani, poiché vi era un ballo mascherato a Corte, mi rivolsi al maresciallo Razumovskij, che all'epoca era *hetman*[38] dell'Ucraina, e gli dissi chiaramente che faceva molto male a lasciar scappare per sua nipote un partito come Léon Narychkine, la cui madre voleva maritarlo con Melle Hitrov, ma che Mme Siniavine, sua cognata ed io, avevamo concordato che sua nipote sarebbe stata un partito più confacente e che, senza perdere tempo, andasse a fare la proposta agli interessati. Il maresciallo approvò il nostro progetto e ne parlò al suo factotum del momento, Teplov, che immediatamente andò a parlarne con il conte Razumovskij più anziano, il quale acconsentì. All'indomani, Teplov andò dall'arcivescovo di San Pietroburgo ad acquistare per cinquanta rubli il permesso alla dispensa. Ottenuta questa, il maresciallo e sua moglie andarono a casa della loro zia, la madre di Léon, e là l'affrontarono così bene che portarono la madre ad acconsentire a ciò che non voleva: giunsero in tempo, perché quel giorno la madre doveva dare la sua parola a M. Hitrov. Fatto questo, il maresciallo Razumovskij, Mme Siniavine e Mme Narychkine affrontarono Léon e lo persuasero a sposare quella cui non pensava assolutamente. Acconsentì benché amasse un'altra, ma questa era quasi promessa al conte Boutourline. Della signorina Hitrov non si preoccupò del tutto. Ottenuto questo assenso, il maresciallo fece venire da lui sua nipote, che trovò questo matrimonio troppo conveniente per rifiutarlo. All'indomani, domenica, i due conti Razumovskij chiesero all'Imperatrice il suo gradimento per questo matrimonio, cosa che diede immediatamente. I Šuvalov furono basiti del modo in cui Hitrov fu messo fuori gioco e anche loro stessi, che avevano saputo la cosa solo dopo il consenso dell'Imperatrice. La faccenda era conclusa, non si poteva tornare indietro, così Léon innamorato di una donna, con sua madre che voleva sposarlo a un'altra, ne sposò una terza, alla quale tre giorni prima nessuno aveva pensato.

Questo matrimonio di Léon Narychkine mi legò più che mai all'amicizia con i conti Razumovskij, che mi erano molto riconoscenti di aver procurato un così buon partito alla loro nipote. Inoltre, non erano per nulla imbarazzati di averlo tolto ai Šuvalov, poiché questi non potevano lamentarsi ed erano obbligati a nascondere la loro mortificazione. Tutto questo era un ulteriore apprezzamento che avevo procurato loro.

Gli amori del granduca con Mme Teplov erano ridotti a un flebile batter d'ali. Uno dei maggiori ostacoli a questi amori era la difficoltà che avevano a vedersi. Era sempre furtivamente e questo infastidiva Sua Altezza imperiale che non amava le difficoltà almeno quanto rispondere alle lettere che riceveva. Alla fine del carnevale, i suoi amori cominciarono a diventare un affare di partito. La principessa di Curlandia, un giorno, mi avvertì che il conte Roman Vorontsov, padre di due damigelle che erano alla Corte, e che, sia detto per inciso, era la bestia nera del granduca, come i suoi cinque ragazzi, faceva dei commenti poco consoni sul conto del granduca e che, tra l'altro, diceva se ne avesse avuta voglia sapeva perfettamente come fare per modificare in suo favore l'odio che il granduca aveva per lui. A questo scopo, diceva, era sufficiente pagare un pasto a Brockdorf, dargli della birra inglese da bere e, andandosene, mettergli in tasca sei bottiglie per Sua Altezza imperiale, così, lui e sua figlia minore sarebbero diventati i primi *matador* del favore del granduca. Al ballo di quella stessa sera, poiché notai un continuo parlottare tra Sua Altezza imperiale e la contessa Maria Vorontsov, figlia maggiore del conte Roman (questa famiglia era veramente intrecciata con i Šuvalov, a casa dei quali Brockdorf era sempre il benvenuto), non vidi con piacere che la signorina Elisabetta Vorontsov era ritornata sulla cresta dell'onda. Per frapporre qualche ostacolo in più, raccontai al granduca i discorsi del padre che ho appena riferiti. Fu pressoché preso dal furore e mi chiese, con grande collera, da chi avessi saputo questi discorsi. Per lungo tempo non volli svelarglielo, ma mi disse che poiché non potevo citare nessuno, ero io che avevo creato questa storia per nuocere al padre e alle figlie. Ebbi un bel pari a dirgli che in vita mia non avevo mai fatto tali asserzioni, e fui obbligata alla fine a citargli la principessa di Curlandia. Mi disse che le avrebbe immediatamente scritto un biglietto per sapere se dicessi il vero e che se vi fosse stata la minima discordanza tra quello che avrebbe risposto e quello che gli avevo detto, sarebbe andato dall'Imperatrice a lamentarsi dei miei intrighi e delle mie menzogne. Dopodiché uscì dalla camera.

Nell'apprensione di come la principessa di Curlandia gli avrebbe risposto e temendo che parlasse lasciando qualche equivoco, le inviai un biglietto dicendole: «In nome di Dio, dite la verità pura e semplice su ciò che vi verrà chiesto». Il biglietto le fu recapitato subito e a proposito perché precedette quello del granduca. La principessa di Curlandia rispose a Sua Altezza dicendo la verità ed egli constatò che non avevo mentito. Questo lo trattenne ancora per qualche tempo dai rapporti con le due figlie di un uomo che aveva così poca stima di lui e che, d'altronde, egli stesso non amava. Ma, al fine di mettere un ulteriore ostacolo, Léon Narychkine persuase il maresciallo conte Razumovskij a invitare alla sera, due o tre volte alla settimana e di nascosto, il granduca a casa sua. Era più o meno una festa in camera, poiché vi erano solo il maresciallo, Maria Paolovna Narychkine, il granduca, Mme Teplov e Léon Narychkine. Tutto questo durò per una parte della quaresima e diede spunto per un'altra idea. La casa del maresciallo era allora in legno, nei suoi appartamenti si riuniva il mondo poiché entrambi amavano giocare. Il maresciallo andava e veniva e quando non vi era il granduca ospitava la sua conventicola. Ma poiché il maresciallo era venuto molte volte da me, nella mia piccola e furtiva cerchia di amicizie, desiderava che questa andasse anche a casa sua. A questo scopo quello che veniva chiamato il suo eremo, e che era costituito da due o tre appartamenti al piano terra, fu destinato a noi. Tutti si nascondevano dagli altri, perché noi non osavamo uscire, come ho già detto, senza permesso. Con questa disposizione vi erano tre o quattro gruppi nella casa e il maresciallo passava da uno all'altro, ma solo il nostro era al corrente di tutto quello che accadeva, mentre gli altri non sapevano che noi eravamo lì.

Verso primavera, M. Péchlin, ministro del granduca per l'Holstein, morì. Il gran cancelliere, conte Bestužev, prevedendo la sua morte, mi aveva consigliato di raccomandare al granduca un certo M. Stambke. All'inizio della primavera andammo a Oranienbaum. Qui il ritmo di vita fu come quello degli anni precedenti, salvo il numero delle truppe dell'Holstein e degli avventurieri che erano posti come ufficiali, che aumentava di anno in anno. Poiché non era possibile trovare, per il loro numero, degli acquartieramenti nel piccolo villaggio di Oranienbaum, dove all'inizio c'erano solo ventotto capanne, si facevano accampare le truppe, il cui numero non ha mai superato i 1.300 uomini. Gli ufficiali pranzavano e cenavano a corte, ma poiché il numero delle dame e quello delle spose dei cavalieri non era più di quindici o sedici, e Sua Altezza amava appassionatamente i grandi pranzi, che dava di frequente nel suo campo e in tutti gli angoli e angolini di Oranienbaum, invitava a questi pranzi non solo le cantanti e le ballerine della sua opera, ma una quantità di borghesi di pessima compagnia che gli portavano da Pietroburgo. Quando appresi che cantanti e compagnia vi erano ammesse, mi astenni dall'andarci, con il pretesto che dovevo fare le cure termali, e per la maggior parte del tempo mangiai in camera mia con due o tre persone. In seguito dissi al granduca che temevo che l'Imperatrice avrebbe avuto da ridire che io frequentassi una compagnia così promiscua e, in realtà, non vi andai mai quando sapevo che l'ospitalità era generalizzata, il che fece in modo che il granduca mi volesse presente unicamente quando vi erano ammesse solo le damigelle di Corte. Ai balli mascherati che il granduca dava a Oranienbaum andavo vestita in modo molto semplice e senza gioielli né parure: questo fece una buona impressione all'Imperatrice, che non amava né approvava queste feste a Oranienbaum, i cui pranzi diventavano veramente dei baccanali. Tuttavia le tollerava o, almeno, non le proibiva. Seppi che Sua Maestà imperiale diceva: «Queste feste non fanno più piacere alla granduchessa che a me; ci va vestita il più semplicemente che può e non mangia mai con tutti quelli che ci vanno.» All'epoca mi occupavo di costruire e piantare quello che veniva chiamato il mio giardino; per il tempo rimanente passeggiavo a piedi, a cavallo o in cabriolet, e quando ero nella mia camera leggevo.

Nel mese di luglio, apprendemmo che Memel[39] aveva negoziato la resa con le truppe russe, il 24 giugno, e nel mese di agosto ricevemmo la notizia della battaglia di Gross-Jeägersdorf, vinta dall'armata russa il 19 di quel mese[40]. Il giorno del *Te Deum* diedi un grande pranzo nel mio giardino, al quale invitai il granduca e le persone più importanti di Oranienbaum e tutti apparvero contenti e allegri. Questo diminuì per un momento l'angoscia del granduca per la guerra appena scoppiata tra la Russia e il re di Prussia, per il quale aveva dall'infanzia una singolare propensione, che non aveva nulla di strano all'inizio, ma che degenerò in frenesia in seguito. La gioia pubblica del successo delle armi russe l'obbligava a dissimulare l'essenza del suo pensiero, che era quello di vedere con dispiacere le truppe prussiane battute, che considerava come invincibili. Quel giorno feci regalare ai muratori e ai lavoratori di Oranienbaum un bue arrosto.

Pochi giorni dopo ritornammo in città, dove andammo a occupare il Palazzo d'estate. Qui il conte Alessandro Šuvalov, una sera, mi venne a dire che l'Imperatrice era nella camera di sua moglie e che mi mandava a dire di andarvi per parlarle, come avevo desiderato l'inverno precedente. Andai immediatamente nell'appartamento del conte e della contessa Šuvalov, che era in fondo al mio. Vi trovai l'Imperatrice da sola. Dopo averle baciata la mano e che lei mi ebbe abbracciata, come sua abitudine, mi fece l'onore di dirmi che avendo saputo che desideravo parlarle, era venuta, quel giorno, per sapere che cosa volessi. Erano trascorsi oltre otto mesi dalla conversazione che avevo avuta con Alessandro Šuvalov in merito a Brockdorf. Risposi a Sua Maestà imperiale che l'inverno passato, vedendo la condotta che aveva Brockdorf, avevo creduto indispensabile parlarne al conte Alessandro Šuvalov, perché potesse avvertire Sua Maestà imperiale, che egli mi aveva chiesto se poteva nominarmi e che gli avevo risposto che se Sua Maestà imperiale lo desiderava, le avrei io stessa ripetuto quanto sapevo. Allora le raccontai come si era svolta la vicenda di Elendsheim. Parve ascoltarmi con molta freddezza, poi mi chiese dei dettagli sulla vita privata del granduca e sulla sua cerchia. Le dissi molto francamente ciò che ne sapevo e quando le esposi qualche dettaglio sugli affari dell'Holstein che le dimostrava che li conoscevo abbastanza bene, mi disse: «Mi sembrate bene informata su questo paese». Replicai con semplicità che non mi era difficile esserlo avendomi il granduca ordinato di prenderne conoscenza. Vidi sul viso dell'Imperatrice che questa confidenza aveva fatto un'impressione sgradevole su di lei e, in generale, mi parve molto stranamente chiusa durante tutto il colloquio, nel quale mi faceva parlare e mi poneva domande, mentre non diceva quasi una parola, così che questo incontro mi parve più una sorta di inquisizione da parte sua che non una conversazione confidenziale. Alla fine mi congedò freddamente come mi aveva ricevuta, ed io fu alquanto scontenta della mia udienza, che Alessandro Šuvalov mi raccomandò di tenere assolutamente segreta, cosa che gli promisi, anche perché non vi era nulla di cui vantarsi. Ritornata a casa, attribuii la freddezza dell'Imperatrice all'antipatia, della quale ero stata da tempo informata, che i Šuvalov le avevano ispirato nei miei confronti. Si vedrà più avanti il detestabile impiego, oserei dire, che fu convinta a fare di questa conversazione fra me e lei.

Qualche tempo dopo venimmo a sapere che il maresciallo Apraksin, lungi dall'approfittare dei suoi successi, dopo la conquista di Memel e la vittoria nella battaglia di Gross-Jeägersdorf, anziché proseguire, si ritirò con una tale fretta che questa ritirata assomigliò a una fuga, poiché aveva abbandonati e bruciati i suoi equipaggi e inchiodato i suoi cannoni. Nessuno comprese qualcosa di questa operazione[41]. I suoi stessi amici non sapevano come giustificarlo e se ne cercavano i retroscena. Non saprei esattamente neanche io a cosa attribuire la ritirata precipitosa e incoerente del maresciallo Apraksin, non avendolo più visto, tuttavia penso che la causa possa essere che aveva ricevuto da sua figlia, principessa Kourakine, sempre legata, per politica e non per simpatia, a Pietro Šuvalov, da suo genero, il principe Kourakine, dai suoi amici e parenti, delle notizie molto precise sulla salute dell'Imperatrice, che andava di male in peggio[42]. Si incominciava ad essere convinti che avesse delle convulsioni tutti i mesi regolarmente, che queste convulsioni indebolivano visibilmente il suo organismo, che dopo ogni convulsione era, per tre o quattro giorni, in un tale stato di debolezza e di annebbiamento delle facoltà, che era simile al letargo e che, in questi momenti, non si poteva né parlarle né avere cura di lei in alcun modo. Il maresciallo Apraksin credendo forse il pericolo più immediato di quanto non fosse realmente, non aveva giudicato opportuno spingersi più avanti in Prussia, ma aveva creduto di dover ritirarsi per avvicinarsi alle frontiere della Russia, con il pretesto della penuria di viveri, prevedendo che in caso di morte dell'Imperatrice questa guerra sarebbe terminata immediatamente. È difficile giudicare la linea d'azione del maresciallo Apraksin, ma tali potevano essere le sue vedute, ancor più se egli si credeva indispensabile in Russia, come ho detto parlando della sua partenza.

Il conte Bestužev mi mandò a dire da Stambke quale piega stava prendendo la condotta del maresciallo Apraksin, della quale l'ambasciatore imperiale e quello della Francia molto si lamentavano. Mi fece pregare di scrivere al maresciallo, come sua amica, e di aggiungere le mie argomentazioni alle sue[43], allo scopo di farlo tornare indietro e mettere fine a una fuga alla quale i suoi nemici davano un significato odioso e sinistro. Effettivamente, scrissi una lettera al maresciallo Apraksin, nella quale lo avvertivo delle pessime voci di San Pietroburgo, e poiché i suoi amici faticavano a giustificare la sua precipitosa ritirata, lo pregavo di ritornare indietro e di adempiere agli ordini che aveva dal governo. Il gran cancelliere Bestužev gli inviò questa lettera. Il maresciallo Apraksin non mi rispose.

Nelle more di questi avvenimenti vedemmo partire da San Pietroburgo e prendere congedo da noi il direttore generale delle costruzioni dell'Imperatrice, il generale Fermor[44]-[45]. Ci dicevano che probabilmente sarebbe andato presso l'armata; precedentemente era stato quartiermastro generale del conte Munich. La prima cosa che il generale Fermor chiese fu di avere con sé i suoi impiegati o sovraintendenti alle costruzioni, i brigadieri Reaznov e Mordvinov, e con questi partì per l'armata: erano militari che non avevano fatto altro che contratti di costruzioni. Al suo arrivo, gli fu ordinato di prendere il posto del maresciallo Apraksin, che fu richiamato, e quando ritornò trovò un ordine di Trihorsky che lo poneva agli arresti in attesa delle disposizioni dell'Imperatrice. Ordini che tardarono ad arrivare perché i suoi amici, sua figlia e Pietro Šuvalov, facevano di tutto e muovevano cielo e terra per calmare le ire dell'Imperatrice, fomentate dai conti Vorontsov, Boutourline, Ivan Šuvalov e altri, che erano spinti dagli ambasciatori delle corti di Versailles e di Vienna, perché si istruisse il processo contro Apraksin. Alla fine furono nominati dei commissari per porlo sotto esame. Dopo il primo interrogatorio, il maresciallo Apraksin ebbe un colpo apoplettico del quale morì nell'arco di circa ventiquattro ore. In questo processo sarebbe stato sicuramente coinvolto anche il generale Lieven, che era amico e confidente di Apraksin. Ne avrei provato un ulteriore dispiacere, poiché Lieven mi era sinceramente affezionato; ma per quanta amicizia potessi avere per Lieven e Apraksin, posso giurare che ignoravo nel modo più assoluto il motivo della loro condotta e la loro stessa condotta, benché si sia cercato di far correre la voce che era per accontentare il granduca e me che si erano ritirati anziché avanzare.

Lieven, talvolta, dava delle testimonianze molto stravaganti del suo attaccamento per me, tra le altre questa: l'ambasciatore della corte di Vienna, conte Esterhazy, dava un ballo mascherato al quale l'Imperatrice e tutta la Corte assistevano; Lieven, vedendomi passare nella sala dove si svolgeva, disse al suo vicino, conte Poniatowski: «Ecco una danna per la quale un uomo onesto potrebbe subire qualche colpo di frusta senza rimpianti.» Ho saputo questo aneddoto dal conte Poniatowski, divenuto poi re di Polonia.

Da quando il generale Fermor ebbe preso il comando, si affrettò ad adempiere alle sue istruzioni, che erano precise, di portarsi avanti, quindi, nonostante il rigore della stagione, occupò Königsberg, che gli inviò una delegazione di deputati il 18 gennaio 1758.

Nel corso di questo inverno, mi accorsi di un improvviso mutamento nella condotta di Léon Narychkine: incominciava ad essere maleducato e volgare; veniva di malavoglia da me, faceva dei discorsi che manifestavano che gli giravano per la testa cattivi propositi contro di me, sua cognata, sua sorella, il conte Poniatowski e tutti quelli che mi erano vicini. Seppi che era quasi sempre da Ivan Šuvalov, e indovinai facilmente che lo si allontanava da me perché gli avevo impedito di sposare Melle Hitrov, e che sicuramente si sarebbe fatto tanto da portarlo a fare indiscrezioni che mi avrebbero nuociuto. Anche sua cognata, sua sorella e suo fratello erano arrabbiati con lui per me, ed egli, letteralmente, si comportava come un folle e ci offendeva in modo arbitrario. Tutto questo mentre io arredavo a mie spese la casa che doveva abitare quando si sarebbe sposato. Tutti lo accusavano di ingratitudine e gli dicevano che non era prudente, in una parola che non aveva ragione di lamentarsi in alcun modo. Si vedeva chiaramente che serviva da strumento a quelli che si erano impossessati di lui. Faceva con maggiore regolarità la corte al granduca, che divertiva per quanto poteva, e lo portava via via a ciò che sapeva che io biasimavo. Qualche volta spingeva la maleducazione fino a non rispondere quando gli parlavo. Non so quale insetto l'avesse punto mentre io letteralmente l'avevo riempito di bene e di amicizia, come tutta la sua famiglia, da quando lo conoscevo. Penso che si mise ad adulare il granduca anche su consiglio dei Šuvalov, che gli dicevano che questo favore sarebbe stato per lui più solido del mio, poiché ero malvista dall'Imperatrice e dal granduca; che né l'una né l'altro mi amavano e che avrebbe nuociuto alla sua fortuna se non si fosse staccato da me; che quando l'Imperatrice sarebbe morta il granduca mi avrebbe messa in convento e altri commenti simili che venivano fatti dai

Šuvalov e che mi furono riferiti. Oltre a questo gli fecero vedere in prospettiva l'ordine di Sant'Anna[46] come personale segno di favore del granduca nei suoi confronti. In aiuto a questi ragionamenti e a queste promesse si ebbero tutti i piccoli tradimenti che si potevano desiderare da questa testa debole e senza carattere, e lo si fece andare lontano, più lontano di quanto si desiderasse, benché qua e là ebbe dei sussulti di pentimento, come si vedrà successivamente. All'epoca, egli si impegnava per quel tanto che poteva ad allontanare il granduca da me, in modo che teneva il muso pressoché sempre e si era nuovamente legato alla contessa Elisabetta Vorontsov.

Verso la primavera di quell'anno, si sparse la voce che il principe Carlo di Sassonia[47], figlio del re Augusto III di Polonia, stava per venire a San Pietroburgo. Questo non fece piacere al granduca per diversi motivi, dei quali il primo era che temeva che questo arrivo fosse per lui un disagio, poiché amava solo il treno di vita che si era creato e non amava essere disturbato; la seconda ragione era che la casa di Sassonia si trovava dalla parte opposta al re di Prussia; la terza ragione era che temeva di perdere nel confronto: il che significava essere molto modesti, perché questo povero principe di Sassonia di per sé non era nulla e non aveva alcuna istruzione. Ad eccezione della caccia e della danza, non sapeva nulla, e mi ha detto lui stesso che nella vita non aveva avuto un libro per le mani, ad eccezione dei libri di preghiere che gli dava la regina sua madre, che era molto bigotta.

Il principe Carlo di Sassonia arrivò effettivamente il 5 aprile di quell'anno a San Pietroburgo. Fu ricevuto con grandi cerimonie e un grande sfoggio di magnificenza e splendore. Il suo seguito era molto numeroso: una quantità di polacchi e di sassoni l'accompagnavano tra i quali vi erano un Lubomirsky, un Pototsky, un Rzevusky, che chiamavano *il bello*, due principi Soulkowsky, un conte Sapieha, il conte Branitzky, successivamente gran generale, e molti altri dei quali non mi vengono in mente i nomi. C'era con lui anche una specie di sotto governatore, chiamato Lachinal, che dirigeva la sua condotta e la sua corrispondenza.

Il principe di Sassonia fu alloggiato nella casa del ciambellano Ivan Šuvalov, tutta lucidata a nuovo e nella quale il padrone aveva soddisfatto il suo gusto; malgrado questo la casa era senza gusto e abbastanza brutta, benché riccamente arredata. C'erano numerosi quadri, ma la maggior parte erano delle copie; era stata decorata una camera con legno di platano, ma poiché il platano non brilla, era stata verniciata e quindi divenne gialla, ma di un giallo sgradevole, cosicché fu trovata volgare e per rimediarvi la si coprì con una scultura molto pesante e ricca che fu argentata. Esteriormente questa casa, di per sé grande, assomigliava per le sue decorazioni a dei polsini ricamati con punti di Alençon[48], tanto era carica di orpelli. Il conte Ivan Tchernychev fu messo al fianco del principe Carlo ed egli fu assistito e dotato in tutto a spese della Corte e servito dal personale della Corte.

La notte precedente il giorno della visita da noi del principe Carlo, sentii una colica così forte, che andai più di trenta volte in bagno. Nonostante ciò e la febbre che mi venne, all'indomani mi vestii per ricevere il principe di Sassonia. Lo condussero dall'Imperatrice verso le due dopopranzo e, uscendo da lei, lo portarono a casa mia, dove il granduca doveva entrare un momento dopo di lui. A questo scopo erano state messe tre poltrone sulla stessa parete, quella in mezzo era per me, quella alla mia destra per il granduca e quella a sinistra per il principe di Sassonia. Fui io a condurre la conversazione, poiché il granduca non voleva parlare e il principe Carlo non parlava. Dopo sette o otto minuti di conversazione, il principe Carlo si alzò per presentarci il suo immenso seguito. Aveva, penso, oltre venti persone con lui, alle quali si erano aggiunti, quel giorno, l'inviato della Polonia e quello della Sassonia, che risiedevano alla Corte di Russia, con i loro impiegati. Dopo una mezz'ora di colloquio il principe se ne andò, e io mi svestii per andare a letto, dove rimasi per tre o quattro giorni con una forte febbre, dopo la quale diedi segni di essere incinta.

Alla fine di aprile andammo a Oranienbaum. Prima della nostra partenza apprendemmo che il principe Carlo di Sassonia sarebbe andato come volontario nell'armata russa e prima di partire andò con l'Imperatrice a Pietroburgo dove fu festeggiato. Là e in città non partecipammo a queste feste, ma restammo nella nostra campagna, dove prese congedo da noi il 4 luglio.

Poiché il granduca era quasi sempre di pessimo umore con me e, per questo, non mi davo altra spiegazione se non il fatto che non ospitavo né Brockdorf né la contessa Elisabetta Vorontsov, che iniziava a essere nuovamente la sultana favorita, mi premurai di organizzare per Sua Altezza imperiale una festa nel mio giardino di

Oranienbaum, con lo scopo, se ciò era possibile, di smorzare il suo cattivo umore. Tutte le feste erano sempre ben viste da Sua Altezza imperiale. Feci quindi costruire, in un luogo lontano dal bosco, dall'architetto italiano che utilizzavo allora, Antonio Rinaldi[49], un grande carro sul quale si poteva mettere un'orchestra di sessanta persone, musicisti e cantanti. Feci comporre dei versi dal poeta italiano della corte e la musica dal maestro di cappella, Araja[50]. Nel grande viale del giardini fu posta una decorazione illuminata, con un sipario, di fronte al quale fu preparata la tavola per la cena.

Il 17 luglio, al declinare del giorno, Sua Altezza imperiale e tutti quelli che erano a Oranienbaum, cui si aggiunse una quantità di spettatori giunti da Cronstadt e San Pietroburgo, entrarono nel giardino che trovarono illuminato. Ci si mise a tavola e, dopo la prima portata, si alzò il sipario che nascondeva il grande viale e si vide arrivare da lontano l'orchestra itinerante trainata da una ventina di buoi ornati con ghirlande e circondata da tutto quello che avevo potuto trovare di danzatori e danzatrici. Il viale era illuminato così chiaramente che si distinguevano gli oggetti. Quando il carro si fermò, il caso volle che la luna vi fosse esattamente sopra, il che fece un effetto mirabile e meravigliò molto la compagnia, anche perché il tempo era il migliore del mondo. Tutti saltarono sui tavoli per godere più da vicino della bellezza della sinfonia e dello spettacolo. Quando terminò, si abbassò il sipario, e si ritornò a tavola per il secondo servizio. Alla fine di questo si udirono le fanfare e i timpani, e un giullare venne a gridare: «Signore e signori, venite da me, troverete nelle mie botteghe dei biglietti della lotteria gratuiti». Dai due lati della decorazione della tenda si alzarono due teli e si videro due botteghe molto illuminate, in una delle quali si distribuivano gratuitamente numeri per la lotteria per le porcellane esposte, e nell'altra per fiori, ghirlande, ventagli, pettini, borse, guanti, pendagli per spade, e altri tessuti simili. Dopo aver visitate le botteghe si ritornò a tavola per il dessert. Dopodiché, si ballò fino alle sei del mattino.

Per una volta non vi fu alcun intrigo o maldicenza contro la mia festa, Sua Altezza imperiale e tutti gli altri furono contenti fino all'estasi e non facevano che ammirare la granduchessa e la sua festa. Io non avevo risparmiato in nulla. Il mio vino fu trovato delizioso; la cena la migliore possibile. Tutto era stato fatto a mie spese, la festa mi costò da 10.000 a 15.000 rubli, da notare che ne avevo 30.000 all'anno[51].

Ma questa festa pensai mi costasse ancora più cara, poiché nella giornata del 17 luglio, essendo andata con il cabriolet, insieme a Narychkine, per vedere i preparativi, uscita dal cabriolet, già sul marciapiede, il cavallo fece un movimento che mi fece cadere per terra sulle ginocchia, essendo incinta di quattro o cinque mesi. Feci finta di nulla e restai per ultima alla festa, facendo gli onori; tuttavia, temevo un aborto che però non si verificò e la paura passò.

Il granduca, la sua cerchia, quelli dell'Holstein e anche i miei nemici più accaniti, per parecchi giorni non smisero di elogiare me e la festa, non essendoci né nemici né amici che non avessero avuto qualche piccolo regalo come mio ricordo. Poiché a questa festa, che era in maschera, vi era una gran numero di persone di tutti gli strati e la compagnia era molto eterogenea nel giardino e tra la quantità di donne, che peraltro non comparivano alla Corte e in mia presenza, tutti si vantavano e facevano mostra dei miei doni, che in fondo non erano gran cosa, perché penso che nessuno superasse i 100 rubli. Ma li avevano avuti da me e c'era la soddisfazione di dire: «Questo mi viene da Sua Altezza imperiale la granduchessa; è la bontà in persona; ha fatto regali a tutti; è deliziosa; mi guardava con un'aria sorridente, affabile; aveva piacere nel farci ballare, mangiare e passeggiare; faceva sedere chi non aveva più posto; voleva che ciascuno vedesse ciò che c'era da vedere; era allegra, etc ...» Quel giorno mi si trovarono delle qualità mai conosciute ed io disarmai i miei nemici. Era il mio scopo, ma non durò a lungo, come si vedrà in seguito.

Dopo questa festa Léon Narychkine riprese a venire da me. Un giorno, entrando nella mia camera, ve lo trovai arrogantemente sdraiato su un canapè, mentre cantava una canzone che non aveva senso comune. Vedendo ciò, uscii, chiudendo la porta dietro di me, e immediatamente andai da sua cognata alla quale dissi che bisognava prendere una gran manciata di ortiche con le quali frustare quest'uomo, che si comportava in un modo così insolente con noi da tempo, al fine di insegnargli a rispettarci. La cognata approvò di buon grado e subito ci facemmo portare dei bei bastoni rivestiti di ortiche. Fummo accompagnate da una vedova che stava da me, tra le mie dame, che si chiamava Tatiana Jourievna, ed entrammo tutte e tre nella mia camera, dove trovammo Léon Narychkine nella stessa posizione mentre cantava a squarciagola la sua canzone. Quando ci vide tentò di schivarci, ma gli demmo tanti di quei colpi con i nostri bastoni e le nostre ortiche che ne ebbe le mani, le gambe e il viso gonfio per due o tre giorni, in modo tale che non poté venire con noi, all'indomani, a Petherof, nel giorno di visita alla corte, ma fu obbligato a restare nella sua camera. Si guardò bene dal vantarsi di ciò che gli era accaduto, perché gli assicurammo che alla minima maleducazione o mancanza che ci avesse dato pretesto di lamentarci di lui, avremmo ripetuto la stessa operazione, constato che non c'era altro modo per venirne a capo. Tutto questo si svolse come uno scherzo e senza collera, ma il nostro uomo soffrì abbastanza per ricordarsene e non si espose più, almeno fino al punto in cui si era spinto precedentemente.

Nel mese di agosto apprendemmo, a Oranienbaum, che il 14 di quel mese si era svolta la battaglia di Zorndorf[52], una delle più sanguinose del secolo, poiché da ciascuna parte si contavano oltre 20.000 morti o dispersi. Le nostre perdite di ufficiali erano considerevoli superando i 1.200. La battaglia ci fu annunciata come vinta ma, nell'orecchio, si diceva che tra le due parti le perdite erano state uguali, che per tre giorni nessuna delle due armate aveva osato attribuirsi la vittoria di questa battaglia e che, infine, il terzo giorno, il re di Prussia, nel suo campo, e il conte Fermor, sul campo di battaglia, avevano fatto cantare il *Te Deum*. Il dispiacere dell'Imperatrice e la costernazione della città furono enormi, quando si seppero tutti i dettagli di questa sanguinosa giornata, dove molti persero i loro parenti, i loro amici, i loro conoscenti. Per molto tempo si sentirono solo rimpianti per questa giornata. Molti generali furono uccisi, feriti o fatti prigionieri. Alla fine fu riconosciuto che la condotta del conte Fermor era stata abile e militarmente corretta. La Corte lo richiamò e nominò il conte Pietro Saltykov[53] per comandare l'armata russa in Prussia, al posto di Fermor. A questo scopo si fece venire il conte Saltykov dall'Ucraina, dove aveva il comando, e in attesa si diede il comando dell'armata al generale Frolov Bagreef, ma con un ordine segreto di non fare nulla senza i luogotenenti generali conte Rumjancev e principe Alessandro Galitzine, cognato di Rumjancev. Si accusava quest'ultimo che essendo poco lontano dal campo di battaglia con un corpo di 10.000 uomini, su delle alture da dove sentiva le cannonate, avrebbe potuto rendere la sorte della battaglia più decisiva portandosi alle spalle dell'armata prussiana, mentre questa era alle prese con la nostra.

Il conte Rumjancev non lo fece e quando suo cognato, il principe Galitzine, dopo la battaglia, andò nel suo campo e gli raccontò il macello che vi era stato, lo ricevette molto male e gli disse ogni sorta di durezza, e in seguito non lo volle più vedere, trattandolo come un vile, cosa che il principe Galitzine non era, e tutta l'armata è più convinta del coraggio di quest'ultimo che non di quello del conte Rumjancev, nonostante la sua attuale gloria e le sue vittorie.

All'inizio di settembre l'Imperatrice si trovava a Tsarskoié Celo dove, l'8 del mese, giorno della natività della Santa Vergine, se ne andò a piedi dal castello alla chiesa della parrocchia, che è a due passi dalla porta verso nord, per assistere alla messa. Il servizio divino era appena iniziato che l'Imperatrice, sentendosi male, uscì dalla chiesa, discese la piccola gradinata che fa da scorciatoia verso il castello e, arrivata all'angolo della chiesa, cadde senza conoscenza sull'erba, in mezzo o meglio circondata dalla folla che era venuta per assistere alla messa della festa, da tutti i villaggi del circondario. Nessuno del seguito di Sua Maestà l'aveva seguita quando era uscita dalla chiesa, ma subito avvertite le dame del seguito e le sue più fidate corsero in suo soccorso e la trovarono immobile e senza conoscenza in mezzo al popolo, che non osava avvicinarsi. L'Imperatrice era grande e corpulenta e non aveva potuto cadere di colpo senza farsi molto male per la caduta stessa. La coprirono con un fazzoletto bianco e andarono a cercare un medico e un chirurgo. Quest'ultimo arrivò per primo e non ebbe cosa più urgente da fare che salassarla lì per terra, in mezzo e in presenza di tutti, ma non rinvenne. Il medico ci mise molto tempo ad arrivare, essendo anch'egli ammalato e non in condizioni di camminare e fu portato con una poltrona. Si chiamava Condoijdij, greco di nascita, mentre il chirurgo Fouzadier era un rifugiato francese. Alla fine, furono portati dalla corte dei ripari e un canapè, sul quale la si mise, e a forza di rimedi e cure la si fece un poco rinvenire. Ma aprendo gli occhi non riconobbe nessuno e chiese, in un modo pressoché inintelligibile, dove si trovasse. Tutto questo durò circa due ore, alla fine delle quali si decise di portare Sua Maestà imperiale, con il canapè, al castello.

Si può immaginare la costernazione di tutti coloro che erano alla Corte. La pubblicità della cosa si aggiungeva al dispiacere: fino a questo momento si era tenuto segreto il suo stato e da ora l'incidente era diventato pubblico. L'indomani mattina, a Oranienbaum, ne appresi le circostanze con un biglietto che mi inviò il conte Poniatowski. Andai subito a dirlo al granduca, che non ne sapeva niente, poiché a noi si nascondeva in generale tutto con la più grande cura e particolarmente quello che riguardava personalmente l'Imperatrice. Era solo uso che tutte le domeniche, quando non eravamo nello stesso posto di Sua Maestà imperiale, uno dei nostri cavalieri venisse mandato a chiedere lo stato della sua salute. Non mancammo la domenica successiva e apprendemmo che, per parecchi giorni, l'Imperatrice non era riuscita a parlare e il suo eloquio era ancora difficile. Si diceva che mentre era svenuta si fosse morsa la lingua. Tutto questo faceva supporre che la sua debolezza era dovuta più alle convulsioni che allo svenimento.

Alla fine di settembre ritornammo in città. Poiché cominciavo a diventare pesante per la mia gravidanza, non comparivo più in pubblico, pensandomi più vicina al parto di quanto non lo fossi in realtà. Questo disturbava il granduca perché quando apparivo in pubblico molto spesso si diceva indisposto per restare a casa sua, e poiché anche l'Imperatrice appariva raramente, era su di me che ruotavano i giorni di corte, le feste e i balli e quando non c'ero io si perseguitava Sua Altezza il granduca perché vi andasse per presenziare alle manifestazioni. Sua Altezza era stizzito per la mia gravidanza e un giorno osò dire, nella sua camera, in presenza di Léon Narychkine e di numerosi altri: «Dio sa da chi mia moglie ha avuto questa gravidanza; non so se questo bambino è mio o se bisogna che lo prenda sul mio conto.» Léon Narychkine venne correndo da me a riferirmi l'affermazione immediatamente. Io fui sconvolta, a giusta ragione, da tale discorso, e gli dissi: «Siete degli sconsiderati; esigete da lui un giuramento che non ha mai dormito con sua moglie e ditegli che se presta questo giuramento, immediatamente andrete a informarne Alessandro Šuvalov, nella sua veste di inquisitore dell'impero.» Léon Narychkine andò effettivamente da Sua Altezza imperiale e gli chiese tale giuramento, al che ebbe questa risposta: «Andate al diavolo e non parlatemene più.»

Questa affermazione del granduca, detta così imprudentemente, mi mandò in collera, e da quel momento capii che avevo davanti tre strade egualmente rischiose: la prima era dividere la sorte del granduca qualunque essa fosse; la seconda, essere esposta in ogni momento a tutto ciò che gli avrebbe fatto comodo di disporre a favore o contro di me; la terza, prendere una strada del tutto indipendente dal resto degli avvenimenti. Ma per essere più chiari, si trattava di soccombere con lui o per lui, o di salvare me stessa, i miei figli e, può darsi lo Stato, dal naufragio del quale tutte le facoltà morali e fisiche di questo principe facevano prevedere il pericolo. Quest'ultima ipotesi mi parve la più certa. Decisi dunque, per quello che potevo, di continuare a dargli tutti i consigli che ritenevo utili per il suo bene, ma di non ostinarmi a farlo adirare come prima, quando non li seguiva; di aprirgli gli occhi sui suoi veri interessi ogni volta che se ne presentava l'occasione e, per il resto del tempo, di chiudermi in un triste silenzio. Dall'altra parte, di gestire in pubblico i miei interessi in modo tale che vedesse in me, in ogni occasione, il salvatore della cosa pubblica.

Nel mese di ottobre ricevetti dal gran cancelliere, conte Bestužev, la comunicazione che il re di Polonia aveva testé inviato una lettera di richiamo al conte Poniatowski. Su quest'argomento il conte Bestužev aveva avuto un'aspra discussione con il conte Brühl[54-55] e il gabinetto della Sassonia, e si irritò che nessuno l'avesse più interpellato su questo provvedimento[56]. Alla fine seppe che erano stati il vice cancelliere conte Vorontsov e Ivan Šuvalov che, attraverso Prasse, ministro della Sassonia, avevano intrallazzato tutta la faccenda. Peraltro, questo Prasse sembrava sovente informato di una quantità di particolari che ci si meravigliava di come potesse saperli. Molti anni dopo si scoprì il canale: era l'amante segreto della moglie del vice cancelliere, la contessa Anna Karlovna, nata Scavronsky. Questa era molto legata alla moglie del maestro di cerimonie Samarine ed era a casa di questa donna che la contessa vedeva Prasse. Il cancelliere Bestužev si fece dare le lettere di richiamo inviate al conte Poniatowski e le rinviò in Sassonia con il pretesto della mancanza di alcune formalità°.

Nella notte tra l'8 e il 9 dicembre cominciai a sentire i dolori delle doglie. Mandai ad avvertire il granduca da Mme Vladislava, e anche il conte Alessandro Šuvalov, affinché avvertisse Sua Maestà imperiale. Dopo qualche tempo, il granduca arrivò in camera mia vestito con la sua uniforme dell'Holstein, con stivali e speroni, la sua fascia attorno al corpo e una grande spada al fianco, erano circa le due e mezza del mattino. Molto stupita da questo abbigliamento gli chiesi la causa di questa bardatura così ricercata. Al che mi rispose che era solo in certe situazioni che si vedevano i veri amici; che così vestito era pronto ad agire secondo il suo dovere; che il dovere di un ufficiale dell'Holstein era di difendere, come da giuramento, la casa ducale contro tutti i suoi nemici e che, poiché io stavo male, era accorso in mio aiuto. Si sarebbe detto che stesse scherzando, ma non era così, quello che diceva era molto serio. Compresi facilmente che era ubriaco e gli consigliai di andare a dormire perché, quando sarebbe venuta l'Imperatrice, non avesse il doppio dispiacere di vederlo ubriaco e armato da capo a piedi con quest'uniforme dell'Holstein, che detestava. Faticai a farlo andare, tuttavia Mme Vladislava ed io lo persuademmo, con l'aiuto della levatrice che lo assicurò che non avrei partorito così presto. Alla fine se ne andò e arrivò l'Imperatrice. Chiese dove fosse il granduca e le dissero che era appena uscito e che certamente sarebbe ritornato. Come vide che i dolori rallentavano e la levatrice disse che il tutto poteva durare ancora qualche ora, ritornò nei suoi appartamenti e io mi misi a letto, dove mi addormentai fino all'indomani, quando mi alzai alla mia solita ora, sentendo qua e là dei dolori che mi passavano per ore intere.

Verso l'ora di cena ebbi fame e mi feci portare da mangiare. La levatrice era seduta di fianco a me e, vedendomi mangiare con un appetito insaziabile, mi disse: «Mangiate, mangiate, questa cena vi porterà fortuna.» In effetti, finito di cenare mi alzai dal tavolo e, nello stesso momento, mi prese un tale dolore che gettai un grido. La levatrice e Mme Vladislava mi afferrarono sotto le braccia e mi misero sul letto del travaglio. Si andarono a cercare l'Imperatrice e il granduca. Erano appena entrati nella mia stanza che partorii, il 9 dicembre, tra le dieci e le undici di sera, una bambina alla quale pregai l'Imperatrice di permettere di dare il suo nome. Ma decise che si sarebbe chiamata con il nome della sorella maggiore di sua Maestà imperiale, la duchessa di Holstein, Anna Petrovna, madre del granduca. Questi parve molto contento della nascita di questa bimba e, nel suo appartamento, ne fece occasione di grandi festeggiamenti, che fece fare anche nell'Holstein, con dimostrazioni e grandi complimenti di felicità. Il sesto giorno l'Imperatrice tenne sul fonte battesimale questa creatura e mi portò un ordine al gabinetto per darmi 60.000 rubli. Ne inviò altrettanti al granduca, il che non accrebbe di poco la sua soddisfazione. Dopo il battesimo iniziarono le feste. Secondo quanto si disse, ve ne furono di molto belle. Io non ne vidi alcuna: ero nel mio letto da sola, senza anima viva come compagnia, perché da quando avevo partorito, non solo l'Imperatrice, questa volta come la prima, aveva portato il neonato nel suo appartamento, ma con il pretesto del riposo che mi era necessario, mi si lasciava là, abbandonata come una povera sventurata e nessuno metteva piede nel mio appartamento, né mi chiedeva o domandava come stessi. Poiché la prima volta avevo sofferto molto per questo stato di abbandono, questa volta avevo preso tutte le precauzioni possibili contro gli spifferi e gli inconvenienti del locale e, dopo che fui liberata, mi alzavo e mi coricavo nel mio letto. Inoltre, visto che nessuno osava venire da me, se non di nascosto, anche su questo punto non mancai di precauzioni. Il mio letto era circa a metà di una camera abbastanza lunga, la finestra era dalla parte destra del letto, c'era una porta di disimpegno che dava su una specie di guardaroba che serviva anche da anticamera, che era alquanto ingombra di tende e bauli. Dopo il mio letto fino a questa porta, avevo fatto mettere una grande tenda che nascondeva il più grazioso stanzino che avevo potuto immaginare, visto il locale e le circostanze. In questo stanzino c'era un canapè, degli specchi, dei tavoli portatili e qualche sedia. Quando la tenda del mio letto, da quella parte, era tirata, non si vedeva nulla, mentre quando era aperta vedevo lo stanzino e quelli che c'erano, ma quelli che entravano nella stanza vedevano solo il tendone. Quando qualcuno domandava che cosa ci fosse dietro questo tendone, si diceva: «la comoda», ma essendo questa dietro la tenda, nessuno era curioso di vederla, anche se si sarebbe potuta mostrare senza comunque arrivare nello stanzino.

1759

Il 1° gennaio 1759 le feste della Corte terminarono con grandi fuochi d'artificio, tra il ballo e la cena. Poiché ero ancora a letto non comparvi a Corte. Prima dei fuochi d'artificio, il conte Pietro Šuvalov si premurò di presentarsi alla mia porta per portarmi il programma dei fuochi, prima che iniziassero. Mme Vladislava gli disse che dormivo, ma che comunque sarebbe andata a vedere. Non stavo dormendo, ero solamente nel mio letto e avevo la mia piccola e solita compagnia che era allora, come prima, composta dalle signore Narychkine, Siniavine, Ismaïlov, e il conte Poniatowski. Quest'ultimo, dopo il suo richiamo, si era dato ammalato, ma veniva da me e tutte queste donne mi amavano così tanto da preferire la mia compagnia ai balli e alle feste. Mme Vladislava non sapeva chi ci fosse da me, ma aveva troppo fiuto per non dubitare che ci fosse qualcuno. Di buon'ora le avevo detto che, per noia, mi mettevo a letto e così non era più entrata. Dopo la venuta del conte Šuvalov venne a bussare alla porta, tirai la tenda da una parte e le dissi di entrare. Entrò e mi diede il messaggio del conte Pietro Šuvalov, che dissi di far entrare. Andò a cercarlo e nel frattempo i miei amici, da dietro la tenda, scoppiavano dal ridere per la stranezza di questa scena, nella quale stavo ricevendo la visita del conte Šuvalov, che avrebbe potuto giurare di avermi trovata a letto sola, mentre c'era solo una tenda che separava la mia piccola compagnia da questo personaggio così importante, allora l'oracolo della Corte, che godeva in sommo grado della confidenza dell'Imperatrice.

Alle fine entrò e mi portò il suo programma dei fuochi d'artificio; all'epoca era comandante in capo dell'artiglieria. Cominciai col fargli le mie scuse per averlo fatto aspettare dovendomi, dissi, risvegliare. Mi strofinai un po' gli occhi dicendogli che ero ancora tutta addormentata; mentivo per non smentire Mme Vladislava, dopodiché feci con lui una conversazione abbastanza lunga e fino a quando mi sembrò avere fretta di andarsene, per non fare attendere l'Imperatrice per l'inizio dei fuochi: allora lo congedai. Quando uscì, aprii nuovamente la mia tenda. La mia compagnia, a forza di ridere, cominciava ad avere fame e sete. Dissi loro: «Certamente, avrete da bere e da mangiare; è giusto che per compiacermi, mentre mi fate compagnia, voi non moriate di fame e di sete a casa mia.» Chiusi la tenda del mio letto e suonai. Mme Vladislava arrivò e le dissi di farmi portare la cena, che morivo di fame, e che fosse almeno di sei abbondanti portate. Quando la cena fu pronta me la portarono e feci mettere tutto di fianco al mio letto, dicendo ai domestici di uscire. I miei amici uscirono dalla tenda e vennero, come degli affamati, a mangiare quello che trovarono: l'allegria si aggiungeva all'appetito. Confesso che questa serata fu una delle più folli e delle più allegre che ho passato nella mia vita. Quando la cena fu inghiottita, feci portare via gli avanzi. Penso che i domestici furono solamente un po' sorpresi e meravigliati del mio appetito. Verso la fine della cena della Corte, anche la mia compagnia si ritirò, molto felice della serata. Il conte Poniatowski per uscire prendeva sempre una parrucca bionda e un mantello e quando le sentinelle gli domandavano: «Chi va là?» si dichiarava musicista del granduca. Questo travestimento ci fece molto ridere quel giorno.

Questa volta le mie purificazioni[58], dopo sei settimane, si fecero nella cappella dell'Imperatrice ma, ad eccezione di Alessandro Šuvalov, nessuno vi assistette. Verso la fine del carnevale, terminate tutte le feste della città, a Corte si ebbero tre nozze. Quelle del conte Alessandro Strogonov con la contessa Anna Vorontsov, figlia del vice cancelliere, fu la prima e, due giorni dopo, quelle di Léon Narychkine con Mlle Zakrefsky, lo stesso giorno di quelle del conte Boutourline con la contessa Maria Vorontsov. Queste tre signorine erano damigelle d'onore dell'Imperatrice e in occasione di queste tre nozze si fece una scommessa alla Corte tra l'atamano, conte Razumovskij e il ministro di Danimarca, conte d'Osten, su chi dei tre sarebbe stato il più cornificato; accadde che quelli che avevano scommesso che sarebbe stato Strogonov, la cui sposa sembrava la più brutta e quindi la più innocente e infantile, vinsero la scommessa.

La vigilia del giorno delle nozze di Léon Narychkine e del conte Boutourline fu un giorno disgraziato[59]. Era da tempo che si diceva a bassa voce che il credito del gran cancelliere, conte Bestužev, vacillava e che i suoi nemici stavano prendendo il sopravvento. Aveva perso il suo amico generale Apraksin; il conte Razumovskij, quello più anziano, lo aveva lungamente sostenuto ma, dopo la fortuna preponderante dei Šuvalov, si preoccupava solo di chiedere, quando si presentava l'occasione, qualche piccolo favore per i suoi parenti o amici. I Šuvalov e Vorontsov erano spinti nel loro astio contro il gran cancelliere anche dagli ambasciatori d'Austria e di Francia, dal conte Esterhazy e dal maresciallo Lhôpital[60]. Quest'ultimo guardava il conte Bestužev come più propenso a un'alleanza della Russia con l'Inghilterra che con la Francia. Quello d'Austria tramava contro Bestužev perché il gran cancelliere voleva che la Russia si attenesse al suo trattato di alleanza con la corte di Vienna e che fornisse degli aiuti a Maria Teresa, ma non voleva che il suo primo atto fosse scontrarsi con il re di Prussia. Il conte Bestužev pensava da patriota e non era facile convincerlo, mentre Vorontsov e Ivan Šuvalov erano legati ai due ambasciatori, fino a quando quindici giorni prima della disgrazia del gran cancelliere, conte Bestužev, il marchese di Lhôpital, ambasciatore di Francia, andò dal vice cancelliere, conte Vorontsov, con un dispaccio in mano, e gli disse: «Signor conte, ecco il dispaccio della mia corte che ho appena ricevuto e nel quale è scritto che se entro quindici giorni il gran cancelliere non è destituito da voi, io mi devo rivolgere a lui e non trattare più se non con lui[61]».

A quel punto, il vice cancelliere prese fuoco e andò dal conte Šuvalov e si disse all'Imperatrice che la sua gloria soffriva della considerazione del conte Bestužev in Europa. L'Imperatrice dispose per la stessa sera una riunione alla quale fu convocato il grancancelliere Bestužev. Quest'ultimo fece dire di essere ammalato, ma questa malattia fu chiamata disobbedienza e gli si mandò a dire di presentarsi senza indugio[62].

Arrivò e fu arrestato in pieno consiglio. Gli furono tolte le sue cariche, le sue dignità e i suoi ordini, senza che anima viva potesse spiegare per quali crimini o infamie si spogliava in quel modo il primo personaggio dell'Impero, e lo si rimandò a casa sua come prigioniero. Per preparare tutto questo si era fatta venire una compagnia di granatieri. Costoro andando alla Moïka, dove abitavano i conti Alessandro e Pietro Šuvalov, dicevano: «Grazie a Dio, andiamo ad arrestare questi maledetti Šuvalov che non fanno che appropriarsi di monopoli». Ma quando i soldati videro che si trattava del conte Bestužev, manifestarono dispiacere, dicendo: «Non è lui, sono gli altri che opprimono il popolo.»

Benché il conte Bestužev fosse stato arrestato nello stesso palazzo di cui noi occupavamo un'ala, e non molto lontano dai nostri appartamenti, quella sera non sapemmo nulla, tanto ci si preoccupò di nasconderci quanto accadeva. All'indomani, domenica, svegliatami, ricevetti da Léon Narychkine un biglietto, che il conte Poniatowski, mi fece arrivare attraverso un canale che da tempo non destava sospetti. Questo biglietto iniziava con le seguenti parole: «L'uomo non è mai senza risorse. Mi servo di questa via per avvertirvi che ieri sera il conte Bestužev è stato arrestato e privato delle sue cariche e dignità, e con lui il vostro gioielliere Bernardi, Téléguine e Adadurov.» Io caddi dalle nuvole leggendo queste righe e, dopo averle lette, mi dissi che non bisognava illudersi che questo affare non mi riguardasse più da vicino di quanto appariva. Ora, per capire questo bisognerà fare una premessa.

Bernardi era un mercante di gioielli italiano che non mancava di intelligenza e al quale il suo mestiere permetteva di entrare in tutte le case. Penso che non ci fosse nessuno che non gli doveva qualcosa e al quale egli non rendesse qualche piccolo servizio. Poiché andava e veniva continuamente ovunque, talvolta lo si incaricava anche di piccole commissioni gli uni per gli altri: una parola su un biglietto inviato tramite Bernardi arrivava più velocemente e più sicuramente che non con i domestici. Ora, l'arresto di Bernardi preoccupava tutta la città, perché aveva commissioni da tutti, e le mie come tutte le altre.

Téléguine era l'anziano aiutante del gran cacciatore, conte Razumovskij, che aveva avuta la tutela di Bekiétof. Era rimasto assegnato alla casa Razumovskij ed era diventato amico del conte Poniatowski. Era un uomo affidabile e probo, quando si guadagnava il suo affetto non lo si perdeva facilmente, aveva testimoniato sempre zelo e predilezione nei miei confronti.

Adadurov era stato un tempo mio insegnante di russo e mi era rimasto molto affezionato. Ero io che l'avevo raccomandato al conte Bestužev, che incominciava mostrargli la sua fiducia dopo soli due o tre anni, e che in precedenza non l'aveva amato, perché teneva per il procuratore generale principe Nikita Youriéwitch, il nemico di Bestužev.

Dopo la lettura del biglietto e le mie prime riflessioni, una moltitudine di idee, le une più sgradevoli delle altre, mi si affacciarono alla mente. Con un pugnale nel cuore, per così dire, mi vestii e andai alla messa, dove mi parve che tutti quelli che vedevo avessero il muso lungo quanto il mio[63]. Nessuno mi disse alcunché nel corso della giornata ed era come se si ignorasse l'avvenimento. Io non dissi parola. Il granduca non aveva mai amato Bestužev: mi sembrò contento quel giorno, ma si comportava senza affettazione, tuttavia abbastanza lontano da me.

Alla sera bisognò andare alle nozze. Mi vestii di nuovo e assistetti alla benedizione dei matrimoni dei conti Boutourline e di Léon Narychkine, alla cena e al ballo, durante il quale mi avvicinai al maresciallo di cerimonia, principe Nikita Trubetskoy, e con il pretesto di vedere i nastrini del suo bastone da maresciallo, gli dissi a mezza voce: «Cosa sono dunque queste belle cose? Avete trovato più crimini che criminali, o più criminali che crimini?» Subito mi rispose: «Abbiamo fatto ciò che ci è stato ordinato, ma per quanto riguarda i crimini, li si cerca ancora. Fino a qui i cambiamenti non sono piacevoli.» Avendo finito di parlare con lui, me ne andai a parlare con il maresciallo Boutourline, che mi disse: «Bestužev è stato arrestato, ma attualmente siamo alla ricerca della ragione per la quale lo è.» Così parlavano i due commissari incaricati dall'Imperatrice per esaminare perché il conte Alessandro Šuvalov l'aveva arrestato. A questo ballo vidi da lontano Stambke e lo trovai con l'aria sofferente e scoraggiata. L'Imperatrice non fece la sua comparsa a nessuna delle due nozze, né in chiesa né alle feste.

All'indomani Stambke venne da me e mi disse che gli era appena stato consegnato un biglietto del conte Bestužev, che gli incaricava di dirmi di non avere alcuna apprensione su quello che sapevo, che aveva avuto il tempo di gettare tutto nel fuoco, e che avrebbe comunicato i suoi interrogatori attraverso lo stesso canale, quando glieli avrebbero fatti. Chiesi a Stambke quale fosse il canale. Mi disse che era un suonatore del coro di caccia del conte a cui aveva dato quel biglietto e che era stato convenuto per il futuro sarebbero stato messo, tra dei mattoni, poco lontano dalla casa del conte Bestužev, in un anfratto segnato, ciò che si voleva comunicare. Dissi a Stambke di stare molto attento che questa spinosa corrispondenza non fosse scoperta, della qual cosa mi parve egli stesso molto preoccupato. Tuttavia, lui e il conte Poniatowski la proseguirono. Quando Stambke fu uscito, chiamai Mme Vladislava e le dissi di andare a casa di suo cognato Pugowoschnikov e di portargli il biglietto che stavo facendo. In questo biglietto c'erano solo queste parole: «Non avete nulla da temere; c'è stato il tempo di bruciare tutto». Questo lo tranquillizzò, poiché sembra che dopo l'arresto del gran cancelliere, fosse più morto che vivo, ed ecco per quale ragione e che cosa il conte Bestužev aveva avuto il tempo di bruciare.

Lo stato cagionevole e le frequenti convulsioni dell'Imperatrice facevano guardare tutti all'avvenire. Il conte Bestužev, da parte sua e per le sue doti di intelligenza, non era certo tra gli ultimi a pensarci. Conosceva l'antipatia che da tempo era stata ispirata al granduca nei suoi confronti. Era ben consapevole delle scarse capacità del principe, nato erede di tanta corona. È ovvio che quest'uomo di stato, come tutti gli uomini come lui, avesse il desiderio di mantenersi al suo posto. Erano parecchi anni che mi aveva visto fare le mie considerazioni. D'altronde, può darsi che mi vedesse come la sola persona nella quale, in quei tempi, si potesse fondare la speranza del popolo nel momento in cui fosse mancata l'Imperatrice. Questo e analoghe considerazioni gli avevano fatto concepire un piano per cui al decesso dell'Imperatrice, il granduca sarebbe stato dichiarato, come di diritto, imperatore e, nello stesso tempo, io sarei stata nominata compartecipe all'amministrazione; tutte le cariche sarebbero continuate e a lui sarebbe stata data la luogotenenza generale dei quattro reggimenti delle guardie e la presidenza dei tre istituti dell'Impero, quello degli affari esteri, del ministero della guerra e quello dell'ammiragliato. Le sue pretese erano quindi eccessive.

Mi aveva inviato il manifesto di questo programma, scritto di pugno da Pugowoschnikov attraverso il conte Poniatowski, con il quale avevo convenuto di rispondergli verbalmente che lo ringraziavo delle sue buone intenzioni nei miei confronti, ma che il tutto mi sembrava di difficile esecuzione. Aveva fatto scrivere e riscrivere questo progetto più volte, l'aveva cambiato, amplificato, ridotto. Sembrava lo occupasse particolar-mente. A dire il vero personalmente guardavo il suo progetto come un vaneggiamento e come un'esca che questo vegliardo mi gettava per guadagnare sempre di più il mio affetto. Ma io non la mangiai, poiché lo vedevo come dannoso per l'Impero, che sarebbe stato diviso ad ogni discussione tra me e il mio sposo, che non mi amava[64]. Ma poiché non vedevo ancora la cosa come attuale, non volevo contraddire un vecchio ostinato e senza riserve quando si metteva qualcosa in mente. Era dunque il suo progetto che aveva avuto il tempo di bruciare, cosa di cui mi aveva avvertita, per tranquillizzare coloro che ne erano a conoscenza.

Nel frattempo, il mio valletto di camera, Skourine, mi venne a dire che il capitano che sorvegliava il conte Bestužev era sempre stato suo amico e che tutte le domeniche, uscendo dalla Corte, pranzava a casa sua. Gli dissi che se le cose stavano così e poteva contare su di lui, provasse a chiedergli se si prestava a qualche intesa con il suo prigioniero. Questo era ancora più necessario perché il conte Bestužev aveva comunicato a Stambke, attraverso il suo canale, che bisognava avvertire Bernardi, di dire la pura verità al suo interrogatorio e di fargli sapere che cosa gli avevano domandato. Quando seppi che Skourine si faceva carico volentieri di trovare qualche modo per informare il conte Bestužev, gli dissi di cercare anche di aprire un canale di comunicazione con Bernardi, di vedere se non poteva convincere il sergente o qualche soldato che lo sorvegliava nei suoi alloggi. Nello stesso giorno Skourine mi disse, verso sera, che Bernardi era sorvegliato da un sergente delle guardia di nome Kalychkine, con il quale all'indomani aveva un incontro. Ma dopo aver inviato dal suo amico il capitano che era dal conte Bestužev, per chiedergli se poteva vederlo, costui aveva fatto dire che se voleva parlargli andasse da lui. Però, uno dei suoi sottoposti, che lo conosceva e che era suo parente, gli aveva fatto dire di non andarci, perché se si fosse presentato, il capitano lo avrebbe fatto arrestare e se ne sarebbe fatto un merito a sue spese, cosa della quale si vantava in privato. Skourine, pertanto, cessò di mandare dal capitano il suo preteso amico. In compenso, Kalychkine, al quale avevo ordinato di agire in mio nome, disse a Bernardi tutto ciò che si voleva. Non doveva dire che la verità, alla qual cosa l'uno e l'altro si prestarono di buon grado.

Da lì a qualche giorno, un mattino molto presto, Stambke venne da me molto pallido e stanco e mi disse che la sua corrispondenza e quella del conte Bestužev con il conte Poniatowski era appena stata scoperta; che il giovane musicista del coro di caccia era stato arrestato e che sembrava che le loro ultime lettere avessero avuto la sfortuna di cadere nelle mani dei guardiani di Bestužev. Lui stesso attendeva da un momento all'altro di essere arrestato, ed era venuto da me per riferirmi tutto questo e prendere congedo. Quello che mi disse non mi mise tranquilla. Lo consolai come meglio potei e lo congedai, non dubitando che la sua visita non avrebbe fatto che aumentare contro di me, se possibile, tutte le maldicenze immaginabili e che, non era da escludere, sarei stata evitata come persona sospetta al governo. Tuttavia, io ero intimamente convinta che di fronte al governo non avevo nulla da rimproverarmi. La gente in generale, ad eccezione di Michel Vorontsov, Ivan Šuvalov, i due ambasciatori di Vienna e di Versailles e quelli ai quali questi due facevano credere quello che volevano, tutti a Pietroburgo, grandi e piccoli, erano persuasi che il conte Bestužev fosse innocente, che non ci fossero a suo carico né crimini né delitti.

Si sapeva che, all'indomani della sera del suo arresto, si era lavorato, nella camera di Ivan Šuvalov, a un manifesto che un tale Wolkoff[65], un tempo primo commissario del conte Bestužev, il quale, nel 1755, si era salvato da casa sua e, dopo aver vagato nei boschi, si era lasciato riprendere, e che in questo momento era segretario del consiglio, aveva dovuto scrivere questo documento che si voleva far pubblicare per portare a conoscenza del pubblico i motivi che avevano obbligato l'Imperatrice ad agire in quel modo nei confronti del grancancelliere. Dunque, questa conventicola segreta si dannava la testa alla ricerca di crimini, convenendo di dire che si trattava del crimine di lesa maestà, perché Bestužev aveva cercato di seminare zizzania tra Sua Maestà imperiale e le Loro Altezze imperiali. Senza indagine e giudizio si voleva, all'indomani del suo arresto, mandarlo in una delle sue terre, togliendogli tutto il resto dei suoi beni. Ma vi fu chi giudicò eccessivo esiliare qualcuno senza crimine né processo, almeno bisognava cercare dei crimini nella speranza di trovarli e se non li si fossero trovati, bisognava sottoporre il prigioniero, non si sa perché privato delle sue cariche, delle dignità e delle decorazioni, ad un giudizio dei commissari. Ora, questi commissari erano, come ho già detto, il maresciallo Boutourline, il procuratore generale, principe Trubetskoy, il generale, conte Alessandro Šuvalov e il signor Wolkoff[66], come segretario. La prima cosa che i signori commissari fecero fu di ordinare, attraverso il ministero degli affari esteri, agli ambasciatori, agli inviati e agli impiegati della Russia nelle corti straniere, di inviare copia dei dispacci che aveva scritto loro il conte Bestužev da quando era a capo del ministero. Questo era per trovare dei crimini in queste comunicazioni. Si diceva che scrivesse solo quello che voleva e cose in contraddizione con la volontà dell'Imperatrice. Ma poiché Sua Maestà non scriveva né firmava alcunché, era difficile agire contrariamente ai suoi ordini, e per gli ordini verbali Sua Maestà imperiale difficilmente era nelle condizioni di darne al gran cancelliere, che per anni interi non aveva l'occasione di vederla: e gli ordini verbali dati tramite un terzo, solo a parole, potevano essere intesi male o anche fraintesi quanto mal recepiti o compresi. Tutto questo non riuscì a portare a nulla, se non all'ordine di cui ho già fatto menzione, poiché nessuno degli impiegati si diede la pena di ripercorrere il suo archivio di vent'anni, di copiarlo per cercare dei crimini da addossare a colui di cui avevano seguito le istruzioni e le direttive, per cui allo stesso modo potevano trovarsi immischiati, con la migliore volontà del mondo, in ciò che vi poteva essere trovato di riprovevole.

Oltre a questo, il solo invio di tali archivi doveva procurare alla Corona spese considerevoli, e giunti a Pietroburgo, sarebbe occorsa la pazienza, per parecchi anni, di numerose persone per trovare e sbrogliare ciò che comunque poteva non essere trovato. Quest'ordine non fu mai portato a compimento. Ci si annoiò della faccenda stessa e in capo a un anno si finì con il manifesto che si era iniziato a redigere l'indomani del giorno in cui era stato messo agli arresti il gran cancelliere[67].

Nel pomeriggio del giorno in cui Stambke era venuto da me, l'Imperatrice fece dire al granduca di rimandarlo nell'Holstein, perché si erano scoperte le sue complicità con Bestužev, che meritava di essere arrestato, ma che per la considerazione nei confronti di Sua Altezza imperiale, come suo ministro, lo si lasciava libero, a condizione che fosse immediatamente rimpatriato. Stambke fu immediatamente espulso e, con la sua partenza, terminò il mio interessamento negli affari dell'Holstein. Si era fatto intendere al granduca che l'Imperatrice non aveva piacere che io me ne immischiassi, cosa alla quale Sua Altezza era già propenso. Non mi ricordo esattamente chi prese il posto di Stambke, ma penso che fosse un certo Wolff. Il ministero dell'Imperatrice chiese allora formalmente al re di Polonia di richiamare il conte Poniatowski, del quale era stato trovato un biglietto, peraltro molto innocente, per il conte Bestužev, ma sempre indirizzato a un presunto prigioniero di stato. Da quando appresi il rimpatrio di Stambke e il richiamo del conte Poniatowski, non mi aspettavo nulla di buono, ed ecco cosa feci. Chiamai il mio valletto di camera Skourine e gli dissi di raccogliere tutti i miei libri dei conti e tutto quello che poteva avere anche soltanto l'aria di un pezzo di carta qualunque tra i miei effetti e di portarmelo. Eseguì velocemente e con cura i miei ordini. Quando il tutto fu nella mia camera lo congedai. Allorché fu uscito gettai tutti questi libri nel fuoco e quando li vidi mezzo consumati richiamai Skourine e gli dissi: «Guardate, siate testimone che tutte le mie carte e i miei conti sono bruciati, così se mai qualcuno vi chiedesse dove sono voi possiate dire che li avete visti bruciare proprio dalle mie mani.» Mi ringraziò della premura che mi ero presa per lui e mi disse che era appena avvenuto un cambiamento molto strano nella guardia dei prigionieri. Dopo la scoperta della corrispondenza tra Stambke e il conte Bestužev si faceva sorvegliare quest'ultimo più da vicino e a questo scopo si era preso da casa di Bernardi il sergente Kalichkine, che era stato messo nella camera e vicino al gran cancelliere. Quando Kalichkine ne fu informato, chiese che gli si desse una parte dei soldati fidati che aveva quando era di guardia a Bernardi.

Ecco che l'uomo più sicuro e intelligente che avessimo, Skourine ed io, introdotto nella camera del conte Bestužev e che, inoltre, non aveva interrotto i contatti con Bernardi. Nell'attesa, gli interrogatori del conte Bestužev proseguivano.

Kalichkine si fece conoscere al conte per un uomo a me devoto e, in effetti, gli rese mille servizi. Era come me convinto che il gran cancelliere fosse innocente e vittima di un potente complotto. Anche il popolo lo era. Per quanto riguarda il granduca, vedevo che lo si era intimorito e che gli si erano fatti sorgere dei sospetti come quello che io non ignorassi la corrispondenza tra Stambke e il prigioniero di stato. Vedevo che Sua Altezza imperiale non osava quasi parlarmi, evitava di venire nella mia camera, dove ero sempre sola e non vedevo anima viva[68]. Io stessa evitavo di far venire qualcuno, temendo di esporlo a qualche disgrazia o seccatura.

A Corte, per timore che mi si evitasse, mi trattenni dall'avvicinare tutti quelli che ritenevo fossero in questa condizione.

Gli ultimi giorni di carnevale doveva esserci una commedia russa nel teatro della Corte. Il conte Poniatowski mi fece pregare di andarvi, perché iniziava a correre la voce che ci si apprestava ad espellermi, a impedirmi di comparire e quant'altro, e che ogni volta che non comparivo a qualche spettacolo o alla Corte, tutti erano interessati a saperne la ragione, sia per curiosità sia per interesse nei miei confronti. Io sapevo che la commedia russa era una delle cose che Sua Altezza imperiale amava meno, e parlare di andarvi era già una cosa che lo infastidiva. Ma questa volta il granduca aggiungeva alla sua personale avversione verso la commedia nazionale un ulteriore motivo e interesse personale: era il fatto che egli non vedeva ancora la contessa Elisabetta Vorontsov a casa sua; ma poiché questa rimaneva nell'anticamera con le altre damigelle d'onore, era là che Sua Altezza faceva o la sua conversazione o la sua partita con lei. Se andavo alla commedia, queste damigelle erano obbligate e seguirmi, la qual cosa disturbava Sua Altezza imperiale che non avrebbe avuto altra alternativa se non andare a bere nei suoi appartamenti. Senza preoccuparmi di questi dettagli, poiché avevo dato la mia parola di andare alla commedia, feci dire al conte Alessandro Šuvalov di ordinare una carrozza perché ero intenzionata, quel giorno, ad andare alla commedia. Il conte Šuvalov venne da me e mi disse che il mio progetto di andare alla commedia non era gradito al granduca. Gli risposi che poiché non facevo parte della società di Sua Altezza imperiale, ritenevo che per lui dovesse essere la stessa cosa se rimanevo sola nella mia camera o nel palco allo spettacolo. Se ne andò strizzando l'occhio, come faceva sempre quando era preoccupato per qualcosa. Qualche tempo dopo il granduca venne nella mia stanza: era in una collera terribile, urlando come un'aquila, diceva che avevo piacere nel farlo arrabbiare e che avevo immaginato di andare alla commedia perché sapevo che non amava quello spettacolo. Gli risposi che faceva male a non amarlo. Mi disse che avrebbe proibito di farmi arrivare la carrozza. Replicai che sarei andata a piedi e che non capivo quale piacere avesse nel farmi morire di noia nella mia camera, nella quale per tutta compagnia avevo il mio cane e il mio pappagallo.

Dopo aver discusso a lungo e parlato ad alta voce tutti e due, se ne andò più in collera che mai, ed io ero tenace nel voler andare alla commedia. Verso l'ora dello spettacolo mandai a chiedere al conte Šuvalov se la carrozza era pronta. Venne da me e mi disse che il granduca aveva proibito di mandarmela. A quel punto mi arrabbiai molto, e gli dissi che sarei andata a piedi e che se si fosse proibito alle dame e ai cavalieri di seguirmi sarei andata da sola e che, oltre a questo, mi sarei lamentata per scritto con l'Imperatrice, del granduca e di lui. Mi disse: «Che cosa le direte?» «Le dirò – risposi – il modo in cui sono stata trattata e che voi, per favorire al granduca un incontro con le mie damigelle d'onore, lo incoraggiate a impedirmi di andare allo spettacolo, dove posso avere il piacere di incontrare Sua Maestà imperiale. Oltre a questo, la pregherò di rimandarmi da mia madre, perché sono stanca e annoiata del ruolo che devo rappresentare, sola e abbandonata nella mia camera, odiata dal granduca e per nulla amata dall'Imperatrice. Voglio solo la mia tranquillità, non voglio essere di peso a nessuno, né rendere infelice chiunque mi avvicini e, in particolare, le mie persone tra le quali ve ne sono molte esiliate, perché ho loro voluto o fatto del bene; e sappiate che di questo passo scriverò a Sua Maestà imperiale e vedrò un po' come voi stesso non porterete la mia lettera».

Il mio uomo sbigottì per il tono determinato che avevo preso.

Uscì ed io mi misi a scrivere la mia lettera all'Imperatrice in russo, che resi il più commovente possibile. Cominciai col ringraziarla di tutte le gentilezze e i favori di cui mi aveva riempita dal mio arrivo in Russia, dicendo che disgraziatamente gli avvenimenti provavano che io non li avevo meritati, poiché mi ero attirata solo l'odio del granduca e l'evidente sfavore di Sua Maestà imperiale; che vedendo la mia infelicità e che rimanevo nella mia camera, dove mi si privava anche dei più innocenti passatempi, la pregavo urgentemente di porre termine alla mia disgrazia rimandandomi, nel modo che avrebbe giudicato più opportuno, dai miei parenti; che per i miei figli, non vedendoli per nulla, benché abitassi nella loro stessa casa, mi era indifferente essere nello stesso luogo o a qualche centinaio di leghe da loro e che sapevo che lei se ne prendeva una cura che superava quanto le mie deboli capacità potessero loro dare. Osavo, inoltre, pregarla di proseguire con loro e, con questa fiducia, avrei passato il resto della vita dai miei parenti a pregare Dio per lei, il granduca, i miei figli e tutti coloro che mi avevano fatto del bene e del male. Ma che per l'umiliazione lo stato della mia salute era tale che dovevo fare ciò che potevo almeno per salvare la mia vita e che per questo mi rivolgevo a lei per lasciarmi andare a passare le acque e poi dai miei parenti.

Scritta questa lettera, feci chiamare il conte Šuvalov il quale, entrando, mi disse che la carrozza che avevo chiesto era pronta. Gli dissi, dandogli la lettera per l'Imperatrice, che poteva dire alle dame e ai cavalieri che non volevano seguirmi alla commedia che li dispensavo di venire con me. Il conte Šuvalov ricevette la mia lettera strizzando l'occhio, ma poiché era indirizzata a Sua Maestà imperiale fu obbligato a riceverla. Riferì, inoltre, le mie parole alle dame e ai cavalieri, e fu Sua Altezza imperiale in persona che decise chi doveva venire con me e chi restare con lui. Passai per l'anticamera, dove trovai Sua Altezza imperiale, seduto in un angolo, con la contessa Vorontsov, a giocare a carte. Si alzò, e lei pure, quando mi vide, cosa che non faceva da molto tempo. A questa cerimonia risposi con una profonda riverenza e proseguii la mia strada.

Andai alla commedia, dove l'Imperatrice quel giorno non venne; penso che glielo impedì la mia lettera.

Di ritorno dalla commedia, il conte Šuvalov mi disse che anche Sua Maestà imperiale avrebbe voluto un incontro con me. In apparenza, il conte Šuvalov riferì della mia lettera e della risposta dell'Imperatrice al granduca, perché anche se da quel giorno non mise più piede da me, tuttavia fece tutto quello che poté per essere presente all'incontro che l'Imperatrice avrebbe avuto con me, e penso che non glielo si poté rifiutare. In attesa che tutto ciò si verificasse, me ne stavo tranquilla nella mia camera. Ero intimamente convinta che se si era avuta l'idea di cacciarmi, o di farmelo temere, la decisone che avevo presa scombinava questo progetto dei Šuvalov, che, più che da ogni altra parte, aveva trovato una particolare resistenza dall'Imperatrice, la quale non era proprio portata a prendere misure del genere, così eclatanti; oltre a questo ricordava ancora i disaccordi della sua famiglia, e non aveva certo piacere che si ripetessero nei suoi giorni.

Contro di me poteva esserci un solo argomento, cioè il fatto che suo nipote non mi sembrava il più gradevole degli uomini, come io non sembravo a lui la più amabile delle donne. Sul conto di suo nipote l'Imperatrice la pensava come me e lo conosceva così bene che erano già anni che non poteva trovarsi in sua compagnia per un quarto d'ora, senza provare del disgusto, della collera o del dispiacere. Quando si trattava di lui, ne parlava profondendo delle lacrime sulla disgrazia di avere un tale erede o ne parlava facendo rilevare la sua riprovazione nei suoi confronti, dandogli spesso degli epiteti, che peraltro si meritava. Ho avuto delle prove di questo trovandomi in mano due biglietti scritti di pugno dall'Imperatrice, non so esattamente a chi, ma di cui uno sembrava essere per il conte Šuvalov e l'altro per il conte Razumovskij, dove malediva suo nipote e lo mandava al diavolo. In uno c'era questa espressione:«Il mio dannato nipote mi ha molto irritata» e nell'altro diceva «Mio nipote è un imbecille, che il diavolo se lo porti».

Del resto, la mia decisione era presa, e guardavo alla mia partenza o non partenza con filosofia. Mi sarei trovata, nella situazione in cui la provvidenza mi avrebbe messo, non priva delle risorse che l'intelligenza e il talento danno a ciascuno in base alle proprie capacità naturali e mi sentivo il coraggio di salire o scendere, senza che il mio cuore e il mio animo risentissero dell'elevazione o della pompa, o, in senso contrario, dell'avvilimento e dell'umiliazione.

Sapevo di essere umana e per questo limitata e incapace di perfezione, ma le mie intenzioni erano sempre state pure e oneste. Se avevo capito, sin dall'inizio, che amare un marito che non era gradevole, né si dava alcuna pena per esserlo, era una cosa difficile, se non impossibile, nondimeno avevo dedicato a lui e ai suoi affari il più sincero attaccamento che un amico, e anche un servitore, può dare all'amico e al suo padrone. I miei consigli erano sempre stati i migliori che ritenessi per il suo bene; se non li seguiva non era colpa mia, ma quello del suo giudizio che non era né sano né giusto.

Quando ero giunta in Russia, nei primi anni della nostra unione, per quel poco che questo principe volle essere sopportabile, il mio cuore era stato disponibile nei suoi confronti. Non è fuori dalla norma che quando vidi che di tutte le cose possibili ero quella alla quale prestava meno attenzione, proprio perché ero sua moglie, io non trovassi questa situazione né gradevole né di mio gusto, che questo mi infastidisse e, anche, mi mortificasse. Quest'ultimo sentimento, quello dell'umiliazione, lo reprimevo più di ogni altro, l'orgoglio del mio spirito e la sua tempra mi rendevano insopportabile l'idea di essere infelice. Mi dicevo: «La felicità e l'infelicità sono nell'anima e nel cuore di ciascuno; se ti senti infelice supera la tua infelicità e fa in modo che la tua felicità non dipenda da alcun avvenimento». Ero nata con questa disposizione d'animo ero nata e dotata di una grande sensibilità, di una interessante presenza che, fin dal primo momento, piaceva senza artificio né ricercatezza. Il mio carattere era naturalmente così conciliante che mai persona è stata con me per un quarto d'ora senza trovarsi a suo agio nella conversazione, loquace con me come se mi avesse conosciuto da molto tempo. Spontaneamente indulgente, mi conquistavo la fiducia di coloro che avevano a che fare con me, poiché ciascuno sentiva che la sincera onestà e la buona volontà erano le motivazioni che io perseguivo più che volentieri. Se oso servimi di questa espressione, mi prendo la libertà di azzardare sul mio conto che ero un franco e leale cavaliere, con un carattere più maschile che femminile; ma non ero per questo per niente mascolina, e in me si trovavano, uniti alla forza e al carattere di un uomo, i piaceri di una donna molto gradevole: mi si perdoni questa espressione in favore della verità della confessione che fa l'amor proprio senza nascondersi in una falsa modestia. Del resto, questo scritto stesso deve provare ciò che io dico del mio animo, del mio cuore e del mio carattere. Ho appena detto che piacevo, di riflesso metà della strada della tentazione era percorsa, è dell'essenza della natura umana che l'altra parte non sarebbe mancata, poiché tentare e essere tentati sono molto vicini l'uno all'altro e, nonostante le migliori massime morali impresse nella testa, quando il sentimento si intromette, da quel momento si è già più lontani di quanto si creda, e ignoro ancora come si possa impedirgli di venire. Può darsi che solo la fuga possa porvi rimedio, ma ci sono dei casi, delle situazioni dove la fuga è impossibile, perché come fuggire, evitare, voltare la schiena, in mezzo a una corte? La cosa stessa creerebbe dei pettegolezzi. Ora, se voi non fuggite, non vi è nulla di più difficile, secondo me, che evitare colui al quale voi piacete profondamente. Tutto ciò che vi si dirà al posto di questo non saranno che dei discorsi di pruderie non aderenti al cuore umano, e nessuno tiene il suo cuore nella sua mano e lo stringe o lo rilascia, con pugno chiuso o aperto, a volontà.

Ritorno al mio racconto. All'indomani di questa storia mi dissi ammalata e non uscii più, attendendo tranquillamente la decisione di Sua Maestà Imperiale sulla mia umile richiesta. Solo la prima settimana di quaresima, giudicai opportuno prendere i sacramenti, affinché si vedesse il mio attaccamento alla fede greco ortodossa. La seconda o la terza settimana ebbi un'altra cocente umiliazione. Un mattino, dopo essermi alzata, la mia gente mi avvertì che il conte Alessandro Šuvalov aveva fatto chiamare M.me Vladislava. Questo mi parve molto strano. Attesi con inquietudine che ritornasse, ma invano. Verso l'una del pomeriggio, il conte Šuvalov venne a dirmi che l'Imperatrice aveva deciso di toglierla da me[69]. Mi profusi in lacrime, gli dissi che Sua Maestà imperiale era certamente padrona di toglierla o di mettere vicino a me chi piaceva a lei, ma che ero arrabbiata nel vedere sempre di più che tutti coloro che mi avvicinavano erano altrettante vittime votate alla disgrazia di Sua Maestà imperiale, e che affinché ci fossero meno sventurati, lo pregavo e lo imploravo di sollecitare Sua Maestà imperiale di porre fine al più presto alla condizione in cui ero ridotta, cioè di creare solo degli sventurati, e di rimandarmi dai miei. L'assicurai ancora che M.me Vladislava non sarebbe stata assolutamente utile per chiarire alcunché, poiché né lei né nessun altro godevano della mia fiducia. Il conte Šuvalov voleva parlare ma, vedendo i miei singhiozzi, si mise a piangere con me e mi disse che l'Imperatrice me ne avrebbe parlato. Lo pregai di affrettare quel momento, cosa che mi promise.

A quel punto andai a dire alla mia gente ciò che stava accadendo e dissi loro che se mi avessero messo qualche figlia adulta di dama come compagnia che mi dispiaceva, al posto di Mme Vladislava, avrebbe dovuto prepararsi a ricevere da me i peggiori trattamenti immaginabili, fino alle botte, e le pregai di ripetere tutto questo a chi sembrava loro opportuno, al fine di distogliere tutte quelle che si voleva mettere vicino a me dal darsi da fare per accettare questo posto, essendo stanca di soffrire, e vedendo cha la mia dolcezza e la mia pazienza non mi portavano altro che fare andare di male in peggio tutto ciò che mi riguardava e che, di conseguenza, avrei cambiato la mia condotta a tutti gli effetti. La mia gente non mancò di ripetere ciò che volevo.

Alla sera di questo giorno, in cui avevo parecchio pianto, camminando in lungo e in largo per la mia stanza, agitata nel corpo e nello spirito, vidi entrare nella mia camera da letto, dove ero sola come sempre, una delle mie cameriere, di nome Catherina Ivanovna Chérégorodskaya. Questa mi disse, piangendo e con grande affetto: «Noi tutti temiamo che voi non sopravviviate alla condizione in cui vi vediamo. Permettetemi di andare oggi da mio zio, il confessore dell'Imperatrice e il vostro; gli parlerò, gli dirò tutto quello che voi mi ordinerete di dirgli e vi prometto che parlerà all'Imperatrice in modo tale che voi ne sarete contenta». Vedendo la sua buona volontà, le raccontai chiaramente ciò che stava accadendo, quello che avevo scritto a Sua Maestà imperiale e tutto il resto. Andò da suo zio e, dopo avergli parlato e averlo ben disposto nei miei confronti, ritornò verso le undici a dirmi che il confessore, suo zio, mi consigliava di dirmi ammalata nella notte e di chiedere di confessarmi e, per questo, di farlo chiamare, per dire all'Imperatrice tutto quello che avrebbe sentito dalla mia bocca. Approvai quest'idea e promisi di metterla in atto. La congedai ringraziando lei e suo zio dell'affetto che mi dimostravano. Così, tra le due e le tre del mattino, suonai, una delle mie donne entrò e le dissi che mi sentivo così male che volevo confessarmi. Al posto del confessore, il conte Alessandro Šuvalov corse da me, con voce flebile e spezzata ripetei la richiesta di far chiamare il mio confessore. Egli mandò a chiamare i medici e a questi dissi che mi era necessario un soccorso spirituale, che soffocavo. Uno mi tastò il polso e disse che era debole; io dicevo che la mia anima era in pericolo e che il mio corpo non aveva più bisogno di medici. Infine arrivò il confessore e fummo lasciati soli. Lo feci sedere a fianco del mio letto e avemmo una conversazione di almeno un'ora e mezza. Gli raccontai lo stato presente e passato delle cose, la condotta del granduca nei miei confronti, la mia nei confronti di Sua Altezza imperiale, l'odio dei Šuvalov, gli esili o i richiami continui delle mie persone, e sempre di quelli che più si affezionavano a me, per i quali i Šuvalov mi attiravano l'odio di Sua Maestà imperiale, lo stato in cui erano le cose, ciò che mi aveva portato a scrivere all'Imperatrice la lettera in cui chiedevo di essere rimandata dai miei parenti. Lo pregai di procurarmi una risposta veloce alla mia richiesta. Lo trovai pieno di buona volontà nei miei confronti e meno ottuso di quanto si dicesse che fosse. Mi disse che la mia lettera faceva e avrebbe fatto l'effetto desiderato, che dovevo insistere nel chiedere di essere rimandata e che sicuramente non sarei stata mandata via, perché non si poteva giustificare un tale congedo agli occhi del pubblico, la cui attenzione era rivolta verso di me. Convenne che si era agito brutalmente nei miei confronti e che l'Imperatrice, avendomi scelta in tenera età, mi abbandonava alla mercé dei miei nemici, che avrebbe fatto meglio a cacciare i miei rivali e, soprattutto, Elisabetta Vorontsov, e tenere a freno i suoi favoriti, diventati le sanguisughe del popolo per tutti i monopoli che i Šuvalov inventavano tutti i giorni e che, oltre a questo, facevano gridare tutti all'ingiustizia, come testimoniava l'affare del conte Bestužev, dell'innocenza del quale il pubblico era persuaso. Terminò questo incontro dicendomi che immediatamente sarebbe andato dall'Imperatrice, dove avrebbe atteso il suo risveglio per parlarle e sollecitare l'incontro che mi aveva promesso e che doveva essere decisivo. Quanto a me, avrei fatto bene a restare nel mio letto. Avrebbe detto che l'umiliazione e il dolore potevano uccidermi se non si fosse subito posto un rimedio e non mi fossi tirata fuori, in un modo o nell'altro, dallo stato in cui ero finita, sola e abbandonata da tutti.

Mantenne la parola e descrisse il mio stato all'Imperatrice con accenti così vivi che Sua Maestà chiamò il conte Alessandro Šuvalov e gli ordinò di vedere se mi trovassi nella condizione di andarle a parlare la notte seguente. Il conte Šuvalov venne riferirmi e gli dissi che avrei raccolto per questo tutto il resto delle mie forze. Verso sera mi alzai dal letto, quando Šuvalov mi venne a dire che dopo mezzanotte sarebbe venuto a cercarmi per accompagnarmi negli appartamenti di Sua Maestà imperiale. Il confessore mi fece dire da sua nipote che le cose prendevano una buona piega e che l'Imperatrice mi avrebbe parlato la sera stessa. Quindi, mi vestii verso le dieci di sera e mi misi, tutta vestita, su un canapè, dove mi addormentai. Circa all'una e mezza, il conte Šuvalov entrò nella mia camera e mi disse che l'Imperatrice chiedeva di me. Mi alzai e lo seguii.

Attraversammo delle anticamere dove non c'era nessuno. Arrivando alla porta della galleria, vidi il granduca passare la porta opposta mentre si recava, come me, da Sua Maestà imperiale. Dal giorno della commedia non l'avevo più visto. Anche quando mi ero detta in pericolo di vita non era venuto né aveva mandato a chiedere come stessi. Seppi in seguito che, quello stesso giorno, aveva promesso a Elisabetta Vorontsov che se fossi morta l'avrebbe sposata e che tutti e due si erano rallegrati molto della mia condizione. Giunta nell'appartamento di Sua Maestà imperiale vi trovai il granduca. Appena vidi l'Imperatrice mi gettai alle sue ginocchia e la pregai subito e con le lacrime agli occhi, di rimandarmi dai miei famigliari. L'Imperatrice voleva farmi rialzare, ma io restai ai suoi piedi. Mi parve più triste che in collera e mi disse, con le lacrime agli occhi: «Come volete che vi rimandi? Ricordatevi che avete dei figli». Le dissi: «I miei figli sono nelle vostre mani e non potrebbero stare meglio, spero che non li abbandonerete». Allora mi rispose: «Ma cosa potrò dire alla gente come ragione del vostro allontanamento?» «Vostra Maestà imperiale – replicai – dirà, se lo giudicherà opportuno, i motivi per i quali mi sono attirata il vostro sfavore e l'odio del granduca». L'Imperatrice mi disse: «E di che cosa vivrete a casa dei vostri parenti?» «Di quello con cui ho vissuto prima che mi faceste l'onore di prendermi». A questo mi disse: «Vostra madre è in fuga, è stata obbligata a lasciare casa sua ed è a Parigi». «Lo so, la si è creduta – risposi – troppo vicina agli interessi della Russia e il re di Prussia l'ha perseguitata». L'Imperatrice mi disse per la seconda volta di alzarmi, cosa che feci, e pensosa si allontanò da me.

La camera dove eravamo era lunga e aveva tre finestre, tra le quali vi erano due tavoli con le toilette d'oro dell'Imperatrice. Nell'appartamento eravamo solo lei, il granduca, Alessandro Šuvalov ed io. Di fronte all'Imperatrice vi erano dei paraventi di fronte ai quali era stato messo un canapè. Tuttavia, io supponevo che dietro questi paraventi vi fossero sicuramente Ivan Šuvalov e, forse, anche suo cugino, il conte Pietro. Seppi in seguito che avevo intuito in parte giustamente, poiché Ivan Šuvalov era lì. Mi misi di fianco alla tavola da toilette più vicina alla porta da cui ero entrata e notai che nella bacinella della toilette vi erano delle lettere piegate. L'Imperatrice si avvicinò nuovamente a me e mi disse: «Dio mi è testimone di quanto abbia pianto quando, al vostro arrivo in Russia, voi eravate mortalmente malata e se non vi avessi amata non vi avrei curata». Questo, secondo me, si chiamava scusarsi di ciò che avevo detto circa l'essere caduta in disgrazia. Risposi ringraziando Sua Maestà imperiale di tutte le cortesie e bontà che mi aveva manifestate allora e dopo, dicendo che il ricordo non si sarebbe mai cancellato dalla mia memoria, e avrei sempre guardato come alla più grande delle mie disgrazie essere incorsa nel suo sfavore. Allora si avvicinò ancora di più a me e mi disse: «Voi siete di una grandissima superbia. Ricordatevi che al Palazzo d'estate un giorno, mi sono avvicinata a voi e vi ho chiesto se avevate mal di collo poiché avevo visto che mi salutavate appena e che era per superbia che non mi avevate salutata abbassando la testa». «Mio Dio – dissi – madame, come potete credere che abbia voluto essere superba di fronte a voi. Vi giuro che non mi sono mai resa conto che un tale comportamento, che voi mi avete ricordato, di quattro anni fa, potesse aver tradito una simile cosa». «Voi pensate – mi rispose – che nessuno sia intelligente come voi». «Se avessi questa convinzione – risposi – nulla sarebbe più adatto a disilluderla della mia condizione attuale e questa stessa conversazione, poiché mi accorgo che, per stupidità, io non ho capito fino ad ora ciò che, dopo quattro anni, avete avuto la compiacenza di dirmi».

Il granduca, mentre Sua Maestà mi parlava, bisbigliava con il conte Šuvalov. L'Imperatrice se ne accorse e andò verso loro che si erano messi in mezzo alla stanza. Non sentivo bene ciò che dicevano tra loro, parlavano a mezza voce e la camera era grande. Alla fine sentii che il granduca, alzando la voce, diceva: «È di una cattiveria terribile, e molto cocciuta». Mi accorsi che si trattava di me e, avvicinandomi al granduca, gli dissi: «Se è di me che parlate, sono ben felice di dirvi, in presenza di Sua Maestà imperiale, che veramente io sono cattiva di fronte a quelli che vi consigliano di fare delle ingiustizie e che sono diventata cocciuta perché vedo che tutte le mie gentilezze mi portano solo alla vostra inimicizia». Si rivolse all'Imperatrice: «Vostra Maestà imperiale vede come è cattiva da quello che dice». Ma sull'Imperatrice, che era infinitamente più intelligente del granduca, le mie parole fecero un'impressione differente. Vedevo chiaramente che man mano che la conversazione andava avanti, nonostante ciò che le era stato raccomandato, e benché lei stessa avesse deciso di mostrarmi del rigore, il suo atteggiamento si raddolciva, malgrado lei e le sue decisioni. Si girò verso di lui e gli disse: «Oh! Voi non sapete nulla di quello che mi ha detto contro i vostri consiglieri e contro Brockdorf in merito a quell'uomo che avete fatto arrestare». Questo, per il granduca, dovette apparire come un tradimento da parte mia. Non sapeva una parola della conversazione, al Palazzo d'estate, con l'Imperatrice, e vedeva il suo Brockdorf, che gli era diventato così caro e prezioso, accusato davanti all'Imperatrice, per colpa mia. Era metterci più che mai l'uno contro l'altro e, probabilmente, renderci irreconciliabili, privandomi per sempre della fiducia del granduca.

Caddi pressoché dalle nuvole sentendo l'Imperatrice raccontare al granduca, in mia presenza, ciò che le avevo detto e creduto di dire per il bene di suo nipote, volgersi come un'arma mortale contro di me. Il granduca, molto meravigliato di questa confidenza, disse: «Ah! Ecco una storia che non conoscevo. È bella e provata la sua cattiveria». Dentro di me pensai: «Dio sa la cattiveria di cui è la prova!»

Da Brockdorf, con un brusco passaggio, Sua Maestà imperiale passò alla connessione scoperta tra Stambke e il conte Bestužev e mi disse: «Lascio pensare come costui possa essere perdonabile di aver avuto dei rapporti con un prigioniero di stato». Poiché in questa vicenda il mio nome non compariva e non ne era stata fatta menzione, stetti zitta, prendendo l'osservazione come qualcosa che non mi riguardava. Al che l'Imperatrice si avvicinò a me e mi disse: «Voi vi impicciate in cose che non vi riguardano. Io non avrei mai osato fare tanto ai tempi dell'imperatrice Anna. Come, per esempio, avete osato inviare degli ordini al maresciallo Apraksin?» «Io! – risposi – Mai mi è venuta l'idea di inviaglieli». «Come potete negare – disse l'Imperatrice – di avergli scritto? Le vostre lettere sono là, in questa bacinella (le mostrò con un dito). Vi è proibito scrivere». Allora, le dissi: «È vero che ho trasgredito a questo divieto, e vi domando perdono, ma poiché le mie lettere sono là, queste tre lettere possono dimostrare a Vostra Maestà imperiale che mai gli ho inviato degli ordini, ma che in una gli riferivo ciò che si diceva della sua condotta». Qui mi interruppe, dicendomi: «E perché scriveste questo?» Molto semplicemente le risposi: «Perché mi interessavo al maresciallo al quale volevo molto bene. Lo pregavo di eseguire i vostri ordini. Le due altre lettere contengono solo, una le felicitazioni per la nascita di suo figlio e l'altra gli auguri per il nuovo anno». A questo mi rispose: «Bestužev dice che ce ne sono molte altre.» «Se Bestužev dice questo, mente». Risposi. «Bene – disse – se Bestužev mente su di voi lo faremo torturare». Con questo credeva di spaventarmi. Le risposi che era sovrana e padrona di fare ciò che giudicava opportuno, ma che io avevo solo scritte quelle tre lettere ad Apraksin. Stette in silenzio e parve riflettere.

Riporto i momenti più salienti di questa conversazione, quelli che sono rimasti nella mia memoria, ma mi sarebbe impossibile ricordarmi di tutto ciò che si disse durante quell'ora e mezza almeno che durò. L'Imperatrice andava e veniva nella stanza, talvolta avvicinandosi a me, talvolta a suo nipote e, ancora più di sovente, ad Alessandro Šuvalov, con il quale il granduca era per la maggior parte del tempo in conversazione, mentre l'Imperatrice mi parlava. Ho già sottolineato che notavo in Sua Maestà più preoccupazione che collera. Per quanto riguarda il granduca fece trasparire, in tutti i suoi discorsi, durante questa riunione, molto fiele, animosità e impeti di collera nei miei confronti. Cercava, per quanto poteva, di aizzare Sua Maestà contro di me, ma poiché si comportò stupidamente e mostrò più passionalità che giustizia, mancò il suo obiettivo e l'intelligenza e l'acume dell'Imperatrice la portarono dalla mia parte. Ascoltava, con un'attenzione particolare e una sorta di approvazione involontaria, le mie risposte ferme e moderate alle affermazioni fuori misura che faceva il mio sposo e nelle quali, si vedeva chiaro come il giorno, che puntava a liberare il mio posto per farvi mettere, se ci riusciva, la sua amante del momento. Ma tutto ciò poteva non essere gradito all'Imperatrice e neanche, forse, ai Šuvalov, darsi i conti Vorontsov come padroni. Ma questo oltrepassava la capacità di giudizio di Sua Altezza imperiale, che credeva sempre a tutto ciò che gli andava bene e che scartava tutte le idee contrarie a quelle che lo frenavano e che fece tanto che l'Imperatrice si avvicinò a me e mi disse a voce bassa: «Avrei ancora molte cose da dirvi, ma non posso parlare perché non voglio confondervi più di quanto non lo siate già». E con gli occhi mi significò che era a causa della presenza di chi stava assistendo. Io, vedendo questo segno di intima benevolenza che mi dava in una situazione così critica, mi sciolsi e le dissi, a voce molto bassa: «Anch'io non posso parlare, benché abbia un desiderio pressante di aprirvi il mio cuore e la mia anima». Vidi che quello che avevo appena detto fece su di lei una favorevole impressione nei miei confronti. Le erano venute le lacrime agli occhi e per nascondere a qual punto era commossa, ci congedò, dicendo che era molto tardi. E in realtà erano circa le tre del mattino. Il granduca uscì per primo, io lo seguii.

Nel momento in cui il conte Alessandro Šuvalov volle varcare la porta insieme a me, Sua Maestà imperiale lo chiamò e rimase con lei. Il granduca marciava sempre a grandi passi, questa volta io non mi premurai di seguirlo, lui rientrò nella sua camera e io nella mia. Incominciavo a svestirmi per andare a dormire, quando sentii bussare alla porta da dove ero entrata. Chiesi chi era. Il conte Alessandro Šuvalov mi disse che era lui, pregandomi di aprire, cosa che feci. Mi chiese di licenziare le mie donne e queste uscirono. Allora, mi disse che l'Imperatrice lo aveva richiamato e che dopo avergli parlato per un po', l'aveva incaricato di farmi i suoi complimenti e di non preoccuparmi perché avrei avuta una seconda conversazione, da sola, con lei.

Mi inchinai profondamente davanti al conte Šuvalov e gli dissi di presentare i miei più umili omaggi a Sua Maestà imperiale e di ringraziarla delle sue gentilezze per me, che mi restituivano la vita. Aggiunsi che aspettavo questa seconda conversazione con la più viva impazienza e che la pregavo di affrettarne il momento. Mi disse di non parlarne ad anima viva e, in particolare al granduca, che l'Imperatrice vedeva, con dispiacere, molto irritato nei miei confronti. Glielo promisi, mentre pensavo: «Ma se si è contrariati che egli sia irritato, perché aizzarlo ancora di più con la conversazione al Palazzo d'estate, circa le persone che lo mettono in ridicolo?»

Questo imprevisto ritorno dell'intimità e della fiducia da parte dell'Imperatrice mi fece, ovviamente, grande piacere. All'indomani dissi alla nipote del confessore di ringraziare suo zio del servizio che mi aveva reso procurandomi questa conversazione con Sua Maestà imperiale. Ritornò da suo zio e mi disse che sapeva che l'Imperatrice aveva detto che suo nipote era una bestia, ma che la granduchessa era molto intelligente. Questa osservazione mi giunse da più di una parte e Sua Maestà, tra gli intimi, non faceva che lodare le mie capacità, sovente aggiungendo: «Ama la verità e la giustizia, è una donna dotata d'intelligenza, ma mio nipote è una bestia».

Io rimasi nel mio appartamento, come precedentemente, con il pretesto di stare poco bene. Mi ricordo che allora leggevo i primi cinque tomi della *Histoire des voyages*, con le carte geografiche sulla tavola, il che mi divertiva e mi istruiva. Quando ero stanca di questa lettura, sfogliavo i primi volumi dell'*Encyclopédie* e aspettavo il giorno in cui all'Imperatrice sarebbe piaciuto ammettermi a un secondo colloquio. Ogni tanto rinnovavo la domanda al conte Šuvalov, dicendogli che speravo molto che la mia sorte fosse alla fine decisa.

Per quanto riguarda il granduca, non ne sentivo più parlare, sapevo solo che aspettava con impazienza il mio congedo e che dava per sicuro di sposare Elisabetta Vorontsov, in seconde nozze, la quale già andava nel suo appartamento facendo gli onori di casa. A quanto pare suo zio, il vice cancelliere, che era un ipocrita, seppe dei progetti di suo fratello, o piuttosto dei suoi nipoti, che allora erano poco più che ragazzi, avendo il maggiore circa vent'anni, e timoroso che il suo credito riconquistato ne soffrisse presso Sua Maestà, sollecitò la commissione per dissuadermi dal chiedere il mio congedo. Ecco cosa accadde.

Un bel mattino[70] mi fu annunciato che il vice cancelliere, conte M. Vorontsov, chiedeva di parlarmi da parte dell'Imperatrice. Molto meravigliata da questa inconsueta delegazione, benché non ancora vestita, feci entrare il vice cancelliere. Cominciò col baciarmi la mano e stringendomela con molto affetto, dopodiché si sedette, con gli occhi da cui scendeva qualche lacrima. Poiché allora ero un po' prevenuta contro di lui, non diedi molta importanza a questo preambolo, che doveva sottolineare il suo zelo, lo lasciai fare e presi il tutto come un atto di smanceria. Lo pregai di sedersi. Era un po' affannato, per una specie di gozzo del quale soffriva. Si sedette con me e mi disse che l'Imperatrice l'aveva incaricato di parlarmi e di dissuadermi dall'insistere sul mio congedo; che Sua Maestà stessa gli aveva ordinato di pregarmi, da parte sua, di rinunciare a questa idea alla quale non avrebbe mai acconsentito, e lui in particolare mi pregava e mi scongiurava di dargli la mia parola di non parlarne mai più. Aggiunse che il progetto rattristava veramente l'Imperatrice e tutta la gente onesta, nel novero della quale mi assicurava esserci anche lui. Gli risposi che non c'era nulla che io non facessi per piacere a Sua Maestà imperiale e alle persone oneste, ma che credevo la mia vita e la mia salute in pericolo per il genere di vita nella quale ero caduta; che non facevo che degli infelici; che venivano esiliati e allontanati continuamente tutti quelli che si avvicinavano a me; che il granduca veniva inasprito nei miei confronti sino all'odio e che, peraltro, non mi aveva mai amato. Proseguii dicendo che Sua Maestà mi dava, quasi in continuazione, segni del suo sfavore e che, vedendomi di peso per tutti, morendo di noia e di umiliazioni io stessa, avevo chiesto di essere congedata al fine di salvare me stessa da questo peso che mi distruggeva di umiliazione e di noia. Mi parlò dei miei figli. Gli dissi che non li vedevo e che dalle mie purificazioni non avevo ancora visto la più piccola e non potevo vederla senza un ordine espresso dell'Imperatrice, nelle due camere della quale erano alloggiati, visto che il loro appartamento faceva parte del suo. Io non dubitavo che ne avesse avuta la massima cura, ma che essendo privata della soddisfazione di vederli, era per me indifferente essere a cento passi o a cento leghe da loro.

Mi disse che l'Imperatrice avrebbe avuto con me una seconda conversazione e che sarebbe stato contento se Sua Maestà si fosse riavvicinata a me. Gli risposi pregandolo di accelerare questo secondo incontro e che io, da parte mia, non avrei tralasciato nulla per facilitare il suo desiderio. Rimase più di un'ora da me, parlò per tanto tempo e molto, di una quantità di cose. Notai che l'aumento del suo prestigio gli aveva dato, nel parlare e nel portamento, qualche cosa di più, che non aveva prima, quando l'avevo visto in fila con il resto del mondo e quando, insoddisfatto dell'Imperatrice, degli affari e di quelli che avevano il favore e la fiducia di Sua Maestà imperiale, un giorno a Corte mi aveva detto, vedendo che l'Imperatrice parlava a lungo con l'ambasciatore d'Austria, mentre lui, io e tutti gli altri stavamo in piedi (eravamo là a morire): «Volete scommettere che non dice che delle sciocchezze?» Ridendo, gli risposi: «Mio Dio, che state dicendo!» Mi replicò in russo, con queste caratteristiche parole: «È di natura sciocca». Alla fine se ne andò assicurandomi il suo impegno e si congedò da me baciandomi nuovamente la mano.

Per una volta potevo essere sicura di non essere allontanata, poiché mi si pregava di non parlarne neanche[71], ma io giudicai opportuno non uscire e continuare a rimanere nella mia camera, come se attendessi la decisione del mio destino dal secondo incontro che dovevo avere con l'Imperatrice. Lo attesi per molto tempo.

Mi ricordo che il 21 aprile (1759), giorno della mia nascita, non uscii. L'Imperatrice mi fece dire, all'ora del suo pranzo, da Alessandro Šuvalov, che beveva alla mia salute. La feci ringraziare di volersi ricordare di me, in quel giorno, dicevo, della mia disgraziata nascita, che avrei maledetto se non avessi ricevuto nello stesso giorno il battesimo. Quando il granduca seppe che l'Imperatrice, quel giorno, mi aveva inviato i suoi auguri, decise di fare la stessa cosa. Quando me lo si riferì, mi alzai e, con una profonda riverenza, feci i miei ringraziamenti.

Dopo le feste del mio compleanno e dell'incoronazione dell'Imperatrice, che erano a quattro giorni di distanza, rimasi ancora senza uscire dalla mia stanza, fino a quando il conte Poniatowski mi fece avvisare che l'ambasciatore di Francia, marchese de Lhôpital, elogiava molto la ferma condotta che avevo e diceva che la decisione di non uscire dalla mia camera poteva solo tornare a mio vantaggio. Allora, prendendo queste dichiarazione come un perfido elogio di un nemico, decisi di fare il contrario di quanto egli lodava e, una domenica, quando meno se lo aspettavano, mi vestii e uscii dal mio appartamento privato. Nel momento in cui entrai nell'appartamento in cui erano le dame e i cavalieri, notai il loro stupore e la loro sorpresa nel vedermi. Qualche istante dopo la mia comparsa arrivò il granduca. Osservai anche il suo stupore, dipinto sulla sua fisionomia e, poiché parlavo con la compagnia, si unì alla conversazione e mi rivolse qualche parola, alla quale risposi con sincerità.

In quel periodo il principe Carlo di Sassonia era venuto a San Pietroburgo per la seconda volta. Il granduca l'aveva ricevuto sbrigativamente la prima volta, ma in questa seconda visita Sua Altezza imperiale si credette autorizzata a non avere alcuna moderazione nei suoi confronti, ed ecco perché. Nell'armata russa non era un segreto che nella battaglia di Zorndorf il principe Carlo di Sassonia era stato uno dei primi a fuggire; si diceva anche che avesse spinto questa fuga, senza fermarsi, fino a Landsberg. Ora, Sua Altezza imperiale, avendo saputo ciò, prese la decisione che come vigliacco riconosciuto non gli avrebbe più rivolto la parola, né voleva avere a che fare con lui. A questo, apparentemente, la principessa di Curlandia, figlia di Biren, di cui ho già avuto occasione di parlare, contribuì non poco, poiché si incominciava a mormorare del progetto di fare il principe Carlo di Sassonia duca di Curlandia. Il padre della principessa di Curlandia era sempre trattenuto a Yaroslav. La principessa espresse la sua contrarietà al granduca, sul quale aveva conservato una sorta di ascendente. Questa principessa era allora promessa, per la terza volta, al barone Alessandro Tcherkasof, che effettivamente sposò l'inverno successivo.

Infine, pochi giorni prima di andare in campagna, il conte Alessandro Šuvalov mi venne a dire, da parte dell'Imperatrice, che dovevo chiedere, per suo tramite, dopo pranzo, di andare a vedere i miei figli e che, uscendo dalla visita a loro, avrei avuto il secondo incontro, da tanto tempo promesso, con Sua Maestà imperiale. Feci ciò che mi fu detto e, in presenza di parecchie persone, dissi al conte Šuvalov di chiedere a Sua Maestà imperiale il permesso di andare a vedere i miei figli. Se ne andò e quando fece ritorno mi disse che potevo andare alle tre. Fui molto puntuale. Restai con i miei figli fino a quando il conte Šuvalov mi venne a dire che potevo vedere Sua Maestà imperiale. Andai da lei.

La trovai tutta sola e, per una volta, non c'era nessuna tenda nella stanza, quindi lei e io potemmo parlare in libertà. Cominciai col ringraziarla dell'udienza che mi aveva concessa, dicendole che la sola gentile promessa che mi aveva fatta mi aveva restituita alla vita. A seguito di questo, mi disse: «Esigo che voi mi diciate il vero su tutto quello che vi domanderò». Le risposi rassicurandola che avrebbe udito dalla mia bocca solo la pura verità e che non chiedevo nulla di meglio che aprirle il mio cuore senza alcuna restrizione. Allora mi chiese di nuovo se realmente non ci fossero state che quelle tre lettere scritte ad Apraksin. Glielo giurai, affermando il vero, perché era effettivamente così. Poi mi chiese dei dettagli sulla vita del granduca...[72]

Note

1 (N.d.A.) I frequenti incendi dei suoi palazzi e delle case inquietavano molto Elisabetta. M. di Saint Sauver lo descrive accuratamente nella sua corrispondenza con M. di Maurepas:«L'imperatrice – scrive il 14 giugno 1748 – ha ricevuto la notizia del quarto incendio consecutivo accaduto a Mosca, del quale fu rattristata fino alla lacrime». (*Archives des Affaires étrangers*, Russia, suppl. 7, cart. 1748).

2 (N.d.A.) Vi erano tre Šuvalov: Alexandre e Pietro, che erano fratelli, e il loro cugino Ivan, il favorito. Alexandre, «che aveva un occhio mezzo chiuso e che ammiccava continuamente», a dire di Michele Vorontsov fu l'organizzatore e il direttore della cancelleria segreta. Pietro, industriale, finanziere, generale fu prima di tutto un accaparratore. Nel 1759, tutto il commercio del bestiame è nelle sue mani. Visse in un lusso reale, così come la sua amante in carica, la principessa Kourakine. Ivan era il favorito dell'Imperatrice.

3 (N.d.A.) Questa propensione alla paura dei morti dell'imperatrice Elisabetta è stata constata da tutti i contemporanei. «Impossibile essere più superstiziosi di lei. La dichiarazione di guerra a Federico II – racconta Dolgorukov – fu ritardata di parecchi mesi, perché nel momento in cui il cancelliere gliela presentò per la firma, avendo scritto la prima lettera del suo nome E, vide una mosca arrivarvi sopra e fare una macchia d'inchiostro: «È un cattivo presagio – esclamò – bisogna aspettare.» (Dolgorukov, *Mémoires*, I, 479) Invecchiando, le sue paure andarono crescendo. Dolgorukov fornisce in merito un curioso dettaglio: «Dopo la sua salita al trono – racconta – in presenza della facilità con la quale il regime esistente, la reggenza della principessa di Brunswick, era stato rovesciato in una sola notte, molto paurosa di natura, temeva una nuova rivoluzione notturna. Così, da quel momento, riusciva ad addormentarsi solo all'alba. Durante tutta la notte, sdraiata nel suo letto, era circondata da una mezza dozzina di donne, le quali a turno le grattavano dolcemente la pianta dei piedi e, soprattutto, quella dei talloni, cosa che le piaceva molto, e parlavano tra loro a bassa voce. L'ammissione a questo gruppo di *grattatrici* di piedi e di talloni era molto ambito e agognato. Esse, infatti, autorizzate ad ogni genere di pettegolezzo, avevano modo di servire i loro amici e nuocere ai loro nemici. Questi pettegolezzi diedero vita a numerose fortune e spezzarono molto vite. Perciò, queste sorveglianti notturne erano largamente prezzolate dai più importanti signori. Una di queste, soprattutto, una certa M.me Golovine, era una tale malalingua e così aspramente aggressiva verso il prossimo, che l'Imperatrice stessa l'aveva gratificata soprannominandola *la donna che aggredisce*. Questa Golovine, grazie

a suoi pettegolezzi notturni, ebbe ingiustamente un processo molto grave ... A una certa ora, verso l'alba del giorno, le veglianti, *grattatrici* dei piedi e dei talloni, si ritiravano. Allora arrivava Razumovskij e, negli anni successivi, Ivan Šuvalov. A volte, al posto loro, per far piacere a Elisabetta che amava cambiare, si faceva venire talvolta un servitore preso tra i domestici del palazzo, talvolta un soldato delle guardie, e il nuovo arrivato spartiva il letto il letto imperiale, mentre il luogotenente generale Tchoulkoff dormiva per terra su di un materasso». (Dolgorukov, *Mémoires*, I, 477-478).

4 (N.d.A.) Nelle sue curiose *Mémoires*, la contessa Golovine riferisce in questo modo una visita fatta nel 1795 dal granduca a Narychkine, allora anziano. «Passando davanti alla tenuta del grande scudiero M. Narychkine, lo trovammo con tutta la sua famiglia all'entrata del giardino. Il grande scudiero supplicò le Loro Altezze reali di entrare da lui. Vi era radunata una numerosa compagnia. Le cinque donne della casa si agitavano e sorridevano in modo sciocco. Era un vero spettacolo di carnevale. Questa casa era particolare per l'incongruenza della compagnia che vi era radunata giornalmente. M. di Narychkine era contento solo quando il suo salone era pieno, non importa di chi. Il merito e la qualità degli individui gli erano indifferenti.» (*Mémoires*, 84).

5 (N.d.A.) Stupiti dall'attaccamento dell'Imperatrice per il giovane Paolo, i diplomatici hanno pensato che tra loro esistessero legami più intimi. «Questo adorato bambino dell'Imperatrice – dice uno di loro, il marchese di Lhôpital – è, si dice, della stessa Imperatrice, che ha fatto scambiare il figlio della granduchessa con il suo.» (Affaires étrangers, Russia, 53) In effetti, si pensava che l'imperatrice Elisabetta avesse corrotto la balia di Pietro, il quale era stato sostituito con un bambino che lei aveva avuto da Rumjancev. Il diplomatico aggiunge per rafforzare la sua affermazione: «Tutto ciò che vi rappresento passa per certo.» Ma, un po' più tardi, confessa che ha esagerato. «Sua Maestà imperiale – racconta – mandò a cercare, dopo cena, il ritratto del figlio del granduca, poiché avevo detto che non avevo mai avuto l'onore di vederlo. Ho esaminato attentamente questo ritratto. Ho constatato che assomigliava perfettamente a Madame la granduchessa. Questa rassomiglianza, e dei chiarimenti più certi che ho avuto, mi hanno persuaso che mi sono sbagliato quando vi ho detto che questo adorato bambino era, come si diceva, della stessa Imperatrice, che aveva fatto scambiare il figlio della granduchessa con il suo.» (Affaires étrangers, Russia, 54).

6 (N.d.A.) Era una delle figlie di Roman Vorontsov. Se si presta fede al principe Dolgorukov, la famiglia dei veri boiardi Vorontsov si era estinta nel 1587, dopo essere stata una delle più notevoli dell'antica Russia. «Nella seconda metà del XVII secolo si vede comparire un colonnello di

Strelitz, Dmitri Loukranovitch Vorontsov e due suoi primi cugini, tutti e due *sotniks* (capi di una centena. *N.d.T.: il minimo raggruppamento famigliare nella Germania tribale*) nelle truppe di Strelitz, Elizar Nikititch e il fratello di quest'ultimo, Gabriel. Quale era la loro origine? Da dove erano arrivati? La tradizione racconta che il loro nonno, semplice contadino di un villaggio chiamato Worontsovo, aveva preso il nome di Vorontsov. (*Mémoires*, II, 500) Ma Dolgorukov ha tutti i titoli per essere definito una malalingua.

7 Cesare Baronio (1538-1607), cardinale e storico viene ricordato soprattutto per la redazione dei primi volumi degli *Annales ecclesiastici*, dalle origini al 1198, e alla revisione del *Martirologio Romano* (1586-1589). Fu anche *Cardinale Bibliotecario di Santa Romana Chiesa* cioè capo della Biblioteca Apostolica Vaticana.

8 (N.d.A.) Queste numerose letture in russo giustificano quello che scriveva allora Williams (2 ottobre 1755): «Dal suo arrivo in questo paese si era sforzata in tutti i modi in suo potere di guadagnare l'affetto di questa nazione. Si è impegnata con diligenza a imparare la lingua russa e oggi, a quanto mi dicono, la parla con grande proprietà. È anche riuscita a farsi stimare e amare ai più alti livelli. La sua persona è molto gradevole e i suoi modi affascinanti. Ha una grande conoscenza di quest'impero e ne fa il suo costante unico studio.» Il fatto è ancor più significativo che Vorontsov rileva «si può dire che la Russia è il solo paese dove si disdegna di apprendere la propria lingua e tutto ciò che riguarda il paese dove uno è nato. La pretesa gente distinta a Pietroburgo e a Mosca ha cura di insegnare il francese ai propri figli, li circondano di stranieri e danno loro, con grandi spese, maestri di danza e di musica e non fanno loro apprendere la lingua madre . . . così che questa bella educazione, peraltro costosa, porta a una grande ignoranza del proprio paese, a un'indifferenza, può darsi anche a un disprezzo per il luogo dove uno conduce la propria esistenza, e a un attaccamento per tutto ciò che porta nomi e paesi stranieri, e soprattutto per la Francia . . .» (*Mémoires*, V, 12).

9 (N.d.A.) Situato sul golfo di Finlandia, il palazzo di Oranienbaum, come quello di Peterhof, era costruito su una terrazza con gradini alti sei metri, al di sopra del livello del mare. In questo modo godeva di un'ottima vista. «Questo palazzo è piccolo, a due piani e contornato da una specie di cupola. Ci sono, inoltre, due ali della costruzione unite al palazzo da un doppio colonnato. In una di queste ali vi è una cappella; nell'altra, degli appartamenti riccamente decorati. C'è una collezione di bellissime porcellane. Un'altra è di gusto cinese, in lacca nera e oro. È là che Caterina trascorse la maggior parte della sua giovinezza.» (Castera, *Histoire de Catherine II, impératrice de Russie*, I, 120).

10 (N.d.A.) È in questo periodo che l'ambasciatore Lhôpital scrive del granduca: «In balia di cattivi consigli, perché è incapace di ascoltarne di buoni, è la parodia del re di Prussia che è il suo eroe, ma del quale non è in grado di mostrare altro se non ciò che stupisce, vale a dire, il modo di vestirsi e il gusto militare, facendo manovrare e piroettare senza pietà uno o due pessimi battaglioni nella sua casa di campagna.»
11 Una tesa misura circa due metri.

12 (N.d.A.) Charles Hanbury Williams. «La scelta di Williams era una delle più felici. Il vecchio amico e compagno di Robert Walpole era stato a una buona scuola. Partecipò a tutte le feste, non mancò a un ballo, né a una mascherata, ma Elisabetta benché gentile ballerina di minuetto, benché di buona compagnia, gli parve inabbordabile per gli affari seri e si rivolse alla giovane corte. (*Le roman d'une impératrice*, 97).

13 Charles Hanbury Williams (1708-1759), entrò nel parlamento inglese nel 1734, dal 1747 al 1750 fu ambasciatore a Dresda e successivamente a Berlino e in Russia. Incontrò Stanislao Poniatowski a Berlino, nel 1748, mentre si sottoponeva a un trattamento medico, entrò così nella storia russa e polacca, presentando il futuro re polacco a Caterina II, della quale divenne il preferito. Ebbe un ruolo fondamentale nel mantenere la pace tra Russia e Gran Bretagna nel corso della Guerra dei sette anni, quando il suo paese era alleato della Prussia.

14 Stanislao II Augusto Poniatowski (1732-1798), ultimo re di Polonia, all'età di vent'anni faceva parte della Dieta (Sejm) e, per accrescere le sue possibilità di carriera, si appoggiò alla potente famiglia dello zio, gli Czartoryski. Nel 1755, fu inviato in Russia con l'ambasciatore inglese Hanbury Williams e qui, sostenuto dal cancelliere Bestužev-Rjumin, fu accreditato come ambasciatore della corte russa in Sassonia. Con il colpo di stato polacco del 1764, supportato dalle truppe russe e organizzato dalla famiglia Czartoryski, Poniatowski venne eletto re della Confederazione Polacco Lituana. Spodestato nel 1770 dalla Confederazione di Bar venne imprigionato ed estradato da Varsavia. Nel 1791 si oppose alla nuova costituzione, insieme al partito dei Sejm, e si alleò con la Russia le cui truppe invasero il paese, dando avvio alla guerra russo polacca. Dopo alcuni scontri Poniatowski aderì alla Confederazione. Al termine di questo conflitto la Polonia venne nuovamente smembrata. Con la terza spartizione del paese Stanislao, nel 1795, fu costretto ad abdicare e si rifugiò a San Pietroburgo, dove morì.

15 (N.d.A.) Caterina II, si vede, è molto riservata sui dettagli del loro primo incontro. Poniatowski è più esplicito. Ecco il suo racconto: «Aveva allora venticinque anni. Si era appena ristabilita dal suo primo

parto. Era in quel momento di una bellezza che di solito è il colmo per una donna alla quale è concesso di averla. Con i capelli neri, era di un biancore splendido, dei colori, delle ciglia nere e molto lunghe, il naso greco, una bocca che sembrava chiedere di baciarla, le mani e le braccia perfette, una figura snella, più grande che piccola, la camminata molto spedita e, tuttavia, della più grande signorilità, il suono della sua voce gradevole e il suo riso così gaio che l'umore che la faceva passare con eguale facilità dai giochi più spensierati, più infantili, a una tavola di dati il cui lavoro fisico non la intimoriva, così come i testi, per quanto importante o difficile fosse la materia. Il disagio in cui visse dal suo matrimonio, la privazione di tutte le compagnie pari al suo spirito, l'avevano portata alla lettura. Sapeva molto. Era affettuosa e sapeva cogliere il punto debole di ciascuno. Si apriva la strada da allora, con l'affetto del popolo, al cammino verso il trono che ha poi occupato con tanta gloria. Tale fu la padrona che doveva diventare l'arbitro del mio destino. La mia intera esistenza le è stata dedicata, molto più sinceramente di tutti coloro che normalmente lo dicono trovandosi in una situazione simile.» (Poniatowski, *Mémoires*, 13-15).

16 (N.d.A.) Come conseguenza della superstizione che vede un presagio di morte per il bambino di cui si festeggia il primo compleanno.

17 (N.d.A) «Allevato con molta cura e molto severamente da una madre come se ne vedono raramente», Stanislas Poniatowski era passato dalla sua tutela a quella di M.me Geoffrin, alla quale suo padre l'aveva presentato e raccomandato. Era allora (1753) un giovane uomo elegante, spiritoso e bravo. «In verità – scriveva la duchessa di Brancas – se ne si può dire solo bene . . . Sa la nostra storia, gli aneddoti di ogni regno. La sua conversazione è gradevole e ben al di sopra della maggior parte di noi francesi; cerca di informarsi di tutto . . . Non c'è nulla di cui non si interessi, di cui non parli molto bene, senza ostentazione, con modestia.» (Charles de Mouy, *Correspondance inédite du roi Stanislas-Auguste Poniatowski et de Madame Geoffrin*, 6).

18 (N.d.A.) Il racconto di Poniatowski è molto istruttivo su questo punto: «Bestužev – dice – aveva inutilmente sperato di darle un'amante. Tra gli altri, aveva gettato gli occhi su un conte Lebndroff, che fu presentato a Corte lo stesso giorno mio e che dei cortigiani indiscreti magnificarono alla Principessa la sera stessa. Lei rispose che dei due il polacco era più favorito. Questa sola parola, detta allora da parte sua senza intenzione, fu notata da Léon Narychkine, allora suo gentiluomo di camera, che ben presto fece conoscenza con me, cercò di divenire mio intimo, mi riferì questa affermazione e non cessò di dirmi tutto ciò che poteva farmi nascere delle speranze. Lungamente evitai unicamente di ascoltarlo, tanto avevo lo spirito prevenuto sui raggiri e le spie delle corti in generale e soprattutto sui pericoli spaventosi

di quella dove mi trovavo. Ero stato educato con i racconti del regno terribile di Anna Ivanovna, il solo nome della quale faceva ancora tremare i russi. Sapevo di aver avuto un Saltykov come predecessore, che era stato allontanato da Elisabetta con il pretesto di una missione ad Amburgo, ma non sapevo che aveva dato motivi di malcontento alla Principessa. La credevo soprattutto presa dall'ambizione. La credevo così prussiana, mentre ero stato allevato nell'avversione più grande per tutto quello che ciò rappresentava, la credevo, in poche parole, così differente da quello che era, che non solo per prudenza, ma per mancanza di desiderio, fui per circa tre mesi scrupoloso nel fuggire tutto ciò che nei discorsi di Narychkine mi sembrava una trappola.» (*Mémoires*, 9-10).

19 (N.d.A.) Fu Williams incaricato di spiegare a Bestužev l'interesse che la granduchessa aveva per Poniatowski. «Era una necessità. Bisognava fermare le mosse che il cancelliere faceva per far richiamare questo Saltykov che allora era ad Amburgo e al quale la granduchessa avrebbe preferito per l'avvenire fornire pretesti per continuare il lavoro che vi faceva piuttosto che rivederlo in Russia. Bisognava impegnare Bestužev a usare la forte influenza che aveva nel gabinetto della Sassonia, per fare in modo che io ritornassi alla Corte di Pietroburgo con un incarico ufficiale. Quattro righe di pugno della granduchessa, presentate a Bestužev da Williams produssero da parte di Bestužev la promessa desiderata.» (Poniatowski, *Mémoires*, 15-17).

20 (N.d.A) Un passaggio delle *Mémoires* di Poniatowski spiega cos'era il gioiello di cui parlava Narychkine: «Per una notevole stranezza, ebbi a offrirle, benché a ventidue anni, ciò che nessuno aveva . . . Dapprima, un'educazione severa mi aveva allontanato da ogni commercio licenzioso. In seguito, l'ambizione di entrare e mantenermi in tutto ciò che si chiama, soprattutto a Parigi, la buona compagnia, mi aveva preservato nei miei viaggi, e un concorso di piccole casuali circostanze nei rapporti che avevo abbozzato nei paesi stranieri, nel mio e nella stessa Russia, era parso preservarmi tutto intero per quella che in seguito avrebbe disposto della mia sorte.» (Poniatowski, *Mémoires*, 15).

21 (N.d.A.) Narychkine continuava il suo maneggio vicino a Poniatowski. «Mi disse tanto e tanto che alla fine fui tentato di azzardare qualche passo, soprattutto quando su una parola che avevo detta a Narychkine su una dama, che avevo visto a Corte, vidi la granduchessa, un momento dopo, passando davanti a me, rivolgermi la parola per ripetermi, ridendo, pressoché le stesse parole che avevo pronunciato e aggiungendo: «A quanto vedo voi siete pittore.» Subito dopo rischiai con un biglietto di cui Narychkine mi portò la risposta all'indomani. Allora dimenticai che esisteva la Siberia . . . Pochi giorni dopo, mi condusse da lei, anche senza avvertirla, così che ero già alla porta del suo

guardaroba, in un momento della serata e in un posto dove c'era da temere che il granduca passasse solo un quarto d'ora dopo, in modo che non le restava altra scelta per nascondermi che farmi entrare da lei. Senza la qual cosa rischiava di espormi e di esporsi a un grave pericolo . . . Non posso esimermi dal notare l'abbigliamento in cui la trovai quel giorno. Era un abitino di satin bianco. Una parure leggera di pizzo intrecciato a dei nastri rosa era l'unico ornamento. Non riusciva a capire come fosse possibile che io mi trovassi nel suo stanzino ed è vero che io stesso, in seguito, me lo sono spesso domandato, quando nei giorni di Corte passavo in mezzo a tante guardie e sorveglianti di tutti i generi, come poteva essere possibile che io penetrassi per tante volte, come avvolto in un nube, in posti che non osavo solo contemplare in pubblico.» (Poniatowski, *Mémoires*, 11-13).

22 (N.d.A.) Ecco il ritratto di Poniatowski scritto da lui stesso: «Sarei contento della mia figura se fossi di un pollice più grande, se avessi le gambe fatte meglio, il naso meno aquilino, meno fianchi, la vista migliore e che i miei denti sembrassero di più. Non è con tutte queste correzioni che mi crederei molto bello, ma non desidererei esserlo di più, poiché credo di avere una fisionomia nobile e molto caratteristica e un'aria signorile nelle movenze, in tutto il mio portamento così distinto da farmi notare ovunque. La mia vista bassa mi dà sovente un'aria un po' imbarazzata e cupa, ma questo non dura e dal momento in cui passa, ho poi il difetto di avere spesso un contegno troppo fiero. L'eccellente educazione che ho avuta mi ha molto aiutato a rimediare i difetti della mia figura e la mia intelligenza ha tratto partito dall'una e dall'altra al di là del loro vero valore. Ho abbastanza spirito per essere all'altezza di ogni conversazione, ma non abbastanza fecondo per esserne l'oggetto principale sovente e per lungo tempo, a meno che i sentimenti non vi abbiano la parte essenziale, o il gusto, che la natura mi ha dato molto vivo, per tutto ciò che è in rapporto con l'arte». (*Mémoires*, 19).

23 (N.d.A.) Caterina, secondo tutte le apparenze, sembra aver avuto per Poniatowski un sentimento molto vivo, ma passeggero. Stanislao Augusto aveva preso più seriamente il loro amore. La sua natura sentimentale e sincera ne era stata profondamente toccata e si può dire che in tutta la sua vita ne subì l'influenza, conservato il ricordo e l'impronta. Ecco, per esempio, un curioso frammento di una pagina delle sue *Mémoires*, che scriveva a questa data e che è alquanto prezioso per la psicologia dell'amante della granduchessa: «Io sono estremamente sensibile, ma più alla tristezza che non alla gioia, e la prima avrebbe il sopravvento su di me se non avessi nel fondo del mio cuore il presentimento di un troppo grande onore futuro. Nato con una vasta e ardente ambizione, le idee di riforma, di gloria e di prosperità per la mia patria sono diventate come le fondamenta di tutti i miei affari e di tutta la mia

vita. Io mi credevo a malapena fatto per le donne. Attribuivo le prime esperienze che ne ho fatto a qualche circostanza particolare. Alla fine, ho conosciuto la tenerezza e amo con una tale passione che sento che un rovescio nei miei amori mi renderebbe l'uomo più disgraziato del mondo e mi darebbe un totale scoraggiamento». (*Mémoires*,21).

24 (N.d.A.) Le temerarietà della granduchessa si diffondevano anche a parole. «Mme la granduchessa – scrive Lhôpital – si vanta di una grande coraggio. Ultimamente mi diceva, in pieno consiglio e davanti a tutti i ministri stranieri, a proposito del suo gusto di montare a cavallo: «Non ci sono donne più audaci di me, io sono di una temerarietà sfrenata», il conte Poniatowski era davanti a lei.» (*Affaires étrangèrs*, Russia, 54) I primi incontri avevano avuto luogo a casa del console inglese Thomas Wroughton, ancora giovane allora. Questi (Poniatowski) aveva fatto credere che Caterina avesse notato questo giovane molto bello e, se si crede a Wraxall (*Mémoires*, I, 182-185), passò per la sua padrona al punto da eccitare il cattivo umore del granduca. «Poiché Wroughton era diventato apertamente l'oggetto dell'avversione e della gelosia di Pietro e Caterina lo faceva oggetto di attenzioni personali di natura più che adulatoria, non è fare una supposizione improbabile credere che lei abbia portato la sua preferenza per lui oltre a quanto le fosse consentito. Tuttavia, egli mi ha sempre assicurato, anche nei momenti di maggiore confidenza, che non aveva mai oltrepassato neanche per un istante con lei i confini del più profondo rispetto e che mai aveva avuto da lei incoraggiamenti per mostrare una tale presunzione. «Il conte Poniatowski – aggiunge – era il suo amante ed io, semplicemente, il suo umilissimo amico e servitore.»

25 È l'inizio della Guerra dei sette anni (1756-1763) che vide contrapposte Austria, Francia, Russia, Polonia e Svezia a Gran Bretagna e Prussia. Si concluse con il Trattato di Parigi del 10 febbraio del 1763.

26 (N.d.A.) «Era – dice Dolgorukov – un uomo scaltro, basso e insulso, un intrigante senza pudore né vergogna, un cortigiano molto assiduo presso le persone influenti. Era il degno genero del conte Ouchakov, dal quale fu portato in politica, e il degno amico del mellifluo e perfido cancelliere Bestužev. Concutere e rubare nelle amministrazioni a lui affidate, tradire i suoi amici, portarli alla rovina a Corte, barare alle carte erano per lui cose famigliari . . . Indolente e pigro per gli affari, appassionato del lusso, conduceva un alto tenore di vita; sempre riccamente vestito, coperto di diamanti, aveva numerose centinaia di abiti. Teneva la tavola imbandita e, al momento del suo soggiorno all'armata, aveva più di cinquecento cavalli per portare i suoi bagagli. Fiero e altezzoso con i suoi inferiori, pieno di boria nei confronti dei suoi subordinati, non indietreggiava davanti ad alcuna infamia per sostenere e aumentare il suo credito alla corte. Non esitò un attimo,

per guadagnare la benevolenza e l'appoggio di Pietro Šuvalov, a farsi latore delle parole d'amore di questi presso la sua stessa figlia, la principessa Hélène Stépanovna Kourakine. Organizzò e protesse questo rapporto, speculando così sul disonore della propria figlia.» (*Mémoires*, 428-429) Un dispaccio di Lhôpital (7 gennaio 1757) fa da controcanto, ma probabilmente Lhôpital non giudicava molto bene. «M. il maresciallo Apraksin ha 55 anni. La sua figura è bella e nobile. È alto ma è grave e pesante. La sua fisionomia è aperta e passa per avere un carattere franco e sincero. Ha percorso tutti i gradi militari, come è d'abitudine in Russia, e servito dalla sua prima giovinezza sotto Pietro I e sotto il generale Munich.» (*Sbornik*, 53).

27 (N.d.A.) «Il generale Apraksin è, o almeno pretende di essere, interamente devoto alla granduchessa – si legge in un dispaccio di Mitchell, agente inglese, al cavaliere Williams. Non è un combattente e ha una opinione alquanto mediocre dell'armata che comanda, e si crede che poco si preoccupi di incontrare in aperta campagna i prussiani. Apraksin è, peraltro, molto spendaccione e sempre bisognoso, malgrado le grandi generosità ricevute dalla sua padrona. Dopo tutto questo, il re di Prussia ritiene che in questa congiuntura potrebbe essere utile dargli una somma di denaro per ritardare la marcia delle truppe, cosa che un generale in capo può fare con diversi pretesti. La granduchessa deve essere incaricata di questa faccenda se vuole farsene carico.» (*Sbornik*, 154) Forse lei accettò, come testimonia questo dispaccio di Williams: «Voi potete assicurare a Sua Maestà prussiana che io sono persuaso che le truppe russe non marceranno per nulla quest'anno e che il generale Apraksin ha fornito egli stesso occasioni per il rinvio . . . L'Imperatrice è stata molto ammalata e versa tutt'ora in un cattivo stato. *Ogni cambiamento qui sarà in vostro favore*.» E Federico II risponde immediatamente impegnandosi a conservare «religiosamente il segreto» delle comunicazioni di Williams. «Per prendere un ulteriore vantaggio in nostro favore – aggiunge – se si verifica la morte dell'Imperatrice, benché con prudenza e se ve ne sono i presupposti, dovremo legare il nostro partito ai nuovi governanti, prima che i nostri nemici lo possano fare.» (17 novembre 1756) (*Correspondence politique* XIV, 49) Il 18 dicembre Williams ritorna alla carica. «Vi darò i migliori consigli possibili riguardanti i progetti dell'armata russa. Mi sono stati comunicati dalla mia grande amica qui. Ella ha avuto una conversazione molto lunga con il maresciallo Apraksin la notte precedente la sua partenza e, ciò che vi scrivo ora, non è che un riassunto della lettera che mi ha fatto l'onore di scrivermi l'indomani. Si è lamentato molto, come aveva fatto con l'Imperatrice, di essere stato mandato alla testa di un'armata priva di cavalleria e di ufficiali. Gli ha chiesto, a questo proposito, perché avesse preso l'onere di un tale comando su di lui, al che egli ha risposto che bisognava obbedire agli ordini dell'Imperatrice. In seguito chiese che cosa si proponeva di fare e se avrebbe

marciato direttamente su Memel. Egli rispose: «Che cosa ci farei con una bicocca come quella?»; che non si voleva attaccare direttamente Sua Maestà prussiana, ma marciare attraverso la Polonia nella Slesia. La granduchessa obiettò: «Può darsi che il re di Prussia vi attacchi durante la marcia.» «Nel qual caso – rispose – farò quanto mi è possibile per difendermi, ma non ho l'intenzione di attaccare la Prussia.» Tutta questa conversazione, io credo, è vera, perché Apraksin fa sempre la corte alla mia amica e pretende di essere devoto ai suoi interessi.» (Frédéric II, *Correspondence politique*, XIV, 188-189).

28 (N.d.A.) Il ritratto fatto da Dolgorukov concorda con questo: «Questa ragazza di Biren – dice – era brutta, piccola e gobba, ma era molto intelligente, con occhi espressivi e arguti. Era fine, astuta, insinuante e intrigante al massimo grado . . . Dopo molti anni di soggiorno e di intrighi a Corte, vedendo peggiorare la salute dell'Imperatrice, la quale con lei era molto tenera, temendo, come conseguenza di un cambio di reggenza, di vedere i suoi genitori reclamarla per farla ritornare da loro, cercò di maritarsi e per questo operò con tutte le sue forze. Nella posizione di esiliati in cui si trovava la sua famiglia non si poteva pensare ai principi tedeschi delle case sovrane. Anche a San Pietroburgo, nessun partito pensava di diventare genero di Biren. Fu allora obbligata a rivolgersi a un partito alquanto normale, il barone Alexandre Ivanovitch Tcherkassof, che sposò nel 1759 (ella aveva allora trentadue anni). Tcherkassof era il figlio maggiore del segretario di Pietro I e nipote di un lacchè della Corte; ma la principessa di Curlandia, essendo essa stessa la pronipote di un palafreniere, non poteva vantare migliore ascendenza. Il barone Alexandre Tcherkassof era, del resto, un uomo perfettamente educato, istruito, intelligente, molto fine, un amabile conversatore e molto gradevole nei salotti. (Dolgorukov, *Mémoires*, 392-393).

29 (N.d.A.) «La guardia imperiale – dice Dolgorukov – era piena di nobili. Il reggimento di Préobrajinski contava 4.000 uomini e più di 120 ufficiali, il reggimento Séménovski 3.000 uomini e circa un centinaio di ufficiali... Un gran numero di sodati, e tra loro tutti i sottufficiali, tranne poche eccezioni erano nobili, Avevano i loro servi e uno stato sociale proporzionato alla fortuna di ciascuno. La maggior parte dei sottufficiali aveva il proprio equipaggio: numerosi tra loro, appartenenti a grandi famiglie, partecipavano a balli e feste. Gli ufficiali erano tenuti ad avere un equipaggio di quattro cavalli. Un ufficiale della guardia non poteva, se non trasgredendo, fare le sue visite a piedi. Tutti quelli che avevano il grado di brigadiere erano obbligati ad andare con sei cavalli, sotto la pena di scorrettezza e cattiva reputazione. Un giorno, sotto il regno di Elisabetta, il senatore, principe Odoievski, quello che barava e rubava a carte, fu picchiato per le sue truffe, rientrò a casa sua tutto sgomento e scandalizzato: «Immaginatevi – disse ai visita-

tori che trovò da sua moglie – che cosa ho appena visto: il mio collega al Senato, Joukoff, in vettura di rimessa a quattro cavalli al posto di sei! Quale dimenticanza della sua dignità! Dove andremo a finire? La mancanza di morale guadagna tutte le classi della società». (*Mémoires*, I, 279-280).

30 Barone Fredrik Horn (1725-1796), fatto conte da Gustavo III di Svezia nel settembre del 1772.

31 Adolfo Federico di Svezia (1710-1777). La madre era Albertina Federica di Baden-Durlach (1682-1755), la cui figlia, Giovanna, Principessa di Holstein-Gottorp (1712-1760) era madre di Caterina.

32 Il Bolognese è una razza di origine molto antica. La sua esistenza già al tempo degli antichi romani è provata da molte raffigurazioni su terrecotte e vari vasi di quell'epoca. Era ritenuto un cane di enorme pregio ed era considerato molto prezioso, specialmente dall'undicesimo secolo. Appartiene al gruppo dei Bichon, quindi le sue origini provengono da quei piccoli cani bianchi che Aristotele chiamava "Melitensi", che ebbero la loro diffusione nel Mediterraneo grazie ai commerci marittimi, e quindi grazie al continuo spostamento delle navi mercantili da un paese all'altro. Nell'epoca rinascimentale era abitudine regalare tra le varie corti nobiliari, piccoli cani di questo genere. E' documentato che anche Caterina II di Russia ebbe uno di questi cani. Oggi la sua popolazione non è molto vasta, perché è una razza che è allevata principalmente in Italia ed è poco conosciuta all'estero. (cfr. http://www.agraria.org/cani/bolognese.htm).

33 (N.d.A.) Il conte Horn, su questo punto, non si sbagliava. «Io la vedevo sovente – scrive Poniatowski – lo stesso Narychkine non mi era più necessario per questo. Andavo con un carro o una slitta a una certa distanza dal castello dove mi recavo solo a piedi, attraverso la piccola scala per la quale Narychkine mi aveva introdotto per la prima volta e la cui sentinella, evidentemente avvertita del mio arrivo, non mi chiedeva nulla né mi fermava. Qualche volta la stessa granduchessa, a un'ora convenuta, usciva da là vestita da uomo, e veniva a mettersi sulla mia slitta e la portavo a casa mia. Un giorno, in cui l'attendevo, un piccolo ufficiale venne a girare intorno a me e mi fece qualche domanda. Avevo la testa ficcata in un grande berretto e il corpo in una grande pelliccia. Feci finta di dormire, come un domestico in attesa del proprio padrone. Ricordo che nonostante il freddo terribile ebbi caldo. Alla fine, l'investigatore se ne andò e la principessa venne, ma era la notte delle avventure. La slitta urtò così forte una pietra che fu gettata faccia a terra a qualche passo dalla slitta. Non si rialzava. La credetti morta e corsi a rialzarla. Se la cavò con qualche contusione.

Ma al rientro, la sua guardarobiera, non so per quale svista, non aveva lasciata la porta della camera aperta. Corse un grande rischio fino a quando, un fortunato caso, servì a far aprire questa porta da un'altra. (*Mémoires*, 25-26).

34   Heinrich von Brühl (1700-1763)) primo ministro dell'elettorato di Sassonia fu nei favori di Federico Augusto il Forte, asceso al trono di Polonia con il nome di Augusto II (1670-1733). Riuscì a conquistare anche la fiducia del successore Federico Augusto II il Sassone (o Augusto III di Polonia) e durante i trent'anni di regno di quest'ultimo, von Brühl fu l'ispiratore della sua politica. Fu nominato ministro delle finanze nel 1733 e nel 1737 degli affari civili e militari. Divenuto primo ministro nel 1746 si circondò di suoi favoriti. Amava il lusso e non ebbe alcuna remora ad usare denaro pubblico per scopi personali. Impoverì il paese con la sua politica fiscale esosa e fu la causa della ancor più rovinosa polita estera che coinvolse il paese nella guerra di successione polacca, in quella di successione austriaca e in quella dei Sette Anni, nel corso della quale la Sassonia fu devastata. Caduto in disgrazia von Brühl fu arrestato con l'accusa di concussione a abuso di fiducia. Morì prima del processo.

35   Era il titolo attribuito ai governanti della Valacchia e della Moldavia dal XV secolo e sino al 1866, e veniva usato con termine voivoda.

36   (N.d.A.) La granduchessa, che non aveva potuto prendere congedo da Williams, gli scrisse questo piccolo biglietto: «Signore, sono disperata di essere stata privata del piacere che avrei avuto nel vedervi, parlarvi in libertà. La vostra amicizia disinteressata per me e per il granduca non ha pari. Il mio cuore è ferito per la durezza del trattamento che subite, ma comunque la mia più viva riconoscenza nei vostri confronti sarà eterna. Possano tempi migliori permettermi di dimostrarvela in tutta la sua pienezza! Essa eguaglia – ed è tutto dire – i debiti che ho nei vostri confronti e la stima infinita che è dovuta alla purezza del vostro carattere. Addio mio migliore, mio caro amico.» (19 agosto 1757) Un anno prima Federico II scriveva a Mitchell le seguenti considerazioni: «Meditando lungamente sulle cattive notizie che il cavaliere Williams ci ha dato ultimamente, relative al negativo atteggiamento della corte di Pietroburgo nei nostri riguardi, mi è venuta l'idea che per sapere esattamente quale sia la mia posizione nella giovane Corte e che cosa dovrei attendermi, potrebbe convenirmi che questo cavaliere, se si crede, come egli dice, nella confidenza di questa, potrebbe strappare una promessa alla granduchessa che alla morte dell'Imperatrice regnante e quando il granduca succederà al trono, potrò contare sicuramente che la Russia non si dichiarerà né agirà in modo ostile nei miei confronti, a meno che io non mi intrometta negli affari interni dell'Holstein e dello Schleswig. (25 dicembre

1756) Caterina si sdebitò, al momento della partenza di Williams, dei nuovi aiuti economici che il granduca e lei avevano ricevuto dalle corti di Londra e di Berlino. «Ho deciso di scrivervi poiché non ho potuto vedervi per dirvi addio. I miei più sinceri rimpianti accompagnano colui che io guardo come uno dei miei migliori amici e la cui condotta ha guadagnato la mia stima e la mia amicizia. Non dimenticherò mai quanto io vi sono riconoscente. Per ricompensarvi in un modo che sia all'altezza della nobiltà dei vostri sentimenti, vi dirò cosa voglio fare: coglierò tutte le occasioni immaginabili per portare la Russia a quelli che ravviso essere i suoi veri interessi, vale a dire essere strettamente unita all'Inghilterra, a fornire tutti gli aiuti che siano in potere degli uomini e la superiorità che deve avere per il bene di tutta l'Europa, e soprattutto per quello della Russia, sulla Francia, comune nemico, la cui grandezza è la vergogna della Russia. Mi impegnerò a mettere in atto questi sentimenti. È su questi che voglio edificare la mia gloria e proverò la loro fermezza al vostro re. Siate sicuro che una delle cose che desidero di più al mondo, è vedervi ritornare qui da trionfatore. Ho fiducia che un giorno il vostro padrone non mi rifiuterà il favore che chiedo di rivedervi ancora. Questo può solo ritornare a suo vantaggio.» (18 agosto 1757) Federico II, ebbe sentore del richiamo di Williams, se ne lamentò con Mitchell per questa decisione del gabinetto di San Pietroburgo. (*Correspondence politique*, XIV, 247) Mitchell era peraltro del suo avviso. «Oltre alle ragioni che voi adducete contro tale richiamo in questo momento – scriveva il re di Prussia – ritengo che ne risulterebbe un grave danno per la giovane Corte in Russia che si vedrebbe privata di un buon consigliere nelle attuali condizioni critiche e chiunque di nuovo sarà inviato là non avrà né i rapporti con le persone della corte e i ministri, né conoscenze nella giovane Corte.» (5 febbraio 1757)

37 (N.d.A.) Elisabetta non aveva mai voluto ammettere il granduca Pietro nel suo consiglio. Invano qualche uomo di buona volontà e qualche donna stimata, afflitti dall'ignoranza e dallo stato di abbandono in cui era lasciato il giovane Pietro, vollero far presagire il pericolo a sua zia, ma l'Imperatrice fu sorda alle loro rimostranze e le respinse a volte con durezza. Un dama di camera ebbe il coraggio di chiedere a questa principessa perché escludeva il granduca da tutte le decisioni del consiglio. «Se non gli lasciate imparare nulla di ciò che bisogna sapere per governare che mai volete che diventi l'Impero?» Per tutta risposta l'Imperatrice la guardò collerica e le disse: «Johanna, sai dov'è la Siberia?» (Castera, *Histoire de Catherine II, impératrice de Russie*, I, 110).

38 Il titolo di *hetman* designa il comandante delle forze armate del Granducato di Lituania e del Regno di Polonia, benché sia presente anche in altri contesti.

39 Memel o Klajpeda, si trova sul Baltico ed è l'unico porto di mare della Lituania.

40 (N.d.A.) Nel suo entusiasmo per il re di Prussia, il granduca fu molto rattristato dalla vittoria di Gross-Jeägersdorf. «Il granduca ha pubblicamente dimostrato il suo dispiacere per la vittoria nella battaglia. Non può nascondere la tristezza che prova, il che ha un pessimo effetto su tutti i russi che vedono ciò che devono temere se mai questo principe dovesse regnare su di loro. (16 settembre 1757) (*Sbornik*, 53).

41 (N.d.A.) All'inizio, questa operazione non sembrava aver preoccupato Lhôpital. La politica francese era allora così complicata che egli quasi se ne rallegrava: «Non so se queste mancate operazione di campagna si devono guardare come deplorevoli per la pace, poiché il ministero russo non potrà più formulare quelle pretese che avrebbero potuto mettere in imbarazzo (si tratta della politica francese in Polonia). Si scoprirà, può darsi fra breve, se si è trattato dell'incapacità o della paura del comandante o del suo tradimento disobbedendo agli ordini che ha ricevuto dall'Imperatrice, con un pretesto o un altro. Ma a giudicare dalle conversazioni che abbiamo avuto io e M. Esterhazy con il conte Bestužev, sembra che sia in buona fede nei nostri confronti e che sia contrario al partito di cui il conte Šuvalov è uno dei principali fautori, agli ordini della giovane Corte. L'Imperatrice stessa, benché molto decisa a battere il re di Prussia, si lascia qualche volta trascinare dai suoi favoriti, che temono la giovane Corte. Si dice anche che talvolta le prendono degli scrupoli per il sangue che può far versare durante la guerra: ciò è contrario al voto che ha fatto salendo al trono di non far morire nessuno.» (24 settembre 1757) Comunque sia, l'effetto della più bella armata che si sia potuta vedere schierata era svanito. E tuttavia quale bella descrizione ne tracciava La Messelière: «Da Kiédani a Samogitia, incontrammo l'armata russa al campo di Sadoff; era forte di 70.000 uomini, comandati dal maresciallo Apraksin, uomo di bell'aspetto, prodigioso per la sua grandezza e la sua grossezza; è fastoso come un satrapo dell'Asia. Il corpo degli ufficiali generali ci parve molto brillante e il generale mise tutti in azione per fare un elegante ricevimento alla delegazione di Francia. Riunì tutti i differenti corpi della sua armata e li dispose in modo tale da farci vedere l'insieme delle differenti truppe e nazioni riunite sotto la bandiera russa. Vi vedemmo un corpo di 12.000 calmucchi, che sono i vecchi Sciti. Non hanno mutato in nulla i costumi e il loro modo di vivere: si servono ancora dell'arco; sono uniti a un corpo di 12.000 cosacchi tartari del Don che si servono delle lance. C'era, inoltre, un corpo di 4.000 ussari della Valacchia. La fanteria su due linee, la cavalleria di riserva, offrivano un mirabile colpo d'occhio militare. Le truppe regolari fecero tutte le manovre che prevede la tattica. La pianura di Sadoff è un eccellente

teatro che si presta allo spiegamento delle truppe che ho raccontato. Esse, successivamente, secondo le loro usanze, incrociarono le loro manovre e le loro armi. Ma il maresciallo Apraksin ci fece vedere cosa può fare in simili occasioni l'artiglieria e la fanteria russa, che è supportata con una prontezza e una precisione che non lascia nulla a desiderare. Vi sono dei pezzi che chiamano segreti o liocorni, che hanno una particolare forma e ai quali non fanno avvicinare nessuno se non i cannonieri. Questi pezzi tirano nove colpi al minuto e, alla distanza di seicento passi, ciascun pezzo copre di palle il fronte di un battaglione. Noi credevamo, prima di quello, che non vi fosse nulla di paragonabile all'artiglieria francese. Il generale russo ci ha donato dei cavalli magnifici e superbamente bardati. Dopo questa festa militare, rientrammo nel campo, dove un pranzo magnifico ed eccellente ci attendeva nelle tende del maresciallo. Quella che serviva da sala da pranzo conteneva un tavolo da 80 coperti, era di una stoffa d'Asia rigata da drappi d'oro, come la sua tenda da letto e quella che serviva per le udienze. Queste tende erano state prese sul Grande Mogol da Thamas Koulikan, che le inviò all'Imperatrice. Vedendo la tavola di questo generale, servita dagli addetti alla tavola di Sua Maestà (*N.d.T. In francese "officiers de bouche", erano gli incaricati di servire alla tavola del re e si dividevano in sottocategorie per le loro funzioni specifiche*) e apparecchiata con vasellame d'argento, apprendemmo che è costume della corte russa che per il generale dell'armata, tutti gli equipaggi e tutti i capitoli di spesa del suo stato, sono a spese del sovrano: cosa che è una buona usanza, perché il capo dell'armata non ha mai la preoccupazione del suo personale interesse. Quale confusione non ha causato questo interesse personale nelle nazioni dove sovente gli equipaggi e la cassa hanno prevalso sulle sorti dell'armata!» (La Messelière, 113-116) Lhôpital, più competente in materia militare del conte di La Messelière, pone qualche riserva nell'ottimismo del suo rapporto: «L'armata russa – dice – è ottima per lo spirito degli uomini, ma quest'armata manca di ufficiali e dell'A.B.C. della tattica, al punto tale che è difficile credere che non sarebbe stata battuta avendo a che fare con truppe così ben aguerrite e addestrate come quelle del re di Prussia. (Waliszewski, *La dernière des Romanoff*, 442).

42 (N.d.A.) Lo stato dell'Imperatrice, in effetti, preoccupava molto la diplomazia: «Da qualche giorno l'Imperatrice sta male al punto da essere svenuta e poi salassata: la qual cosa spaventa talmente le persone della sua cerchia che l'allarme è diventato generale e andrà a rinfocolare le vecchie preoccupazioni sulla salute di Sua Maestà imperiale. Tuttavia, questo incidente non ha avuto alcun seguito e ho saputo da M. Olsoutieff, che era presente, e dal vice cancelliere, che la salute dell'Imperatrice si è assolutamente rimessa. La sua indisposizione è stata causata da parecchi giorni di digiuno, che le avevano dato le caldane. Ora ha pranzato con appetito ed è di ottimo umore.

Ritorna oggi a Pietroburgo e lascia nel modo più assoluto Tsarkoié Celo. Benché per il momento io sia rassicurato, vi confesso Signore, che per l'avvenire non posso avere la stessa fiducia poiché ritengo che queste caldane e questi sbalzi di salute provengano dal periodo critico in cui si trova questa principessa.» (24 settembre 1757) Anche Lhôpital fu molto contento di ricevere a questo proposito le confidenze del vice cancelliere e di poterle riferire al cardinale Bernis. «Mi sono intrattenuto, qualche giorno fa, con il vice cancelliere circa la salute di Sua Maestà imperiale, sulle preoccupazioni che mi ha dato dopo il suo ultimo incidente a Tsarkoié Celo. Il conte Vorontsov, vedendo l'espressione sincera del mio cuore, mi ha aperto il suo su questo importante argomento e mi ha confidato di essere stato molto preoccupato il giorno dell'incidente dell'Imperatrice, che era stata per molto tempo senza conoscenza, che non era rinvenuta dal suo svenimento se non quando il chirurgo le aveva aperta una vena e che aveva per qualche tempo vaneggiato, ma che tuttavia si pensava che questo fosse solo dovuto a una forte caldana e che da quel giorno, l'Imperatrice viveva nel timore di una ricaduta. Ho approfittato della confidenza di questo ministro per chiedergli inoltre cosa pensava dello stato di salute di Sua Maestà imperiale. Gli dissi che sapevo che il suo male derivava principalmente dal periodo critico in cui si trovava, e che era noto che aveva richiesto all'esterno dei consulti, che l'intera Europa era a conoscenza che questa principessa avesse avuto un ascesso all'utero o ne fosse minacciata, che il re era preoccupato del suo stato e che il personale affetto che avevo per Sua Maestà, unito alla sofferenza che avrebbe comportato la sua perdita per il suo impero e i suoi favoriti, dei quali egli era uno dei principali, che sarebbero stati certamente smarriti se fosse morta, mi obbligavano a parlargli con tutta la calorosità e la sincerità di cui ero capace, che me ne facevo un fondamentale dovere e che gli assicuravo che la sua persona e quella del ciambellano Ivan Šuvalov ne facevano parte. Mi ricordai allora che qualche tempo prima di partire per la mia ambasciata, avevo avuto un colloquio con M. Poissonnier, marito di M.me Poissonnier, nutrice del duca di Borgogna, sullo stato di salute dell'Imperatrice. Questo medico, molto abile e che ha della coscienza e dei meriti, è principalmente accreditato a Parigi per le particolari cure che fa sulle malattie delle donne e tra queste, salvaguarda da lungo tempo le giornate di M.me ***, vecchia amica di M. de Machault, in passato guardiano dei sigilli. Dissi a M. Poissonnier che conoscevo il suo zelo per il servizio del re. Poiché è il mio medico e mio amico, cercai anche di sollecitare la sua amicizia e gli feci promettere che se lo stato dell'Imperatrice avesse richiesto la sua presenza, pretendevo la sua parola d'onore di sacrificare tutto per venire in soccorso dell'Imperatrice. Me lo promise e io restai con lui in questo modo. M. Vorontsov, al quale avevo detto che avevamo un medico, a Parigi, molto famoso per questo tipo di cure e che se Sua Maestà voleva servirsene, avrei avuto l'onere di scrivervi, mi chiese il suo nome.

Gli dissi anche, come credevo, che era uno dei medici del re. Vorontsov non ebbe nulla di più urgente di informarne l'Imperatrice che ha seguito il suo consiglio al punto che ha detto a Vorontsov di parlarmene da parte sua e che me ne avrebbe parlato lei stessa una volta che le avessi consegnate le lettere del re, ma mi chiese il più grande segreto. Desidera che di questa confidenza siano a conoscenza solo il re, voi, Vorontsov, Poissonnier ed io. M. Poissonnier potrebbe venire a Pietroburgo con il pretesto di qualche ricerca o di svago, o come incaricato di qualche particolare commissione, senza manifestarsi come medico. Tuttavia, quest'ultima ipotesi non mi sembra la migliore, poiché egli è conosciuto dal mio chirurgo. Credo anche che lo vedrei meglio come viaggiatore curioso, essendomi stato raccomandato dalla Corte.» (18 novembre) Il consiglio fu seguito l'anno seguente. Poissonnier fece un lungo soggiorno in Russia. Il suo primo giudizio fu alquanto pessimistico. Il 30 novembre 1758, scriveva a Bernis: «La salute dell'Imperatrice, benché sembri buona in apparenza, mi sembra molto minacciata . . . Ciò che ho osservato agli spettacoli e principalmente nel corso di due sedute che ha fatto a Corte, dove mi sono messo molto vicino a lei, è che è tormentata da un piccola tosse convulsiva che può anche in parte essere isterica, ma che, aggiunta a una respirazione corta, a un gonfiore attorno alle palpebre, da un ingrossamento delle gambe e da mancamenti che mi dicono frequenti, mi fa temere a qualche disposizione alla idropisia del petto e, almeno, a infiltrazioni nei polmoni.» Ma la visita dell'Imperatrice ammalata lo rassicurò. Lhôpital ne riassumeva così i risultati a Choiseul: «M. Poissonnier crede che non abbiamo niente da temere per la vita di questa principessa e che con un tipo di vita corretto, Sua Maestà imperiale, nata con una costituzione forte e con un'età poco avanzata, vivrà per lungo tempo. In questo modo l'allusione che Bestužev aveva sparso sullo stato precario dell'Imperatrice cessa e il partito della giovane Corte indietreggia. (28 luglio 1759).

43 (N.d.A.) Si diceva, peraltro, a San Pietroburgo che Bestužev era furioso per la condotta di Apraksin. Tuttavia, la verità si fece strada a poco a poco. «Tutti qui percepiscono – scriveva il maresciallo de Lhôpital – che le lentezze delle operazioni (di Apraksin) vengono da un residuo del partito prussiano che il cancelliere Williams ha sostenuto fino ad ora nello spirito del granduca e della granduchessa.» (13 aprile 1717) Lhôpital scriveva il 14 maggio 1757: «La granduchessa ha avuto l'imprudenza, per non dire la temerarietà, di scrivere una lettera al generale Apraksin con la quale lo dispensava dal giuramento che le aveva fatto di non fare agire la sua armata e dandogli il permesso di metterla in azione.» (*Affaire étrangers*, Russia, 56) Questa lettera, si diceva, era passata per tramite del cancelliere. «M. Bestužev – racconta ancora lo stesso diplomatico – avendo un giorno mostrato in originale questa lettera a M. Bucoff, luogotenente generale dell'Imperatrice regina, che è venuto a San Pietroburgo per accelerare le operazioni

dell'armata russa, ha fatto in modo che questo ufficiale si sentisse in dovere di andarlo a riferire immediatamente al ciambellano Šuvalov e al conte Esterhazy.» (*Id. ibid.*).

44 (N.d.A.) «Per tutto quello che accade nell'armata russa, che non ha un capo, quello che è stato appena nominato non vale certo di più del generale Apraksin per indisciplina, vigliaccheria e per il saccheggio delle sue truppe, non solo esse non potranno intraprendere nulla per quest'anno, ma anche il prossimo non sarà possibile formare un'altra armata», scriveva Lhôpital a Bernis il 1° novembre 1757. (*Sbornik*, 67).

45 William Fermor o Wilhelm von Fermor (1702-1771) era un tedesco del baltico, entrato nell'esercito russo nel 1720. Si distinse nella battaglia di Danzica (1734), sotto il comando di Burkhard Christoph von Münnich (1683-1767), nel corso della Guerra di Successione polacca che vide per la prima volta scontrarsi russi e francesi. Nel Guerra dei Sette Anni fu presente alla battaglia di Gross-Jägerdorf, 30 agosto 1757, che vide la sconfitta di Federico II di Prussia. Sostituito Apraksin, il 25 agosto 1758, affrontò i prussiani a Zorndorf in una battaglia dall'esito controverso. Dopo un periodo di servizio presso Pietro Saltykov (1697-1772) fu nominato governatore dello Smolensk.

46 L'Ordine di Sant'Anna fu fondato nel 1735 dal duca Carlo Federico di Holstein-Gottorp in onore di sua moglie Anna Romanova, figlia di Pietro il Grande. Il motto era «*Amantibus Justitiam, Pietatem, Fidem*».

47 Carlo Cristiano Giuseppe Saverio di Sassonia (1733-1796) era figlio di Federico Augusto II, principe elettore di Sassonia e re di Polonia e della granduchessa Maria Giuseppa d'Austria.

48 I *punti di Alençon* sono merletti che prendono il nome dall'omonima città francese.

49 Antonio Rinaldi (1710-1794) architetto italiano che operò principalmente in Russia dove giunse nel 1751 per divenire, tre anni dopo, architetto della Corte imperiale fino al 1784. Fu allievo di Luigi Vanvitelli con il quale collaborò per la costruzione della reggia di Caserta. Fu l'architetto del palazzo di Pietro III a Oranienbaum, del palazzo cinese dell'Opéra e del Palazzo del Ghiaccio. Dal 1770 fu al servizio del conte Orlov, favorito di Caterina II e costruì il suntuoso palazzo di Marbre sulle riva della Neva.

50 (N.d.A.) L'*Abiazare* fu la prima opera italiana con intermezzo e balletto data a San Pietroburgo. L'orchestra era composta dai più pro-

vetti musicisti attirati in Russia da tutti gli angoli d'Europa. I cantori erano le più belle voci d'Italia. Fu ancora Araja che compose la musica di *Rusia afflitta e reconsolata*, la prima opera rappresentata nella sala di Mosca e per la quale un aria commovente fece correre le lacrime di tutta la Corte come all'Imperatrice. (*Histoire abrégée de la musique en Russie*, 52-55).

51 (N.d.A.) La Messelière, che assistette a questa festa, ne dà una curiosa descrizione: «L'appoggio dato dalla Francia a questo conte Poniatowski non fu senza influenza sullo stato d'animo di Caterina. Il matrimonio della "fresle" (*fraulein*, damigella d'onore) Razumovskij con il conte Narychkine, che si faceva sotto gli auspici della granduchessa, fu per questa principessa un'occasione per invitare l'ambasciatore di Francia alla festa che organizzava. Essendo ammalato, Sua Eccellenza non poté parteciparvi con noi, ma Sua Altezza imperiale si preoccupò di dimostrare quanto rassomigliasse alla corte di Francia. Mi pregò di mandare qualcuno a cercare il mio flauto e quando l'ebbi ricevuto, prese cinque o sei dame delle sue migliori amiche, il granduca, il conte Poniatowski, e mi disse di seguirla in una appartamento separato dai porticati e dalle altre stanze dove c'era un ballo mascherato con oltre trecento persone. Mi disse: «Desidero ascoltarvi qui perché la perfezione del vostro talento non è fatta per il tumulto e io non voglio perdere nessuna sfumatura di ciò che voi eseguite così bene.» Dopo una dozzina di arie che cercai di eseguire al meglio, ebbe la bontà di dirmi che non bisognava che mi affaticassi né abusare della mia compiacenza che avrebbe ancora sollecitata. Ritornammo al ballo. Si estraevano delle lotterie con le quali la principessa distribuì numerosi oggetti. Personalmente ebbi un superbo pendaglio per la spada. Un attimo prima di cenare arrivarono dei paggi con dei vasi di vermeil pieni di piccoli biglietti. Era per sorteggiare i numeri, usanza che distrugge l'etichetta e sconvolge tutti i posti assegnati, anche ai principi. Le sedie sono numerate 1, 1, 2, 2 etc. . L'uomo che ha lo stesso numero di una dama si mette al suo fianco. La sorte mi mise alla sinistra della granduchessa e M. Poniatowski alla sua destra. Dall'altra parte la principessa Georgie che parlava solo l'armeno. La granduchessa ebbe compassione del mio imbarazzo e prese qualche volta parte alla conversazione. Un soprintendente francese mi fece portare numerosi piatti eccellenti e la mia privilegiata posizione non disturbò il mio appetito né il piacere di bere dell'ottimo Tokay. La festa durò fino alle tre del mattino. La granduchessa, prima di andarsene, mi caricò dei più gentili e graziosi regali per M. de Lhôpital e anche per il cardinale Bernis.» (La Messelière, *Voyage a Pétersbourg*, 216-218).

52 La battaglia di Zorndorf viene comunemente collocata il 25 agosto 1758.

53 (N.d.A.) Pietro Séménovitch Saltykov, un tempo devoto alla famiglia di Brunswick, lasciato in disparte, aveva comandato solo delle reclute nella Piccola Russia. Tanto prussiano, quanto il granduca, era anche disprezzato dai suoi soldati che gli diedero il soprannome di *piccolo pollo*.

54 (N.d.A.) Brühl, un vero zerbinotto, dopo Federico II, era l'uomo del suo secolo che aveva più abiti, orologi, merletti, stivali, scarpe e pantofole. (Castera, *Histoire del Catherine II, imperatrice de Russie*, I, 147).

55 Heinrich von Brühl vedi *supra* nota 34.

56 (N.d.A.) Lhôpital criticò il modo in cui si era agito. «Io credo – scriveva al cardinale Bernis – che sarebbe stato meglio agire con maggiore circospezione in questa faccenda, ma il colpo è stato dato: bisogna sostenerlo. Ne risulterà senz'altro un vivo risentimento nei miei confronti del cavaliere Bestužev e un astio amaro del granduca e della granduchessa. Mi ero aperto con il conte Vorontsov su questo giovane ministro e sui modi di espellerlo come pericoloso e indesiderato all'Imperatrice. Egli gliene parlò. Essa mi fece dire da Vorontsov che mi ringraziava e che mi pregava di procrastinare e di lasciar fare. Tuttavia sono più che convinto che, in fondo, sarà contenta di essersene liberata. Stavo per rendervi conto di quello che avevo fatto con calma e con misura, quando il conte Broglie ha tagliato il nodo gordiano. Non posso trattenermi dal confidarvi che trovo che il conte Broglie abbia messo in tutto questo un calore e un trasporto a mio avviso eccessivi. È stato fatto, e M. Durand fa un punto d'onore il dare disgusto ai Poniatowski e ai Czartoryski. Era un *impegno*. (18 novembre 1757).

57 (N.d.A.) «Il granduca – racconta Lhôpital in uno dei suoi dispacci – si esprime con termini opportuni sul richiamo di M. Poniatowski. So che nel giorno del matrimonio, al quale io non ero presente, ha detto al conte Esterhazy e al barone d'Osten: «Cosa dite del richiamo di questo povero Poniatowski e della maniera con la quale lo si esige? È un primo tentativo della Francia. Ne farà altri ancora se la si lascia fare. Vedrete, signor ambasciatore, che è a causa dell'attaccamento di Poniatowski alla casa d'Austria». Questi due ministri, imbarazzati nel rispondere, fecero tuttavia presente al granduca che questo richiamo non era stato fatto per interessi particolari della Sassonia e della Polonia, ma il granduca continuava a prendersela con la Francia. Il barone d'Osten ha aggiunto di aver detto al granduca: «Il signor ambasciatore non ha avuto alcuna parte personale in questo richiamo di Poniatowski». «Sì – ha risposto il granduca – lo credo. È il conte Broglie, ma a dirvi il vero, l'uno non è meglio dell'altro.»

58 Sul modello della visita di Maria e di Gesù Bambino al tempio (la purificazione della mamma) la prima uscita di casa delle puerpere doveva avere per meta la Chiesa in cui esse ricevevano dal sacerdote la comunione e la benedizione.

59 (N.d.A.) Secondo Castera, i nemici di Bestužev scelsero il momento della sua disgrazia per scalzare il suo potere. «Capirono che sarebbe stato facile far seguire l'odio e i litigi alla freddezza che da tempo vi era tra il granduca e la granduchessa e che allora avrebbero potuto far punire Bestužev di esserne stato la prima causa, non solo di questi litigi, ma anche della lontananza che l'Imperatrice aveva da suo nipote. Con questo piano ben congeniato si incaricarono di far notare al principe i frequenti incontri di Poniatowski con la granduchessa. Si spiavano i loro movimenti. Si aveva cura di rilevare la più piccole parole che scappavano loro e che potevano servire dal pretesto per qualche allusione . . . Quando si ebbe risvegliata la gelosia del granduca ci si premurò di fornirgli prove certe dell'amore della sua sposa per il polacco e del colpevole scambio che avveniva tra i due. Il principe fu prostrato, costernato. Pianse la sua disgrazia e la sua imprudenza. Abbandonò i riguardi, il rispetto che aveva avuto fino a quel momento per la granduchessa le proibì di vedere Poniatowski. In seguito si recò dall'Imperatrice per chiederle vendetta dell'insulto che aveva ricevuto. Allo stesso tempo, gli si disse che il cancelliere aveva, non solamente favorito l'esuberanza della granduchessa, ma spesso tradito la fiducia di sua zia stessa. Gli si fece conoscere l'ordine inviato da questo ministro al feldmaresciallo Apraksin per fargli abbandonare la Prussia.» (Castera, *Histoire de Catherine II, imperatrice de Russie*, I, 156-158) Castera riconosce che il il modo di procedere del granduca non è stato riconosciuto. «Ciò che vi è di certo – conclude – è che la confessione del granduca sull'ordine dato dal cancelliere è confermata da M. di Lhôpital che era allora ambasciatore di Francia a Pietroburgo.» Castera ha conosciuto uomini molto addentro ai fatti della Russia. Ha avuto le note del conte Ranzan Aschborg che era stato ambasciatore di Danimarca a San Pietroburgo, una memoria di Saltykov sulle sue relazioni con Caterina. Ha letto le corrispondenze più segrete degli inviati francesi.

60 (N.d.A.) Paul Galluccio, marchese di Lhôpital e di Châteauneuf, luogotenente delle armate del re e ispettore generale della cavalleria era stato ambasciatore a Napoli dal 1740 al 1751. Nel marzo del 1761 passò le consegne del servizio di ambasciata a Pietroburgo al conte Breteuil e rientrò in Francia, dove si ritirò a Châteauneuf. Gli si rimproverava il lusso che aveva esibito alla corte di Russia e le sue eccessive spese. «Sarei – scriveva al cavaliere d'Eon – il più felice degli uomini se fossi senza debiti. Mi si rimprovera di avere speso troppo nella mia

ambasciata, ma il denaro è il grano che ho seminato per arrivare alla fiducia ed è così che noi abbiamo portato sull'Oder centomila russi che hanno vinto quattro battaglie. Tuttavia, mi si rimprovera, anche duramente, di aver gettato il denaro dalla finestra, ma non si può accusare di averlo preso per arricchirmi.» (Boutaric, *Correspondance de Frédéric II*, I, 240) Effettivamente, era quasi completamente rovinato e impossibilitato a mantenere lo stato del suo rango a Versailles. Le istruzioni di Lhôpital autorizzavano, richiedendolo il caso, a offrire denaro al granduca e alla granduchessa. Poteva in questo modo comprare sia la loro neutralità che il loro aiuto e «tutto veniva condotto secondo i desideri dell'Imperatrice, e rendersi anche ben accetti quanto possibile al granduca e alla granduchessa e ispirare loro dei sentimenti coerenti all'unione costante dei due imperi». (Istruzioni date dal cardinale Bernis) Il primo contatto della grandu-chessa e del maresciallo Lhôpital non era riuscito a catturare il diplomatico. «M.me la granduchessa – scriveva – mi ha fatto l'onore di parlarmi con gentilezza e liberamente. Ha dell'intelligenza e vidi che cercava di anticiparmi . . . Qui la si dipinge come testarda e riservata.» (27 luglio 1757) (Affaires étrangers, Russie, 53) Lhôpital, più soldato che diplomatico in questo, non aveva alcun gusto agli intrighi complicati. Si tenne a distanza dalla giovane Corte, lasciò cadere anche gli approcci e lasciò che l'Inghilterra e Federico II inserissero la granduchessa nei loro giochi.

61 (N.d.A.) Lhôpital era il nemico riconosciuto di Bestužev, al punto che, poiché si lamentava con l'Imperatrice del suo ministro, questa replicò: «Abbiate pazienza, mio caro ambasciatore, ben presto saremo divisi.» (Lettre de Lhôpital, 29 gennaio 1758).

62 (N.d.A.) Il racconto di La Messelière, eco dei commenti dell'ambasciata di Francia, è alquanto preciso in merito: «All'indomani mattina, l'Imperatrice fece dire al suo consigliere che voleva tenere un consiglio di Stato e che bisognava che egli vi presenziasse, dato che si dovevano prendere provvedimenti immediati contro i disordini che regnavano nella sua armata. Il cancelliere, al primo avviso, protestò una malattia, ma Sua Maestà gli disse che esigeva che prendesse un quarto d'ora sul suo male, avendo assolutamente bisogno del suo importante parere e dei suoi lumi. Non ci fu modo di eludere un secondo ordine e Bestužev, contando che il velo dei suoi artifici non fosse ancora strappato, montò in carrozza con tutta la pompa della sua posizione. Arrivando al peristilio del palazzo, fu molto meravigliato di trovarvi la guardia dei granatieri, che generalmente prendeva le armi per suo comando, circondare da destra e da sinistra la sua vettura. Un luogotenente generale maggiore della guardie lo dichiarò prigioniero di Stato e montò, di fianco a lui, per ricondurlo nel suo palazzo. Quale fu la sua sorpresa arrivando nel vederlo circondato da quattro battaglioni, di trovare sua moglie e la sua famiglia ai ferri, granatieri alla porta del suo ufficio e i sigilli messi

su tutte le sue carte! Secondo la procedura, fu denudato e privato di rasoio, coltellini, coltelli, cesoie, aghi e spilli. Il suo carattere terribile e imperturbabile lo fece sorridere sardonicamente, nonostante tutte le prove che si dovevano trovare, nelle sue carte, contro di lui. Quattro granatieri con la baionetta inastata, erano permanentemente ai quattro lati del suo letto, le tende aperte. Non si riuscì a sapere dove aveva messo un piccolo biglietto che aveva *provvisoriamente* scritto (questo significa *in previsione*) e che voleva far arrivare alla granduchessa. Chiese del medico Boirave (Bœrave) che gli fu inviato. Quando volle toccargli il polso, tentò di far scivolare nella mano del medico questo biglietto, ma questi, non avendo capito cosa voleva fare, lasciò cadere il biglietto per terra. Il maggiore delle guardie lo prese e non si è mai saputo che cosa contenesse. Il povero medico aspettandosi di essere creduto della partita, provò un tale terrore che tre giorni dopo morì soffocato.» (La Messelière, *Voyage a Pétersbourg*, 222-224).

63 (N.d.A.) A credere ai dispacci di Lhôpital il partito della giovane Corte fu in un momento abbattuto. Poniatowski stava per essere allontanato e la granduchessa per essere cancellata. Solamente il granduca volle trionfare. Qualche giorno dopo la rivoluzione ministeriale, abbordò il marchese Lhôpital con un'aria contenta: «Che peccato – gli disse – che il mio povero amico La Chertadie sia morto! Sarebbe stato contento di apprendere la sorte di Bestužev!» (10 marzo 1758).

64 (N.d.A.) Caterina una volta era stata meno prudente quando aveva detto a Williams quello che si proponeva di fare appena la zarina fosse in punto di morte: «Andrò immediatamente nella camera dei miei figli . . . Nello stesso tempo invierò un uomo di mia fiducia ad avvertire cinque ufficiali della guardia, ciascuno dei quali verrà con 50 uomini. Io stessa entrerò nella camera della morente dove riceverò il giuramento del capitano della guardia e lo prenderò con me.» Pensava di poter contare sull'aiuto dei generali Apraksin, Lieven, Boutourline e dei cancellieri Bestužev e Vorontsov. Aggiunse: «Sono risoluta a regnare o a morire. (Dispaccio di Williams, citato da Rambaud, *Russes et Prussiens*, 24)

65 (N.d.A.) Questo Wolkoff era uno dei pilastri dell'amministrazione russa e l'anima dannata di due successivi cancellieri. «Il cancelliere Bestužev – dice una memoria tedesca – ha confessato egli stesso a uno dei suoi amici intimi (Funcke) che aveva trovato il modo per far nominare uno dei suoi uomini fidati della sua cancelleria, di nome Wolkoff, per occuparsi dei protocolli (processi verbali) relativi alle deliberazioni del consiglio, che aveva istruito in maniera che, mentre il consiglio, che ha definito in un modo polacco «*pospolite ruszenie*», dibatteva le proposte, metteva a verbale unicamente le posizioni del cancelliere e in base alle istruzioni avute precedentemente.» (*Corre-*

spondance de Frédéric II, X, 78-79) Secondo un dispaccio di Williams del 4 luglio 1755, l'inviato inglese domandava per Wolkoff un regalo di 500 ducati e una pensione di 250 ducati. (*La cour de Russie*, 128) D'altronde, il gran cancelliere, secondo Federico II, «chiedeva l'elemosina alle corti alleate per pagare i debiti di Wolkoff, poiché sembrava che l'Imperatrice di Russia non ottemperasse alla promessa che gli aveva fatto, accordandogli il suo perdono, di regalargli una somma considerevole.» *Correspondance de Frédéric II*, XI, 85).

66 (N.d.A.) Il ruolo di Wolkoff pesò sul resto della sua carriera. Quando Sabatier de Cabre fornì alla corte di Francia le sue note sul personale politico russo, ricordò il suo passato e «l'indegnità con la quale aveva tradito», tutti i segreti che gli erano stati confidati. «I suoi servizi e le richieste del favorito – aggiunse – possono rimetterlo in circolazione, ma non penso che faccia molta strada. È troppo conosciuto. Tanto si prendono in considerazione la sua capacità e la sua esperienza, tanto la sua perversa avarizia, la sua avidità senza limiti e la sua corruzione saranno sempre motivo di diffidenza.»

67 (N.d.A.) Federico II parve indifferente alla disgrazia di Bestužev: «Ecco – scriveva a suo fratello Enrico – due ministri in disgrazia: Paulmy a Versailles e Bestužev a Pietroburgo; questo non ci fa né caldo né freddo. Vedo bene che non ci saranno avvenimenti a noi favorevoli se non quelli che noi forzeremo in punta di spada.» (*Correspondance politique*, XVI, 307-308) Ma la riflessione lo costrinse a tirarne le conseguenze. Il 26 aprile, scriveva a Vierck, consigliere privato della delegazione di Copenaghen: «Poiché ho visto, nel vostro dispaccio del 15, che la Corte dove vi trovate si sta adombrando per le azioni e i progetti che la corte di Pietroburgo può prendere dopo la catastrofe contro Bestužev, non mancherete abilmente, e in tutte le occasioni che troverete opportune, di insinuare tutte le malignità che saprete immaginare per rafforzare questa convinzione». (*Correspondance politique*, XVI, 405).

68 (N.d.A.) Caterina non parla della trattativa che aveva aperto con l'ambasciatore di Francia. Qualche giorno dopo l'arresto, una francese di nome Rambod, «che ha facilmente accesso a lei e al quale lei deve parecchio denaro» si presentava all'ambasciata. Era un agente segreto di Caterina che chiedeva consigli e appoggio. Immediatamente un ufficiale del granduca confermava il comportamento del confidente pressoché messo alla porta. Lhôpital non ebbe problemi a impegnarsi. «Caterina – dice Castera – si era indirizzata all'ambasciatore di Francia perché sia per la sua posizione sia per il suo merito personale, questo ministro godeva di grande stima. Lo scongiurò di interessarsi di lei e di far presente all'Imperatrice che era prostrata della sua disgrazia e che, qualora le avesse recato qualche dispiacere, il suo pentimento

meritava il perdono. L'ambasciatore prodigò alla principessa tutto il conforto e i consigli che la sua politica poteva dettargli, ma non credette di doversi far carico di una riconciliazione che gli sembrava molto difficile e della quale aveva timore egli stesso.» La corte di Francia si era precedentemente preoccupata di influenzare Caterina attraverso sua madre. I suoi ambasciatori avevano, dal 1757, ordine di verificare quanto credito avesse la principessa di Zerbst su sua figlia. (2 aprile, Affaires étrangers, Russia, 52) La risposta fu dapprima negativa. «Io non credo – scriveva il maresciallo Lhôpital – che sua madre la principessa abbia conservato molto ascendente sullo spirito della granduchessa, distorto e dissimulato sotto l'apparenza della franchezza e della verità.» (16 settembre 1757, Affaires étrangers, Russia, 54) Ma ben presto l'opinione di Lhôpital si modificò. Saltykov si era lasciato sfuggire alcune confessioni significative. «M. Saltykov – riassumeva Bernis – ha confidato che c'era una corrispondenza segreta e frequente tra la principessa di Zerbst e la granduchessa di Russia, che questa corrispondenza passava attraverso lui e che aveva un codice con la principessa di Zerbst». (Affaires étrangers, Russia, 54) Lhôpital fece una larga virata. «La principessa di Zerbst conservava un certo credito su sua figlia, e sia. Ma ci si poteva fidare di questa intrigante? Non era un po' azzardato fidarsi di questo soggetto?» (5 aprile 1758. Affaires étrangers, Russia, 57) «Non saremo da lei ingannati? Le sue lettere erano concepite in uno stile enigmatico.»

69 (N.d.A.) «La granduchessa – dice La Messelière – mantenne il suo contegno fino al momento in cui la sua dama di camera e confidente fu arrestata. Vide allora che tutto era stato scoperto e, nonostante la forza d'animo che la caratterizza, percepì la pessima situazione in cui l'aveva portata la sua ingratitudine per sua zia. Pochi giorni dopo, l'Imperatrice disse in piena Corte al granduca che non gli chiedeva conto di tutto quello che le aveva fatto fare, perché egli non aveva abbastanza intelligenza per capirne le conseguenze. Dopodiché, voltandosi verso la granduchessa e spingendola fino al muro della galleria, alzando la voce, le disse: «Ritiratevi, Madame, fino a nuovo ordine, nei vostri appartamenti. Sforzatevi di essere degna del perdono che desidero accordarvi e considerate che siete fortunata a trattare con una sovrana che sa non avere paura». La granduchessa e il granduca si ritirarono e furono sorvegliati a vista.» (La Messelière, *Voyage à Pétersbourg*, 226) Il racconto di La Messelière, inesatto nei fatti, poiché Mme Vladislava non pare essere stata arrestata, fornisce però lo stato di confusione che regnava a Corte.

70 (N.d.A.) Un dispaccio di Lhôpital indica che il primo cambiamento di politica di Vorontsov fu anteriore al 2 marzo e data la seconda in questa giornata. «Deve – scrive – ritornare oggi. Spera di sapere che cosa Sua Maestà desidera. Senza questo sarebbe persa.» Il secondo

incontro accordato dall'Imperatrice a Caterina, da sola, è del 1° giugno, dopo un altro dispaccio dello stesso ambasciatore. (*Sbornik*, 56)

71 (N.d.A.) Un dispaccio di Keith dà conto il 28 aprile di questi incidenti di palazzo: «La granduchessa – dice il diplomatico inglese – negli ultimi tempi è stata in un grande smarrimento, male con l'Imperatrice e peggio ancora con il granduca. Ha ricevuto, l'altro giorno, un affronto al quale è stata molto sensibile. La sua dama di camera favorita le è stata tolta e messa in prigione. Per questa faccenda, ho sentito dire, ha avuto, quattro giorni fa, un incontro con l'Imperatrice, nel quale, dopo aspri rimproveri da una parte e ferventi preghiere dall'altra, Sua Altezza imperiale è caduta in ginocchio davanti all'Imperatrice e le ha detto che poiché era incorsa nella sventura di cadere nel suo sfavore, benché innocente, e di essersi procurata per questo tante mortificazioni offensive, che, insieme ai suoi travagli interiori, le rendevano la vita un fardello, non le restava che chiedere un favore, che Sua Maestà le permettesse di lasciare la Russia e di ritirarsi per il resto dei suoi giorni da sua madre; assicurando, inoltre, l'Imperatrice che se Sua Maestà credeva, nell'interesse dell'Impero, che il granduca dovesse prendere un'altra moglie, né lei né nessun altro della sua famiglia avrebbero opposto il minimo ostacolo. L'Imperatrice, si dice, fu molto addolorata da questo discorso e parlò alla granduchessa con molta più dolcezza di prima, entrando nei piccoli dettagli con una affettuosità che non aveva avuto da molto tempo. E quando, nella conversazione, Sua altezza imperiale cominciava a lagnarsi della durezza del granduca, che era presente, l'Imperatrice le fece segno di fermare la sua lingua e, a voce bassa, le disse che voleva incontrarsi con lei da sola e che questo sarebbe avvenuto presto. Si credeva che sarebbe stato per mercoledì scorso, poiché Sua Maestà, il cui cuore in fondo è buono e gentile, doveva comunicarsi in quel giorno. Si spera che una riconciliazione faccia seguito a quest'incontro e, sicuramente, tutti lo desiderano nel modo più sincero, perché la granduchessa ha molti amici tra i personaggi di primo piano.» (*La cour de Russie il y a cent ans*, 76).

72 (N.d.A.) Qui si interrompono le memorie di Caterina II. Senza dubbio, dopo aver scritto queste pagine rimpianse la strada delle confidenze nella quale si era avviata e si fermò subito. Aveva parlato a Diderot del suo progetto e il 22 giugno 1790 scriveva a Grimm: «Non so che cosa Diderot intenda per mie *Memorie*, ma ciò che vi è di sicuro, è che io non ne ho scritte e se è un peccato non averlo fatto, devo accusarmene.»

www.ingramcontent.com/pod-product-compliance
Lightning Source LLC
Chambersburg PA
CBHW071700160426
43195CB00012B/1532